다크 넛지

1개월 무료 체험 하시겠습니까?

DARK NUDGE

치밀하고 은밀한 알고리즘의 심리 조작

다크 넛지

로라 도즈워스·패트릭 페이건 지음 | 박선령 옮김

포레스트북스

자유로운 정신에 대한 가장 큰 희망을 불러일으킨
콜, 이선, 소니에게 바친다.

우리는 아침에 집을 나서려고 신발을 신기도 전에 이미 수십 번 조종당한다. 휴대폰, 시리얼 상자, 연인 등 그 모두가 우리를 자극하고, 넛지*nudge*('팔꿈치로 슬쩍 찌르다'란 뜻으로 사람들의 선택을 유도하는 부드러운 개입을 말한다) 하고, 밀어붙여서 뭔가를 따르게 하려고 음모를 꾸미고 있다.

민주주의 역사보다 오래된 설득과 선전은 시인, 정치인, 성직자들이 터득한 기술이다. 아리스토텔레스는 자신의 저서 『수사학*Rhetoric*』에서 시대를 초월한 설득의 기술인 에토스*ethos*, 로고스*logos*, 파토스*pathos*를 설명했다. 2000여 년 전 아리스토텔레스는 청중이 누구인지 고려하고, 무슨 말을 해야 할지 알고, 신뢰할 수 있거나 적어도 신뢰할 수 있는 사람처럼 보여야 하며, 이성뿐만 아니라 감정에도 호소해야 한다고 말했다. 물론 설득과 선전은 인간의 본질이기 때문에 민주주의보다 더 오래된 건 당연하다.

우리는 항상 서로를 설득하려고 애쓴다. 다른 사람들과 더불어 살다 보면 이웃에게 인사를 하거나, 자녀를 교육하거나, 사업 제안서를 작성하거나, 범죄자를 처벌하는 등 모든 부분에서 서로에게 영향을 미치게 된다. 조작이 개입하지 않는 영향력이 존재한다는 건 망상일 뿐이니 떨쳐내야 한다.

우리는 모두 미니 선전가다. 우리는 사람들이 우리를 보고 대하는 방식에 영향을 미치기 위해 자신의 편집된 버전을 제작해서 온라인으로 홍보한다. 사진을 편집하고 더 돋보이게 해주는 필터를 적용한다. 팔로우들의 참여를 유도하거나 설득하기 위해 밈*meme*을 만든다. 현대 기술은 진실보다 예술적인 안무를 장려한다.

솔직히 말하는데, 우리도 여러분에게 영향을 미치고 싶다. 우리는 이 책이 서점의 먼지 쌓인 구석에서 잊히는 걸 원하지 않는다. 어떤 작가가 책을 쓰면서 많은 독자에게 영향을 미치기를 진심으로 바라지 않겠는가? 다른 사람들과 우리의 차별점은 의도다. 우리는 여러분이 영향력에 저항할 수 있도록 영향을 미치고 싶다.

왜 영향력에 저항해야 할까? 우선 모든 영향력이 문제가 되는 건 아니라는 점을 분명히 하겠다. 영향력이 없다면 읽는 법을 배울 수 없다. 몇몇 공중보건 관련 메시지는 우리에게 도움이 될 수 있다. 좋은 책을 읽으면 필연적으로 그 책의 영향을 받게 될 것이다. 친구에게 좋은 하루를 보내라는 인사를 받은 뒤 발걸음이 경쾌해지고 실제로 좋은 하루를 보내게 되었다면 그런 인사를 못마땅해하지 않을 것이다. 우리도 여러분이 부디 좋은 하루를 보내길 바란다. 대부분의 마케팅과 광고는 꽤 무해하다. A라는 브랜드가 B 브랜드가 아닌 자사 제품을 사도록 유도하는 것은 큰 문제가 아니다.

하지만 이 책은 우리가 정보 전쟁터에 살고 있다고 주장한다. 싸움과 관련된 언어를 사용하는 건 상대에게 영향을 미치고, 겁을 주고, 복종하게 하려고 고안된 기술이지만 우리는 '전쟁터'라는 용어를 가볍게 사용한 게 아니다. 여러분은 끊임없이 조종당하고 있다. 이에 저항할 수 있다고 생각할지도 모른다. 하지만 아마 불가능할 것이다. 우리도 그럴 수 있다고 생각했는데, 이 책을 쓰기 위해 조사하는 과정에서 그렇지 않다는 걸 알게 됐다.

어디를 가든 브랜드, 정치인, 특별 이익집단이 우리 두개골 속으로 손을 넣어 뇌를 샅샅이 뒤지려고 한다. 그들은 코카콜라가 우리를 행복하게 해주고, 정치인이 우리를 안전하게 지켜주며, 세금이 지구를 구할 거라고 생각하기를 바란다. 아침에 집을 나서지 않고도 부엌의 식품 포장지, 뉴스, 텔레비전 광고와 프로그램, 끊임없이 알림과 진동을 울리는 스마트폰에 넛지 당한다. 선택은 두려운 일인데 정부와 기업은 기꺼이 우리를 그 두려움에서 벗어나게 해줄 것이다. 다만, 그에 대한 대가를 치러야 한다.

행동과학, 데이터 과학, 소비자 기술의 발전 덕분에 조작자는 우리가 어떻게 생각하는지 알고(그렇다, 우리의 개인적인 생각을 안다), 자기들이 원하는 일을 하도록 만들려면 어떤 버튼을 눌러야 하는지 알며, 24시간 내내 해당 버튼을 누를 수 있는 기회까지 있다.

『다크 넛지』는 우리를 조종하려는 수많은 노력을 인식하고 무시하고 떨쳐낼 수 있도록 준비시킨다. 시중에는 설득자, 선전가, 픽업 아티스트가 사용하는 음흉한 기술을 가르치는 수천 권의 책이 있다. 이 책은 그런 음흉한 기술에 맞서는 첫 번째 방어서이고, 정보 전쟁터에서 살아남기 위한 현장 매뉴얼이다.

우리는 모두 독자적인 개인이 되고 싶어 한다. 진짜 뉴스와 가짜 뉴스를 걸러내고, 어떤 제품을 사야 할지 판단하고, 어느 정당에 투표할지 정하는 등 올바른 선택을 하려면 자기 마음을 알아야 한다. 그리고 자기 마음에 영향을 미치는 것들을 어느 정도 통제할 수 있어야 자신의 진정한 마음을 알 수 있다.

때로는 외부의 영향이 밀려오도록 그냥 내버려두고 싶을 수도 있다. 그 편이 더 편하고 재미있고 쉽기 때문이다. 여러분이 계속 시청해 온 드라마처럼 말이다. 하지만 드라마가 사회 공학적인 목적으로 사용된다는 사실을 알고 있는가? 최근에는 백신 접종률을 높이는 방법에 대한 워크숍에 시나리오 작가들을 초대했다. 또 일요일에 교회에서 향을 피우는 이유는 냄새가 좋기 때문만이 아니라 그 하늘하늘한 연기가 눈의 초점을 살짝 흐리게 해서 사색적이고 경배하는 마음으로 기도가 하늘을 향해 올라가는 모습을 상상할 수 있기 때문이다. 또 앞면에 귀여운 얼굴이 인쇄된 시리얼 상자가 자녀의 관심을 끌면, 설탕이 가득 든 이 식품들 가운데 어떤 것을 선택해야 하는지 쉽게 결정을 내릴 수 있다.

아마 여러분도 이런 영향을 식별하고 싶을 것이다. 어쩌면 아예 제거하고 싶을 수도 있다. 문제의 본질은 마음의 프라이버시다. 인플루언서가 여러분 마음속에 침투해 생각을 바꾸려고 할 때, 그들은 여러분의 개인 주권까지 무시하는 것이다. 우리는 프라이버시를 지킬 권리가 있다고 믿는다. 그것은 여러분의 마음이므로 그곳에 진입하기 위한 전자 게이트와 비밀번호를 직접 통제해야 한다.

"우리가 사용하는 기술을 통해 인간의 정신을 형성하거나 영향을 미치려는 매우 주제넘은 태도가 우리 마음속에 깊은 불안감을 조성했다." 미국 홍보협회 회장인 하워드 체이스*Howard Chase*는 1956년에 이렇게 경고했다.[1] 다른 사람이 우리 정신을 형성하는 것에 대한 불안감으로 우리는 함께 힘을 합쳐 『다크 넛지』를 쓰게 되었다.

패트릭은 12년간 업계 내부에서 감정 과학 및 데이터 분석 업무를 수행한 행동과학자로, 그는 악당들의 편에서 일했다고 말할 수도 있을 것이다. 패트릭은 케임브리지 애널리티카*Cambridge Analytica*의 수석 심리학자였으며, 그곳에서 암호화폐 구매부터 정치인 투표에 이르기까지 사람들이 온갖 일을 하도록 유도하는 표적 광고 설계를 전문으로 했다.

로라는 코로나19 팬데믹 때 큰 깨달음을 얻었다. 그녀는 감정의 대량 환기와 정부의 행동 통제를 이해하려고 노력했다. SPI-B 고문들은 로라가 쓴 『공포 국가*A State of Fear: How the UK Government Weaponised Fear During the Covid-19 Pandemic*』에서 심리학을 무기로 묘사하면서 사람들의 두려움을 이용한 것은 전체주의적인 행동이었다고 고백했다.

우리는 사람들을 넛지 하려는 하향식 시도가 대규모로 꾸준히 진행되는 모습을 관찰했다. 에드워드 버네이스*Edward Bernays*는 『프로파간다*Propaganda*』라는 고전서에서 이렇게 설명했다.

> "대중의 조직화된 습관과 의견을 의식적이고 지능적으로 조작하는 건 민주주의 사회의 중요한 요소다. 이런 보이지 않는 사회 메커니즘을 조작하는 자들이 우리나라의 진정한 지배 세력인 보이지 않는 정부를 구성한다. 우리는 이름도 들어본 적 없는 사람들에 의해 지배받고, 정신과 취향이 형성되고, 아이디어 제안을 받는다. … 대중의 마음을 통제하는 줄을 당기는 건 바로 그들이다.[2]"

이 보이지 않는 정부는 지금도 존재하며 우리 마음의 줄을 계속 잡아당기고 있다. 여론 형성자들이 누구든, 그들은 사회 공학적 의제를 위에서부터 아래로 끊임없이 추진하고 있다.

우리가 생각하는 것과 우리가 들은 내용 사이에는 간극이 존재한다. 2022년 9월 라스무센 리포트*Rasmussen Reports*의 조사에 의하면 미국 언론이 가장 많이 보도한 상위 5가지 이슈는 기후 변화, 우크라이나 전쟁, 국회의사당 폭동 조사, 코로나19, LGBTQ(성적 소수자) 문제였다.[3] 하지만 미국 유권자들에게 이 이슈 가운데 어떤 것도 상위 10위 안에 들지 못했다. 그들은 범죄, 휘발유 가격, 인플레이션 같은 것에 더 관심이 많았다. 뭔가 의제가 있는 것처럼 보이고, 당신이 거기에 동의할 때까지 계속해서 회유와 조종, 넛지를 당할 것이다.

예를 들어, 인간의 식단을 곤충으로 바꾸려는 확고한 캠페인이 진행되고 있는 것 같다.[4] 사람들은 사실 곤충을 먹고 싶어 하지 않는다. 제발, 부디 곤충을 먹게 해달라고 떠들썩하게 요구하는 사람은 아무도 없다. 그럼에도 불구하고 넛지, 선전, 데이터 인사이트, 홍보를 비롯한 다양한 설득 도구를 동원하고 있다. 넷제로*Net Zero*는 광범위하고 표적화한 행동과학 캠페인을 동반한 또 다른 정책이다.[5] 세간의 이목을 끌고 있는 비극적인 우크라이나 전쟁은 선전에 대한 현대적인 통찰을 제공하지만 이번에는 몇 가지 뜻밖의 반전이 있다. 이 전쟁은 부분적으로 소셜 미디어에서 진행되고 있고, 여러분의 정신도 전쟁터가 되었으며, 근거 없는 믿음을 이용하는 것과 관련해 새로운 차원의 투명성이 제기되었다.

때로는 영향력 있는 사람들의 목표에 동의할 수도 있다.

하지만 그 수단이 마음에 드는가? 우리는 적어도 사람들이 그 수단을 알아차릴 수 있기를 바란다. 우리는 물론 자국 정부뿐만 아니라 외국 정부의 노력에도 영향을 받는다. 고의적인 허위 정보는 전 세계에서 비슷한 시기에 처리되고 있는 수많은 디지털 안전법을 제정하게 된 배경 중 하나다. 새로운 기술은 우리가 서로 소통하는 방식이나 기업과 정부, 악의적인 행위자가 우리와 소통하는 방식에 중요한 중심축을 제공한다. 그리고 은밀하고 개인화된 방식으로 우리를 세뇌할 수 있는 전례 없는 방법을 제공한다. 우리는 마술사의 소매 속, 모자 아래, 등 뒤에 뭐가 있는지 보여주고 싶다.

우리만 이 문제를 걱정하는 게 아니다. 잘못된 정보, 가짜 뉴스, 적의 선전을 반박할 태세를 갖춘 팩트 체크 전문가와 허위 정보 전문가 군단이 등장하고 있다. 그런데 팩트 체크 전문가들에 대한 팩트 체크는 누가 할까? 전문가는 물론 중요하고 각자의 자리가 있지만, 우리는 여러분의 팩트를 체크할 최적의 인물은 바로 여러분의 생각을 가장 잘 아는 여러분 자신이라고 생각한다.

각 장마다 기본 원칙을 제시하고 인터뷰, 연구, 문화적 참고 자료, 우리 자신의 이론을 이용해 아이디어를 확장한 다음 실용적인 규칙들로 마무리한다. 우리가 제시하는 원칙 중 일부는 처음에는 극단적으로 느껴질 수 있다. "텔레비전을 끄라"는 권고를 예로 들면, 그렇게까지 할 필요는 없을지도 모른다. 우리가 힘든 요구를 하는 경우에도 중간 경로가 있다는 걸 알게 될 것이다. 텔레비전을 아예 안 보는 게 아니라 시청 시간을 줄이고 신중하게 시청할 수 있다. 요점은 텔레비전이 어떻게 영향력을 발휘하는지 이해하는 것이다. 그러면 자연스럽게 방어 방법을 터득할 수 있다.

이 책을 쓰기 위해 심문 기술 훈련을 받은 퇴역 군인부터 마술사, 정치학자, 성직자에 이르기까지 광범위한 전문가를 인터뷰했다. 직접 몰입 경험을 하면서 세뇌당하려고도 해봤다. 비밀 결사에 가입하려고 논란이 많은 강도 높은 훈련 과정을 밟았다. 로라는 수녀원에서 잠시 피정을 하면서 디지털 디톡스를 했고, 데이트 전문가의 동영상을 살펴보거나 소셜 미디어에서 다양한 계정을 운영하는 실험도 했다. 패트릭은 숲속의 남성 전용 수련원에서 알몸을 드러냈고, 피라미드 판매 계획에 참여했으며, 트랜스젠더 포럼에도 가입했다. 이런 경험은 책 전반에 녹아들어 있지만, 그중 일부는 개인의 관점에서 설명하는 독립적인 사례 연구로 소개했다.

우리는 우리가 편견 없는 미덕의 귀감이 아니라는 것을 알게 되었다. 이 과정에 몰입하는 동안 깜짝 놀랐다. 그리고 과거에 성공적으로 조종당했던 경험을 떠올렸다. 이것은 누구에게나 일어날 수 있는 일이다. 그러나 우리는 설득력 있는 시도에 전보다 훨씬 경각심을 갖게 되었고, 여기서 회복될 수 있다고 믿고 있다.

우리는 행동 통찰과 심리학 분야의 최신 이론과 연구를 이용해 학습과 원칙을 맥락화했다. 다른 작가들의 작품을 참고할 때는 세계대전 이후의 사상가와 심리학자들이 발표한 방대한 작품에 가장 많이 의존했다. 세계적인 대격변 상황에서 등장한 그들의 저술에는 신경을 갉아먹는 공포, 깨지기 쉬운 희망, 지속적인 통찰력이 가득했다. 그래서 이 책 곳곳에서 카를 융*Carl Jung*, 에리히 프롬*Erich Fromm*, 올더스 헉슬리*Aldous Huxley*, 조지 오웰*George Orwell*, 한나 아렌트*Hannah Arendt* 등의 글과 사상을 계속 언급하고 참조한다. 또 '홍보의 아버지'인 에드워드 버네이스, '세뇌'라는 용어를 만든 에드워드 헌터*Edward Hunter* 등 지난 세기에 활동한 선전 및 심리전 분야의 선구적인 사상가들도 참조했다.

그들이 보편적인 주제를 다루었다는 사실 외에 우리가 지난 세기 작가들을 다시 살펴보는 또 다른 이유가 있다. 바로 이번 세기에 들어서도 소름 끼칠 정도로 과거를 연상시키는 의도적인 대중 설득으로 인해 우리가 어려움을 겪고 있다는 사실을 깨달았기 때문이다.

코로나 위기는 사람들이 행동을 바꾸는 게 얼마나 쉬운지를 고통스러울 정도로 확실하게 보여주었다. 또 대중 운동이 얼마나 쉽게 자리 잡을 수 있는지, 얼마나 빨리 쇠락할 수 있는지도 보여주었다. 일례로 영국에서는 사람들이 식당에 들어갈 때, 테이블로 걸어갈 때, 화장실에 갈 때는 마스크를 착용했지만 식당에 들어와서 일단 앉은 뒤에는 마스크를 벗었다. 오케

스트라에서는 관악기를 연주하기 위해 구멍 뚫린 안면 마스크를 착용했다. 사람들은 죽어가는 친척을 만나거나 장례식에 참석하는 게 금지되었고, 부모는 장애가 있는 자녀에게 필요한 치료를 받게 하지 못했으며, 많은 사람이 고립되어 우울증을 앓다가 자살했다. 상황이 진정된 지금, 대부분의 사람은 그게 합리적인 행동이 아니었다는 데 동의할 것이다. 감염과 죽음에 대한 자연스러운 공포도 어느 정도 이유가 될 수는 있겠지만, 실은 인지편향을 이용해 대중을 설득하려는 다크 넛지였다.

우리는 누구나 넛지와 조작에 취약하다. 모든 것에 주의를 기울이면서 항상 경계를 늦추지 않는 건 불가능하다. 마술사의 무대를 지켜보는 동안 다른 곳에서 트릭이 발생한다.

극단적으로 생각하면, 홀로코스트 공포를 야기한 건 독일과 그 주변에 사는 평범한 사람들이었다.[6] 그들의 성격에는 별로 특별한 부분이 없었다. 그들에게 일어난 그 일은 여러분에게도 일어날 수 있다. 알렉산더 솔제니친_Alexander Solzhenitsyn의 말처럼, 선과 악을 나누는 선은 국가나 부족을 통과하는 게 아니라 "모든 인간의 마음을 관통한다."[7]

자신은 똑똑해서 결코 세뇌당하지 않을 거라고 생각한다면, 자신처럼 요령 있는 사람은 속일 수 없을 거라고 생각한다면 여러분이야말로 가장 취약한 사람이다. 세뇌를 피하려면 자신이 세뇌당할 수 있다는 사실을 겸허하게 인정해야 한다. 카를 융의 말처럼 "자신의 성격이 거대한 악에 오염될 위험성을 확신하지 않는다면 누구도 그런 악을 피할 수 없다."[8]

심리학, 정신의학, 사회과학의 통찰을 이용해 우리의 선택과 행동에 영향을 미칠 수 있는 가능성은 너무나 매력적이다. 그래서 조작자들이 우리를 상대로 꾸준히 작업을 벌이지 않을 거라고 여기는 건 말도 안 되게 순진한 생각이다. 심리학은 이제 우리를 진단하거나 고치기만 하는 게 아니라, 우리를 사회공학적으로 해킹하여 우리의 생각을 형성한다. 여러분이 자신의 마음을 제대로 통제하지 않는다면 다른 사람의 통제를 받게 될 것이다.

독자 여러분이 이 책을 통해 자신을 보호하고 마음을 자유롭게 하는 방법을 배울 수 있게 되기를 바란다.

1장
우리 뇌는 전쟁터다

이 세상은 온갖 정보가 싸우고 있는 전장이다. 세상에 존재하는 많은 의견이 우리 마음이라는 분쟁 지역을 차지하려고 경쟁을 벌인다. 단기적인 충돌이 끊임없이 이어지는 가운데 우리 생각과 행동을 바꾸기 위한 장기적인 전략을 실행하는 세력도 있다. 이런 상황에서 자신을 보호하는 첫 번째 단계는 우릴 상대로 음모를 꾸미는 세력을 경계하면서 포기하지 않고 단호하게 전투를 준비하는 것이다. 우리는 이제 군인이다.

강화된 심문 기술

심문을 받는 입장이 되면 다음에 무슨 일이 일어날지 생각하게 된다. 하지만 심문자는 항상 심문받는 사람보다 한발 앞서 생각한다. 나는 심문자가 어떤 자들인지 알고 있고, 그들이 머리를 굴리는 방식도 알고 있다. 그들은 사악한 놈들이다. 최종 게임에서 이기려고 애쓰면서 목표 지점에 도달할 때까지 체스 말을 정교하게 움직인다. 그들은 수를 잘 읽는다. 나는 심문과 나를 분리시켰다. 그것은 그들과 나 사이의 경쟁이 되었고, 난 그들을 이기는 방법을 찾는 데 집중했다.

제임스는 군 복무 중에 가장 잔인한 형태의 세뇌인 심문을 견뎌내는 방법에 관한 5일짜리 훈련 과정을 거쳤다. 극단적인 얘기처럼 들리겠지만 우리가 매일 접하는 광고주, 정치인, 영업사원도 이와 동일한 기술을 어느 정도 사용한다. 심문을 이겨내는 방법을 알면 우리의 생각에 영향을 미치려는 설득력 있는 시도에 저항하는 방법도 깨달을 수 있다. 그러면 정신적 자유를 얻게 될 것이다.

제임스는 적이 중요한 정보를 얻기 위해 그를 무너뜨리는 데 사용할 기술을 미리 경험하고 이를 견뎌내는 훈련을 받았다. 이때 가장 중요한 첫 번째 단계는 동의다(이건 실제 상황이 아니라 훈련이니까). 그는 혹시라도 포로로 잡힐 경우를 대비해 만반의 준비를 갖추고 싶었기 때문에 혹독하고 불쾌한 경험을 겪는 데 동의하고 자발적으로 심문을 받기로 했다.

그때부터 고의적으로 그의 심신을 약화시키기 위한 작업이 진행되었다. 가짜 임무를 수행하라며 파견된 훈련 지원자들은 '적'에게 쫓겨 산악 지대를 이리저리 돌아다녀야 했다. 눈을 붙일 시간도 없었고, 먹을 것도 없었다. 제임스는 이렇게 피곤하고 배고픈 상황을 어떻게 이겨냈을까?

"불굴의 의지로 버텼다. 지고 싶지 않았다. 난 신체 능력이 뛰어난 편은 아니지만 경쟁심이 강하다. 피곤하고 배고픈 상태에서 날 심문해 정신적으로 무너뜨릴 작정이라면 호락호락하게 당하지는 않겠다고 다짐했다."

이것은 그냥 워밍업일 뿐이었다. 3일 뒤, 교관이 '거물급'을 잡기 위해 심문하려고 병사들을 생포해서 끌고 갔다. 밤에도 낮에도 잠을 자지 못하게 하고 앞을 보지 못하도록 계속 두건을 씌워 두었다. 또 몇 시간씩 스트레스 자세를 취하고 있어야 했다. 화장실에 가려면 허락을 받아야 했고, 용변을 보는 동안 에도 계속 두건을 쓰고 있어야 했다. 제임스는 바지를 내리는 동안 자신이 지금 어디 있는지, 누가 보고 있지 않은지 알 수 없었고 다리 주위로 휑하니 부는 바람만 느껴졌다. 그는 동요한 상태에서도 그럭저럭 볼일을 마쳤지만, 어떤 사람들은 '무대 공포증' 때문에 용변을 보지 못했다. 한번은 교관이 제임스의 옷을 다 벗기고 얼굴에 침을 뱉으면서 모욕적인 말을 쏟아붓기도 했다.

제임스는 가벼운 형태의 '심층 심문' 과정을 거쳤는데 이는 벽에 세우기, 두건 씌우기, 시끄러운 소음 내기, 잠 안 재우기, 제한적인 식사 제공 같은 '5가지 신문 기술'로 이루어졌다.[1] 애석하게도 수감자들은 시대와 지역을 불문하고 이런 기술에 익숙하다. 알렉산드르 솔제니친_Alexander Solzhenitsyn_의 『수용소 군도 _The Gulag Archipelago_』에 묘사된 것처럼 소련 강제 노동 수용소의 장교와 경비병도 이 기술을 사용했고,[2] 제2차 세계대전 이후 영국군 정보 장교들도 내란 기도를 진압하기 위해 사용했다.[3] 이 책에서 계속 살펴보겠지만 혼란, 주의 산만, 피로는 타인을 조종하는 데 능한 우리 주변의 무해한 조종자들도 흔히 사용하는 기술이다.

CIA는 9·11 테러 이후부터 테러 용의자를 대상으로 '강화된 심문 기술'을 사용했다.[4] 그런 심문을 당한 첫 번째 수감자인 아부 주바이다*Abu Zubaydah*는 이 5가지 심문 기술을 겪었던 과정을 생생하고 소름 끼치게 설명했다. 그는 2002년에 체포되어 수년간 비밀 감옥('블랙 사이트', CIA의 해외 거점 비밀 군사 시설로 주로 테러리스트로 추정되는 이들을 감금하고 고문하기 위한 곳-역주)에 갇혀서 CIA에게 고문을 당했다. 그는 지금도 관타나모만 수용소에 억류되어 있다. 주바이다는 ICRC(국제적십자위원회)에 당시 상황을 이렇게 증언했다. "이 기간 동안 난 이런 심문 기술을 적용한 최초의 인물 중 한 명이므로 정해진 규칙 같은 건 없다는 말을 들었다. 나중에 다른 이들에게 사용할 기술을 내게 실험하고 시도하는 것 같았다."[5] 제임스의 경우와 달리 당사자의 동의 같은 건 받지 않았다. 이건 훈련 상황이 아니었다.

CIA는 먼저 수감자가 무력감을 느끼게 만들어서 후속 심문에 고분고분 응하게 만들기 위해 고안된 다양한 기술을 활용했다. 주다이바는 초기에 6~8주간 알몸으로 지냈다. 처음에는 침대에 족쇄로 묶어뒀다가 화장실에 갈 때만 풀어줬다. 고형식은 전혀 주지 않고 액체로 된 영양 음료만 제공했다. 이런 전술을 다양하게 결합시킨 탓에 그는 심문이 본격적으로 시작되기도 전부터 어린아이가 된 듯한 무력감과 혼란, 불안감을 느꼈다. 미국 상원에 제출된 보고서에 의하면 주바이다의 심문에는 물고문(워터보딩) 83번, 잠 안 재우기, 관 모양 상자에 11일간 감금하기 같은 사례가 포함되었다. 그는 구금 중에 왼쪽 눈을 잃었다.

주바이다는 변호사에게 CIA의 벽에 세우기와 스트레스 자세 고문에 대해 설명했다.

그들은 철창에 묶여 있던 내 손을 푼 뒤 짧은 사슬을 이용해 다리에 채워둔 다른 사슬에 손을 묶어서 계속 절하는 듯한 자세를 취하게 했다…. 날 잔인하게 시멘트벽으로 끌고 가더니… 내 머리와 등을 무자비하게 벽에 부딪치기 시작했다. 하도 세게 부딪쳐서 허리가 부러질 것 같았다. 또 내 얼굴을 계속 때리면서 동시에 소리를 지르기 시작했다. 그리고 관처럼 생긴 커다란 검은색 나무 상자를 가리키며 말했다. "이제부터 저기가 네 집이다…." 그는 상자 뚜껑을 거칠게 닫았다. 자물쇠 채우는 소리가 들렸고 난 완전한 어둠 속에 갇혔다.

주바이다가 당한 자세한 고문 내용은 국가 안보상 공개되지 않았고, 그는 대중이나 언론과 대화하는 게 허용되지 않았다. 때문에 그가 이런 일을 겪는 동안 정신적인 회복력을 유지하면서 끝까지 버티기 위해 어떤 노력을 기울였는지는 알 수 없다. 그는 고문을 당하면서도 상대가 원하는 정보를 말하지 않았다. 그런 정보를 몰랐기 때문이다. 그러나 정부는 이 방법이 효과가 있을 거라고 믿으면서 계속해서 이런 잔인한 기술을 사용하고 있다.

영국, 미국, 캐나다 정부는 예전부터 심문, 감각 박탈, 세뇌에 관한 연구를 진행했는데 이 사실은 악명 높은 MK-울트라 프로그램MK-Ultra programme(CIA가 냉전 시대에 민간인을 대상으로 시도한 불법 세뇌 실험-역주)의 존재가 폭로되면서 세상에 알려졌다. 작가 존 마크스John Marks도『맨츄리안 캔디데이트 탐사Search of the Manchurian Candidate』라는 책을 통해 CIA에게서 자금을 지원받은 세뇌 프로그램에 대해 자세히 설명했다.

영국 출신 정신과 의사 도널드 이웬 카메론Donald Ewen Cameron은 캐나다에서 기억을 지우고 정신을 프로그래밍해서 정신 장애를 교정하는 연구(예: 세뇌)를 하면서 CIA에게 자금을 지원받았다.[6] 그의 환자들은 자신이 실험적인 프로그램에 참여하고 있다는 사실을 몰랐다. 그들은 한 번에 몇 주씩 약물을 통한 혼수상태에 빠졌고, 잠자는 동안에도 긍정적인 메시지와 부정적인 메시지가 반복적으로 흘러나오는 테이프를 들었다. 그들 중 일부는 기억상실증, 요실금 같은 끔찍한 후유증을 겪었고, 그들은 1980년대에 CIA에 손해 배상 소송을 제기했다. 유나바머 Unabomber로 밝혀진 테드 카진스키Ted Kaczynski가 MK-울트라 프로그램의 일환으로 알려진 하버드 대학 연구에서 200시간 동안 심리적 학대를 당했다는 사실은 매우 흥미롭다.[7]

국가에 의해 조장되는 문화적 기억상실증은 이런 심리적 고문 사건을 고립된 사건으로 취급하지만 사실은 그렇지 않다. 여러분이 알고 있거나 원하는 것보다 더 많이 반복된다.

정보 전쟁터

다행히도 우리 삶은 심문 과정은 아니다. 우리는 실험실이나 정신병원에서 세뇌당하지 않는다. 아마 모두 평범하게 살아가고 있을 테고, 주황색 작업복을 입고 수용소에 억류되어 있지 않을 것이다. 그리고 적에게 생포되는 일도 없을 것이다. 그렇다면 이것이 우리와 어떤 관련이 있는 걸까?

우리는 실험실에서 세뇌를 당하거나 쏟아지는 총알을 피할 필요는 없지만 광고와 넛지, 편향된 뉴스 기사, 선전의 폭풍우를 헤쳐 나가야 한다. 우리는 벽에 묶여 긴장된 자세로 서 있는 게 아니라 정보의 급습에 몸을 잔뜩 웅크리고 있다. 인생은 정신, 바로 우리 정신을 지키기 위한 싸움이다. 도널드 이웬 카메론은 영국의 정신과 의사 윌리엄 사건트*William Sargant*에게 영감을 받았다. 그는 『정신을 차지하기 위한 전쟁: 개종과 세뇌의 생리학-전도사, 정신과 의사, 정치가, 의학자는 어떻게 우리 신념과 행동을 바꿀 수 있는가*Battle for the Mind: A Physiology of Conversion and Brain-Washing–How Evangelists, Psychiatrists, Politicians, and Medicine Men Can Change Your Beliefs and Behaviour*』라는 책을 썼다.[8] 제목에서 알 수 있듯이 사건트는 마음을 지배하려는 이들의 다양한 범주를 식별했다. 관심을 끌고, 세뇌시키고, 우리를 다른 방향으로 유도하기 위한 계획을 연구하고, 전략을 세우고, 실행하는 전문가가 많다. 그들은 홍보 및 광고 대행사, 정부, 미디어, 빅데이터, 빅테크 기업에서 일한다. 그들은 우리에게 제품과 서비스를 판매하고, 우리의 투표 방식을 바꾸고, 우리가 시민으로서 하는 행동을 바꾸려고 애쓴다.

한 사이버 보안 전문가의 이야기는 우리가 설득 전술의 공격을 얼마나 많이 받고 있는지 강조한다. 그는 은행에서 보냈다는 의심스러운 편지를 받았다. 그 편지에는 사기를 당하지 않게 보호해 주겠다며 민감한 정보를 요구하는 내용이 있었고, '긴급 사안', '오늘 당장 행동하세요', '여러분 같은 이들에 동참하세요' 등 개인 정보를 얻기 위한 다크 넛지로 가득 차 있었다. 전문가는 사기 사건이 일어나고 있음을 알리기 위해 그 편지를 들고 은행에 갔다. "아뇨, 그건 우리가 보낸 것이 맞습니다." 은행에서는 이렇게 말했다.

조작 전술이 너무 광범위하게 사용되고 있는 탓에 누가 누군지 구분하기 어렵다. 우리가 나쁜 놈들의 넛지에 넘어가는 걸 막기 위해 착한 사람들까지 나쁜 넛지를 사용하고 있다. 게다가 이런 기술을 경계해야 하는 분야는 광고나 정치적인 선전뿐만이 아니다. 그와 정반대되는 지점에 있는, 우리를 가장 사랑하고 가장 잘 아는 이들도 우리를 조종하려고 한다. 진화심리학자 데이비드 버스David Buss는 연인이 무언가를 하도록 영향을 주고 조종하는 데 사용하는 12가지 전술을 발견했다. 성격에 따라 사람마다 더 취약한 전략이 있긴 하지만, 대부분의 사람에게 익숙한 몇 가지 전략도 있다. 매력 발산, 칭찬, 파트너가 그렇게 하기를 원하는 이유를 설명하며 설득하기, 무시, 즐거움 유도, 그 일이 얼마나 재미있는지 보여주기, '사회적 비교'를 통해 다른 사람들도 다 한다고 말하기, 강경한 태도, 위협이나 폭력 사용, 거짓말 등이다.[9]

우리가 매일 몇 개나 되는 정보 총알을 피하는지에 대한 정확한 누계는 없다. 그러나 2006년에 마케팅 회사 얀켈로비치Yankelovich 사장인 제이 워커 스미스Jay Walker-Smith는 평균적인 미국인이 하루 5,000개의 광고 메시지에 노출된다고 주장했는데, 이는 1970년대보다 10배나 많은 수치다.[10] 레드 크로우 마케팅 Red Crow Marketing Inc.에 따르면 지금은 하루에 4,000~10,000개 정도라고 한다.[11] 이 수치는 뜨거운 논쟁을 불러일으켰다. 이렇게 수치를 정량화하는 건 어렵지만 어쨌든 연구자들은 광고 메시지가 지나치게 많다는 데 동의한다.[12]

텔레비전, 라디오, 광고판, 상점 창문, 영화관, 광고용 우편물, 신문, 잡지, 소셜 미디어, 버스 정류장, 비디오 게임, 문자 메시지, 소셜 미디어 등 설득력 있는 메시지를 전달할 기회가 이토록 많았던 적도 없다.

그리고 정보화 시대의 속도는 점점 빨라지고 있다. 서던캘리포니아 대학의 마틴 힐버트Martin Hilbert 박사의 연구에 따르면, 2007년에 미국인들은 하루에 거의 12시간 동안 정보를 소비했다. 이를 환산해 보면 100,500단어, 즉 반나절 동안 초당 23단어, 34GB에 달하는 정보를 소비한 것이다.[13] 이를 85페이지짜리 신문에 비유하면, 1986년에는 매일 정보가 가득 담긴 신문을 약 40개 정도 받았는데 2007년에는 174개로 급증한 것이라고 주장하는 연구도 있다.[14] 이것은 인간의 뇌에 떨어진 정보 과부하 폭탄일까?

인간은 '인지적 구두쇠'로 알려져 있다.[15] 세상에 관심을 기울이는 데 필요한 두뇌 능력이 매우 제한되어 있기 때문이다. 티모시 윌슨Timothy Wilson은 『나는 왜 내가 낯설까Strangers to Ourselves』라는 책에서 뇌는 초당 1,100만 개의 감각 정보(소리, 냄새, 광경 등) '조각'을 처리하는데, 이 가운데 뇌의 의식 경로를 통과하는 건 40개뿐이라고 추정했다.[16] 이 추정이 맞다면 감각 처리 과정의 0.0004퍼센트만 의식적으로 이루어진다는 말이다. 우리는 세상의 모든 정보를 의식적으로 처리할 수 없다. 한 연구에서 참가자 중 절반이 공원을 걷던 도중에 외발자전거를 탄 광대를 알아차리지 못한 것도 이런 이유 때문이다. 걷는 동안 전화 통화를 한 경우에는 수치가 훨씬 더 낮아졌다.[17]

인지적 구두쇠인 우리는 조작에 취약하다. 모든 결정을 신중하게 생각할 수 있는 두뇌 능력이 부족하기 때문에 자동 조종 장치에 따라 결정을 내릴 수 있는 무의식적인 경험 법칙에 의존한다. 이는 특정한 방식으로 제시된 정보가 종종 우리 행동을 무의식적으로 편향시키거나 다크 넛지 할 수 있다는 얘기다. 베르테르 효과를 예로 들어보면, 유명인의 자살은 자살률을 증가시킬 수 있다.[18] 어떤 경우에는 언론의 간단한 넛지만으로도 사람들이 인생에서 가장 중요한 결정을 내리도록 유도할 수 있다. 2020년에 코로나 맥주 판매량이 40퍼센트 증가한 것도 아마 이런 이유 때문일 것이다.[19] 때로 설득의 전쟁터에서는 작고 빠르게 움직이는 '총알' 하나, 한 번의 넛지만으로도 여러분을 이길 수 있다.

사람들의 관심을 끌기 위한 전쟁이 벌어지고 있다. 상대방은 어떻게든 여러분을 설득하고 싶어 한다. 광고주와 마케팅 담당자는 물론이고, 빅데이터와 예측 분석, PR, 로비 활동 전문가도 이 싸움에 가담하고 있다. 정보 전쟁에서 싸우는 세력 중에는 정부와 그 산하 기관들도 있다. 그들은 친구인가, 적인가? 구별하기가 쉽지 않다. 우리는 정부가 우리의 동지이길 바라지만 MK-울트라 프로그램에서 '치료'받은 정신질환자들도 과연 그렇게 말할까? 때로는 정부가 나의 적일 수도 있다.

행동과학이 발달한 요즘 세상의 정부들은 부지불식간에 사람들에게 영향을 미치는 기술을 이용해서 우리가 좋은 시민이 되도록 '유도'하려고 애쓴다. 또 정부는 기존의 선전 기술만 사용하는 게 아니라 소셜 미디어에서 봇과 트롤 군대를 지휘하기도 한다. 지금은 타인의 뇌를 탐구하고 재설계하는 것이 허용된 시대다. 세계경제포럼 고문이자 작가인 유발 하라리*Yuval Harari*는 "인간은 자신이 더 이상 신비로운 영혼의 소유자가 아니라는 생각에 익숙해져야 한다. 우리는 이제 해킹 가능한 동물이 되었다"고 말한다.[20]

군대는 인간을 해킹 가능한 대상으로 취급하는 전형적인 예시다. 앞서 소개한 군인 제임스는 "군대에서 하는 모든 일은 사람들의 생각을 바꾸는 것과 관련이 있다. 그들은 우리 정신과 생각에 손을 댄다"라고 말했다.

콘텐츠와 정보는 풍부하지만 인간의 관심은 희귀한 자원이며, 광고주는 그 자원의 일부만 활용할 수 있다. 우리가 하루에 주목할 수 있는 광고 양은 그리 많지 많다. 미디어 다이내믹스*Media Dynamics*의 연구 결과, 사람들은 미디어를 통해 하루 평균 362개의 광고에 노출되지만 그중에서 몇 초 이상 주의를 기울이는 건 153개(24퍼센트)뿐이라는 사실이 드러났다.[21] 또 마케팅 전문가인 바이런 샤프*Byron Sharp*는 사람들이 광고를 보고 브랜드를 확실히 기억하는 경우는 16퍼센트에 불과하다는 사실을 알아냈다.[22] 이 모든 소음과 이를 처리할 수 있는 제한된 능력을 고려하면 광고주가 사람들의 관심을 끌기 위해 얼마나 열심히 노력하는지 알 수 있다. 그들은 진지하다.

각국 정부가 정치 커뮤니케이션에 지출하는 금액이 얼마나 되는지 추정하는 건 불가능하다. 해당 업무에 종사하는 부서는 기밀이고 이를 공개할 의무도 없기 때문이다. 중앙정부와 지방자치단체, 국영 언론, 군대와 경찰을 비롯해 가장 넓은 의미의 정치 커뮤니케이션을 고려하면 세계 각국이 매년 수조 달러에 달하는 돈을 지출한다고 가정해도 무리는 아니다. 예를 들어, 2020년에 영국 정부는 1억 6,000만 파운드가 넘는 광고비

용을 집행했고, 그해의 최대 광고주가 되었다(팬데믹으로 인해 발생한 특수 상황 때문이기는 하지만).[23]

이런 상황을 전부 전쟁과 결부시켜서 얘기하는 건 극단적인 행동처럼 보일 수도 있지만, 지도자들은 바로 그런 식으로 우리를 대한다. 영국의 찰스 왕은 기후 변화와 관련된 행동에 영향을 미치기 위해 '광범위한 군사 작전'을 펼쳐야 한다고 촉구했다.[24]

이런 군사 작전에는 심리적 조작이 뒤따른다. "전쟁은 기만이다"라는 이슬람 속담이 있는데, 때로 전쟁은 착각일 수도 있다. 제2차 세계대전에 참전했던 일본 군인 중 일부는 전쟁이 끝난 뒤에도 수십 년간 정글에 숨어 살면서 전쟁이 여전히 진행 중이라고 믿었다.[25] 시사 문제와 세계에 관한 여러분의 생각 가운데 스크린을 통해 얻은 환상의 결과물은 얼마나 되는가?

우리는 전례 없이 많은 양의 정보에 집단적으로 노출되고 있다. 인류 역사상 이런 일을 겪은 적이 없다. 양도 문제지만 더욱 심각한 문제는 거기에 담긴 의도다. 제임스가 만난 심문관들처럼 상대방은 여러분을 상대로 체스 게임을 벌이려고 한다. 때로는 그 게임이 오랫동안 이어지기도 하므로 실수해선 안 된다. 광고 담당자, 행동과학자, 소셜 미디어에서 활동하는 악의적인 댓글 부대, 정부 선전가 등은 재미로 게임을 하는 게 아니다. 그들에게는 전략이 있다. 그들은 우리의 관심을 사로잡고 우리의 행동에 영향을 미치려고 한다. 그리고 지금은 그들이 우리보다 한발 앞서 나가고 있다.

세뇌나 강압적인 설득은 부당한 영향력을 행사하기 위해 느리게 반복되는 은밀한 과정이다. 여기서 살아남아 정신을 자유롭게 유지하기 위한 첫 번째 단계는 세뇌나 강압적 설득이 특이한 적이 사용하는 특이한 전략이 아니라 항상 존재하는 과정이라는 걸 인식하는 것이다.

반격

제임스는 심문에서 어떻게 살아남았을까? 우선 훈련 프로그램이어서 생존이 보장된다는 근본적인 이점이 있었다. 하지만 그에게는 회복력도 필요했다. 그는 자신을 '억류한 자들'이 자신보다 한 수 위라는 사실을 일찍부터 깨달았다. 그건 게임이었다. 불편하고 굴욕적이며 정신을 혼미하게 만드는 움직임은 체스 말의 움직임처럼 정밀하게 조율되었다. 제임스는 뇌를 단련하기로 결심하고 오만한 태도를 취하기까지 했다. 그는 자신이 해낼 수 있다고 판단했고, 마음만 먹으면 상대방을 이길 것이라고 생각했다. 실제로 의식과 긍정적 사고의 힘, 그리고 자존감, 자기 존중, 자기 긍정 같은 심리적 개념이 생산성이나 성과, 삶의 결과를 향상시킬 수 있다는 연구 결과가 많다.[26] 속담에도 있지만, 자신이 할 수 있다고 생각하든 할 수 없다고 생각하든, 그 생각이 옳기 때문이다.

제임스는 자신에게 적용할 수 있는 심문 종류가 매우 많다는 걸 알고 있었다. 그는 운이 좋은 편이었다. 실제 생포 시나리오에서는 잔인한 방법을 끝없이 계속 사용할 수 있었다. 이틀간의 심문이 진행되는 동안 제임스는 그들이 무얼 하는지 관찰하고 전술을 하나씩 세어 보았다. 50퍼센트 정도 진행됐다. 75퍼센트 정도 진행됐다. 그러다가 거의 끝났다.

현실 세계에서는 날마다 쏟아지는 세뇌 공세에서 살아남기 위해 끝없는 잔인함에 대비할 필요는 없지만, 그래도 준비는 해둬야 한다. 자신의 심리적 약점이 무엇이고 사람들이 그것을 어떻게 이용하려고 하는지 알아야 한다. 중국의 유명한 군사 전략가 손자의 말처럼 "적을 알고 나를 알면 백 번 싸워도 두려워할 필요가 없다."[27]

저항의 핵심은 심리적 회복력이다. 이 장에서 살펴보았고 이 책 전체에서 계속 얘기하겠지만, 방어력을 강화하고 자신이 직면한 상황을 파악하면 회복력을 키울 수 있다. 예를 들어, 한 연구에서는 살면서 충격적인 사건을 경험한 사람은 잘못된 정보나 유도 질문에 의해 기억이 조작될 가능성이 작다는 사실이 밝혀졌다.[28] 다른 연구에서는 태도 강화나 반론, 어떤 방법으로도 자기 마음을 바꿀 수 없다는 자신감 같은 전술을 통해 설득에 저항할 수 있다는 것이 드러났다.[29] 한편, 경험에 대한 개방성은 암시성과 연결된 특성으로 확인되었다.[30] G. K. 체스터턴

*G. K. Chesterton*이 말했듯이 설득당하지 않으려면 방어를 강화하고, 정신이 헐거워질 정도로 개방적인 태도를 취하지 않는 게 좋다. 설득에 저항할 수 있는 사람은 자신이 삶을 통제하고 있다고 느끼는 경향이 있다.[31] 마음을 자유롭게 하려면 먼저 스스로를 책임져야 한다.

제임스의 경우, 새로운 스트레스 상황이나 심문을 견딜 때 초를 세면서 정신적 회복력을 유지했고, 자신의 뇌를 장악했다. 제임스는 이렇게 말했다.

무언가를 생각하면서 시간을 추적해야 한다. 시간을 놓치면 모든 걸 통제할 수 없게 된다. 그래서 포로를 독방에 가두고, 불을 켰다 껐다 하고, 불규칙적인 시간에 식사를 제공하는 것이다. 결국 모든 건 정보와 통제에 관한 것이다.

마틴이라는 다른 군인도 똑같은 훈련을 받았다. 그는 여기서 더 나아가 특수부대 훈련을 받고 심문 기술을 가르치는 트레이너가 되었다. 그는 '고통, 기본적으로 고문에 대한 내성'을 키우는 법을 배웠다. 마틴도 제임스처럼 회복력을 유지하기 위해 머리를 바쁘게 움직였다.

심문 훈련은 경험이다. 마음이 약한 사람을 위한 경험은 아니다. 심문을 받고 감방에 갇히면 자신에게 무슨 일이 일어났는지 생각할 수 없다. 그래서 미치게 되는 것이다. 마음속에 방어벽을 세워야 한다. 나는 머릿속으로 자동차 만드는 과정을 상상한다. 집을 지을 수도 있다. 실행 계획을 생각하고 벽돌을 하나씩 쌓아야 한다. 일반인은 문제에 처하면 당황하지만, 군대에서는 그렇지 않다. 우리는 전체적인 상황을 본다. 침착함을 유지하면서 상황을 평가하기 위한 정신적인 체크리스트를 가지고 있다.

애버딘 트라우마 연구센터 연구진은 2009년에 발표한 논문에서 이 의견에 동의하면서 장기간의 포로 생활에서 살아남는 방법 중에는 머리 식히기(예: 독서나 공상), 규율(예: 운동과 개인위생), 긍정적인 방향 모색 등이 포함된다는 결론을 내렸다.[32] 예를 들어, 테리 웨이트*Terry Waite*는 마음속으로 자서전을 썼다. 또 납치된 비행기에 타고 있던 피해자들에 대한 연구에서는 그들이 그 경험을 흥미진진한 모험으로 여겼다고 보고했다. 결국 자신이 할 수 있는 일, 그러니까 자신의 생각, 감정, 상황에 대한 인식을 통제해야 한다.

홀로코스트 생존자 빅터 E. 프랭클*Viktor E. Frankl*은 "인간에게서 모든 걸 빼앗을 수 있어도 단 하나만은 예외다. 그것은 바로 인간의 마지막 자유, 주어진 상황에서 자신의 태도와 앞으로 나아갈 길을 선택하는 자유다"라고 말했다.[33]

매일 정보 전쟁을 헤쳐 나가겠다는 생각은 힘겹게 느껴질 수도 있다. 광고판과 판매원을 피하기 위해 온종일 자동차를 만드는 상상이나 자서전을 쓰는 상상을 할 수는 없다. 미디어와의 모든 상호 작용이 우리에게 부당한 영향을 미치려는 시도라고 여기거나, 만나는 사람들이 모두 자신에게 해를 끼치려고 한다는 편집증을 앓는다면 가치 있는 경험을 빼앗길 것이다.

아마 스쳐 지나가게 놔두는 편이 더 쉬울 것이다. 174개의 은유적인 신문이 8분마다 한 번씩 뇌를 부드럽게 두드리는 걸 허용하자. 일부 정보는 가치가 있다. 일부는 사실이다. 일부는 재미있다. 새로운 걸 배울 수도 있다. 전부 다 나쁘지만은 않다. 하지만 어떻게 알 수 있을까?

무엇이 가치가 있고, 무엇이 가치가 없는지는 자신만이 결정할 수 있다. 이 책은 세뇌, 검열, 암시를 위한 책이 아니라 이런 상황에서 자신이 직접 재량을 발휘할 수 있도록 도와주는 책이다. 그들보다 한발 앞서야 하는 상황에서 이 책은 현장 매뉴얼 같은 역할을 해줄 것이다. 첫 번째 단계는 자신이 군인이라는 것을 인식하고 전투를 준비하는 것이다. 마음을 온전하게 유지하고, 스스로를 통제해야 이 문제에서 벗어날 수 있다. 그래야 명예롭게 집으로 돌아올 수 있다. 또 재미를 느끼게 될지도 모른다.

훈련을 시작해 보자.

- 모든 형태의 의사소통은 어떤 식으로든 우리를 설득하기 위해 고안되었다는 사실을 인식하자.

- 온종일 이루어지는 설득 시도와 이를 위해 사용되는 기술에 주목하면서 다크 넛지를 물리치기 위해 신중한 선택을 하자.

- 가장 중요한 건 이 책을 빠짐없이 읽는 것이다. 이 책은 정보 전쟁의 전장에서 살아남기 위한 야전 매뉴얼이다.

2장

당신의 입장을 고수하라

세뇌로 가는 길은 단 한 번의 부추김으로 시작되는 미끄러운 비탈길이다. 심리적 온전함을 유지하려면 세뇌자들에게 어떤 것도 양보해서는 안 된다. 그들에게 1센티미터의 여지를 주면 그들은 1킬로미터를 훔쳐갈 것이다. 처음에 그들과 상호작용하는 것만으로도 그들이 참여 규칙을 정하고 우리를 뒤처지게 만들 수 있다. 가장 좋은 방법은 그들과 논쟁을 벌이지도 말고 그냥 완전히 차단해 버리는 것이다.

미끄러운 비탈길

야생 돼지는 미국에서 가장 파괴적인 침입종 중 하나다. 농작물을 파괴하고, 갓 태어난 양을 잡아먹고, 들판의 풀을 뜯어내고 땅을 헤집으며, 심지어 관광객들을 위협하기까지 한다. 「스미소니언 매거진*Smithsonian Magazine*」은 "돼지를 가두거나 죽이려는 최선의 노력까지 무력화시키는 돼지 역병에 나라가 포위당했다"고 했다.[1]

문제는 돼지가 개보다 지능이 높다는 것이다.[2] 캘리포니아 팟벨리드 돼지협회에 따르면 돼지가 가진 재능 중 가장 눈에 띄는 건 고집이다.[3] 멧돼지 때문에 농장이 망가진 농장주들 입장에서는 돼지의 지독한 고집이 성가실 수밖에 없다.

그렇다면 성가신 돼지를 해결할 방법은 무엇일까?

농부들에게는 다행스럽게도 (돼지에게는 별로 다행스러운 일이

아니지만) 제이거 프로 호그 컨트롤 시스템*Jager Pro Hog Control Systems*
(군대식 훈련, 전투 테스트 완료, 농부들의 승인)이라는 회사가 멧돼지
무리 전체를 포획하기 위한 포획 성공 매트릭스®*Capture Success*
Matrix®라는 체계적인 솔루션을 개발했다.[4] 이 솔루션은 세 단계
로 진행되는데, 먼저 돼지가 미끼를 깔아놓은 장소를 신뢰할
수 있도록 환경을 조성한 후 목장 울타리를 신뢰하도록 조성한
다. 그리고 마지막으로 스위치를 눌러서 그들을 덫에 가둔다.

　이 회사의 유튜브 동영상 중 하나는 1에이커 규모의 땅콩
밭을 파괴한 멧돼지 떼에 관한 것이다.[5] 농부 입장에서도 피해
가 큰 사건이었지만 돼지들도 큰 대가를 치러야 했다. 돼지의
가장 큰 약점인 땅콩을 좋아하는 취향이 발각되었기 때문이다.
이 지식으로 무장한 제이거 프로는 전략적으로 밭 전체에 땅콩
을 뿌려 놓았다. 처음에는 돼지를 가두려는 시도를 하지 않았
다. 목표는 돼지들에게 이곳이 안전하다는 잘못된 인식을 심어
주는 것이었다.

　땅콩을 뿌린 농장에 울타리를 설치했다. 땅콩 절반은 입구
앞에 미끼로 뿌리고 절반은 안쪽에 뿌려뒀다. 처음에 돼지들은
경계하면서 울타리 안으로 들어가려고 하지 않았다. 돼지들이
편안함을 느끼기까지는 시간이 좀 걸렸다. 하지만 울타리 입구
앞에 있는 땅콩을 먹어보더니 신뢰하기 시작했다. 무모한 어린
돼지들이 먼저 코를 킁킁거리며 안으로 들어왔고, 아이들이 가
는 곳에 어른들도 따라갔다. 이후 며칠 동안 돼지들은 울타리

안에 들어가도 나쁜 일이 일어나지 않는다는 것을 알고 안전함을 느끼기 시작했다.

처음에는 미끼용 땅콩을 울타리 안팎에 골고루 뿌려 놓았지만 얼마 뒤부터는 돼지가 땅콩을 먹으려면 울타리 안쪽 깊숙한 곳까지 들어와야 했다. 넷째 날이 되자 돼지들은 땅콩을 먹으러 목장 안까지 들어오는 걸 주저하지 않게 되었다.

돼지들은 농부가 카메라로 지켜보고 있다는 사실을 몰랐고, 농부는 적당한 때를 노려 문을 잠가 버렸다. 겁에 질린 돼지들은 탈출구를 찾으려고 울타리로 돌진했지만 때는 이미 늦었다. 인내심 강한 농부들은 가장 고집 센 돼지까지 서서히 유인할 수 있었다. 그렇다면 인간에게는 어떤 기회가 있을까?

여기서 사용되는 원리는 아주 오래된 것이다. 1940년대에 헝가리의 스탈린주의 독재자 마티아스 라코시*Mátyás Rákosi*는 정적을 무너뜨리기 위한 단계별 접근법을 설명하기 위해 '살라미 썰기'라는 용어를 만들었다.[6] 살라미 소시지는 아주 얇게 썰어도 결국 한 덩어리를 다 먹어치우게 된다. 이 기술은 고대 중국에서 몸에 1,000개의 상처를 내서 죽였던 고문을 연상시킨다.

세뇌의 경우 개구리를 삶는 것과 같다고 생각하면 된다. 끓는 물속에 개구리를 떨어뜨리면 바로 튀어나오지만, 차가운 물이 담긴 냄비에 넣고 서서히 온도를 높이면 저항 없이 삶을 수 있다.

가장 큰 사회적 변화가 하룻밤 사이에 일어나는 경우는 거의 없다는 걸 생각해 보자. 사회적 변화는 수많은 작은 변화가 모여서 이루어진다. 일례로, 소득세는 나폴레옹 전쟁 당시 영국이 전쟁 자금을 조달하려고 1799년에 긴급 임시 조치로 처음 도입한 것이다.[7] 당시에는 소득세가 10퍼센트에 불과했다. 이 인기 없는 세금은 다음 세기에 여러 차례 폐지되었다가 다시 도입되었으며, 1909년이 되어서야 로이드 조지*Lloyd George*가 영구적인 세금으로 공식화했다. 오늘날 영국의 소득세율은 법인세, 부가가치세, 도로세, 지방세, 상속세, 연료세, 수입세, 인지세 등의 홍수 속에서 20퍼센트, 40퍼센트, 45퍼센트를 유지하고 있다.

「응용심리학 저널」에 실린 한 논문은 소위 '미끄러운 비탈길'을 뒷받침하는 4가지 실험을 기반으로 작성되었다.[8] 연구진은 엔론*Enron* 같은 기업 스캔들(여러 해 전부터 습관과 가치관, 행동이 꾸준히 축적되다가 마침내 통제 불능의 사태로 치달은 사건), 버니 메이도프*Bernie Madoff*의 폰지*Ponzi* 사기, UBS 불법 거래, 「뉴스오브더월드*News of the World*」 전화 해킹 스캔들 등을 언급했다. 또 사람들은 이익이 작을수록 도덕적 판단을 자기 재량에 맡긴다는 걸 증명하는 과거 연구를 인용했다. 예컨대 그들은 문제를 하나 풀 때마다 5달러를 준다고 했을 때보다 10센트를 준다고 했을 때 부정행위를 할 가능성이 컸다. 현금 서랍에서 돈을 훔치는 것보다 직장에서 펜을 훔치는 것은 용인되는 행동이라고 생각했다. 중요한 건 연구진이 작은 범법 행위가 더 큰 범법 행위로 이어진다는 사실을 직접 증명했다는 것이다.

현대사에서 이런 그러데이션 효과를 보여주는 분명한 사례가 바로 코로나19에 대한 정부의 대응 방식이다. 영국에서는 봉쇄가 일시적인 조치라고 선전했다. 2020년 3월, 보리스 존슨_Boris Johnson_ 총리는 코로나 확산을 막기 위해 실내에 머물면서 3주간 사업체를 폐쇄해야 한다고 말했다.[9] 이런 조치는 2년 동안 이런저런 형태로 지속되었다. 팬데믹 기간에 영국 정부는 불가피하게 도입한 조치를 사람들에게 설득시키기 위해 거부, 토론, 요구로 구성된 3단계 프로세스를 따르는 듯했다.

첫째, 정부는 (종종 계획 유출로 인해 알려진) 조치를 도입했다는 사실을 부인할 것이다. 이런 부인은 사실에 대한 언급을 통해(부정적인 언급이라도) 가능성의 씨앗을 뿌리고 정책을 구미에 맞게 만들 것이다. 비록 인기가 없더라도 상상조차 할 수 없는 영역에 있던 아이디어를 생각 가능한 영역으로 옮겨오는 동시에 사실 부정을 통해 사람들의 두려움을 막아준다. 심리학 연구에 따르면 사람들은 어떤 것에 노출만 되어도 그 일에 더 쉽게 적응하는 것으로 나타났다.

이런 부인을 시작으로 정부는 저항을 줄이기 위해 정책 토론을 진행할 것이다. 그 결과, 고려할 수는 있지만 결코 받아들일 수 없던 아이디어가 수용 가능한 선으로 바뀌게 될 것이다. 정부가 정책 시행을 요구할 때쯤이면 대중은 항의를 거의 멈추고, 이를 받아들일 준비가 될 정도로 부드러워질 것이다.

2021년 1월, 당시 보건사회복지부 장관이던 나딤 자하위*Nadhim Zahawi*는 "정부는 백신 패스를 도입할 계획이 없다"라는 트윗을 올렸다. 실제로 정부는 백신 패스 도입 계획을 거의 11번이나 부인했다.[10] 2021년 4월, 자하위는 나라를 다시 개방하기 위해 백신 패스 도입을 고려하지 않는 건 '완전히 태만하고 무책임한' 행동이라고 말했다.[11] 이 말은 나이트클럽이나 기타 대규모 시설에 코로나19 패스가 필수였던 12월에 나왔다.[12]

이후 영국에서는 백신 패스가 폐기되었지만 이런 사회적 변화의 점진적인 성격을 기억하는 게 중요하다. 두 걸음 전진, 한 걸음 후퇴다. 소득세는 영구적인 세금으로 정착하기 전까지 여러 차례 폐지되었다가 다시 도입되었다. 이제 의무적인 디지털 ID에 대한 기반이 마련되었고, 대중이 이를 수용할 조건을 갖추게 되었다.

이 과정이 의도적이었다는 걸 증명할 수는 없지만 이런 형태의 심리적 완화에는 일관된 패턴이 있다. 또 하나의 설명은 (정부의 무능함을 드러내기 때문에 결코 바람직하다고는 할 수 없지만) 정부가 팬데믹 대응 과정 내내 불확실한 태도로 오락가락했다는 것이다.

백신 패스가 한 일은 의무적인 디지털 ID 도입을 위한 기회를 얻은 것이다. 이것이 설득의 확고한 원칙이다. 한 연구에서는 사람들이 청원서에 서명하거나 범퍼 스티커 부착을 수락하는 등의 사소한 요청에 먼저 동의한 경우, 앞마당에 대형 안전 운전 표지판을 설치하는 데 동의할 가능성이 최소 25퍼센트 높아지는 것으로 나타났다.[13] 사람들이 뭔가 해주기를 바란다면 먼저 그보다 규모가 작고 합리적인 것을 요청하는 게 좋다. 일단 그런 요청을 받아들이고 나면 나중에 더 큰 요청도 수락하게 된다. 예를 들어, 자동차 판매점에서 잠재 고객에게 시승을 권유하는 것도 이 때문이다. 시승은 자동차를 구입하는 것보다 부담이 없지만 자동차 구입 과정을 진행하도록 유도한다.

영향력 있는 행동 통찰력 전문가이자 넛지 유닛*Nudge Unit* CEO인 데이비드 핼펀*David Halpern*은 이를 '급진적 점증주의'라고 말한다.[14] 이게 바로 넛지의 본질이다. 작은 변화가 누적되어 엄청난 영향을 미칠 수 있다. 첫 번째 넛지는 한 번 힘껏 떠미는 효과를 낸다. 넛지 유닛은 행동 통찰력팀이라는 조직의 구어체 이름이다. 이 팀은 영국 정부 내각과 함께 설립되었으며, 이들의 자체 웹사이트에 따르면 지금도 여전히 '영국 정부의 중심'으로 활동하고 있다. 넛지 유닛은 대부분의 사람이 모르는 사이에 급진적 점진주의 같은 기술이 정부의 표준 전술이 되었음을 보여준다.[15]

심리학자들은 '단순 동의 효과'라는 것을 이용해서 스크립트를 개발하기도 한다.[16] 사람들에게 두 가지 질문에 '예'라고 대답하게 하면 진짜 타깃 질문에 '예'라고 답할 가능성이 커진다. 예를 들어, "가족을 위해 최선을 다하고 싶습니까? 앞으로 무슨 일이 일어날지 걱정되시나요? 우리 보험에 가입하시겠습니까?" 이런 식이다.

길거리에서 기부금 모금자(자선 강도)들에게 이런 막무가내식 기술을 당해본 적이 있을 것이다. 마음의 무장을 해제시키는 미소와 공식적으로 보이는 조끼를 입은 그들은 칭찬이나 오늘 하루 어땠느냐는 질문을 던지면서 우리 발길을 멈추려고 노력한다. 이런 행동은 무해해 보이지만 일단 발길을 멈추고 나면 당나귀 보호소를 위한 후원금 자동 이체 약정서에 서명할 가능성이 있다.

전문 세일즈맨인 마이크 허버츠*Mike Herberts*는 이를 다음과 같이 설명한다.

세일즈에 성공하려면 판매 대상에게 의무감을 조성해야 한다.
전형적인 예를 하나 들어보겠다. 아내와 함께 터키의 어떤 마을을 돌아다니고 있었다. 우리는 가게를 지나가다가 레이스가 있는 걸 보고 들어갔다. 가게에 있던 노인이 사다리를 올라가서 큰 상자를 꺼내 끈을 자르더니 거기서 레이스를 꺼내고, 꺼내고, 또 꺼냈다. 아내가 관심을 보이는 레이스가 나올 때까지.
그때쯤 되면 어떻게든 레이스를 사게 될 것이다.
스코틀랜드의 한 현지 회사가 거리에서 채용 캠페인을 벌였다. 채용 담당자들은 회사 유니폼을 입고 말 그대로 거리 채용을 위해 사람들에게 접근했다. 하지만 상황이 별로 좋지 않았다. 나는 그들에게 첫 마디를 이렇게 시작해 보라고 제안했다. "실례합니다. 이곳에 사시나요?" 이 질문을 받는 순간 뇌는 다음과 같이 즉시 분석에 돌입한다. '이 사람은 길을 잃어서 도움이 필요하구나. 대화를 나눠봐야겠다.'

전직 다단계 마케팅 기획자였던 데니스는 신입사원 모집자가 낯선 이들과 대화를 나누기 위해 항상 손에 립스틱을 바르고 다녔던 방법을 설명했다. 이 방법은 상대방을 완전히 장악하기 전에 서서히 끌어들이는 데 도움이 된다.

이런 과정이 항상 직선적으로 이루어지는 건 아니다. 약간 댄스처럼 느껴질 수도 있다. 최면술사들은 이것을 '분할(사람들이 반복해서 최면에 빠졌다가 깨어나면 더 깊은 트랜스 상태에 도달할 수 있다)'이라고 하고, 픽업 아티스트(이성을 유혹하는 방법을 가르쳐주는 사람)들은 '두 걸음 전진, 한 걸음 후퇴'라고 한다. 자칭 데이트 코치인 코리 웨인Corey Waynee은 자신의 블로그에 이렇게 썼다.

키스를 하거나 애무를 하고 있을 수도 있다. 당신 손이 방황하다가 조금 더 깊이 들어가면 그녀가 당신을 멈추게 한다. 이때 잘 모르는 남자들은 대부분 '그렇군. 끝까지 못 가겠네'라고 생각하고 그냥 포기한다. 하지만 이것이 실제로 의미하는 바는 일이 너무 빨리 진행되고 있으니 속도를 늦추고 약간 물러나야 한다는 것이다. 그런 다음 다시 두 걸음 앞으로 나아가야 한다. 즉 저항에 부딪힐 때까지 계속 전진하다가 한 발 물러난다. 대화에 다시 집중하면서 말을 걸고 상대방도 말을 하게 한다. 그리고 잠시 후, 다시 몸을 어루만지고 강하게 애무하면서 옷을 벗기 시작해야 한다. 그러면 자연스럽게 진행된다.[17]

'대면' 기술이라는 설득 원칙이 있다. 불합리한 일을 두 번 시도했다가 거절당하면 상대방이 애초에 여러분의 목표였던 것을 받아들일 가능성이 커진다. 한 실험에서 사람들에게 카운티 청소년 구금 센터에 있는 청소년들을 동물원에 데려가는 보호자 역할을 2시간 정도 해줄 수 있겠느냐고 물어봤다. 이때는 17퍼센트가 수락했다.[18] 하지만 사람들에게 사전에 극단적인 요청(2년간 매주 2시간씩 상담사로 자원봉사 하는 것)을 한 경우 수락률이 50퍼센트로 증가했다.

퇴폐적 로커 머틀리 크루*Mötley Crüe*는 '걸스, 걸스, 걸스*Girls, Girls, Girls*'의 스트립 클럽 뮤직비디오를 제작할 때 MTV가 이를 받아들일 가능성이 거의 없다는 걸 알았다.[19] 그래서 그들은 두 가지 버전을 만들었다. 매우 선정적인 버전을 먼저 보내자 당연히 거절당했다. 그런 다음 그들이 실제로 방송되길 원했던 톤다운된 타협안을 보냈다. 물론 자선 단체나 1980년대 로커보다 더 사악한 사람들이 이런 기술을 이용할 수도 있다. 전체주의 정권도 하루아침에 생겨나지 않았다. 그것은 수많은 작은 단계가 쌓여서 생긴 결과다.

저널리스트 밀턴 S. 메이어*Milton S. Mayer*는 『그들은 자신들이 자유롭다고 생각했다『They Thought They Were Free: The Germans, 1933-1945』라는 책에서 다음과 같이 생생하게 설명했다.

이런 과정 속에서 살아가다 보면 그것을 전혀 알아차릴 수 없게 된다. … 각 단계가 너무 사소하고, 너무 하찮고, 너무 잘 설명되거나 때로는 '유감스럽게' 느껴지기도 한다. 처음부터 원칙적으로 모든 걸 이해하지 못한다면, 어떤 '애국적인 독일인'도 분개할 수 없는 이 모든 '사소한 조치'가 훗날 어떤 결과로 이어질지 이해하지 못한다면, 농부가 자기 밭의 옥수수가 하루하루 자라는 걸 깨닫지 못하는 것처럼 그 일이 진행되는 과정을 알아차리지 못할 것이다. 어느 날 문득 정신을 차려 보면 옥수수가 머리 위까지 자라 있을 것이다.[20]

제2차 세계대전이 끝난 후, 심리학자 스탠리 밀그램Stanley Milgram은 권위에 대한 유명한 실험을 수행했다. 이 실험을 통해 사람들은 단지 흰색 실험실 가운을 입은 과학자가 지시했다는 이유만으로 다른 사람에게 치명적인 전기 충격을 가한다는 걸 보여주었다.[21] 그러나 이런 결과는 단순히 권위적인 신호 때문만은 아니었다. 참가자들은 낮은 전압에서 시작해 점진적으로 전압을 높이도록 요청받았다. 그 작업의 점진적인 특성이 말 그대로 충격적인 결과를 가져왔다. 심리학자 필립 짐바르도Philip Zimbardo는 "모든 악은 15볼트에서 시작된다"라고 말했다.[22]

회피적 저항

이 교활한 기술이 매우 효과적이어서 가장 고집스러운 돼지도 속일 수 있다면, 우리는 이에 저항하기 위해 무엇을 할 수 있을까?

설득에 저항하는 방법은 대개 두 가지가 있다.[23]

첫 번째는 적극적인 저항이다. 정보와 그 출처에 의도적으로 이의를 제기하는 것이다. 예를 들어, 앞서 언급한 미끄러운 비탈길 연구자들은 예방 중심의 사고방식, 즉 보다 비관적인 사고방식을 받아들이면 비탈길을 피할 수 있다는 것을 발견했다. 적극적인 저항의 문제는 우리가 냉소적으로 행동하도록 타고나지 못했다는 것이다. '진실 편향'은 사람들이 실제보다 더 자주 진실을 말한다고 믿는 경향을 말한다.[24] 게다가 우리는 자신이 접한 모든 정보를 가지고 싸우거나 주의를 기울일 시간이 없다.

설득력 있는 정보에 관심을 기울이면 '아이러니한 과정'이라는 현상이 발생할 수도 있다. 메시지에 동의하지 않더라도 이를 소비하는 단순한 행위만으로도 어떤 식으로든 생각과 행동에 영향을 미칠 수 있다.[25] 분홍색 코끼리를 생각하지 말라고 하면 가장 먼저 분홍색 코끼리를 떠올리게 된다. 여러분은 뉴스 콘텐츠, 소셜 미디어 피드, 광고에 냉소적이고 비판적인 소비자일 수 있다. 그러나 그것을 소비하는 행위 자체가 어떤 식으로든 심리에 영향을 미칠 것이다.

우리가 본 것은 비록 그것에 동의하지 않더라도 우리 마음 속에서 친숙하고 정상적인 것이 된다. '단순 노출 효과'는 그냥 뭔가에 노출되는 것만으로도 그것을 더 좋아하게 되는 심리적 원리다. 실험에서 서양인 참가자들은 이전에 노출된 중국어 문자(의미를 전혀 모르는)를 선호하는 것으로 나타났다.[26] 중국에서는 인플루언서 마케팅을 시딩*seeding*이라고 한다. 사람들 머릿속에 있는 아이디어는 그곳에서 유기적으로 성장할 수 있다. 따라서 정보를 회의적으로 소비하더라도 그 정보는 여전히 마음속에 심겨 있다. 무언가에 단순히 노출되기만 해도 그것은 평범하고 친숙해 보인다. 마찬가지로 '환상의 진실 효과'에 대한 연구는 우리가 어떤 얘기를 자주 들을수록 그것이 사실이라고 믿을 가능성이 커진다는 걸 보여준다.[27]

곤충을 먹으라는 선전 캠페인을 상상해 보자. 역겹다고 느낄 수도 있고 불평할 수도 있지만 요점은 그것이 아니다. 자신이 본 것에 동의하는지 여부보다 그것을 보았다는 사실이 더 중요하다. 좋든 싫든 그 생각이 여러분 머릿속에 들어가면 현실에 대한 인식이 바뀔 것이다. 벌레를 먹는 게 역겹다고 생각하는 사람이나 벌레를 먹는 게 좋다고 생각하는 사람 모두 인간이 벌레를 먹는다는 생각에 대해서는 한마음이 된다.

아마 적극적인 저항이 아니라, 두 번째 유형인 회피적 저항에 답이 있을 것이다. 이는 조작자와 싸우려고 하기보다 거리를 두는 것을 의미한다.

일례로 '알코올 중독자 갱생회*Alcoholics Anonymous*'는 저항 문제에 있어서 전문가들이다. 그들은 날마다 중독과 전쟁을 벌인다. 이발소 주변을 어슬렁거리다 보면 조만간 머리카락을 자르게 된다는 말이 있다. 하지만 이발소에서 벗어나거나 거리를 두면 큰 힘이 생긴다. 정치적 저항을 위해서는 체제에 맞서 싸우는 게 아니라 그 체제에서 완전히 벗어나 새로운 체제를 만들어야 하는 것과 같다. 체코의 반체제 인사인 바츨라프 하벨*Václav Havel*은 이를 평행 폴리스*parallel polis*라고 했다.[28]

프랑스의 정치 이론가 에티엔 드 라 보에티*Étienne de La Boétie*는 『자발적 노예에 대한 담론*The Discourse on Voluntary Servitude*』에서 이렇게 말했다. "내가 요구하는 건 폭군을 직접 밀어서 쓰러뜨리라는 게 아니라 더 이상 그를 지지하지 말라는 것이다. 그러면 받침대가 떨어져 나간 거대한 거상처럼 자신의 무게를 못 이기고 바닥에 떨어져 산산조각날 것이다."[29]

세뇌에 관한 고전인 『정신을 차지하기 위한 전쟁*Battle for the Mind*』에는 마지막 몇 페이지에 세뇌에 저항하는 방법이 나오는데, 그 내용은 강력하다.[30] 저자인 윌리엄 사건트는 조건화하기 가장 어려운 동물은 실험자와 관계를 맺지 않는 동물이라고 주장했다. 그는 "개가 훈련을 할 때 제시되는 섬광등이나 음식 신호에 관심을 보이는 걸 거부하면 그 개의 뇌는 아무런 영향도 받지 않는다"라고 말했다.

개와 마찬가지로 사람도 처음부터 세뇌에 대해 거부하면 세뇌에 무너지거나 굴복하지 않게 될 것이다. 예를 들어, 전쟁 포로의 경우 억류자에게 협조하는 걸 거부하거나 질문에 아예 답하지 않으면 심문에서 살아남을 수 있다. 그리고 범죄 용의자는 변호사를 통한 서면 답변을 제외한 모든 질문을 거부하면 유죄 판결을 받을 가능성이 작아진다. 미국 법학 교수인 제임스 듀안*James Duane*의 말처럼, "경찰 심문 중에 무슨 일이 일어나는지 아는 사람은 변호사를 불러 달라고 요청한 뒤 입을 꾹 다문다."[31]

세뇌자에 맞서 싸우는 것도 역효과를 낳을 수 있다. 성난 황소가 투우사에게 계속 돌진하더라도 결국 지쳐서 칼에 맞아 죽을 수 있다. 침착한 태도를 유지하면서 투우사와의 싸움을 아예 거부하는 황소만이 생존할 가능성이 있다. 짜증을 내면서 세뇌자와 맞서 싸워야 한다고 생각할 수도 있지만, 이 경우 오히려 지치고 나약해질 수 있다. 완전한 회피 전략이 더 효과적이다.

게리 노스너*Gary Noesner*는 7년간 FBI 수석 협상가로 일한 것을 포함해 30년 동안 인질 협상가로 활약했다. 사람들을 집에 돌아올 수 있게 하기 위해 그가 사용하는 기술은 땅콩으로 돼지를 유인할 때처럼 천천히 조심스럽게 움직이는 것이다. 물론 목적은 그보다 훨씬 고귀하다. 그에게 협상이 불가능한 사람이 있는지 물어봤다.

나와 대화하는 것을 거부하는 사람들과는 협상할 수 없다. 그들은 인질을 붙잡아 놓고 인질에게 "당신이 나 대신 말하라"고 한다. 그러면 일이 힘들어진다. 인질을 설득해서 인질범이 나와 대화를 나눌 수 있게 해야 한다. 다른 사람의 생각과 행동에 긍정적인 영향을 미치려면 먼저 진솔하고 진심 어린 태도로 영향력 있는 대화를 나눠야 한다. 그런 대화 없이 긍정적인 결과를 얻기는 힘들다.

전화를 받지 않으면 협상을 진행할 수 없다. 세뇌에 관심을 기울이지 않으면 세뇌당하지 않을 수 있다. 마술사이자 심리학 교수인 구스타프 쿤*Gustav Kuhn*에게 마술에 속아 넘어가지 않는 방법을 물어봤다. 그는 "마술 공연을 보러 가지 않으면 된다!"라고 말했다.

규칙

- 점진적인 변화를 인지하면서 자신의 입장을 완강하게 고수하자. 합리적으로 보이는 요청도 거절하는 것을 꺼리지 말아야 한다.
- 조작 가능성이 큰 상황에서는 평소보다 더 냉소적이고 부정적인 태도를 취하면서 이익보다 잠재적인 손실에 초점을 맞춘다.
- 뭔가가 당신을 조종할 가능성이 있다면 비판적이거나 전투적인 방식을 취해서라도 그것에 아예 관여하지 않는 게 좋다.

3장
면역력을 얻자

어떤 일이 생길지 예상할 수 있을 때는 조작에
저항해야 한다. 일반적인 전술을 익히고, 경계심을 품고, 약간의 다크 넛
지에 자신을 노출시켜 세뇌에 대한 면역력을 기르자.

한번 혼나면 조심하게 된다

파리. 달빛이 비치는 자갈길, 혁명과 낭만이 뼛속까지 스며든 이 도시는 아마 우리 마음을 훔칠 가능성이 가장 큰 도시일 것이다. 이곳에서 도둑맞는 건 마음뿐 아니라 지갑, 여권, 휴대폰도 마찬가지다. 트립어드바이저*TripAdvisor*에 올라온 리뷰를 조사한 결과, 에펠탑, 사크레쾨르 대성당, 루브르 박물관, 노트르담 대성당은 전 세계에서 소매치기를 당하기 쉬운 상위 10개 장소에 포함된 것으로 드러났다.[1]

예를 들어, 여행 웹사이트인 포더스 트래블*Fodor's Travel*에 글을 쓴 케이티 잭슨*Katie Jackson*은 틴더*Tinder*를 통해 만난 파리 연인과 영화 같은 데이트를 하다가 4,000달러를 손해 본 이야기를 해주었다.[2] 그녀가 '키가 183센티미티 정도 되는 프랑스 은행원'과 에펠탑의 반짝이는 조명 아래서 키스를 하는 동안 근처에 있던 불량 청소년 두 명이 그녀의 지갑을 훔쳐서 달아났다. 케이티는 아이폰을 새로 사야 했고, 여권을 재발급받으려고 이리저리 돌아다니면서 고생하는 동안 파리에 6일간 더 체류하는 데 드는 비용도 부담해야 했다. 케이티로서는 고통스러운 학습 경험이었다. 앞으로도 지갑 달린 허리띠를 매고 다니는 일은 없겠지만("그건 안 예쁘잖아요") 이제 실물 여권 대신 여권 사본을 갖고 다니겠다고 다짐했다.

킴 카다시안*Kim Kardashian*도 파리에서 복면을 쓴 무장괴한들에게 1,000만 달러 상당의 보석을 강탈당했는데 그들은 아마 카다시안의 인스타그램 피드에서 필요한 정보를 얻었을 것이다. 그 사건 이후 카다시안은 소셜 미디어에 게시물을 올리는 걸 자중하고 옷 자랑도 줄였다. "내가 걸치는 보석과 옷은 다 빌린 거예요. 모조품이죠."[3]

파리에서 있었던 이 두 가지 사건의 공통점은 여성들이 자신의 경험을 통해 교훈을 얻었고, 다시는 속지 않을 것이라는 점이다.

조작 전문가도 무엇을 주의해야 하는지 모른다면 속아 넘어갈 수 있다. 10년간 인질 협상가나 CEO 같은 이들에게 설득 기술을 가르쳐 온 사이먼 호튼*Simon Horton*은 파리가 아닌 런던에서 사기를 당했다.

지식은 우리가 사기를 당하지 않도록 보호해 준다. 런던으로 처음이사했을 당시 나는 21살의 순진한 청년이었는데, 눈에 띄는 옷차림의 서아프리카판 「이코노미스트*The Economist*」지에서 기자로 일한다고 말한 남자에게 사기를 당했다. 그는 히드로 공항으로 돌아가야 하는데 물품 보관함에 넣어둔 물건을 모두 도둑맞았다면서 혹시 돈을 좀 빌려줄 수 있느냐고 물었다. 난 그에게 10파운드를 줬다. 그 뒤 매우 비슷하게 생긴 남자가 똑같은 부탁을 하기에 꺼지라고 말했다.

이것이 핵심 원칙이다. 한 번 속았을 때는 속인 사람이 잘못이지만 두 번 속으면 내 잘못이다. 사이버 보안 업체에서 일하는 어떤 사람은 이렇게 말했다. "누군가가 10파운드 정도 사기당하는 걸 막았다면 잘했다고들 생각한다. 하지만 실제로 그럴까? 장래에 1만 파운드를 사기당하는 걸 막을 수만 있다면 10파운드 정도 사기를 당하는 건 좋은 학습 경험이 될 수 있다. 사람들에게 실제 경험을 제공하면 패턴과 상황을 인지해서 향후의 사태에 대비할 수 있다."

물론 예방법을 알기 위해 반드시 도둑을 맞거나 사기를 당하거나 조종 또는 유도를 당할 필요는 없다. 작은 예방접종은 실생활에서 조작 기술을 인식하고 피하는 데 도움이 된다. 사회심리학자인 솔로몬 애쉬*Solomon Asch*는 "자신의 주변 환경에 적용되는 원리를 잘 모를수록 사회적 환경의 통제를 많이 받게 된다. 그것이 작용하는 방식과 필연적인 결과를 자세히 알고 있으면 그 문제에서 자유로워질 수 있다"[4]라고 말했다.

마케팅 심리학에는 이런 원칙을 '설득 지식 모델'[5]이라고 한다. 사람들이 설득 전술에 대해 배워두면 누군가 자신에게 영향을 미치려고 할 때 재빨리 알아차리고, 적절한 심리적 대응책을 활용할 수 있다. 예를 들어, 새 차를 사려고 할 때 판매원이 오늘 당장 차를 사지 않으면 할인 혜택을 받지 못한다면서 구매를 강요할 경우, 이를 판매 기법으로 인식하고 의심하면서 다른 매장에서 차를 구매하기로 결정할 수 있다.

암스테르담 대학 연구진은 다른 모델을 통해 사람들이 광고를 인식했을 때 이를 거부하기 위해 사용할 수 있는 3가지 기술을 찾아냈다. 방에서 나가거나 광고 대신 휴대폰을 들여다보는 등의 방법으로 광고를 피할 수도 있고, 마음속으로 광고 메시지와 반대되는 주장을 적극적으로 펼칠 수도 있다. 또 무슨 수를 써도 자신을 설득할 수 없을 거라고 주장하면서 본인의 정체성을 강화하는 방법도 있다.[6]

연구진은 「광고에 저항하는 소비자 전략의 유형화와 이에 대응하는 메커니즘에 대한 검토」라는 논문을 통해 광고주가 이런 저항 기술을 극복하는 방법도 파악했다. 이 논문이 소비자의 회피를 극복하기 위해 추천하는 방법은 사람들에게 광고 시청을 강요하거나(예: 유튜브 동영상 시작 부분에 나오는 건너뛸 수 없는 광고), 제품 배치 같은 기술을 사용해 다른 콘텐츠 안에 광고를 숨기거나, 사람들의 관심을 사로잡고 기억에 남는 바이러스성 광고를 이용하거나, 연예인이나 인플루언서 같은 대리인을 내세우거나, 추천 등의 방법을 통해 고객들이 직접 입소문을 퍼뜨리도록 하는 것이다. 이 논문은 또 소비자에게 논쟁의 여지가 있는 전략을 극복하려면 광고에서 논쟁의 두 가지 측면을 모두 제시하고, 사람들이 피곤하거나 주의가 산만해져 있을 때 광고를 제시하고, 혼란스러운 정보를 담아 정신없게 만들며, 보증처럼 안심이 되는 내용을 포함시킬 것을 권장한다.

마지막으로 임파워먼트(권한 위임) 전략은 소비자들이 이전에 거둔 성공을 상기시켜 자존감을 높이거나 '반심리학'을 이용함으로써 극복할 수 있다. 결국 조작자와 그들의 표적 사이에서는 군비 경쟁이 벌어질 수밖에 없으므로 최신 정보를 꾸준히 습득하는 게 매우 중요하다.

핵심은 설득의 메커니즘뿐만 아니라 설득 가능성까지 모두 염두에 두는 것이다. 영국 은행들이 최근 온라인 뱅킹과 관련해 새로운 조치를 도입한 이유도 그 때문이다. 송금하려고 하면 정말 송금할 것인지 물어보는 메시지가 나오고 주의해야 하는 사기 단서들을 제공한다. 행동과학 기관인 비헤이비럴리스트*The Behaviouralist*가 이런 인앱 경고문을 테스트해 본 결과 사기에 걸려들 확률이 22퍼센트에서 10퍼센트로 줄었다고 한다.[7] 사기꾼의 수법에 주의를 기울이면 그들의 힘이 꺾인다. 속담에도 있지만 무엇이든 밝은 빛으로 드러내는 게 최고의 소독제역할을 한다.

조작자가 비밀 유지에 집착하는 이유도 설명할 수 있다. 우리가 그들이 사용하는 기술을 파악하면 그들은 아마 제대로 기능하지 못할 것이다. 스컬 앤드 본즈 클럽*Skull and Bones Club* 같은 비밀 결사 단체가 비밀을 유지하려는 이유, 사기꾼들이 비밀 요원인 척하는 이유, 전체주의 정권이 언론의 자유를 강력하게 단속하는 이유가 바로 이 때문이다. 토머스 제퍼슨*Thomas Jefferson*이 말한 것처럼, "국민을 모두 계몽시키면 그들의 몸과 마음을 억누르는 폭정과 억압이 새벽빛을 받은 악령처럼 사라질 것이다."[8]

마술사들은 오래전부터 이런 사실을 알고 있었다. 매직 서클*Magic Circle* 회원들은 비밀 유지를 맹세하는데 이를 어길 경우 제명당한다. 심리학 교수이자 매직 서클 회원인 구스타프 쿤은 이렇게 고백했다.

> 보는 사람이 트릭이 작동하는 방식을 몰라야 마술이 성공할 수 있다. 트릭을 알면 마법은 더 이상 힘을 발휘하지 못한다. 그래서 마술사들은 비밀을 보호하기 위해 열심히 노력한다. 사실 속임수를 눈으로 확인하는 것뿐만 아니라 의심하는 경우에도 마찬가지 힘을 발휘한다. 그 의심이 옳은지 그른지는 상관없다. 마술사가 소매에서 토끼를 꺼냈다고 생각한다면, 실은 그렇지 않더라도 마술의 힘은 사라져 버린다.

마술사들은 이런 일을 막으려고 관객들의 주의를 산만하게 하거나 엉뚱한 쪽을 주시하게 하는 다양한 기술을 개발했다. 선구적인 마술사 아르투로 데 아스카니오*Arturo de Ascanio*가 말했듯이 이들의 목표는 "비밀이 드러나지 않고, 존재가 알려지지 않고, 심지어 의심하지 않게 하는 것이다."[9] 청중의 시선이 다른 쪽으로 쏠려야만 눈에 잘 띄지 않고 예상치 못한 행동을 통해 마술 트릭을 성공시킬 수 있다. 관객이 바라보는 곳을 '조명' 영역이라고 하고, 마술의 비밀은 '그림자' 영역이라는 관심도가 낮은 사각지대에 남아 있다. 마술사는 '부재의 환상'이라는 인지편향을 자주 사용한다. 예를 들어, 마술사가 손바닥에 놓아뒀던 담배를 숨길 때 우리는 그의 손이 비어 있다고 가정하는 경향이 있기 때문에 담배가 사라지는 것처럼 보인다.[10]

좋은 점은 그 트릭이 어떻게 진행되는지 알면 그때부터 그 효과가 사라진다는 것이다. 당신이 한번 깨달으면 보지 않을 수 없다. 일례로 이 문단의 첫 번째 문장에는 '그'라는 단어가 반복해서 나온다. 아마 처음에는 깨닫지 못했겠지만 일단 알고 난 뒤에는 의식하지 않을 수 없다.

심리학자들이 '보이지 않는 고릴라'라는 유명한 실험을 진행한 적이 있다.[11] 실험 참가자들은 두 팀(흰색 옷을 입은 팀과 검은색 옷을 입은 팀)이 서로 공을 주고받는 영상을 시청했다. 이들은 흰색 옷을 입은 팀이 공을 패스한 횟수를 정확하게 세라는 과제를 받았다. 어느 순간 영상 속에서 고릴라 의상을 입은 남자가 화면을 가로질러 갔는데 참가자의 절반 정도는 이 사실을 알아차리지도 못했다. 이와 유사한 한 연구에서는 숙련된 방사선 전문의 24명이 폐결절을 스캔한 화면을 검토하면서 이상 여부를 확인했다. 마지막 스캔 화면에는 평균적인 결절 크기보다 48배나 큰 고릴라 이미지를 삽입해 뒀다. 하지만 그들 중 무려 83퍼센트가 이를 알아차리지 못했다.[12]

그러나 중요한 건 사람들에게 고릴라에 대해 얘기하고 영상을 다시 보여주면 거의 모두가 고릴라를 볼 수 있다는 것이다. 한번 깨달은 뒤에는 보지 않을 수 없다.

이것은 완전히 새로운 현실에 대한 일종의 각성으로 이어질 수 있다. 기호학 전문가인 레이첼 로우스Rachel Lawes 박사는 이 현상을 이렇게 설명했다. "기호를 의식하게 되면 거기서부터 재미있는 일이 시작된다. 어디서나 '기호가 사용되는 모습'을 볼 수 있다. 항상 모든 부분에 적용된다. 머릿속의 스위치가 켜진 것이다."

좀 더 광범위하게 보면, 조작에 평생 노출되면 이에 대한 저항을 예측할 수 있다. 예를 들어, 한 연구에서는 살면서 부정적인 사건을 경험한 사람은 순응도가 더 낮고, 경찰과의 면담에서 허위 자백을 할 가능성이 작은 것으로 나타났다.[13]

광신적인 컬트 집단에서 벗어날 수 있도록 교육하는 게레트 부글리옹Gerette Buglion은 자신이 겪은 과정과 그것이 미국 정부에 대한 인식에 어떤 영향을 미쳤는지 설명했다.

권력 남용이란 게 어떤 건지 깨달아가는 사람들이 많다. 40년 전의 경험을 활용해서 그것이 지금 정부가 하는 일에 어떻게 적용되는지 확인할 수 있다. 나는 분연히 일어나서 그 사실을 사람들에게 알릴 것이다. 내가 다단계 마케팅 계획에 속아 넘어갔던 것처럼 정치인이 사람들을 속이고 있다는 걸 알 수 있다. 당시에도 수상한 구석이 있었는데 지금도 마찬가지다.

충격적인 경험을 한 사람이 진정으로 치유 가능한 환경에서 트라우마를 잘 이겨낸 사람은 통제 집단에 이끌리지 않을 가능성이 크다고 생각한다.

진상을 밝히다

그렇다면 주의해야 할 사기꾼의 전술은 무엇일까? 행동과학자들이 다양한 모델을 개발했는데 이런 모델은 중복되는 아이디어와 눈에 띄는 약어를 종종 사용한다.

로버트 치알디니*Robert Cialdini*의 저서 『설득의 심리학*Influence*』은 누군가의 행동을 변화시키는 데 가장 영향력 있는 프레임워크 중 하나다.[14] 치알디니는 6가지 넛지를 설명했다.

첫 번째는 '사회적 증거'다. 인간은 부족 단위로 진화한 매우 사회적인 동물로, 우리는 군중을 따르는 경향이 있다. 이는 진화론적으로 의미가 있다. 우리에겐 모든 결정을 세세히 생각할 시간이나 에너지가 없는데, 다른 이들이 뭔가를 하고 있다면 아마 그건 옳은 행동일 것이다. 모두가 비명을 지르며 도망치고 있다면 우리도 그래야 한다. 망설이면서 상황을 분석하는 건 치명적일 수 있다.

2022년 9월에 큰 화제가 된 CCTV 영상에도 이 사실이 재미있게 묘사되어 있다. 마라톤 선수 몇 명이 브라질에 있는 한 술집 테라스 옆을 지나가자 식사를 하던 일부 사람들은 그 모습을 보고 당황해서 소지품까지 두고 도망갔다.[15] 심리학자 스탠리 밀그램의 연구진은 번화한 뉴욕 거리에 멈춰서서 아무 일도 일어나지 않는 한 지점을 응시하는 실험을 진행했다.[16] 그러자 지나가던 많은 행인이 무리 본능에 따라 멈춰서서 그곳을 쳐다봤다. 선거일이나 금융시장에서 '밴드웨건 효과(소비자가 대중적으로 유행하는 정보를 좇아 상품을 구매하는 현상)'가 발생하는 것도 바로 이런 본능 때문이다. 선거일에 긍정적인 조기 출구 조사 결과가 나오면(이 조사가 합법적인 경우) 후보자의 득표율이 높아지고,[17] 금융시장에서 암호화폐는 인기에 대한 인식에 따라 살기도 하고 죽기도 한다.[18] 맥도날드McDonald's가 1994년에 '990억 개 이상 판매됐다'라는 슬로건을 사용하고, 아마존Amazon이 '이 상품을 구매한 고객은 …도 구매했다'고 알려주는 것도 이런 밴드웨건 효과를 노린 것이다.

'희소성'이란 무언가가 부족하면 그것을 더 가치 있게 여기는 것이다. 여기에도 진화론적인 이유가 있다. 한겨울에는 생존을 위해 식량을 비축하려는 경향이 있다. 한 연구에서 밝혀진 것처럼 쿠키가 병에 딱 하나 남아 있을 때 그 맛을 더 음미하는 것도 그런 이유에서다.[19] 실제로 다른 연구에서는 '금연' 강좌를 들을지 물어보면서 남은 자리가 300개뿐이라고 말하자 수강 비율이 7퍼센트에서 10퍼센트로 증가한 것으로 나타났다.[20] 미국인들이 할인율이 높지 않은데도 불구하고 블랙 프라이데이*Black Friday* 세일에 열광하는 것도 바로 희소 본능 때문이다(「위치*Which?*」 조사 결과 블랙 프라이데이 세일 상품의 99.5퍼센트가 연중 가격과 동일하거나 더 비싸다는 사실이 드러났다).[21] 제한된 시간 동안 제한된 수량의 제품만 할인해 준다는 인식 때문에 과거에는 사람들이 우르르 몰리고 체포되고 총격 사건까지 발생했다.[22] 희소한 것을 원하는 본능 때문에 아이들이 희귀한 포켓몬을 찾느라 몇 시간씩 보내고, 어른들은 구찌*Gucci*가 겨우 수백 달러의 제작비를 들여 만든 핸드백을 사는 데 수만 달러를 쓴다.

'호감' 원칙은 우리가 좋아하는 사람들에게 설득당하는 경향을 말한다. 우리는 매력적이거나 친숙하거나 자신과 비슷한 사람을 좋아한다. 연구에 따르면 매력적인 사람은 배심원들에게 덜 가혹한 판결을 받고,[23] 직장에서 가장 잘생긴 사람은 평균적으로 남들보다 5퍼센트 더 급여를 받는다. 반면 가장 못생긴 사람은 7~9퍼센트 적은 급여를 받는다.[24] 비욘세*Beyoncé*가 펩시 광고를 하고 5,000만 달러를 받는 것도 호감 원칙 때문이다. 우리가 잘 알고 신뢰하는 사람이 광고 메시지를 전하면 더 마음에 와닿는다.[25] 한 연구에서는 사람들에게 영업사원 사진을 보여주고 그 사람에게 제품을 구매할 가능성을 평가했다. 그런데 사실 그 사진은 두 사람의 얼굴을 포토샵으로 섞은 것으로 65퍼센트는 일반 모델의 얼굴이고 35퍼센트는 타이거 우즈*Tiger Woods*의 얼굴이었다.[26] 사람들은 사진 속 인물에 타이거 우즈의 얼굴이 섞여 있다는 걸 의식적으로 인식하지 못한 상태에서도 그 영업사원을 신뢰했다(타이거 우즈의 유명한 불륜 사건이 헤드라인을 장식하기 전까지는 말이다. 이후 같은 실험을 반복하자 효과가 역전된 것으로 나타났다). 호감 원칙은 미국 정부가 코로나19 백신 홍보를 위해 인플루언서들에게 한 달에 최대 1,000달러씩 지불한 이유, 그리고 인플루언서들의 백신 인증 셀카('백시*vaxxies*')가 그렇게 널리 퍼진 이유를 설명할 수 있다.[27]

'호혜성'은 우리가 빚을 지고 있다고 느끼는 사람에게 순응하려는 경향을 말한다. 인간은 사회적 동물이기 때문에 무리에게서 받은 걸 갚지 않을 경우 배척당할 위험이 있다. 사실 이 원칙은 원숭이들에게서도 관찰된다. 원숭이들이 서로의 이를 잡아주는 행동의 30퍼센트는 '네가 내 등을 긁어주면 나도 네 등을 긁어주겠다'는 원칙을 따른 것이다.[28] 심지어 초파리 중에는 수컷이 암컷에게 먹이를 선물해서 교미 기회를 확보하는 종도 있다.[29] 연구진이 암컷을 향해 다가가는 수컷 초파리를 가로막은 뒤 핀셋을 이용해 들고 있던 먹이를 솜털로 바꿔치기했다. 하지만 암컷은 그 솜털 선물을 받아들임으로써 정말 중요한 건 생각이라는 사실을 증명했다. 이걸 보면 2021년 밸런타인데이에 남성들이 선물을 사는 데 거의 10억 파운드를 지출한 이유를 알 수 있다.[30] 호혜성은 브랜드들이 무료 선물을 제공하고, 정부가 유권자에게 혜택을 제공하는 이유이기도 하다. 그러면 우리가 그들의 요청에 잘 따르게 되기 때문이다.

다음 원칙은 '개입과 일관성'인데 이는 자신이 무언가에 이미 개입하고 있다고 느끼면 그에 대한 요청을 받아들이려는 경향을 나타낸다. 여기에는 몇 가지 이유가 있다. 첫 번째는 사회적 동물인 우리는 약속한 일을 지키지 않으면 배척당하기 때문이다. 영국의 자유민주당은 2010년에 연립 정부를 구성한 이후 한 번도 득표율을 회복하지 못했다. 그들의 선거 공약 중 하나는 대학 등록금을 폐지하는 것이었지만 실제로는 3배나 인상됐다.[31] 두 번째 이유는 투자한 걸 잃고 싶지 않기 때문이다. 한 연구에서 세차장 고객들에게 빈칸 8개를 채우면 무료 세차 서비스를 받을 수 있는 고객 카드를 제공했다. 고객 중 절반은 빈칸이 8개 그려져 있는 카드를 받았고, 나머지 절반은 빈칸이 10개인 카드를 받았는데 그중 두 개에는 이미 스탬프가 찍혀 있었다.[32] 첫 번째 그룹의 경우 카드를 다 채울 만큼 세차장을 이용한 고객은 전체의 19퍼센트밖에 안 된 반면, 개입 넛지를 이용한 경우에는 34퍼센트나 됐다.

마지막으로 '권위' 원칙이 있다. 세상은 어지럽고 혼란스러운 곳이다. 우주에는 무한한 양의 정보가 존재하는데 그것을 다 이해하기에는 우리 뇌가 너무 작다. 모든 걸 합리적으로 생각할 시간이나 능력이 부족하기 때문에 뭐가 뭔지 말해주는 사람을 믿으려 한다. 예를 들어, 여러분은 아마 지구가 평평하다는 걸 믿지 않을 것이다. 하지만 어떻게 알 수 있는가? 진자 등을 이용한 실험이 있지만 아마 직접 해본 적은 없을 것이다. 우주에서 찍은 사진도 있지만 컴퓨터로 편집한 합성물인 경우가 많다. 대부분은 부모님, 아나운서, 흰 실험복을 입은 사람들이 그렇게 말했기 때문에 지구가 평평하지 않다고 믿는다.

스탠리 밀그램은 유명한 전기 충격 실험을 통해 그 원리를 증명했다.[33] 사람들은 무선 콘솔이 있는 부스에 앉아 다른 방에 있는 실험 참가자와 대화를 나누라는 지시를 받았다. 그들은 다른 참가자에게 상식 퀴즈를 내고 상대방이 오답을 말할 때마다 점점 강한 전기 충격을 가해야 했다. 물론 다른 방에 있는 참가자가 실제로 전기 충격을 받은 건 아니었다. 그들은 전문 배우였고 상대방이 전기 충격을 가하면 지시받은 대로 불평을 하거나 비명을 지르거나 애걸하거나 울다가 완전히 침묵했다. 밀그램은 일반적인 조건에서는 피험자의 약 절반이 권위자가 요청했다는 이유만으로 지시에 따라 상대방에게 치명적인 전기 충격을 가한다는 사실을 발견했다. 여기에 대학교라는 장소와 흰색 실험 가운이라는 권위적인 요소가 추가되면 치명적인 순응율이 65퍼센트로 증가했다.

한 연구에서 치과에서 발송한 편지에 치과 의사가 직접 서명한 경우에는 반송률이 54퍼센트나 되는 반면, 비서가 서명했을 때는 반송률이 18퍼센트에 불과했던 이유도 권위의 원칙으로 설명할 수 있다. 치과 의사라는 직함이 사람들의 순응을 끌어내는 권위적인 신호로 작용한 것이다.[34] 권위는 추천서, 인증서, 수상 경력 등이 왜 그렇게 효과적인지 말해준다.

요약하자면 이 모든 기술은 행동에 중요한 영향을 미치는 작은 환경 변화인 '넛지'로 만들 수 있다. 리처드 탈러*Richard Thaler*와 캐스 선스타인*Cass Sunstein*은 『넛지*Nudge*』라는 책에서 이를 다음과 같이 정의한다.

선택권을 금지하거나 경제적인 인센티브를 크게 변화시키지 않으면서 예측 가능한 방식으로 사람들의 행동을 바꾸는 선택설계의 모든 측면이다. 단순한 넛지로 간주하려면 개입을 피하는 게 쉽고 돈이 들지 않아야 한다. 넛지는 명령이나 의무사항이 아니다. 과일을 눈높이에 놓아두는 건 넛지로 간주되지만 정크푸드를 아예 금지하는 건 넛지가 아니다.[35]

일례로 휴가 여행을 예약하면서 마음에 드는 호텔 방을 찾았다고 가정해 보자. 웹사이트에서 보면 최근에 3명이 이 호텔을 예약했고(사회적 증거), 이 가격으로 이용할 수 있는 객실은 한 개만 남았다고 한다(희소성). 이 호텔은 사용자 평점이 정말 괜찮고 상도 수상했으며(권위), 이름과 프로필 사진이 있는 실제

인물들이 남긴 긍정적인 리뷰도 많다(호감). 지금 예약하면 무료 조식도 제공되며(상호주의), 카드 정보만 입력하면 도착할 때까지 돈을 지불하지 않아도 된다(개입과 일관성).

영국 경쟁시장청Competition and Markets Authority에서 제작한 토론 문서에는 웹사이트가 사람들이 최선의 이익에 반하는 행동을 하도록 유도할 수 있는 몇 가지 방법이 설명되어 있다.[36] 예를 들어, '바퀴벌레 모텔' 전술은 구독 취소 시 발생하는 행동 마찰을 추가한다(예: 해충 방제용 트랩처럼 들어갈 때는 유혹적이지만 떠나기는 어렵다. 아마존 프라임Amazon Prime 구독을 취소하려고 시도해 본 사람은 알 것이다). 한편 검색 엔진은 특정한 순서에 따라 정보 순위를 매겨서 사용자의 인식과 선택에 영향을 미칠 수 있다.

정부로 눈길을 돌려서 영국 정부가 코로나 백신 접종을 추진하던 중에 전송한 문자 메시지를 살펴보자. "귀하는 대기자 명부 최상단에 위치해 있으며 무료로 NHS(국민보건서비스) 코로나19 백신을 접종받을 수 있는 우선권이 있습니다."

이 메시지는 대기자 명부가 있다고 말함으로써 사회적 증거를 이용해 백신이 인기가 있다는 걸 암시한다. 또 당신에게 우선권이 있다고 말함으로써 공급이 수요를 충족하지 못함을 암시하는 희소성을 이용해 긴박감을 유발한다. 대기자 명부 맨 꼭대기에 도달하면 개입과 일관성의 원칙 때문에 자기가 시간을 들여 기다린 듯한 기분이 들면서 자기 자리를 잃고 싶지 않다고 생각하게 된다(그리고 명부 최상단에 있으면 그에 대한 자부심이 생기고 자기 밑에 있는 사람들보다 우월하다고 느끼게 될 가능성이 크다). 백신이 무료라고 말한 건 아마 사람들이 의무감을 느끼도록 하기 위해 상호주의를 이용한 것이고, 이때 호감도 높고 권위 있는 기관인 NHS에서 메시지를 보내면 사람들이 백신 접종을 받아들일 가능성이 커진다.

문에 달린 장식물

앞서 얘기한 것처럼 유명인과 초국가 조직들이 소름 끼치는 벌레를 먹도록 유도하는 공동 캠페인을 추진하고 있다. 유엔과 세계경제포럼 *World Economic Forum*은 환경적인 이점이 있다는 이유로 식용 곤충을 열렬히 옹호하고 있다. 그리고 영국의 식품기준청 *Food Standard's Agency*은 현재 식용 곤충에 관한 컨설팅을 진행 중이다. EU는 이미 빵과 기타 식품에 으깬 귀뚜라미 가루를 첨가하는 걸 승인했다. 곤충 사육은 가축 사육보다 탄소발자국이 적고, 곤충이 인간의 배설물, 퇴비, 동물 배설물 등을 먹을 수 있다고 주장한다.

그러나 이런 이점에도 불구하고 곤충을 먹고 싶다고 아우성치는 사람들은 없다. 그래서 우리 생각을 유도하고 조작하려는 노력이 강하고 빠르게 진행되고 있는 것이다. 우리의 밥상을 차지하려는 전투가 벌어지는 현 상황에서 식용 곤충에 관한 의제에는 행동과학자들의 지문이 곳곳에 남아 있다. 곤충을 먹게 하려는 캠페인은 우리 마음을 의도적으로 조작하는 훌륭한 사례다.

제시되는 곤충은 음식과 어느 정도 관련이 있다. 밀웜 *mealworm*은 식사*meal*를 연상시키고, 귀뚜라미*cricket*는 닭고기*chicken*와 발음이 유사하다. 둘 다 크게 거슬리지 않는다. 바퀴벌레, 거미, 말벌도 귀뚜라미만큼 섭취하기 적합한 곤충이지만(아닐 수도 있다), 선전가들은 우리에게 그런 걸 먹으라고 강요하지 않는다. 밀웜과 귀뚜라미는 아직 우리 문화권의 영양학적 재료로 적합하지 않다. 일부 문화권에서는 전통적으로 곤충을 먹지만(혹은 최소한 다른 단백질 공급원이 없는 경우 곤충에 의지한다), 우리는 그것을 역겨운 행동으로 간주한다. 음식은 우리의 사회적·문화적 정체성의 일부이며 기아가 발생하지 않는 이상 하루아침에 바뀔 가능성은 없다.

우리가 곤충에 느끼는 혐오감은 생물학적인 근거가 있다. 우리는 해로운 음식을 멀리해야 한다. 곤충은 우리에게 침을 쏠 수도 있고 독이 있거나 질병을 옮길 수도 있다. 어떤 곤충은 배설물을 먹거나 쓰레기, 썩은 사체, 음식물 주위에 몰려다니기 때문에 부패를 연상시키고 박테리아도 옮긴다. 곤충은 농작물을 망치고 동물을 쇠약하게 만들고 인간을 감염시킬 수 있다. 우리는 일반적으로 곤충을 우리 몸과 집에 찾아드는 불청객으로 여긴다. 그래서 곤충을 통제하고 박멸하기 위한 산업을 만들었다. 곤충은 다리가 많으며 기이한 외모와 갑작스럽고 예측할 수 없는 움직임이 특징이다.

따라서 선전가들은 식용 곤충에 대해 이야기할 때 사회적 규범에 대한 우리 인식을 자극한다. 「이코노미스트*The Economist*」지는 이미 20억 명의 인구가 벌레를 먹고 있다고 썼다.[37] 「식용 및 사료용 곤충 저널*Journal of Insects as Food and Feed*」에 실린 한 논문에서는 "사실 전 세계적으로 얼마나 많은 사람이 곤충을 섭취하고 있는지 정확한 수치를 파악하는 건 어렵다. 흔히 20억 명이라고 말하지만… 그건 틀림없이 과대평가된 수치이다"라고 했다.[38] 어쨌든 그 수치는 사람들의 행동을 유도하기 위해 약간 조정된 것이다. 수치가 아닌 비율(전체 인구의 25퍼센트)로 표시하면 별로 인상적이지 않기 때문이다. 그리고 이를 달리 표현하면 대다수의 사람(전체의 75퍼센트인 60억 명)은 곤충을 먹지 않는 게 현실이다.

선전가들은 또 니콜 키드먼*Nicole Kidman*, 로버트 다우니 주니어*Robert Downey Jr*, 제임스 코든*James Corden* 같은 유명 인사들의 지지를 얻어 '메신저 효과'를 활용한다.[39] 다른 사람이 어떤 일을 하는 걸 보면(특히 우리가 좋아하는 사람일 경우) 양처럼 그의 뒤를 따라갈 가능성이 커진다. 「그레이트 브리티시 베이크 오프*Great British Bake Off*」 같은 인기 텔레비전 프로그램에 식용 곤충을 포함하면 정상적이고 친숙한 것으로 인식이 바뀔 수 있다.[40]

핀란드의 한 제빵사가 세계 최초로 곤충을 주재료로 한 빵을 출시했다. 평소 먹는 음식에 벌레가 약간 들어간다면 그게 문제가 될까? 빵 한 덩어리에 약 70마리의 귀뚜라미가 들어갔지만 누가 그걸 일일이 세어 보겠는가? 벌레가 눈에 띄지 않는 익숙한 제품을 먹어보도록 하는 건 새로운 재료를 부드럽게 적응하는 한 가지 방법이다. 밀가루에 밀보다 귀뚜라미 함량이 높다는 걸 알아차릴 수 있을까? 다음에 햄치즈샌드위치 대신 귀뚜라미 한 봉지를 먹는 것에 대해 어떻게 생각하게 될까? 오버톤 윈도*Overton window*(대중이 받아들일 수 있는 수준의 아이디어-옮긴이) 안으로 메뚜기 떼가 날아 들어오는 게 보이지 않는가.

2022년 「사람들이 곤충을 먹도록 설득하는 방법」이라는 논문에서는 이 교묘한 '문에 달린 장식품' 기술이 중요하다고 강조했다.[41] 이 논문은 다음과 같은 심리학자의 말을 인용했다. "우리는 곤충이 직접 눈에 보이지 않으면 사람들이 그걸 먹는데 훨씬 개방적이 된다는 사실을 반복해서 발견했다." 한 푸드테크 기업가는 "메뚜기를 포장지 전면에 인쇄하는 건 우리에게 바람직한 일이 아니다"라고 말했다.

가루처럼 형태를 알아볼 수 없게 만든 곤충 요리를 일단 한번 먹어보면 진짜 곤충을 찾을 가능성이 커진다. 이 논문은 한 요리사의 말을 인용했다. "사람들은 '나는 귀뚜라미 구제르(귀뚜라미 가루로 만든 치즈 퍼프) 먹어봤어요. 별거 아니던데요. 그런 거라면 하루 종일이라도 먹을 수 있겠어요. 좋아요, 이제 다른 곤충 요리도 줘보세요'라고 말한다."

한편 구글에 "곤충을 먹어야 할까?"라고 물어보면 약 7,500만 건의 결과가 나온다. 중요한 건 결과의 첫 페이지가 모두 긍정적인 내용이라는 것이다. 고기에 대해 동일한 질문을 하면 첫 번째 페이지와 경우에 따라 최상단에는 부정적인 결과가 나타날 수 있다. 이는 여러분이 예상했던 것과 이상하게 반대되는 결과이며, 식용 곤충을 위한 평판 관리가 진행되었음을 뜻한다. 비스폰서 링크 중 가장 상위 링크는 '곤충은 당신에게 유익하다'라는 제목의 BBC 기사다. 다른 기사들도 바퀴벌레 우유를 마시고 쇠고기를 메뚜기로 대체해서 지구를 구하자고 제안한다.

미디어는 인식을 바꾸는 데 중요한 역할을 한다. 언론인들은 곤충에 굶주려 있지는 않지만 콘텐츠에 굶주려 있고, 각종 연구 보고서와 보도자료를 제공받는다. 반복적인 노출은 수용과 믿음으로 이어지는데, 심리학자들은 이를 '거짓 진실 효과'라고 한다.[42] 자주 접하는 대상은 더 익숙해지기 마련이다.

웨일스에서 진행된 한 실험의 경우 (우선) 여러 학교의 어린이들을 초대해서 '대체 단백질의 환경적·영양학적 이점'에 대한 워크숍과 토론에 참여하도록 했다.[43] 이 프로젝트는 모두 아이들에게 영향을 미치기 위한 것이었다. 웨일스에 있는 버그 팜 *Bug Farm*이라는 기업의 대변인은 "어린이들은 매우 개방적인 마음을 갖고 있기 때문에 아이들과 함께 일하는 것은 장기적으로 태도를 바꿀 수 있는 방법이라고 생각한다. 그들은 미래의 소핑객이다"라고 말했다.

아이들이 영향을 받으면 여러 세대에 걸쳐 파급 효과가 발생할 수 있다. 2021년 10월에 넛지 유닛에서 발표한 보고서에는 다음과 같은 내용이 있다.

교육은 새로운 규범을 확립하는 데 중요한 역할을 한다. 실제로 학교는 종종 국가 정체성을 구축하는 매개체 역할을 해왔다. 아이들은 부모에게 상당한 영향을 미치거나 다른 수단을 통해 새로운 행동을 관찰할 수 있게 해준다.

이를 넷제로(Net Zero, 탄소중립)에 어떻게 활용할 수 있을까? 학교 구내식당은 넷제로에 앞장서야 한다. 영국 정부는 공립 병원, 학교, 교도소, 법원, 사무실, 군사 시설 등을 위한 식품 구매에 24억 파운드를 지출한다. 이는 정부가 식물성 식품을 일반화하고 건강하고 지속 가능한 식품 시스템의 정당성을 알릴 수 있는 강력한 수단이다.[44]

감옥, 군사 시설, 기타 정부 기관에서 추가적인 곤충 연구와 실험이 진행될 수 있으니 주의하자. 아, 물론 국회의사당은 예외일 수 있다.

식용 곤충에 대한 사례 연구에서 알 수 있듯이 치알디니의 6가지 넛지 외에도 다른 넛지가 많다. 학자들은 이를 간단한 프레임워크와 모델로 정리하려고 노력해 왔다. 영국 내각 사무처를 위해 개발된 마인드스페이스*MINDSPACE*도 이런 프레임워크

중 하나다.[45] 여기 포함된 9가지 원칙은 다음과 같다.

'메신저Messenger, 우리는 권위 있는 인물이나 자기가 좋아하는 사람들의 영향을 받는다.' '보상Incentive, 우리는 즐거움을 주거나 고통을 피할 수 있게 해주는 일을 하는 경향이 있다.' '표준Norm, 해당 작업이 인기 있는 것처럼 보이면 요청을 받아들일 가능성이 더 크다.' '기본값Default, 우리는 가장 쉬운 일을 하고 현상을 유지하려는 경향이 있다.' '현저성Salience, 우리는 눈에 보이거나 머릿속에 떠오르는 생각에 따라 행동한다.' '기폭제Priming, 우리의 행동은 미묘한 신호에 영향을 받을 수 있다.' '영향Affect, 우리는 감정에 따라 행동하는 경향이 있다.' '약속Commitment, 우리는 의무를 다하면서 습관과 일치하려고 노력한다.' '자아Ego, 우리는 자신의 사회적 지위를 향상시키고 정체성을 키울 수 있는 일을 한다.'

NHS는 2020년 12월에 「1차 백신 접종 최적화-모든 메시지와 문서, 가장 폭넓은 의미의 '커뮤니케이션'과 관련해서 해야 할 일과 해서는 안 되는 일」이라는 제목의 내부 문서를 통해 드러난 것처럼 마인드스페이스 모델을 이용해서 코로나19 백신 접종률을 높였다.[46] 일례로 이 지침은 젊은이들에게 백신이 '일상생활을 되찾는 데' 도움이 될 것이라고 조언하면서 '보상' 원칙을 사용했다. "백신을 맞지 않고 나중에 '사랑하는 사람들을' 감염시키게 될 경우 얼마나 후회가 될지 생각해 보라"면서 '영향' 넛지도 사용했다. 그리고 '메신저' 효과를 발휘하기 위해

'시스템 내부의 옹호자들(CEO, 의료 및 간호 책임자 등)'을 활용하라고 조언했다.

다른 전염병 대응 방식으로는 코미디언 레니 헨리*Lenny Henry* 같은 흑인 유명 인사를 메신저로 동원해 영국의 소수 민족에게 백신을 맞도록 설득하는 방법도 있었다.[47] NHS 문서는 백신 접종 담당자들에게 "백신 정보를 전달할 때 종교 지도자처럼 권위 있거나 전문 지식을 지녔다고 인식되는 인물을 이용하라"고 권고했다. 정부의 행동과학 팬데믹 대응 그룹인 SPI-B에 소속된 한 익명의 인물은 거리에서 팬데믹 규칙 준수 여부를 마스크를 착용하는 사회적 규범 원칙을 이용해 "연대의 메시지를 전달한다"고 인정했다.[48] 물론 백신 패스라는 형태의 보상을 사용해서 공공장소나 항공편 이용을 허용하거나 거부했다. 이는 백신을 맞았거나 검사 결과가 음성인 사람에게는 종이로 된 손목 밴드를 채우라는 행동 통찰력팀의 권고에 따른 후속 조치다.[49]

프로파간다에 구멍 내기

정부 메시지와 관련해 우리가 주의해야 하는 알기 쉬운 프로파간다 전술도 있다. 앨빈 토플러*Alvin Toffler*와 하이디 토플러*Heidi Toffler*는 『전쟁 반전쟁*War and Anti-War*』이라는 책에서 이에 대한

6가지 전술을 설명했다.[50]

사람들이 따르는 핵심 원칙은 '양극화'다. 여기에는 외집단(개인이 소속되어 있지 않은 사회집단으로, 소속감을 지니지 않으며 이질감 혹은 적대감을 느끼는 집단)을 만들어 놓고 그들의 행동과 신념을 내집단(개인이 규범·가치·태도·습관 등에서 공통점을 느껴 동지의식을 가지고 집단에 대해 애착·충성의 태도로 임하는 집단)의 행동 및 신념과 대조시키는 것도 포함된다. 내집단 리더는 영웅이고 외집단 리더는 악당이다. 프로이트가 '작은 차이의 나르시시즘'이라고 부른 것, 즉 옷과 음식, 예배 같은 작은 세부 사항을 강조한다.[51]

크리스토퍼 히친스Christopher Hitchens의 말처럼 "명백한 인종-민족주의 갈등 사례는 매우 많지만 대개는 외견상 아주 미미한 차이를 보이는 사람들 사이에서 가장 깊은 증오가 나타난다."[52] 실제로 아일랜드 가톨릭 민족주의자와 아일랜드 개신교 연합주의자, 그리고 인도 남성의 차이는 무엇일까? 그리고 아일랜드인은 카슈미르 힌두교와 카슈미르 무슬림이 얼마나 다르다고 생각할까?

양극화에 이어지는 첫 번째 전술은 '잔학행위 고발'로서 상대방이 기본적인 가치를 심각하게 위반(예: 병원 폭파, 무고한 피해자 살해 등)했다고 고발하는 것이다. 이는 대중에게 충격을 주고 적을 인간 이하의 존재로 인식하게 만든다. 예를 들어, 2022년 2월 「더 선The Sun」지는 '끔찍한 참상: 러시아의 보육원 폭격 혐의'라는 헤드라인과 함께 한 어린이와 다른 4명의 목숨을 앗아간 공습으로 건물 주변에 '사람들이 쓰러져 있는' 사진을 공개했다.[53] 보육원을 폭격하는 건 혐오스러운 일이지만 전시에는 양측 모두에게 그런 일이 드물지 않으며, 분쟁 중에 벌어진 양측의 학교 폭격은 '위장 술책'이라는 주장이 제기되었고,[54] 어떤 경우에도 보육원 폭격 때문에 러시아 전체가 '끔찍한 참상을 일으킨 나라'로 매도되지는 않을 것이라는 점에 유의해야 한다.

이 헤드라인에는 다른 프로파간다도 섞여 있다. 사진은 시신이 여기저기 흩어져 있는 보육원 모습을 통해 명확한 정신적 이미지를 구축하지만, 헤드라인 문구는 진실과 거짓 사이의 회색 지대에 있다(이 신문사는 러시아가 보육원을 폭격했다고 명시적으로 주장하는 게 아니라 러시아가 '보육원을 폭격했다는 혐의'를 받고 있다고 했는데 이것은 중요한 차이다). 물론 이는 러시아의 행동을 묵인하려는 게 아니라 분쟁 양측이 사용하는 선전 기술을 지적하기 위한 것이다.

이 이야기는 두 번째 원칙인 '악마화와 비인간화'도 사용한다. 적을 완전히 부패해서 구원의 희망조차 없는 존재로 묘사하는 것이다. 나치가 유대인을 쥐에 비유했다면, 현대에는 아이러니하게도 적을 나치에 비유한다. 예를 들어, 2022년 9월에 낙선한 미국 대선 후보 힐러리 클린턴*Hillary Clinton*은 트럼프의 전당대회가 나치 집회를 연상시킨다고 말했다.[55] 2020년 선거가 끝난 뒤, 낸시 펠로시*Nancy Pelosi*는 트럼프가 백악관에서 '훈증 소독'될 것이라고 적을 역겨운 해충에 빗대는 일반적인 비유를

사용했다.[56]

세 번째 원칙인 '과도한 부풀리기'는 적의 행동을 엄선하여 특히 나쁘게 보이도록 과장하는 것이다. 이때 흔히 사용하는 전술이 한 가지 사례를 이용해 집단 전체를 비방하는 일반화다. 일례로 정치계의 우파 전문가들은 드래그 퀸(옷차림이나 행동을 통해 과장된 여성성을 연기하는 남자)이 아이들 앞에서 몸을 흔드는 드문 사례를 이용해 좌파를 공격하는가 하면, 좌파 전문가들은 티키 횃불을 든 시위대가 "유대인은 우리를 대체하지 못한다"라고 외치는 보기 드문 사례를 이용해 우파를 공격한다.

'신성한 제재'는 보다 고귀한 목적을 내세우며 어떤 일을 하는 내집단이 더 거룩하고 정의롭다고 주장하는 것이다. 예를 들어, 엘리자베스 2세 여왕은 코로나19 봉쇄 기간에 백신 접종을 받지 않은 사람은 "다른 사람들을 생각해야 한다"라고 말하여 그들이 이기적이라고 암시했다.[57] 캔터베리 대주교는 백신을 맞는 건 '도덕적인 문제'라고 말하며 접종을 받지 않은 사람은 부도덕하다는 걸 암시했다.[58]

마지막으로 '메타 프로파간다' 원칙은 프로파간다에 대한 프로파간다를 말한다. 이는 상대방은 진실을 왜곡하고 속이는 반면, 내집단은 증거에 기반한 커뮤니케이션을 통해 진실만을 말한다고 주장하는 것이다. 이런 태도는 '주류 언론'에게 세뇌된 생각 없는 '논플레이어 캐릭터NPC'에 대한 비판과 과학을 부정하는 우파와 다르게 자신은 '과학을 따른다'는 좌파의 주장에서 모두 드러난다.

백신 접종을 받았는지 안 받았는지, 공화당을 지지하는지 민주당을 지지하는지는 사실 중요하지 않다. 요점은 모든 면에서 자기 생각을 전파하기 위해 선전을 이용한다는 것이다. 프로파간다라는 말은 바로 전파propagate라는 말에서 나온 것이다. 에드워드 버네이스는 선전과 교육의 유일한 차이점은 우리가 그 메시지에 동의하는지 여부라고 했다. 사실 이 책도 메타 프로파간다의 일종으로, 조작 시도를 분석해 그 힘을 잃게 하는 방법을 가르친다.

예방접종

그러면 이런 기술에 어떻게 저항할 수 있을까?

첫째, 중요한 이해관계가 걸린 의사결정 상황에 처했을 때는 심리적 방어선을 구축하는 게 도움이 된다. 이 책에서 논의한 연구에 따르면 설득에 저항하는 효과적인 전략으로는 회피, 반론, 논쟁의 근원 폄하, 부정적인 기분 등이 있다. 다시 말해 약간 무뚝뚝한 태도를 취해야 한다. 예를 들어, 사기꾼에 맞서는 게 특히 중요한 정보 보안 분야에는 '정당하게 모든 걸 아는 사람'이라는 개념이 있다. 즉 아무도 믿지 않고 모든 방문자에게 뭘 하고 있는지, 신분증은 어디 있는지 묻는 사람이다.[59]

핵심은 질문을 더 많이 던지는 것이다. 게으른 사고 패턴을 극복하고 좀 더 비판적인 사고를 해야 한다. 풀 팩트_Full Fact_의 팩트 체크 담당자인 윌 모이_Will Moy_는 뉴스와 관련해서 물어봐야 할 3가지 중요한 질문에 대해 다음과 같이 설명했다.

출처가 어디고, 무엇이 빠져 있고, 기분은 어떤가?
출처가 어디고 그 출처를 신뢰할 만한 이유가 있는가? 해당 헤드라인을 제외한 다른 출처도 살펴보았는가? 그것이 당신을 화나게 하거나 흥분시키거나 반응을 끌어내는가? 만약 그렇다면 자세히 살펴보고 다른 사람에게 공유할 가치가 있는가? 오정보는 사람들의 감정을 이용하려고 한다. 모든 주제를 완벽하게 조사할 수는 없지만 이것은 위험을 파악하는 데 도움이 되는 실용적인 경험 법칙이다.

온라인 팩트 체크 전문가도 완벽하지는 않지만 우리는 더 많은 질문을 던진다는 이상을 열망해야 한다. 미국 철학자 존 듀이_John Dewey_는 비판적 사고에 대한 연구를 공식화한 최초의 인물 중 한 명인데, 그는 비판적 사고란 본질적으로 문제에 깊이 관여하는 것이라고 정의했다.[60] 그 이후 심리학자들은 판단하고 결정할 때 정해진 기준을 적용하고, 정보를 의도적으로 분석하며, 논리적으로 추론하고, 정보를 찾아 그 안에서 패턴을 파악하는 등의 구체적인 기술을 찾아냈다.[61]
그러나 상대에게 무조건 동의하지 않고 비판적인 태도를

취하는 것 외에도 설득으로부터 자신을 보호할 수 있는 기술이 3가지 더 있다.

첫 번째는 사전 경고다. 설득 시도가 임박했다는 걸 알고 있으면 보다 순조롭게 저항할 수 있다. 2010년에 「실험적 사회 심리학 저널*Journal of Experimental Social Psychology*」에 발표된 연구가 좋은 예이다.[62] 연구진은 학생들에게 과제를 주면서 캠퍼스 청소를 위한 자원봉사 활동에 얼마나 많은 시간을 할애할 것인지 물었다. 일부 학생이 받은 과제에는 통계와 관련된 빽빽한 문서를 입력하는 작업이 포함되어 있었다. 이 과제 때문에 지쳤지만 그래도 그들은 평균 59분간 자원봉사를 한 반면, 힘든 과제를 하지 않은 대조군의 자원봉사 시간은 평균 40분이었다. 그러나 일부 참가자들은 청소 봉사를 하는 자선 단체가 학생들에게 자원봉사를 하도록 설득할 것이라는 경고를 미리 받았다. 빽빽한 문서를 타이핑하는 힘든 과제를 수행한 학생들 가운데 경고를 받은 학생은 약 28분간 자원봉사를 한 반면, 경고를 받지 못한 학생들은 약 99분간 자원봉사를 했다. 이는 3배가 넘는 시간이다. 연구진은 누군가가 자신을 설득하려고 한다는 사실을 알면 경계를 유지하기 위해 다른 일에 쓸 에너지를 아낀다는 걸 알아냈다.

설득에 넘어가는 걸 막기 위한 두 번째 원칙은 프리번킹*pre-bunking*(잘못된 정보가 유포되기 전에 사람들에게 경고하는 것-옮긴이)이다. 조작 시도가 진행되는 방식과 이에 반박하는 방법을 알면 실생활에서 이런 시도를 접했을 때 잘 알아차리고 저항할 수 있다.

이것은 1960년대에 극동지역의 사상 통제에 대응하기 위해 윌리엄 맥과이어*William McGuire*라는 심리학자가 처음 시도한 방법이다.[63] 그는 사람들이 적의 사상에 맞서도록 하기 위한 예방접종인 '세뇌 백신'을 개발하려고 했다. 백신에는 약화시킨 병원체가 포함되어 있는데, 이 병원체는 나중에 실제 바이러스가 존재할 때 활성화할 수 있는 항체를 생성한다. 맥과이어도 이 같은 방식을 사용하여 누군가를 약화된 논쟁에 미리 노출시키면 나중에 그 논쟁에 면역이 생긴다는 걸 보여주었다. 예를 들어, 대중이 어떤 걸 믿지 않기를 바란다면 미리 그 정보를 우스꽝스러운 방식으로 홍보하는 것이다. 이런 식으로 메시지를 전하면 '정신적인 항체'를 생성할 수 있다.

맥과이어 이후 진행된 많은 과학 연구가 그의 '세뇌 백신' 아이디어를 뒷받침했다. 메타 분석을 통해 이것이 얼마나 효과적인지 확인했다.[64] 「그 일이 닥쳤을 때, 우리는 준비되어 있을까?」라는 제목의 논문에서는 심지어 최악의 상황이 발생했을 때 사람들이 이를 받아들일 수 있도록 소행성 충돌에 대한 잘못된 정보를 프리번킹해야 한다고 주장했다.[65] 이 논문은 넷플릭스 영화 「돈 룩 업*Don't Look Up*」을 연상시키는 '거짓 동등성 기법(한 사람의 견해가 수천 명의 과학자나 엔지니어의 연구 결과와 같다고 말하는 것)'을 프리번킹해야 한다고 조언했다. 일어날 수 있는 모든 재난에 대비하려면 전염병처럼 번지는 불안에 대한 대비도 동시에 고려해야 한다.

케임브리지 대학 교수이자 케임브리지 사회적 의사결정 연구소 소장을 역임하고『풀프루프*Foolproof*』라는 책을 쓴 샌더 반 데어 린덴*Sander van der Linden*은 프리번킹 기술이 두 가지 수준에서 작동한다고 말한다.

첫째, 특정 허위 사실에 대처하기 위한 프리번킹을 진행할 수 있다. 한 실험의 연구진이 프리번킹을 시도하거나 시도하지 않은 상태에서 오리건 지구 온난화 청원 프로젝트에 대한 반응에 이의를 제기했다.[66] 이 웹사이트는 3만 1,000명이 넘는 미국 과학자들이 서명한 청원서를 보유하고 있다고 주장했는데, 해당 청원서에는 인간이 기후 변화를 일으켰다는 증거가 없다고 명시되어 있다. 일반적인 사상 주입 과정에서는 "정치적 동기를 지닌 일부 집단이 과학자들 사이에 의견 차이가 있다는 사실을 대중에게 확신시키기 위해 오해의 소지가 있는 전술을 사용한다"고 경고했다. 상세한 사상 주입 과정에서는 서명 중 일부가 가짜고 템플릿이 미국 국립과학원을 모방한 것이라고 지적했다. 일반적인 사상 주입의 경우 평균 6.5퍼센트가 기후 과학 합의를 수용하는 쪽으로 의견을 바꿨고, 상세한 사상 주입의 경우 거의 13퍼센트가 생각을 바꿨다.

상세한 사상 주입이 분명히 더 효과적이지만 위험한 점도 있다. 프리번킹을 하려면 무엇이 잘못된 정보이고, 무엇이 사실인지에 대한 확신이 필요하다. 팩트 체크는 특히 정보가 발전함에 따라 오류가 발생하기 쉽다. 반 데어 린덴은 '주류의 과학적 합의를 사실로 따를 것'이라고 말했다. 하지만 여기에도 오류가 발생할 수 있다는 점에 유의해야 한다. 특정 영역에 대한 지식이 새로운 것으로 대체되거나 사실이 아닌 것으로 드러나기도 한다는 사실을 인정하면서 팩트에도 '반감기'가 있다고 말한다. 예컨대 심리학 분야에서는 팩트는 7년 동안만 진실성을 유지한다고 추정한다.[67]

프리번킹은 또 '과학 거부 대응', '코로나19에 대한 가짜 뉴스 예방', '대중들이 알고 있는 기후 변화에 대한 잘못된 정보 대응'이라는 연구 제목이 암시하듯이 이념적·정치적 편견의 영향을 받는다. 예를 들어, 남자도 임신할 수 있다는 등의 현실을 부정하는 잘못된 정보로부터 사람들을 보호하기 위한 방법에 대한 연구는 없는 것 같다. 사회과학자들은 좌파 성향이 있으며 다들 비슷한 '진보적' 관점을 공유한다.[68]

이런 연구는 역설적으로 정치적 반대자들이 편향되고 잘못된 정보를 알고 있다고 암시하는 메타 선전의 형태를 띨 수 있다. 예를 들어, 한 연구에서는 "트위터에서 품질이 낮은 뉴스 웹사이트를 선호하고 리트윗하는 사람은 백신을 맞지 않을 가능성이 있다"는 결론을 내렸다. 하지만 이 논문은 '품질'의 정의를 뉴스가드*NewsGuard*에 의존했는데 뉴스가드는 바이스닷컴*Vice.com*(예전에 '이 사람은 자신의 절단된 다리로 만든 타코를 친구에게 먹였다'라는 헤드라인을 게재한 적이 있다)이 '진짜 뉴스'를 제공한다고 보증했다.[69]

두 번째 유형의 프리번킹은 일반적인 것으로 편견, 뜨거운 쟁점, 진실에 대한 중재를 피할 수 있다는 이점이 있다. 반 데어 린덴은 메타$_{Meta}$와의 협력 작업에서 가짜 전문가, 공포 조장, 체리피킹 데이터 등이 내세우는 '주장보다 기술에 집중'할 것을 강력히 권고한다고 했다. 이는 불확실성과 팩트 변화라는 문제를 피할 수 있지만, 여전히 사람들이 조작에 대해 더 개방적이고 회의적인 태도를 갖게 한다.

케임브리지 대학 연구진은 2022년에 연구를 위해 온라인에서 발견되는 일반적인 조작 전술을 설명하는 유튜브 동영상을 제작했다.[70] 모든 사람이 그런 건 아니지만, 동영상을 시청한 참가자들은 해당 기술이 포함된 트윗을 신뢰하거나 공유할 가능성이 훨씬 작았다.

학계에는 편견이 있을 수 있지만, 원칙은 보편적이다. 앞서 언급한 유튜브 연구에서 해당 동영상은 정치적으로 완전히 중립적이었고, 시사적인 문제보다 대중문화를 언급하면서 요점을 전달했다. 예를 들어, 희생양에 관한 동영상에서는 「사우스 파크$_{South Park}$」에 나오는 '블레임 캐나다$_{Blame\ Canada}$'라는 노래를 예로 들었다. 잘못된 이분법을 다룬 동영상에서는 「스타워즈」에 나오는 "그렇게 극단적인 건 시스 기사단뿐이다"라는 대사를 인용했다.

설득 방어를 위한 마지막 기술은 편견을 제거하는 개입이다. 이 경우 사람들은 자신이 실제로 인지편향에 취약하다는 사실을 확인하게 된다. 예를 들어, 어떤 게임에서 사람들이 이메일에 응답하도록 했는데 이때 피싱 사기(민감한 정보를 수집하기 위해 고안된 이메일)를 당하면 점수를 잃게 된다.[71] 연구에 따르면 이런 식의 개입은 실생활에 장기적으로 영향을 미칠 수 있다고 한다.[72]

사전 경고든, 프리번킹이든, 편견 제거든 전문가들은 조작에 대해 교육하는 것이 중요하다는 데 만장일치로 동의한다. 선전과 커뮤니케이션을 전문적으로 연구하는 노팅엄트렌트 대학의 정치 커뮤니케이션 선임 강사 콜린 알렉산더*Colin Alexander* 교수는 "뉴스와 프로파간다의 진실을 구별하는 능력을 개발하는 데 전념해야 한다"고 말했다. "내가 열일곱, 열여덟 살이었을 때를 돌아보면 비판 능력이 지금과 같지 않았다. 학자 입장에서도 이를 위해 시간을 들여야 한다."

사이비 종교와 다단계 마케팅에서 모두 탈출한 데니스는 "20년이 지난 지금도 이에 관한 책을 읽으며 그때 대체 무슨 일이 일어났던 건지 의아해하고 있다"고 털어놨다. "수많은 층이 존재한다. 그들은 내게 어떻게 영향을 미친 걸까? 당황스럽다. 학교 교육, 성교육, 마약 교육 등은 있지만 아이들에게 과도한 영향력에 대해 알려주는 교육은 없다. 아이들에게 이 문제를 가르쳐야 한다."

작가이자 정신 건강 상담가이면서 컬트 집단에서 빠져나온 경험이 있는 스티븐 하산*Steven Hassan*도 이에 동의했다.

우리는 매우 정교한 권위주의 시대에 살고 있는데, 자신에게 무슨 일이 일어나고 있는지 깨닫지 못하면 우리 인권은 점점 줄어들 것이다. 세뇌는 공중 보건 위기다. 그 해악을 기록하려면 역학 조사가 필요하다. 사람들에게 항상 많은 심리작전이 있다는 사실을 교육해야 한다.

하산은 이렇게 설명한다. "그것에 이름을 붙이고 널리 알려야 한다. 자신에게 사용될 수 있는 설득 기술을 알면 그 기술은 힘을 잃는다." 즉 그림자에 가려져 있던 마술사의 속임수를 빛으로 끌어내어 마술사의 힘을 빼앗는 것이다.

규칙

- 경계심을 갖고 자신이 언제 조작 상황에 처하는지 알아야 한다. 냉소적이고 회의적인 태도를 취하는 걸 두려워하지 말고 비판적인 사고 능력을 활용하자.
- 설득과 선전에 관한 고전을 읽으면서 미리 공부해 두자.
- 사회적 증거, 희소성, 권위, 선호도, 호혜성, 개입, 일관성을 비롯해 일상생활에서 사용되는 일반적인 기술을 찾아보자.

4장
너무 깊게 생각하지 말자

지성주의가 반드시 세뇌에 대한 방어 수단은 아니다. 사실 그것이 약점이 될 수도 있다. 사람들은 자신의 신념(비록 틀렸더라도)을 정당화하는 데 능숙하기 때문에 현실과 단절된 토끼굴에 빠질 가능성이 크다. 우리 모두 알아야 하는 교훈은 지적 사고가 직관, 지혜, 겸손과 균형을 이루어야 한다는 것이다.

요정과의 나들이

1917년 유럽의 겨울은 20세기 들어 가장 혹독한 겨울로 몹시 추웠다. 영국은 폭설에 짓눌렸고 만조와 심한 강풍으로 피해를 입었다. 이 혼란 속에서 전쟁까지 치르고 있었다. 5월 25일, 사상 최초의 주간 폭격으로 포크스턴에서 95명이 사망했고 폭탄 때문에 땅이 모두 파헤쳐졌다. 한 시詩에서는 이를 '독일인이 퍼부은 죽음의 부서진 천둥'이라고 묘사했다.[1]

집단 정신의 거대한 구조판이 이동하면서 억압된 생각과 환상이 표면으로 솟아오르는 지진 같은 겨울이었다. 이런 상황에서 두 명의 어린 소녀가 요정이 진짜 존재한다는 것을 세상 사람들에게 알렸다.

열여섯 살인 엘지 라이트Elsie Wright와 아홉 살인 사촌 프랜시스 그리피스Frances Griffiths는 코팅글리 벡Cottingley Beck이라는 정원에서 개울을 탐험하는 걸 좋아했다. 지금도 이곳에는 나무 그늘이 드리워진 바위 계단 위로 시냇물이 흐르고 있다. 엘지와 프랜시스는 모험을 마치고 진흙투성이가 되어 집에 돌아오는 바람에 종종 야단을 맞곤 했다. 그들은 부모에게 '요정을 보려고 그곳에 갔다 왔다'고 설명했다. 거짓말을 했다는 이유로 꾸지람을 들은 소녀들은 증거를 가져오기 위해 아버지의 카메라를 빌렸다.

장차 악명을 떨치게 될 첫 번째 사진에는 프랜시스가 요정들과 장난치는 모습이 담겨 있었다. 물론 그것은 가짜였다. 『메리 공주의 선물 책*Princess Mary's Gift Book*』에 나오는 이미지를 복사해서 날개를 붙인 뒤 모자 핀을 이용해 똑바로 세워둔 것이었다. 엘시는 1983년에 자신의 사기 행각을 고백하면서 똑똑해 보이는 어른들이 얼마나 쉽게 속아 넘어가는지 놀랐다고 말했다.

의사이자 셜록 홈즈*Sherlock Holmes* 창작자로 유명한 아서 코난 도일*Arthur Conan Doyle*도 이 사진에 대해 알게 되었다. 코난 도일의 전설적인 탐정은 논리적인 추론으로 유명하지만, 작가 본인은 판타지에 더 순응한 것 같다. 그는 그 사진이 다른 사진을 잘라낸 것(그 책에는 본인의 글 일부도 포함되어 있었다)이라는 걸 알아차리지 못했을 뿐만 아니라, 의심하지 않았다. 그리고 뛰어난 지성을 발휘해 요정의 존재를 설명하고 정당화하기 위해 엄청난 노력을 기울였다. 몇몇 사람이 요정을 똑바로 세우고 있는 모자 핀을 보았던 지점에서 코난 도일은 배꼽을 보았다. 그는 자기

의견을 합리화하기 위해 현대 과학을 차용하기도 했으며 요정
은 "더 짧거나 긴 진동을 방출하는 물질로 구성"되어 있기 때문
에 평범한 사람의 눈에 보이지 않는다고 설명했다.[2] 이후 한 심
리학 교수는 이렇게 설명했다. "코난 도일은 모든 반론을 무시
하기 위해 자신의 지능과 영리함을 사용했다. … (그는) 자신의
영리함을 이용해 자신을 능가할 수 있었다."[3]

합리성 상실

그런 사람은 코난 도일만이 아니었다. 매우 똑똑한 많은
사람이 대다수가 믿지 못하는 일을 믿는 것 같다. 연구자들은
몇몇 노벨상 수상자가 틀에 얽매이지 않는 신념을 받아들이는
경향을 언급하면서 '노벨병'이라는 현상을 만들기도 했다.[4] 예
를 들어, 아나필락시스(특정 물질에 대해 몸에서 과민 반응을 일으키는
것을 의미)에 대한 연구로 1913년에 노벨 생리의학상을 수상한
찰스 리셰_Charles Richet_는 수맥 찾기, 유령, 초감각적 지각을 믿었
다. 노벨상 수상자인 물리학자 브라이언 조지프슨_Brian Josephson_은
물이 자신을 통과한 물질의 화학적인 특성을 '기억'할 수 있다
는 동종요법을 믿었다.

스티브 잡스_Steve Jobs_는 노벨상 수상자는 아니지만 의심할 여
지 없는 천재였다. 월터 아이작슨_Walter Isaacson_이 쓴 공식 전기에

따르면 그는 뛰어난 지능으로 '현실 왜곡 장'을 만들었다.[5] 이를 통해 기술 혁명을 일으켰지만, 한편으로는 그의 죽음의 원인이 되었을지도 모른다. 2003년에 췌장암 진단을 받은 잡스는 의사의 조언을 무시하고 대신 약초 요법과 주스 다이어트를 택했다. 그는 자신의 지성을 이용해 병을 치료할 수 있다고 확신하면서 반대자들의 의심을 일축했다. 하지만 안타깝게도 그의 생각은 틀렸다.

견제와 균형 없이 천재에게 너무 많은 권한을 부여하는 건 위험할 수 있다. 기업가인 헨리 포드Henry Ford나 체스 신동 바비 피셔Bobby Fischer 같은 역사상 위대한 천재들 중 일부는 노골적인 반유대주의자였다.

이 원리에는 시냇가에서 춤추는 날개 달린 요정을 믿는 것보다 더 어두운 면이 존재할지도 모른다. 순수하게 '과학'을 추종하는 확인되지 않은 지성주의의 위험은 프랑켄슈타인의 괴물에서 「쥬라기 공원」에 이르기까지 우리 문화에 암호화되어 있다. 프랑스 철학자 드니 디드로Denis Diderot가 말한 것처럼 "악은 항상 천재를 통해 세상에 모습을 드러낸다."[6]

극단적으로 말하면 나치 역시 과학에 집착했다. 그들은 기술적 탁월함 덕에 유럽을 맹공격하고 NASA의 토대가 될 V2 로켓을 설계할 수 있었다. 물론 나치는 인종과 우생학에 집착했고, 이에 대해서도 동일한 과학적 접근법을 취했다. 예를 들어, 1937년에 출간된 『사람과 인종Volk und Rasse』이라는 책에서는 선 그래프를 이용해 시간이 지남에 따라 독일인-유대인 간의 결혼이 늘어나고 있다고 주장하면서 이 그래프에 '인종 오염 추세'라는 제목을 붙였다. 1943년에 나치 신문 「스트라이커*Der Stürmer*」에 게재된 시각 자료는 현미경으로 피 한 방울을 확대해서 보여주는데 그 안에 다윗의 별이 떠다니고 있다('유대인은 그의 독으로 세상을 파괴한다/나약한 민족의 느린 피로'). 게다가 「공중보건서비스*Die Volksgesundheitswacht*」에서는 히틀러를 독일 국민의 의사로 묘사했다.[7]

실제로 바이마르 공화국 시기에 독일 의사 중 거의 절반이 일찌감치 나치당에 가입했는데, 이는 다른 어떤 직업보다 많은 수치다.[8] 독일 직업인들 평균에 비해 SS 내에서 의사가 차지하는 비중은 7배 이상 과대하게 나타났다. 그들은 강제 불임과 안락사는 말할 것도 없고 사람들을 대상으로 영하의 기온, 높은 고도, 전염병, 독극물, 이식과 관련된 치명적인 실험 등 지금까지 기록된 최악의 과학적 잔학 행위에서 중요한 역할을 했다.

물론 의사를 폄하하려는 건 아니다. 그들은 우리 사회의 매우 귀중한 구성원이며, 그들 중 절반이 조금 넘는 대다수는 나치당에 가입하지 않았다. 그러나 요점은 뛰어난 지성이 반드시 우리를 세뇌로부터 보호해 주지 않는다는 것이다.

카네기멜론 대학의 한 연구에서는 '편향 맹점'이라는 것을 조사했다. 이는 다른 사람들이 자신보다 더 편향되어 있다는 믿음이 의사결정에 해로운 결과를 가져온다는 것이다.[9] 예를 들어, 의사들은 제약회사의 선물이 다른 의사의 처방약 선택에는 영향을 주지만 자신의 선택에는 영향을 미치지 않는다고 믿는다. 연구진은 600명이 넘는 참가자 가운데 자신이 보통 사람보다 더 편견이 심하다고 말한 사람은 한 명뿐이라는 걸 발견했다. 사람들은 자신이 얼마나 편견이 심한지 모르는 경향이 있다. 중요한 건 이 사각지대가 지능으로는 완화되지 않는다는 것이다. 또 다른 논문에서는 자신의 이전 신념에 편향된 방식으로 정보를 처리하는 경향인 '자기편향'을 조사한 결과, '지능과 거의 관련이 없다'는 결과가 나왔다.[10]

어린이를 대상으로 진행한 한 연구도 이 점을 잘 보여준다. 나이가 들수록 산타를 믿을 가능성이 줄어들지만 "성숙한 인과적 추론을 보인 몇몇 아이에게서 산타에 대한 강한 믿음이 발견되었다."[11] 똑똑한 어린이라도 산타클로스를 믿을 수 있다.

심리학 교수 키스 스타노비치*Keith Stanovich*는 이 현상을 '이상합리증'이라고 부른다. 지능이 괜찮은 사람도 때때로 비합리적이다.[12] 그러나 스타노비치의 연구에서 정말 흥미로운 사실은 지식인이 실제로 편견을 가질 가능성이 더 크다는 것이다.[13] 그는 2012년에 「성격 및 사회심리학 저널*Journal of Personality and Social Psychology*」에 이 연구를 공동 발표했다. 참가자들은 5가지 실험을 거치면서 지능 검사와 '편향 맹점'에 대한 다양한 테스트를 받았다. 이 실험에서 스타노비치는 약간의 긍정적인 상관관계를 발견했다.

"이런 편향 맹점 효과 중 어떤 것도 인지 능력 측정과 음의 상관관계를 나타내지 않았다. 오히려 그와 반대되는 상관관계가 나타났다."

동기부여 추론

마술사 해리 후디니*Harry Houdini*는 아서 코난 도일과 대화를 나눈 후 이렇게 말했다. "일반적으로 뇌가 크고 교육 수준이 높은 사람일수록 신비주의에 빠지기 쉽다는 걸 발견했습니다."[14]

결국 후디니와 코난 도일은 공개적으로 사이가 틀어졌다. 그들은 함께 강령회에 참석했는데 거기서 한 심령술사가 최근 사망한 헝가리 태생인 후디니의 어머니에게서 메시지를 전달받았다고 주장했다. 그 메시지는 후디니의 어머니가 한 번도 배운 적 없는 완벽한 영어로 전달되었다. 후디니는 코난 도일 같은 위대한 정신의 소유자가 명백한 사기의 희생양이 될 수 있다는 사실에 좌절했다.

유럽의 많은 사람처럼 코난 도일도 고통을 겪고 있었다. 그는 세계대전 중에 아들을 잃었다. 대학살 속에서 그가 더 많은 걸 추구했다는 게 놀라운 일일까? 코난 도일은 어린 소녀들의 사진 덕에 죽을 때까지 강령술의 정당성과 요정의 존재를 확신했다.

프랜시스 그리피스는 1985년 인터뷰에서 요정에 대한 사람들의 반응에 놀랐다고 말했다. "그냥 엘시와 함께 약간 장난을 쳤을 뿐인데, 왜 그걸 진짜라고 받아들였는지 지금도 이해할 수 없어요. 아마 그렇게 믿고 싶었나 봅니다."[15]

심리적으로 채워야 하는 욕구가 깊었던 코난 도일은 속고 싶어 했다. 그의 뛰어난 지성은 그 이유를 제공했을 뿐이다. 이성적인 뇌는 합리화를 시도한다. 사람들은 일반적으로 의식적인 뇌가 우리를 위해 모든 중요한 결정을 내리는 대통령 집무실 같다고 생각한다. 하지만 광고 전문가 로리 서덜랜드_Rory Sutherland_의 말처럼 오늘날 심리학계에서는 정서적인 뇌가 결정을 내리는 집무실 역할을 하고, 의식적인 뇌는 사후에 설명을 내놓는 공보실과 더 유사하다고 말한다.[16]

이 사실을 잘 보여주는 사례가 있다. 심리학자 라르스 할_Lars Hall_과 페터 요한슨_Petter Johansson_은 참가자들에게 도덕적 문제에 대한 동의 여부를 표시하는 설문지를 작성하게 했다.[17] 참가자들은 클립보드에 첨부된 종이에 설문 답변을 작성했다. 그들은 페이지를 넘기면 클립보드 뒷면에 다른 내용의 진술이 적힌 종이가 붙어 있다는 걸 알지 못했다. 결국 그들이 본 내용은 정반대되는 진술로 교체되었다. 예를 들어, '성매매는 도덕적으로 옹호 가능하다'라는 진술이 '성매매는 도덕적으로 비난받을 일이다'로 바뀌었는데, 참가자의 답변은 그대로 유지되었다. 그런 다음 참가자들은 그들이 작성한 것처럼 보이는 답변을 설명해

보라는 요청을 받았다. 참가자 중 약 절반은 자신이 하지 않은 답변에 정당성을 부여했다. 그들의 지적인 사고가 사후 합리화를 시도한 것이다.

정신 분석학자인 요스트 메이를로*Joost Meerloo*는 제2차 세계대전 이후에 출간된『망상과 집단 망상*Delusion and Mass Delusion*』에서 다음과 같이 말했다.

> 증명해야 할 것이 무엇인지 상정하면 추론은 원을 그리듯 움직인다. 이는 마치 고발당한 부정직한 차용인의 이야기와 비슷하다. 그는 법정에서 첫째로 자신은 아무것도 빌리지 않았다는 것, 둘째로 불량한 형태의 물건을 받았다는 것, 그리고 마지막으로 오래전에 돌려줘서 이제 빚진 게 없다는 사실을 증명하려고 한다.[18]

이것이 바로 '동기유발 추론'이라는 것인데 코난 도일이 아들의 죽음이 동기가 되어 강령회를 과학적인 것으로 받아들인 것처럼 지성을 이용해서 정서적인 동기를 충족하는 논리를 생성하는 것이다.[19]

그는 아마 어떤 유형의 사실 확인에도 귀 기울이지 않았을 것이다. 사람들은 정보를 접할 때 기존에 가진 신념을 통해 정보를 걸러낸다. 둘 사이에 갈등이 생기면 뇌의 두 부분이 활성화되는데 한 부분은 스트레스 및 위협 반응과 관련이 있고, 다른 한 부분은 자기 정체성과 관련이 있다.[20] 사람들에게 고통스러운 정보가 제시되면 이성적인 뇌는 종종 그걸 무시하기 위해 과도하게 작동한다. 우리는 자신의 세계관과 일치하는 정보를 더 많이 받아들이고, 그렇지 않은 정보는 거부하려고 한다.[21] 예를 들어, 『예언이 끝났을 때*When Prophecy Fails*』라는 책에서 심리학자들은 종말론 사이비 종교에 잠입했다. 리더의 예언이 이루어지지 않았을 때도 컬트 숭배자들은 모두 떠나지 않았다. 오히려 그중 많은 사람이 변명을 합리화하면서 더욱 헌신적으로 변했다.[22]

이는 미국 민주당이 트럼프-러시아 공모 같은 근거 없는 음모론에 넘어가고 공화당은 큐어넌*QAnon*(음모론 집단) 같은 음모론에 빠지는 이유를 설명할 수 있다. 실제로 연구 결과에 따르면 가장 높은 수준의 정치적 지식을 가진 사람들이 이런 편향된 정보 처리에 가담할 가능성이 더 크다.[23] 정치적으로 세련된 사람들은 보호하려는 동기가 강하고, 정보가 그것과 일치하는지 여부를 평가하는 데 능숙하며, 그 정보를 받아들이거나 거부해야 하는 이유를 합리화하는 데도 능숙하다.

한 연구에 따르면 뛰어난 수리력과 과학적 지식을 갖춘 진보주의자들은 인간이 만든 기후 변화에 대한 과학적 메시지를 받아들일 가능성이 큰 반면, 자유시장 자본가들은 인지 능력 덕분에 메시지를 거부하고 그게 과장이라고 말할 가능성이 더 컸다.[24] 기후 변화가 실제인지 아닌지는 중요하지 않다. 사람들은 기존의 세계관에 따라 기후 변화를 받아들이거나 거부했으며, 지능은 단지 그들이 그런 일을 더 능숙하게 하는 데 일조했다. 다른 곳에서 진행된 또 다른 실험에서는 가장 똑똑한 참가자들이 자기 세계관과 일치하는 데이터를 정확하게 읽을 가능성이 45퍼센트 정도 높다는 사실을 발견했다.[25]

이것은 매우 중요한 사실이다. 똑똑한 사람들은 자신을 속이는 데 더 능숙하다. 연구에 따르면 지능은 '헛소리' 능력과 관련이 있으며,[26] 똑똑한 사람은 거짓말을 할 가능성이 더 크고,[27] 창의적인 사고를 하는 사람은 자신이 하는 일을 정당화하는 데 능하므로 사기를 칠 가능성이 크다는 사실 등이 밝혀졌다.[28] 사람들은 살면서 자신이 도달하고 싶은 결론에 도달하지만, 똑똑한 사람은 그에 대한 명분을 잘 찾아낸다.

과학적 두뇌 신뢰자

정치 철학자이자 홀로코스트 생존자이며『전체주의의 기원 _The Origins of Totalitarianism_』이라는 책을 쓴 한나 아렌트_Hannah Arendt_는 지식인들을 불신했다. 그녀는 홀로코스트 기간 동안 지적 능력이 뛰어난 많은 친구가 자신의 가담을 합리화하는 것을 보고 충격을 받았다. 아렌트는 사실을 이론에 맞게 조정해서 현실과 단절된 삶을 살 수 있는 지적 능력을 인식하게 되었다. 그녀는 "정부 평의회에서 과학적 사고력을 지닌 두뇌를 신뢰하는 이들의 명성이 꾸준히 높아지는 것보다 더 무서운 일은 거의 없다"라고 말했다.

베트남 전쟁과 관련해서도 아렌트는 자신의 합리성, 이론화, 감정 부족에 자부심을 느끼는 전문적인 문제 해결사들에 대해 한탄했다. 그들은 "되도록 수학적 언어로 표현되는 공식을 찾는 데 열심"인 반면, "많은 돈을 받고 수집한 엄격하고 완강한 사실을 무시하는 정보 분석가들이 많다."

아렌트는 "어떤 현실이나 상식도 문제 해결자의 마음을 꿰뚫을 수 없다"라고 말했다.[29] 따라서 합리화는 우리가 위대한 일을 성취하는 데 도움이 될 수도 있지만, 하늘에 성을 짓고 현실과 단절된 환상적인 횡설수설의 세계로 빠져들게 할 수도 있다. 조지 오웰*George Orwell*의 말을 빌리자면, 너무 터무니없어서 오직 지식인만 믿을 수 있는 아이디어가 몇 가지 있다.[30]

소위 제4차 산업혁명, 즉 로봇공학, AI, 유전공학의 새로운 기술 시대가 도래하는 오늘날에 지성주의의 망령이 특히 크게 나타나고 있는 것 같다. 지금은 모두가 '과학'을 따르도록 권고받는 시대이며, 강력한 연구를 통해 통계적으로 유의미한 발견에 의해 뒷받침되고, 사전에 프리번크와 팩트 체크, 현실성 확인이 이루어지지 않는 한 그 무엇도 사실이 될 수 없는 시대다. 공상과학 영화나 음모론처럼 들릴 수도 있지만 정부와 국제기구는 사회와 경제가 이 산업혁명에 어떻게 적응할 것인지 제안하는 논문 초안을 작성했다.

미국의 일반사회조사*General Social Survey*에 따르면 과학계에 큰 신뢰를 갖고 있는 민주당원의 비율이 2018년부터 2021년 사이에 51퍼센트에서 64퍼센트로 증가한 것으로 나타났다.[31] 한편 갤럽 조사에 따르면 신을 믿는 미국인의 비율은 1970년대에는 거의 전부였는데 오늘날에는 81퍼센트라고 한다.[32] 일부는 어둠 속에서 정보와 알고리즘이 우리에게 길을 밝혀 준다는 '데이터교'라는 철학이 떠오르고 있다고 지적했다.[33] 과학이 곧 우리의 구원자다.

이것이 우리를 세뇌하기 쉽게 만든다. 저명한 정신 분석가 카를 융은 제3차 산업혁명과 그것이 유럽에 야기한 기계화된 학살 이후에 이렇게 말했다. "심리적으로 대중의 사고를 담당하는 주요 요인 중 하나가 과학적 합리주의인데, 이는 개인의 토대와 존엄성을 강탈한다. 사회적 단위로서의 개인은 개성을 상실했고 통계국에 의해 그냥 추상적인 숫자가 되었다."[34]

삶에 대한 순수한 지적인 접근방식은 종종 인간이 된다는 게 무엇을 의미하는지를 무시한다. 이는 사람들이 '나무 때문에 나무를 놓치게' 만들 수 있다. 즉 주관성, 뉘앙스, 현실을 희생하면서 추상적인 패턴에 집중하게 된다.

미국 역사가 리처드 M. 위버*Richard M. Weaver*는 1948년에 『생각에는 결과가 있다*Ideas Have Consequences*』라는 저서에서 현대인이 전문 기술의 희생양이 되어 그것에 집착하고 있으며, 이는 현실의 전체적인 그림과 단절된 상황을 반영한다고 주장했다.[35]

예를 들어, 독일인들은 실용적인 목적을 달성할 수 없었지만 당시의 로켓 폭탄 기술을 매우 신뢰했다.

위버는 현대 사상가가 갈수록 기술적이고 추상적인 세계에서 균형을 잃고 특정한 세부 사항을 파악해서 자신을 구원하려고 애쓰는 술 취한 사람 같다고 비유했다. 위버는 "그래서 과학자는 유기적 현실을 잃어버린 채 자신이 발견한 사실에 더욱 굳건히 매달리면서 객관적으로 검증 가능한 것에 구원이 있기를 바라고 있다. … 상대론자들에게 진리를 깨달을 수 없다는 말을 들은 그에게는 이제 '팩트'가 생겼다"라고 말했다.

이런 식의 집착 때문에 정신이 불안정해진다. 사람들이 자신을 안정시켜 주는 현실의 중심과 분리되기 때문이다. 하나의 펀드에 전 재산을 투자하는 투자자는 예민한 데 비해, 다양한 포트폴리오를 갖춘 투자자는 안정적인 것과도 같다. 위버는 이런 변동성이 "변덕스러운 감탄, 경미한 원인에 대한 흥분, 과도한 암시 및 공황으로 나타난다"고 주장했다.

오늘날 암호화폐, 백신 효능, 해리포터 팬픽 같은 지적인 잡초에 빠져드는 것은 점점 더 무서워지는 현실로부터의 피난처를 제공하기 때문에 매우 유혹적일 수 있다. 심리학자들은 지능화가 트라우마에 대한 방어 메커니즘이라는 걸 오래전부터 알고 있었다. 우리는 두려움에 사로잡히는 대신 추상적인 사고의 세계로 후퇴한다. 위버는 "사람들이 시험관과 사실로 돌아갈 수 있게 되었을 때 안도의 한숨을 쉬는 것이 진심인지 의심하지 말자"라고 말했다.

메이를로는 『망상과 집단 망상』에서 이런 강박적 사고가 어떻게 '마약적인 영향을 미치는지'에 대해 간결하게 설명했다.

논거가 많은 사람에게는 항상 의심을 품고 접근해야 한다. 변증법 과 끝없는 추론은 일반적으로 동의하지 않는 진실에 대한 저항으로 사용된다. 사람들은 자기 문제에 직면하는 걸 피하기 위해 삶의 거대한 문제에 빠져 있다. 그들은 집에서의 활동에서 벗어나기 위해 사이비 철학자가 된다….

사치스러운 신념

이것이 오늘날 모든 사람이 모든 것에 대해 자기 의견을 가져야 하는 이유를 설명할 수 있을까? 귀청이 터질 듯한 반향실echo chambers 같은 세상에서 사람들은 현대 생활의 실존적 공포로부터 자신을 보호하기 위해 환상적인 논리 나선 안에 움츠리고 있는 것일지도 모른다.

에리히 프롬Erich Fromm(제2차 세계대전 이후)은 『자유에 대한 두려움Fear of Freedom』에서 어부와 도시에서 온 두 명의 여름 손님과 관련된 기억에 남는 사례를 들려준다.[36]

세 사람 모두 라디오에서 일기예보를 들은 뒤 내일 날씨가 어떨지 질문을 받았다고 상상해 보자. 어부는 평생 날씨를 살펴온 경험이 있다. 그는 바람의 방향, 습도 등을 확인하고 모든 정보를 저울질한 뒤 자기 생각을 바탕으로 결론을 내릴 것이다. 도시에서 온 손님 중 한 명은 날씨에 대해 잘 모른다고 인정했다. 그는 라디오에서 들은 내용을 반복하지만 그것이 사실인지 판단할 수 없다고 했다. 다른 한 명의 도시 손님은 생각이 다르다. 그는 실제로는 거의 아무것도 모르지만 자신이 날씨에 대해 잘 안다고 믿는다. 그래서 본인이 모든 질문에 답할 수 있어야 한다고 여기면서 자신의 의견을 제시한다. 물론 그건 그의 의견이 아니라 라디오 예보에서 들은 내용이다. 그는 자기 의견을 갖고 싶은 충동을 느끼면서 마치 본인이 예측한 것인 양 그 내용을 되풀이한다.

그는 자기 의견에 도달했다는 환상을 가지고 있지만 실제로는 이런 과정을 인식하지 못한 채 권위 있는 의견을 받아들였을 뿐이다. 일반 신문 독자에게 특정한 정치적 문제를 어떻게 생각하는지 물어보라. 그는 자신이 신문에서 읽은 내용에 대해 어느 정도 정확한 설명을 '자신'의 의견이라며 제시할 것이다. 핵심은 이것이다. 그는 자기가 말하는 내용이 자기 생각의 결과라고 믿는다.

'문화 중재 가설'은 지적인 사람들이 이런 조작된 의견에 휩쓸릴 가능성이 더 크다는 것을 시사한다.[37] 이론상 그들은 오늘날 자유주의자가 될 가능성이 더 크다. 1930년대에 많은 의사가 반자유주의적인 나치당에 가입했던 것과 같은 이유로 말이다. 똑똑한 사람들은 지배적인 문화 규범이 무엇인지, 앞서 나가기 위해서는 무엇을 생각하고 말해야 하는지 알아내는 데 더 능숙하다.

케임브리지 대학에서 심리학 박사 학위를 받은 롭 헨더슨 *Rob Henderson*은 앞서가는 방법을 알고 있다. 헨더슨은 위탁 가정에서 자랐고 미 공군에 입대하기 전에 식당 잡역부, 슈퍼마켓 포장 직원으로 일했다. 이후 2015년에 제대군인 원호법을 통해 예일 대학에 다녔고 케임브리지 대학에서 장학금을 받았다. 노동자 계급 출신 배경 덕분에 그는 자신을 둘러싸고 있는 상류층들에 대한 독특한 관점을 얻었다. 그리고 '사치스러운 신념'이라는 용어를 만들었다.

예일 대학에는 하위 60퍼센트에 속하는 학생보다 상위 1퍼센트에 속하는 학생이 더 많다. 케임브리지 대학에서는 아마 이런 차이가 더 두드러질 것이다. 노동 계층이나 중산층 사람들과 완전히 상충되는 신념을 갖고 있는 상류층들이 있다. 옛날 사람들은 물질적인 것으로 자기 지위를 과시하곤 했다. 물질적 부와 풍요가 확산되면서 더 이상 은행 계좌의 규모만으로는 지위를 구분할 수 없게 되자, 그들은 이제 어휘, 신념, '유행'을 통해 자기 지위를 드러낸다. 하루 종일 트위터와 기사를 읽을 수 있는 화이트칼라 직업을 가진 사람들만이 이런 신념을 따라갈 수 있다.

이것은 의식적인 게 아니라 소셜 포지셔닝 게임이다. 그들이 견해를 표현하면 지위가 강화될 것이다. 그들은 실제로 결과를 깊이 생각하지 않는다. '경찰에 대한 자금 지원' 아이디어처럼 말이다. 누구에게도 화를 내거나 상처를 주고 싶지 않은 사람들이 많다. 「뉴욕타임스」에 실린 기사를 보면서 좋은 생각이라고 여겼을 것이다. 그들은 일반적으로 출입이 통제된 지역사회에 거주하며 개인 보안을 유지하는 부유한 사람들이다. 그들이 말하는 것과 자기 삶에서 실천하는 것은 다르다.

사치스러운 신념은 상류층에게 지위를 부여하는 반면, 하층민은 그로부터 더 많은 부담을 떠안게 된다. 사치에 대한 믿음은 반드시 현실을 반영할 필요는 없으며 종종 사치에 대한 믿음의 척도는 그것이 현실과 얼마나 상충되는지에 따라 결정된다. '경찰 자금 지원' 아이디어는 좋지만 우리는 여전히 증가하는 범죄와 살인 등의 영향을 보고 있다. 이 아이디어는 현실의 바람직한 부분과 상충된다.

어떤 사람들의 경우 하층민에게 해로운 신념을 표현하는 방식으로 자신의 사회적 지위를 드러낸다. 이를 통해 상류층 학생들이 '저스트 스톱 오일*Just Stop Oil*(영국의 과격 환경운동 단체)'을 원하는 이유를 설명할 수 있다. 그들에게 아버지가 전기 요금 수천 달러를 더 지불하는 것을 꺼리지 않을 때는 에너지 시장에 간섭하는 게 성공의 신호다. 그리고 차를 몰고 출근할 필요가 없을 때는 도로에 앉아 교통을 막는 것도 성공의 신호다.

아이러니하게도 「뉴욕타임스」 기사는 이에 대해 다음과 같이 요약했다. "기회가 풍부한 지역에서 편안함을 느끼려면 데이비드 포스터 월리스*David Foster Wallace*(미국의 작가), 자녀 양육, 성별 규범, 교차성에 대해 올바른 태도를 가져야 한다."[38]

미드위트의 저주

똑똑한 사람들이 이런 어리석음에 빠지는 이유가 또 하나 있다. 그들은 자신은 똑똑하기 때문에 틀릴 가능성이 없다고 가정한다. 심리학에서는 이를 '더닝-크루거*Dunning-Kruger* 효과'라고 한다. 어떤 주제에 대해 조금 아는 사람은 자신의 지식을 실제로 과대평가한다.[39] 반면 진정한 전문가들은 "알면 알수록 내가 아무것도 모른다는 걸 깨닫게 된다"라는 소크라테스의 말에 동의한다.

소크라테스는 사형 선고를 받기 전에 자신이 지혜롭다는 평판을 얻은 이유를 설명했다. 델포이의 신탁으로 아테네에서 가장 현명한 사람으로 선언된 그는 자신보다 현명한 사람을 찾기 위해 도시를 샅샅이 뒤지면서 가장 위대한 시인, 정치인, 예술가를 만나봤지만 소용이 없었다.

그들은 자기 기술을 연마하는 과정을 끝냈기 때문에 자신이 다른 문제에 대해서도 가장 현명하다고 주장했다. 가장 중요한 것, 그리고 그들이 저지른 실수는 자신들이 소유한 지혜를 모호하게 하는 것처럼 보였다…. 가장 높은 평판을 가진 이들이 실제로는 가장 부족해 보였고, 열등하다고 생각되는 사람들이 상식적으로 볼 때 더 나은 재능을 갖고 있는 듯했다.[40]

「불레틴 오브 이코노믹 리서치_Bulletin of Economic Research_」에 발표된 한 연구에서는 상대적인 측면에서 인지 능력이 과신 편향에 유의미하고 긍정적인 영향을 미치는 것으로 나타났다.[41] 다른 연구에서는 '전문 지식의 환상'이라는 현상이 입증되었다. 자신의 무지를 인정하지 않은 채 답을 추측한다면 틀릴 가능성이 크다.[42] 다른 실험에 의하면 사람들은 자신의 지식이 풍부하다고 느낄 때 동의하지 않는 사람들의 의견을 덜 듣는 것으로 나타났다.[43]

논쟁적인 학자 에드워드 더튼_Edward Dutton_은 지식이 약간 있지만 너무 많지 않은 사람들을 가리켜 '중간자(평균 이상이지만 천재는 아닌 지능을 가진 사람)'라고 부른다. 더튼은 아스비로 대학의 진화심리학 교수이자 모스크바에 있는 러시아 과학아카데미 심리학연구소의 명예 교수다. 인터뷰에서 그는 이렇게 말했다.

데이터가 나타내는 값은 정상 범위 내에 있으며, 평균 이상의 지능은 사회적 적합성과 관련이 있다. 그들은 규범 지도를 만들고, 세상을 둘러보는 데 능숙하고, 바람이 부는 방식을 정확하게 분별하고, 현재 상황을 확신하고 경쟁적으로 신호를 보내기 위해 정신적 체조를 수행한다. 지능이 그보다 낮은 이들은 규범 지도를 만들 능력이 부족하고 현재 상황을 믿도록 자신을 강요할 능력이 없기 때문에 그렇게 하지 않는다.

「의학 가설 *Medical Hypotheses*」의 편집장인 브루스 찰튼*Bruce Charlton*은 2009년에 '똑똑한 바보들: 왜 높은 IQ를 가진 사람들이 상식이 부족한 경향이 있는가'라는 기사를 썼다.[44] 찰튼은 "멍청하고 사회적으로 무능한 '멍청한 교수'"를 묘사했다. "자기 일에서는 뛰어나지만 일상생활에서는 멍청하고 무능한 과학계의 고정관념"을 나타내는 인물이다. 영리한 바보가 존재하는 이유는 "IQ는 문제 해결에 일반 지능을 과도하게 사용하고, 상식이라고 할 수 있는 진화된 행동의 본능적이고 자발적인 형태를 무시하는 경향이 있기" 때문이다.

지능뿐만 아니라 성격도 중요하다. 에드워드 더튼이 「인텔리전스 *Intelligence*」 저널에 발표된 연구에서 영리한 바보들의 성격을 탐구한 후 이렇게 설명했다.

중간 수준의 지능을 가진 사람들은 세뇌될 것이다. 빠져들지 않는 사람들은 IQ가 낮거나 IQ가 높은 사람들로, 이는 자폐증의 측면과 관련이 있다. 천재와 영리하고 어리석은 사람을 구분하는 건 바로 이런 특성이다. 천재는 특이한 IQ와 자폐적 특성, 중간 정도의 정신병적 특성을 가지고 있다. 291명의 저명한 남성에 대한 펠릭스 포스트*Felix Post*의 논문은 그들이 무증상 정신병자의 특징을 상당히 과도하게 대표한다는 걸 보여준다. 성실성이 낮으면 고정관념에서 벗어나 생각할 수 있고, 다윈처럼 대부분의 사람이 생각할 수 없는 일을 떠올릴 수 있다. 친화력이 낮으면 자신이 사람들의 기분을 상하게 한다는 사실을 이해하지 못하거나 전혀 신경 쓰지 않는다. 아이작 뉴턴도 끔찍했다.

반면 내가 '헤드 걸'이라고 부르는 '카렌스'는 마스크 착용을 요구한다. 그들은 정상 범위의 높은 IQ와 성실성, 친화성을 가지고 있다. 그들은 규칙을 매우 잘 따르고, 기분을 상하게 하는 사람들을 좋아하지 않으며, 높은 불안감을 갖고 있다. 그들은 남들과 어울리기를 원하고, 사람들을 화나게 하는 걸 싫어한다.

더튼은 그가 '헤드 걸'이라고 부른 사람들과 문제가 생긴 듯하다. '래셔널위키*RationalWiki*'에서는 그를 테러리스트의 동조자, 반페미니스트, 인종 및 정보 사이비과학자, 동성애 혐오자, 이슬람 혐오자, 성차별주의자, 트랜스 혐오자, 반유대주의자, 백인 우월주의자, 심지어 반채식주의자로 묘사한다. 래셔널위키는 '반과학'을 반박한다고 주장하는 좌파 웹사이트이며, 보수주의자들의 온라인 백과사전에 반대하기 위해 만들어졌다.[45]

더튼이 내린 결론 중 일부는 분명히 반대할 만하지만, 아마 그는 자신의 사례가 요점을 보여준다고 주장할 것이다. 그는 자신의 주장을 뒷받침하는 증거와 함께 제시하지만 그것은 '현재'에 대한 수용 가능한 담론 범위를 벗어난다. 높은 성실성과 친화력으로 인해 규범 위반과 범죄에 민감하고 평균 이상의 지능을 갖춘 사람들은 그의 요점을 이해하고 토론하기 위해 그를 다시 자기 상자에 넣으려고 무리하게 애쓰고 있다.

앞서 언급한 논문 「그렇게 많은 독일 의사들이 일찍부터 나치당에 가입한 이유는 무엇인가?」에서 제시된 가설 중 하나는 의사들은 성격이 권위적인 경우가 많은데 이런 성격의 대표적인 특징이 규칙을 강력하게 준수하는 것이라고 한다(여러분도 부러진 다리를 치료하는 방법에 대해 이상한 의사가 엉뚱한 제안을 하는 건 싫을 것이다). 요스트 메이를로는 『망상과 집단 망상』에서 "지식과 통찰력은 위험할 수 있다. 과학계에서는 과학적 전통에서 벗어나려고 노력하는 학생들이 많은 공격을 받는다"고 말했다. 더튼은 이런 억압이 역효과를 낳을 수 있다고 말한다.

우리는 혁신적인 사람들 덕에 인터넷으로 대화를 나눌 수 있다. 이들은 지원이 필요한 사람, 즉 자폐증을 앓는 이상한 사람들이다. 반면 그들은 다른 문제에도 의문을 제기했다. 한스 아이젠크*Hans Eysenck*는 심리학 분야에서 엄청난 혁신을 이루었지만 우생학과 점성술도 믿었다. 자신과 다른 사람을 조롱하면서 자존감을 높이는 사람들이 있다. 아틀란티스를 찾는 사람 중에는 중요한 일을 하는 사람도 있다.

『지능의 함정 _The Intelligence Trap_』이라는 책에 강력한 예시가 나온다.[46] 저자 데이비드 롭슨 _David Robson_ 은 환상적인 책을 썼지만, 지적 겸손에 대한 자신의 조언을 받아들이지 않은 것 같다. 그는 노벨상을 수상한 PCR 테스트 발명가이자, 진정한 천재의 자격을 갖춘 캐리 멀리스 _Kary Mullis_ 에 대해 썼다. 멀리스는 외계인의 존재, 점성술의 가치, HIV와 기후 변화에 대한 주장의 타당성(또는 그 부족)에 대한 몇 가지 신념을 갖고 있다. 노벨상 수상자가 아닌 롭슨은 논의의 합리적인 범위가 무엇인지 분명하게 밝혔다. "캐리가 틀렸다고 말할 필요가 없었으면 좋겠다."

저자는 책의 다른 부분에서 독자가 잘못된 결론에 도달하지 않도록 괄호를 추가한다. "명확하게 말하자면 백신이 안전하고 효과적이며, 탄소배출이 기후를 변화시키고 있고, 진화가 사실임을 보여주는 압도적인 증거가 있다."

물론 합리적인 생각은 훌륭하다. 그러나 이번 장의 교훈은 그것이 우리를 잘못된 길로 이끌 수도 있다는 것이다. 똑똑한 사람들은 자기 생각이 현실에서 왜곡되었거나 다른 곳에서 이식된 것일지라도 자신의 생각을 믿는다. 우리는 노벨상 수상자는 아니지만 자기 생각과 행동에 대한 논리적 정당성에 의존한다. 지성을 이용해서 기괴한 생각과 해로운 행동을 합리화할 수 있다. 완료된 일을 추론하고, 그에 대한 준수를 정당화하며, 결론에 대한 확신을 갖는 이런 지적 능력이 우리를 세뇌에 취약하게 만든다.

이는 조작자가 행동에 대한 합리화, 즉 '위치 정보'를 제공할 때 사용된다. 한 심리학 연구에 따르면 "복사를 해야 해서 그러는데 제가 새치기를 해도 될까요?" 같은 의미 없는 정당성이 포함된 경우, 사람들은 복사기 앞에서 새치기를 하게 해줄 가능성이 더 크다는 사실이 밝혀졌다.[47]

자기 마음에 귀를 기울이자

그렇다면 뇌엽절리술 외에 답은 무엇일까?

첫째, 자기 직감을 믿어야 한다. FBI에서 인질 협상가로 일했던 개리 노스너는 위기 상황에서 어떻게 사람들의 직감이 가장 큰 도움이 되는지 설명했다. "전투 또는 비행 레이더가 얼마나 자주 무시되는지, 자기 직감이 얼마나 중요한지, 그리고 우리가 자기 직감을 듣는 법을 어떻게 배워야 하는지를 깨닫게 해주었다"고 그는 말한다. "인간의 마음에는 일이 진행되지 않거나 관계가 좋지 않을 때 자신에게 알려주는 놀라운 무의식적 방법이 있으며 이를 깨달아야 한다. 정면으로 부딪히면서 자신의 직감에 귀를 기울여라."

우리의 본능은 수백만 년의 진화를 통해 발전해 왔고, 그런 본능은 비합리적이라거나 편견이라고 말할 수도 있다. 하지만 실제로는 우리에게 매우 큰 도움이 되고 있다. 감정적인 직관이 없다면 합리적인 결정이라고 생각하는 경우에도 제대로 결정을 내리지 못할 것이다.

유명한 신경과학자이자 『데카르트의 오류*Descartes' Error*』라는 책을 쓴 안토니오 다마시오*Antonio Damasio*는 특정한 감정을 느끼는 능력을 잃어버린 환자들은 의사결정 능력에도 심각한 장애가 생겼다는 것을 발견했다.[48] 전두엽의 특정 부분이 손상된 사람들은 지능은 그대로 유지되지만 행동을 계획하거나 과거의 실수를 통해 교훈을 얻는 데 어려움을 겪는다. 또 감정을 표현하고 경험하는 것도 힘들어한다. 다마시오는 뇌의 이 부분이 과거의 경험을 바탕으로 행동을 지시하기 위해 감정을 이용한다고 주장했다. 예컨대 뱀에게 물리면 심장이 격렬하게 뛰고, 다음에 뱀을 보면 심장이 또 격렬하게 뛰므로 뇌는 그 두려움 반응을 이용해서 뱀에게서 멀어지게 할 것이다. 감정을 사용하지 않으면 의사결정이 완전히 지적인 영역에서만 진행되므로 느리고 비효율적이다. 다마시오는 "감정은 사치가 아니라 유기체를 특정 결과로 이끄는 매우 지능적인 방법"이라고 말했다.

직감을 사용하는 게 의사결정에 도움이 될 수 있다는 실험적 연구가 있다. 주식투자자들을 대상으로 한 달 동안 진행한 연구에서 최고의 성과를 낸 사람들은 투자할 때 가장 강렬한 감정을 느꼈다고 말한 사람들이었다. 중요한 건 그들은 이런 감정을 설명하기 위해 보다 정확한 어휘를 사용했다는 것이다. [49] 그들은 자기 감정(예: 분노와 불안)을 잘 구별할 수 있었고, 본능과 의식적으로 조화를 이루었다.

그러므로 자기 마음에 귀를 기울이고, 자기 마음이 하는 말을 의식적으로 정확하게 인식하는 것이 좋다. 이를 위한 한 가지 경로는 '내부감각수용 인식interoceptive awareness'을 향상하는 명상일 수 있다. 한 연구에서는 15분간 마음챙김 명상을 하면 특정한 인지편향 발생률이 34퍼센트 감소하는 것으로 나타났다. [50] 또 다른 경로는 신체적으로 감정을 기록하는 것이다. 한 연구에서는 즉각적인 직감을 기록하고 이를 의식적으로 해석해서 진단 정확도를 최대 40퍼센트까지 높였다. [51]

직감은 현실과 연결된 상태를 유지하는 데도 도움이 된다. 정신 분석가이자 작가인 요스트 메이를로는 『망상과 집단 망상』에서 제2차 세계대전을 언급하면서 다음과 같이 설명했다.

지능을 강화할 수 있는 성격이 발달하지 않으면 지능이 약해진다. 지식인의 문화적 습득은 성격이 흔들리면 공포 때문에 쉽게 마비된다. 성격, 그것의 잠재력과 정신적인 기능을 위해 제공되는 안정적인 성격은 단순한 분석적 지성보다 사회에서 더 중요하다. 이것은 (나치 점령하에서) 저항 운동을 벌인 사람들에게서 관찰할 수 있다. 순수한 지식인은 멀리 있었다. 성숙한 성격을 지닌 사람들은 감정과 사고가 조화를 이룬다.

상식도 세뇌에 대한 좋은 보호책이다.

심리학자 이고르 그로스만*Igor Grossman*은 고전 철학을 '사고에 대한 사고(메타인지라고 한다)'의 4가지 원칙으로 분류함으로써 지혜에 대한 연구 과정에서 공식화된 구조를 상식에 적용했다.[52] 첫 번째는 정보를 고려할 때 다른 사람의 관점을 알아보는 것이다. 자신과 충돌하더라도 모든 측면에서 다른 사람에게 어떤 영향을 미칠 수 있는지 생각한다. 두 번째는 다양한 의견을 종합해서 전체적인 해결책을 찾고 균형과 타협점을 찾는 것이다. 세 번째는 상황이 변할 수 있다는 것(자신의 신념까지 포함해서)을 인식하는 능력이다. 네 번째는 지적으로 겸손한 태도를 갖고 자신의 관점이 제한적이고 불완전하다는 사실을 깨닫는 것이다.

벤저민 프랭클린은 소크라테스의 재판에 대한 이야기를 읽은 후 항상 자신의 판단에 의문을 제기하고 다른 사람의 판단을 존중하기로 결심했다. 그는 '확실하고 의심의 여지가 없거나 의견에 긍정적인 느낌을 주는 다른 단어' 같은 표현을 피하려고 의도적으로 노력했다.[53]

"모든 걸 알고 있다고 생각하는 사람은 모든 걸 설명하려고 노력하지만, 자만심이 덜한 사람들은 다른 사람이 자신을 가르칠 수 있고 지시할 수 있는 많은 것에 대해 오랫동안 무지한 채로 남아 있는 경우가 많다.”[54]

실제로 심리학 연구에 따르면 사람들에게 겸손한 피드백을 제공하면 과신 같은 편견을 줄일 수 있고,[55] 의도적으로 시간을 내서 상충되는 관점을 고려하고 자신에게 반박하는 데 시간을 투자하면 다양한 편견을 줄일 수 있는 것으로 나타났다.[56] 약간의 연습을 통해 직감을 믿고 합리적 결론의 확실성에 대한 믿음을 줄이면 뇌가 코난 도일처럼 요정을 좇는 걸 막을 수 있다.

규칙

- 자기 마음에 결함이 있다는 것을 인식하고 자신의 믿음에 집착하지 않는 겸손한 태도를 갖자.
- 자기 마음과 직감에 귀를 기울이고 그것이 말하려는 내용을 의식적으로 인식하자. 명상하자.
- 복잡한 문제에 대한 답을 전부 알고 있다고 확신하는 전문가를 조심하라.

5장
나의 감각을 의식하자

우리는 감각을 통해 세상을 이해한다. 조종자가 되려고 하는 사람은 우리를 끌어들이고, 유혹하고, 우리 머릿속에 생각과 감정을 형성해 우리에게 영향을 미치려고 감각을 이용한다. 마음을 자유롭게 유지하고 싶다면 매혹적인 환경을 조심하자.

듣기 좋은 소리와 잭팟

"카칭, 카칭, 카칭! 이기면 기계 장치에서 동전이 튀어나오고 통 속으로 동전 떨어지는 소리가 들린다. 시끄럽고 박력 있는 소리다. 그 소리는 사람들의 관심을 끌고, 아이들은 당신이 얼마나 땄는지 보려고 달려올 것이다. 기분이 꽤 괜찮다."

사이먼이 어릴 때 갔던 게임 아케이드의 기억은 감각적인 경험으로 가득하다. 동전 떨어지는 소리, '축제 스타일의 음악', '밝은 빨간색과 주황색의 번쩍이는 불빛'이 그의 기억에 큰 비중을 차지한다. 소리, 시각, 촉각은 감정, 경이로움, 흥분과 분리될 수 없다.

슬롯머신, 동전 오락기, 아케이드 게임에 몇 파운드의 용돈을 금방 써버리지만, 아이에게 재미있는 취미였다. 하지만 사이먼은 그들이 "나를 대대적으로 프로그래밍해서 도박꾼이 되게 했다"고 고백했다. 성인이 된 그는 룰렛에 심각하게 중독되었다. "어떤 사람은 그냥 좀 재미있다고 생각하면서 5파운드나 10파운드 정도 쓰면 끝이다." 사이먼은 이렇게 말한다.

그냥 도박꾼이 되는 것과 강박적인 도박꾼이 되는 건 다르다. 강박적인 도박꾼은 아무리 돈을 많이 따도 계속 도박을 한다. 또 돈을 잃어도 여전히 도박을 하고 싶어 한다. 자신이 시스템을 이길 수 있다고 생각하지만, 그건 결코 호락호락하지 않다. 강박적인 도박꾼은 자신이 세상을 바꿀 수 있다고 여긴다. 처음에 50파운드였던 판돈이 100파운드로 올라가고 어느새 수천 파운드까지 늘어난다.

성인이 된 그는 카지노의 룰렛 테이블이 똑같이 강렬한 감각적 경험을 제공한다는 걸 알게 됐다. "룰렛은 간단한 개념만 알아도 플레이할 수 있는 최악의 게임이다. 하지만 가장 흥미로운 게임이기도 하다. 룰렛 테이블에서 진행되는 움직임, 회전, 무작위성, 멋진 빨간색과 검은색 보드를 기대하게 된다." 사이먼은 게임을 하는 동안 불안과 흥분을 느꼈고 "마지막에 칩이 하나도 남지 않으면 세상이 따분해지는 기분이 들었다."

게임 아케이드와 카지노는 감각에 장난을 쳐서 계속 그곳에 머물도록 설득하는 동시에 외부 세계를 잊도록 설계된 환경이다. 예를 들어, 카지노에는 시계가 없다. 시계를 보면 일정과 해야 할 일이 떠오르기 때문이다. 창문도 없는 경우가 많아서 외부 세계나 자신이 그곳에 몇 시간이나 있었는지 생각하지 못한다. 문은 일부러 자연광이 들지 않는 곳에 설치해 놓았기 때문에 빛이 새어 들어올 가능성도 없다.

카지노에서는 사람들이 피곤을 느끼지 않고 계속 깨어 있도록 하려고 산소를 추가적으로 공급한다는 도시 전설 같은 이야기도 있다. 카지노 업계는 이런 소문을 반박했지만, 공기 질 개선을 위해 첨단 공기정화 시스템을 사용하기 때문에 실제로 산소를 더 공급하는 효과가 생기긴 한다. 그리고 환기 시스템을 통해 기분 좋은 향기가 순환되어 주변 환경을 최대한 매력적으로 만든다. 카지노 직원들이 게임하는 자리까지 음식과 음료를 날라다 주어서 배고픔이나 갈증을 해결하기 위해 기계와 테이블 앞을 떠날 필요가 없다. 의자는 매우 편안하다. 행운을 빈다는 메시지가 눈부시게 빛나고 행운의 상징이 번쩍이면 자신과 행운이 신들과 겨루고 있는 듯한 기분이 든다.

게임기 화면에서는 아름다운 여성들의 사진이 빛을 뿜는다. 런던에 있는 현대적인 카지노에는 테이블마다 게임 상황을 알리는 수직 스크린이 설치되어 있는데, 이 스크린은 중독성 있는 스마트폰과 같은 크기다. 둘 다 베팅을 하기도 전에 위험한 유혹의 미끼를 흘리고, 그 유혹을 선뜻 받아들이는 뇌에서 알파파를 생성한다.

도박과 엔터테인먼트 회사를 운영하는 한 익명의 CEO는 이렇게 말했다. "우리는 고객에게 캡슐화된 경험을 제공하면서 모든 요구를 처리하려고 한다. 편안한 느낌, 더 안전한 느낌을 주려고 노력한다. 그리고 사람들 외모가 괜찮아 보이도록 화색이 돋보이는 조명을 사용한다. 우리는 소리, 냄새 등 모든 감각적 경험을 고려한다." 세부적인 부분에 대한 관심이 매우 미묘한 형태로 드러날 때도 있다. '내기를 걸고자 하는 성향이 강한' 아시아 고객에게 어울리는 맞춤형 환경을 조성하려고 풍수 전문가를 고용하는 것이다. 금색은 황금과 럭셔리함을 연상시키기 때문에 인테리어 디자인계에서 인기 있는 색이다. 카지노에 창문을 없애는 트릭은 오래돼서 다들 알기 때문에 이제 고급 카지노에서는 창문을 허용한다.

사이먼의 기억처럼 이 CEO도 소리가 중요한 요소라고 말했다.

> 우리는 승리의 소리를 좋아한다. 현금을 사용하지 않는 사회에서도 동전 떨어지는 소리는 들린다. 모두 승자가 나타났다고 알려주는 기계를 좋아한다. 잭팟이 터졌음을 알리는 전광판도 있다. 누군가 돈을 따면 시끄러운 소리가 나게 해두었지만, 사실 슬롯머신은 아무도 건드리지 않는 상태에서도 시끄러운 소리가 난다.

그는 사기를 치는 경우는 없다고 주장한다. 사람들은 실제로 돈을 딴다. 다만 연말에 정산해 보면 진정한 승자는 카지노다. 결국 그런 사업 아니겠는가.

기쁨의 섬

시각, 청각, 촉각, 미각, 후각 같은 감각은 현실에 대한 객관적인 인식을 형성하는 데 도움이 되며, 우리가 세상을 이해하도록 도와준다. 감각은 자기 자신, 타인, 주변 환경, 자기 행동에 대해 느끼는 감정에 영향을 미친다. 이는 다른 사람들이 우리 감각을 이용해서 마음을 끌어당기고, 영향을 미치고, 더 많은 돈을 끌어낼 수 있다는 뜻이다. 셰익스피어 시대에는 오감五感을 '기지_wit_'라고 불렀다. 이번 장에서는 눈을 크게 뜨고, 냄새를 따라가고, 주의 깊게 귀 기울이고, 기지를 발휘해야 한다.

동화는 주변에서 길을 잃을 수도 있는 위험성을 적나라하게 보여준다. 『오즈의 마법사_The Wonderful Wizard of Oz_』에 나오는 사악한 서쪽 마녀는 꽃을 이용해 도로시를 함정에 빠뜨린다. "독이 들어 있지만… 보기에 근사하고 마음을 진정시키는 향이 나는… 양귀비, 양귀비, 양귀비가 도로시를 잠들게 할 거야." 양귀비는 치명적이지 않기 때문에 도로시는 매혹적이고 아름다운 붉은 들판에서 잠들어도 안전하다고 생각했다. 물론 저자 L. 프랭크 바움_L. Frank Baum_이 이 책을 집필할 당시에는 양귀비에서 추출한 아편이 흔한 약재였지만 미국에서는 아편 유통을 규제하는 법안을 통과시켰다. 바움은 경고할 의도였을 수도 있다.

한스 크리스티안 안데르센_Hans Christian Andersen_의 『눈의 여왕_The Snow Queen_』에서는 게르다가 마법에 걸린 정원에 들어서자 그녀의 모든 감각이 진정된다. 정원에 도착한 게르다는 따뜻한 햇빛과 마법사의 오두막에 있는 빨간색, 파란색, 녹색 유리를 통과해서 비치는 놀라운 빛에 매료되었고 맛있는 체리를 먹으며 머리를 빗었다. 그러다가 정원을 보면서 "정말 향이 근사하고 멋지네! 우리가 생각할 수 있는 모든 계절의 꽃이 활짝 피어 있어. 어떤 그림책도 이보다 더 화려하고 아름다울 수는 없을 거야"라고 말한다. 이것은 이야기의 주인공을 매료시키는 다양한 환경 중 하나다. 그럴 때마다 그들은 감각을 이겨내고 정신을 차려야 한다.

피노키오는 장난감 섬의 피상적인 즐거움에 푹 빠진다. 디즈니 영화에서는 '기쁨의 섬'이 어두운 분위기로 표현되지만, 피노키오는 견디기 힘든 학교의 규율과 공부보다 장난감과 게임이 있는 환경을 선택한다. 기쁨의 섬에 갇힌 아이들은 결국 당나귀로 변하고, 그들을 조종하는 주인을 위해 아무 생각 없이 힘들게 일하는 짐꾼이 된다.

동화 주인공들은 잠재의식의 영역을 상징하는 마법에 걸린 숲에 들어가곤 한다. 그리고 크고 무시무시한 나무 그늘 아래서 어떻게든 비밀스러운 그림자 자아를 물리치고 어둠을 뚫고 들어가 의미를 찾아야 한다. 오늘날 우리에게 다가오는 일상적인 위협은 생강빵 집이나 빵 부스러기가 떨어져 있는 길, 마법에 걸린 꽃처럼 위험하거나 명백하지 않지만 강력한 감각이 우리를 어디로 이끌 수 있는지 알고 있어야 한다는 교훈은 여전하다.

사이먼은 기억나는 감각을 통해 중독에 관한 이야기를 들려줬다. 익숙한 노래나 향기는 오래된 기억과 감정을 불러일으킬 수 있다. 어른이 된 뒤에도 건초더미 옆을 걷다 보면 어릴 때 조랑말을 탔던 기억이 떠오를 것이다. 향수 냄새를 맡고 옛 애인에 대한 추억이 떠오를 수도 있다. 연구에 따르면 냄새는 기억과 가장 강하게 연결된 감각인데, 그것이 함께 작용하면 감각과 관련된 다른 기억을 자극해서 더 강한 인상을 남기게 된다.[1] 감각적인 경험을 통해 쇄도하는 기억에는 프루스트적 순간Proustian moment이라는 이름도 붙어 있다. 마르셀 프루스트Marcel Proust의 『잃어버린 시간을 찾아서À la Recherche du Temps Perdu』에서는 약간의 홍차와 케이크만으로도 이런 반응이 일어났다. "마들렌을 조금 녹여 놓은 홍차를 한 숟가락 떠서 입으로 가져갔다. 케이크 부스러기와 섞인 홍차 한 모금이 입천장에 닿는 순간, 나는 몸을 부르르 떨면서 내 안에서 일어나고 있는 놀라운 일에 주의를 기울였다."

홍차와 케이크의 조합은 맛에 의지하지만, 냄새도 중요하다. 바닐라 아이스크림을 먹을 때 코를 막으면 단맛은 느껴지지만 바닐라의 풍미는 느껴지지 않는다.

마케팅 회사 12.29의 설립자인 던 골드웜Dawn Goldworm은 한 강연에서 "나는 여러분에게 아무것도 보여주지 않고, 몸을 건드리거나 말을 하지 않고도 여러분의 감정을 통제하고 행동에 영향을 미칠 수 있다"고 말했다.[2] 후각 브랜딩은 마케팅 분야에서 감성 커뮤니케이션의 새로운 개척지다. 브랜드 아이덴티티에 향기를 접목하는 12.29는 냄새-색채 공감각(냄새에도 색과 질감이 있는 것처럼 경험하는 특이한 현상) 능력이 있는 자매가 운영하는 회사다.

이들 자매는 캐딜락Cadillac 자동차를 위해 쌉쌀한 커피, 거친 가죽, 수지성 호박, 신선한 세이지, 향나무, 깨끗한 사향을 조합한 향을 제조했다. 캐딜락 뉴욕 본사와 전 세계 대리점의 공기 조절 장치에서 이 향이 뿜어져 나왔다. 나이키Nike의 경우 농구화가 코트 위에서 미끄러질 때 나는 냄새에서 영감을 얻어, 농구공을 다룰 때 나는 오일과 고무 냄새와 새 에어포스원Air Force One 상자를 열었을 때 나는 냄새를 섞어서 자신들만의 향기 아이덴티티를 만들었다.

소매점에서 적절한 향이 퍼지면 우리와 브랜드 사이에 감정적인 연결이 형성된다. 주변을 더 즐겁게 해주는 이런 유쾌한 마케팅 기법을 다들 좋아할 수밖에 없다. 나이키 매장에서 새 운동화에서 풍기는 신선하고 은은한 냄새를 맡겠는가, 아니면 매장 밖의 보도에 발을 디딘 순간 운동화를 더럽힐 개똥 냄새를 맡겠는가? 그중에서 소비자들이 매장에서 시간을 보내며 운동화를 구매하도록 유도하는 향은 하나뿐이다. 결국 우리는 돈을 쓰려고 매장에 들어간 것이지만, 그와 동시에 소비자가 돈을 더 많이 쓰도록 유도하기 위해 후각을 효과적으로 장악했다는 사실을 알아야 한다. 나이키는 매장에 향기를 더하면 고객의 84퍼센트가 신발을 구매할 확률이 높아지고, 동일한 제품에 대해 10~15퍼센트 더 높은 가격을 기꺼이 지불한다고 보고했다.[3] 런던의 한 나이트클럽에서는 실내에 코코넛 향이 퍼지면 말리부*Malibu*라는 음료수 판매량이 2배 이상 증가한 것으로 나타났다. 노보텔*Novetel*은 아침에 커피 향을 퍼뜨려서 아침 식사, 커피, 페이스트리 매출을 늘렸다.

　마케팅 전문가들은 감각적, 정서적, 사회적 경험이 결합해 가장 기억에 남는 경험을 만든다는 걸 알고 있다. 감각을 무시할 경우 그에 따르는 책임을 저야 한다. 스타벅스*Starbucks*가 대표적인 사례다. 2007년 스타벅스 회장 하워드 슐츠*Howard Schultz*는 밀봉된 포장 커피와 자동 에스프레소 머신으로 전환하면서 매장에서 강력한 커피 향이 사라지자 매출이 감소했다는 걸 알게 되었다. 그는 CEO에게 보낸 메모에 향기는 매장에서 가장 강력한 비언어적 신호이고, 고객 앞에서 커피를 가는 걸 중단하는 바람에 매장에서 '전통'과 '과거의 영혼'이 사라졌다고 썼다.

　슈퍼마켓 안에 있는 빵집에서 풍기는 냄새는 미각을 자극할 뿐만 아니라 신선하다는 인상을 준다. 마찬가지로 슈퍼마켓 입구 근처에 있는 싱싱한 꽃과 과일, 채소는 매장에 있는 모든 농산물이 '신선하다'는 확신을 준다. 사람들은 관심을 끄는 걸 구매하므로 쇼핑을 시작하는 지점에 이런 식으로 매장을 배치해 놓으면 선택한 제품의 판매가 증가한다.

크리스마스는 계절에 어울리는 향기가 상점 안에 퍼지고, 여기저기 크리스마스 장식이 걸려 있고, 흥겨운 노래가 흘러나오는 등 소매업계에서 다중 감각 혁명을 목격할 수 있는 이상적인 시기다. 연구에 따르면 크리스마스 음악과 솔잎 향이 적절한 시기에 매출을 증가시킨다고 한다.[4] 스펙트럼의 반대편에서는 때때로 다른 목적을 달성하기 위해 감각적인 환경을 축소하기도 한다. 애플 매장을 떠올려 보라. 흰색의 미니멀하고 깔끔한 환경은 우리가 현대적인 하이테크 기업의 손아귀 안에 있다는 신호다.

주변 온도는 기분과 구매 결정에 영향을 미친다. 따뜻함은 사회적 친밀감을 높인다. 3년간 경마장에서 베팅 행동을 분석한 결과, 이와 관련된 한 가지 흥미로운 효과가 확인되었다.[5] 트랙 온도가 높으면 인기 있는 말(다수가 지지하는 옵션)에 베팅이 몰릴 가능성이 더 큰 것으로 나타났다. 이 현장 연구는 주변 온도가 따뜻할 경우 다수가 지지하는 제품에 대한 참가자들의 선호도가 높아진다는 사실을 밝혀낸 실험실 연구에 의해서도 입증되었다. 요약하자면, 물리적인 따뜻함이 '사회적 따뜻함'이나 순응성을 낳는다. 음악도 제품 구입을 촉진할 수 있다. 한 연구에 따르면 와인 매장에서 팝 음악보다 클래식 음악을 틀었을 때 사람들이 더 값비싼 와인을 구입하는 것으로 나타났다. 그 이유는 클래식 음악을 들으면 자신이 수준 높은 사람이 된 듯한 기분이 들기 때문이다.[6]

최면을 거는 음악

사람들은 수천 년 전부터 소리가 마음에 미치는 영향에 주목했고 관련 기록도 남겼다. 플라톤은 『법률Laws』에서 음악은 교육에 유용한 도구라고 말했다. "무엇보다 리듬과 화음이 영혼의 가장 깊숙한 곳까지 파고들어 영혼을 강력하게 붙잡기 때문이다."[7] 그리고 『국가Republic』에서는 음악을 이용해 의도적으로 다양한 감정적 반응을 불러일으킬 수 있다고 말했다. "냉철함, 용기, 관대함, 고결함, 그리고 이런 감정을 억누르거나 전달하는 과정에서 그것과 같은 감정 또는 반대되는 감정을 일으킬 수도 있다."[8] 어떤 음악을 들려주느냐에 따라 아기가 새근새근 잠들기도 하고, 바쿠스 신의 사제들처럼 쾌락적 광란에 빠지기도 한다.

'모차르트 효과'는 모차르트의 음악을 들으면 전반적인 지능이 향상될 수 있다는 (논쟁의 여지가 있는) 주장이다.[9] 프랜시스 로서Frances Rauscher가 진행한 독창적인 연구에서는 사람들이 모차르트 음악을 짧게 발췌해서 들으면 시각적 공간 추론 능력이 잠깐(10~15분) 동안 향상되는 것으로 나타났다. 모차르트 효과는 음악이 불안, 고혈압, 뇌전증으로 고생하는 이들에게 도움이 된다는 등 음악을 들었을 때 생기는 명백한 건강상 이점을 설명하는 데에도 사용되었다. 이 연구는 대중의 상상력을 자극했고, 낚시성 헤드라인을 부채질했으며, 결국 오해를 사게 되었다. 임신한 여성의 배에 대고 음악을 틀면 아기가 움직이겠지만, '모차르트 효과'를 내세워서 판매하는 제품들의 은근한 주장에도 불구하고 아기를 천재로 만들어 주지는 않는다. 이와 반대로 시끄럽고 공격적이고 타악기를 많이 사용한 음악은 인지 기능을 저하시킬 수 있다는 '카디 비*Cardi B* 효과'에 대한 증거도 몇 가지 있다.[10]

독일 의사 프란츠 안톤 메스머*Franz Anton Mesmer*(그의 이름에서 '최면을 걸다*mesmerise*'라는 단어가 유래됐다) 이후로 일부 사람들은 진동을 통해 행동을 조작할 수 있다고 주장해 왔다.[11] 메스머는 최면을 걸 때 유리 하모니카를 사용했다. 그는 하이든, 모차르트와 친구 사이였다. 신경학자 장 마르탱 샤르코*Jean-Martin Charcot*는 19세기에 징과 소리굽쇠를 사용해서 파리 사람들에게 최면을 걸었고, 알프레드 비네*Alfred Binet* 같은 존경받는 심리학자도 마찬가지였다.

정신 분석가인 요스트 메이를로는 로큰롤을 "리드미컬한 집단 최면의 한 형태"라고 했고, 윌리엄 사건트는 "석기 시대부터 히틀러, 비틀스부터 현대의 '팝' 문화에 이르기까지 인간의 뇌는 동일한 생리학적 기술에 끊임없이 휘둘려 왔다. 이성은 왕좌에서 물러나고, 정상적인 뇌 컴퓨터는 일시적으로 작동을 멈추며, 새로운 아이디어와 신념을 무비판적으로 받아들인다."[12]

사람들에게 최면을 걸어 잘못된 길로 이끄는 음악가의 원형이 존재하는데, 이 원형은 선원들을 유혹해 죽음으로 몰아넣은 그리스 신화의 사이렌*Siren*이나 목동의 신이자 팬파이프의 우화적 기원이기도 한 염소 발을 가진 판*Pan*의 이야기로 거슬러 올라간다.

음악이 사람들을 세뇌하는 힘에는 보다 과학적인 근거도 있다. 실증적 연구가 뒷받침하는 두 가지 원리가 있는데, 첫째로 음악은 자꾸 귓전에 맴도는 곡조 때문에 뇌리에 박히는 힘이 특히 강하다는 것이다.[13] 둘째로 우리는 뭔가를 자주 들을수록 그것을 믿게 된다는 것이다.[14] 기억하기 쉬운 노래를 들으면 원하든 원하지 않든 머릿속에서 메시지가 반복 재생된다.

권력자들은 음악이 이런 설득력을 지니고 있다는 사실을 알고 있는 듯하다. 2022년 4월, 미스터 본드*Mr Bond*라는 독일 음악가는 네오나치 음악('거짓말하는 언론, 은행, 역겨운 할리우드 드라마, 이 모든 범죄 뒤에 숨겨진 사탄의 매부리코' 같은 가사가 포함되어 있는)을 만든 혐의로 10년 형을 선고받았다.[15] 그의 노래는 확실히 혐오스러웠다. 그러나 방송은 폭력적이고 여성 혐오적인 랩을 비롯해 온갖 불쾌한 노래들로 오염되어 있다. 에미넴(역사상 음반이 많이 팔린 아티스트 중 한 명)은 전처를 납치하고 살해하는 내용을 노골적으로 묘사한 곡을 여러 개 썼다. 미스터 본드의 증오가 담긴 노래의 잠재적인 최면 효과를 인식하고 억제하는 당국이 어째서 교활하게 우리 뇌에 침투해 악영향을 미치는 팝송은 규제하지 않는 걸까?

이런 노래에 담긴 함축적인 메시지는 유해할 수 있다. 케샤*Ke$ha*는 어린 팬들에게 "젊은 나이에 죽어도 후회가 없도록 밤시간을 최대한 즐기고", "바보처럼 춤추다가 몸이 마비되는" 삶을 살라고 말한다. 레이디 가가*Lady Gaga*는 "더 이상 생각 같은 건 하고 싶지 않아, 내 머리도 마음도 다 댄스플로어에 있어", "이 음반이 마음에 들지만 더 이상 똑바로 볼 수가 없네. … 그냥 춤이나 춰, 괜찮을 거야"라고 말한다. 브리트니 스피어스*Britney Spears*는 듣는 이들에게 "세상이 끝날 때까지 계속 춤을 추라"고 지시한다.

이들의 메시지는 분명하다. 생각 같은 건 하지 말고 만족을 추구하라는 것이다. 이것은 건전한 사회에 도움이 되는 메시지가 아니다.

과거의 작곡가들도 가능한 한 즐겁고 상상력이 풍부한 연주회를 개최하고 싶어 했지만 오늘날의 콘서트는 그 이상이다. 예를 들어, 코첼라*Coachella* 뮤직 페스티벌은 이 분야의 선구자인 우드스톡*Woodstock* 콘서트처럼 평화와 사랑의 분위기를 내세우지만, 실제로는 잘 통제된 대규모 자극이 난무하는 장이다. 한 작가가 말했듯이 "축제 현장에 들어서자마자 코카콜라가 후원하는 불꽃놀이, 나이키 로고가 잔뜩 박힌 대관람차, 그리고 똑같이 브랜드화된 감각적 과부하로 흥분될 것이다. 군중들은 코첼라라는 소비주의 도시로 이동한다. 청중은 더 이상 진짜 현실이 아닌 코첼라가 재현해낸 현실을 원하게 된다."[16]

이전에는 코첼라가 장내에 브랜드 이름을 내거는 것을 금지하던 시절도 있었지만 이제는 '브랜딩의 슈퍼볼'로 알려져 있다. 믿기 힘들겠지만, 「포브스」지의 보도에 따르면 2022년 코첼라에서 가장 인기 있는 장소 중 하나는 아메리칸 익스프레스 *American Express* 라운지였다고 한다.[17] 아메리카 익스프레스의 시즈카 스즈키*Shizuka Suzuki*는 자신의 회사가 경험적이고 총체적인 환경에서 밀레니얼 세대와 Z세대에게 다가가기 위해 축제에 참가했다고 설명했다. 즉 음악을 즐기러 가서 감각적인 경험을 한 뒤 멋진 추억과 몇 가지 상품, 그리고 아메리카 익스프레스가 뇌리에 새겨진 채로 공연장을 나서는 것이다.

현대의 페스티벌은 시간을 통제하고 감각 과부하를 일으키는 상업적 조작의 야수다. 이 모든 것의 궁극적인 목표는 스폰서가 여러분의 뇌와 지갑에 감정적으로 연결되도록 하는 것이다. 기억에 남는 경험을 하면 내년에 다시 올 가능성은 당연히 커진다.

음악은 소통과 조작을 위한 강력한 방법이다. 한 실험 연구를 통해 리드미컬한 타악기가 뇌에 특정한 영향을 미칠 수 있다는 게 밝혀졌다. 예를 들어, 신체 움직임이 드럼 박자와 동기화되도록 보조운동 영역과 왼쪽의 전운동 영역이 활성화하는 것이다.[18] 사람들은 자신이 듣고 있는 음악의 박자에 맞춰 운동 속도를 조절한다는 연구 결과도 있다.[19]

그렇다고 음악 콘서트, 카지노, 쇼핑, 호사스러운 감각을 즐기지 말아야 한다는 뜻은 아니다. 많은 조직에서 우리 정신 상태를 개선하기 위해 감각을 교묘하게 사용한다. 핵심은 그것이 우리에게 이익이 되는지, 아니면 그들에게 이익이 되는지 구별하는 것이다.

선한 일을 위한 감각 활용

종교는 예배를 위한 마음가짐을 갖추기 위해 환경과 감각을 이용한다. 적절한 환경에서는 묵상과 기도가 더 쉽다. 성공회 목사인 다니엘 신부는 "교회의 물리적인 부분이 정말 중요한데 과소평가되고 있다. 교회 건축은 일련의 논리적인 주장을 제시하기보다 인간의 마음이나 상상력과 대화하려고 노력한다"라고 지적했다. 전통적인 교회 설계는 우리를 초월적인 존재와 연결해서 "어떤 식으로든 마음의 평형을 잃게" 하도록 되어 있다. 그 공간은 우리가 위쪽을 바라보도록 하며, 후각과 시각에 작용하는 향도 같은 역할을 한다. 향은 "뿌연 연기를 내뿜어 사물의 초점을 흐릿하게 만들어서 상상력을 자극한다. 천국의 환영은 연기로 가득 차 있고, 다른 곳의 환영도 마찬가지다. 그게 바로 천상이다." 심지어 일부 카리스마파 복음주의자들도 연기를 내뿜는 기계를 사용한다.

어떤 사람들은 교회가 으스스하다고 느끼는데, 다니엘 신부의 말에 따르면 그곳이 켈트식 표현으로 '가늘고 높게' 지어진 장소이기 때문이라고 한다. 사람들은 수백 년 동안 교회에서 기도해 왔고, 이는 증명할 수는 없지만 '그 장소가 천국에 닿는 듯한 느낌'을 만들어냈다. 보다 실질적으로 말하면, 교회는 '괴물 조각상, 향, 유리를 통해 다양한 방식으로 빛을 보도록 함으로써 좌뇌를 끄도록' 유도한다.

어떤 예배에는 신체의 움직임이 포함된다. 가톨릭 예배나 영국-가톨릭 예배에 처음 참석한 사람은 반복해서 일어서거나 앉거나 무릎을 끓으라는 요청을 받으면 자신도 모르게 '사이먼 가라사대' 게임('사이먼 가라사대'라고 시작되는 지시문에 따라 그에 맞는 행동을 하는 게임-옮긴이)에 참여하고 있는 듯한 기분이 들 수도 있다. 다니엘 신부는 "영국-가톨릭의 관점에서 최선을 다하려면 모든 육체적 감각을 동원해서 예배를 드려야 한다"고 말한다. "종교 예배에서는 자세가 중요하다. 그래서 마음이 아닌 몸을 사용해서 예배를 드리도록 한다."

우리가 목 아래쪽에서 하는 일이 목 위에서 느끼는 감정에 영향을 미친다. 몸을 이용해서 심리 상태를 변화시킬 수 있다. 자신감 넘치는 자세를 취하면 실제로 자신감이 높아진다고 한다. 웃는 표정과 찡그린 표정은 서로 다른 감정과 태도를 만들어낸다. 보톡스를 사용하면 미간을 찌푸리는 근육을 차단해서 기분이 좋아진다는 초기 연구 결과도 있다.[20]

스탠퍼드 대학 신경과학자인 앤드루 후버만*Andrew Huberman*은 시각과 호흡이 자율신경계를 조절하는 가장 빠른 방법이라고 말한다. 자율신경계는 심박수, 혈압, 호흡, 소화, 성적 흥분 등 비자발적인 생리 과정을 조절하는 말초신경계의 구성 요소다.[21] 이것은 우리가 주목하는 대상뿐만 아니라 우리가 눈을 사용하는 방법과도 관련이 있다.

현대 사회에서는 텔레비전을 시청하거나 컴퓨터와 스마트폰을 사용할 때 터널 시야를 사용한다. 우리는 사람들과 대화할 때 얼굴과 눈을 보는 경우가 많다. 하지만 인간은 수백만 년 동안 자연환경 속에서 진화해 왔기 때문에 생리적 기능과 감각도 이에 반응한다.

후버만은 "(당신은) 지평선이나 넓은 풍경을 볼 때 한 지점을 오랫동안 응시하지 않는다. 머리를 움직이지 않고도 시야를 확장해서 주변부(위, 아래, 옆쪽)까지 볼 수 있다"고 말했다.[22] "이런 시각적 모드는 뇌간에서 경계 및 각성과 관련된 메커니즘을 해제한다. 주변 환경에 뭐가 있든 상관없이 환경을 바라보는 방식을 바꾸면 스트레스 반응을 끌 수 있다."

다시 말해, 그냥 자연 속으로 나가서 탁 트인 전망을 바라보는 것만으로도 좋다는 얘기다. 휴대폰을 내려놓고 산책을 하고 지평선을 바라보면 마음이 편안해지고 스트레스가 줄어든다. 자연계는 인간의 건강에 중요한 환경이다. 1980년대 일본에서 나무가 울창한 자연 속으로 들어가는 것의 생리적·심리적 이점을 설명하기 위해 '삼림욕'이라는 용어가 등장했다.

그것보다 더 깊은 효과를 누리고 싶다면 티베트 싱잉볼

*singing bowl*을 이용한 사운드 배스*sound bath*를 시도해 볼 수도 있다. 연구에 따르면 이 테라피는 뇌를 베타파나 세타파 같은 깊은 이완 상태로 유도해서 긴장, 분노, 피로, 우울한 기분을 감소시키는 등의 긍정적인 효과가 있다고 한다.[23]

탁 트인 전망, 숲, 사운드 배스 등을 쉽게 이용할 수 없더라도 최소한 조던 피터슨*Jordan Peterson*이『12가지 인생의 법칙*12 Rules for Life: An Antidote to Chaos*』에서 조언한 것처럼 방을 정리하고 '침대를 정돈'하는 건 가능할 것이다. 이런 간단한 일상적 루틴이 스스로가 통제할 수 있는 체계적인 환경을 조성한다. 시각적으로 어수선한 환경은 의사결정에 오류를 일으키는 것으로 나타났다.[24] 여러 가지 사소한 방법을 통해 주변 환경을 개선하고 건강상의 이점을 위해 감각을 자극할 수 있다. 중요한 것은 자기 몸과 환경을 제대로 모르면 마음을 자유롭게 할 수 없다는 것이다.

감각을 즐겨야 한다. 이를 통해 우리가 감정과 주변 환경을 경험하고 추억을 만드는 방법을 늘릴 수 있다. "여유를 갖고 장미 향을 즐기라"는 말은 하던 일을 잠시 멈추고 감각적인 즐거움을 누리라는 것이다. 단, 장미 향을 맡다가 넋을 잃어서는 안 된다.

■ 감각이 주변 환경에 의해 어떤 영향을 받는지 계속 경계해야 한다.

■ 유혹적인 환경에 진입할 때는 명확한 목표를 염두에 두고 감각이 마음을 지배하지 않도록 한다.

■ 주변 환경을 조정하고 감각을 활용해서 더 행복하고 정돈된 마음가짐을 유지하자.

6장
소셜 미디어와 거리두기

소셜 미디어는 자기 정체성과 정치적 운동을 형성하고 공유할 수 있는 힘을 안겨줬다. 또 글로벌 군중을 형성하고(이 군중은 위험할 수 있다), 우리를 조작에 노출시키며, 정교한 선전 수단을 제공하고, 정신 건강에 영향을 미치고, 우리를 미니 선전가로 만들기도 한다. 따라서 다양한 위험을 인지하고 소셜 미디어에 안전한 거리를 유지하는 방법을 배워야 한다.

제4차 산업혁명

구글 창업자들은 "사악해지지 말자"라고 선언했다. 기준을 아주 높게 잡지는 않았지만 적어도 "사악해지라"고 말하지는 않았다. 그 이후 실리콘밸리의 기술 낙관주의자들은 빅테크 과두제 집권층으로 변신했다. 구글과 다른 검색 및 소셜 미디어 대기업은 광범위한 글로벌 사용자들에게 국가와 유사한 정치적 권력을 행사한다.

현재 전 세계 인구의 83퍼센트가 스마트폰을 소유한 것으로 추산된다.[1] 가장 빠르게 성장 중인 소셜 미디어 플랫폼인 틱톡*TikTok*은 10억 명 이상의 활성 사용자를 보유하고 있다고 주장한다.[2] 영국에서는 전체 인구의 91퍼센트 이상이 소셜 미디어를 사용한다.[3] 우리는 알고리즘과 넛지가 융합되면서 인간의 뇌와 행동을 해킹하는 게 그 어느 때보다 쉬워진 시대에 살고 있다. 스마트폰의 확산으로 전례 없는 연결의 시대가 열렸다. 우리 손에 쏙 들어오는 작은 장치를 통해 세상과 다른 사람들에게 접근할 수 있다. 우리 손끝에 세상이 놓여 있는 것이다.

이 새로운 기술은 어디로 이어질까? 역사가이자 철학자, 작가인 유발 노아 하라리에 따르면, "인간은 더 이상 서사적 자아가 만들어내는 이야기에 맞춰 움직이는 자율적인 독립체가 아니다. 대신 거대한 글로벌 네트워크의 필수적인 부분이 될 것이다."[4] 이것은 원대한 가설이지만 일부는 오늘날에도 이미 감지할 수 있다. 하라리가 뇌에 칩을 이식하는 트랜스 휴머니스트의 미래를 열망하면서도 스마트폰을 사용하지 않는 건 이 때문일 것이다.[5]

알고리즘과 데이터가 결정을 내리고 로봇과 인공지능이 대부분의 작업을 수행하는 세상을 상상해 보라. 그런 세상은 이미 시작됐다. 웹사이트에서는 '도움이 필요하신가요?'라는 팝업창이 뜨면서 AI 고객지원팀에 문의하도록 한다. 1차 의료 앱은 이미 AI를 사용하고 있다. 회계사, 여행사, 종양 전문의 같은 많은 역할이 머지않은 미래에 대체될 위험에 처해 있다. 2013년에 진행된 고용의 미래에 대한 연구에서는 향후 10~20년 안에 미국 내 일자리 가운데 최대 47퍼센트가 전산화될 위험이 있다고 예측했다.[6] 챗GPT*ChatGPT*나 미드저니 *Midjourney* 같은 생성형 AI 플랫폼 때문에 다양한 분야에서 인간이 불필요해질 것이다. 이로 인해 하라리가 '무용 계급*useless class*'

이라고 한 실업자가 증가하게 되고, 그들은 결국 비디오 게임과 마약으로 마음을 달래게 될 것이다.

신기술과 물리적·생물학적 세계의 속도, 규모, 융합을 '제4차 산업혁명'이라고 부른다. 어떤 이들은 새로운 철학이자 일종의 '종교'인 데이터교의 출현이 이런 사회적·경제적 변화를 반영한 것이라고 추측한다. 하라리의 말에 따르면 "데이터교 세계관을 지지하는 사람들은 우주 전체를 데이터의 흐름으로 인식하고, 유기체는 생화학적 알고리즘에 불과하며, 인류의 우주적 소명은 모든 걸 포괄하는 데이터 처리 시스템을 만들고 그것과 융합되는 것이라고 믿는다." 암울하게도 그는 인간이 자유 의지와 권위를 상실하고 민주적 선거가 무의미해질 것이라고 내다봤다.

그의 생각이 틀리지 않을 수도 있다. 2015년에 우리 뇌에 있는 위협 처리 중추에 세심하게 자기장을 주입하면 정치적으로 보수적인 입장이 줄어들고 신에 대한 믿음이 약해질 수 있다는 연구 결과가 나왔다.[7] 그 이후 일론 머스크*Elon Musk*는 인간-인터넷 두뇌 인터페이스인 뉴럴링크*Neuralink*가 인간을 대상으로 한 임상 시험을 진행할 것이라고 발표했다.[8] 정치적 영향력에 대한 함의는 분명하다. 페이스북은 2019년에 신경 인터페이스 스타트업을 인수했다. 그 회사 이름이 뭔지 아는가? 바로 CTRL(컨트롤, 통제)이다.[9]

제4차 산업혁명은 새로운 도덕률을 요구하는 새로운 패러다임이다. 현대 디지털 세상에서 우리가 선과 악을 판단하려고 애쓸 때 알고리즘은 천사 역할을 한다. 천사가 인간과 최고 권위자 사이를 중재하고, 인간의 행동을 관찰하고, 메시지를 전달하고, 심판 결과를 알리고, 우리를 천국으로 데려가듯이 알고리즘은 우리의 모든 디지털 발자국과 결정을 관찰하고, 규칙을 유지하며, 그것을 위반할 경우 우리를 소셜 미디어 플랫폼에서 쫓아낸다. 또 예측하고 개인화하고 설득도 한다.

우리가 이 장을 집필하는 동안에도 알고리즘이 모습을 드러냈다. 구글 문서도구*Google Docs*로 편집하면서 서로의 코멘트에 답글을 달려고 하자 소프트웨어가 '그거 아주 좋네요', '좋은 아이디어예요' 같은 답변을 제안했다. 알고리즘이 편향성을 줄여주는지, 아니면 심화하는지에 대한 의문은 여전히 남아 있다. 결국 인간 저자들은 편견에서 자유롭지 못하다. 알고리즘은 본질상 편향적이며 개에게 한번 물렸던 인간이 모든 개에게 편견을 갖는 것과 거의 동일한 방식으로 긍정적인 피드백과 부정적인 피드백을 통해 패턴을 학습한다. 구글 문서도구의 알고리즘을 만든 사람들은 갈등을 조장할지도 모르는 활발한 비평과 토론을 장려하기보다는 우호적인 분위기를 지향하는 경향이 있다는 걸 알 수 있다.

하라리는 인간 자체가 자연 선택에 의해 형성된 유기적 알고리즘의 한 형태일 뿐이라는 주장까지 했다. 더 나아가, 알고리즘 생물학은 영혼이라는 미신적인 개념이 존재하지 않는 건 물론이고, 자유 의지도 존재하지 않는다는 철학적인 주장을 제시한다. 이로 인해 인간을 알고리즘과 동등한 위치에 놓거나 의사결정 먹이사슬에서 더 아래쪽에 위치시키는 게 쉬워진다. 언젠가 알고리즘이 재산과 사업체를 소유하고 법률을 제정할 수도 있을까? 이 불안한 미래에는 개인주의가 무너지고 인간의 권위가 네트워크화된 알고리즘으로 옮겨갈 수도 있다.

물론 아직 그런 상황에 처한 건 아니다. 지식인들이 상상하고 기술 관료들이 사랑하는 이 미래는 여전히 하나의 예측이나 가설, 꿈 또는 악몽일 뿐이다. 노벨상을 수상한 경제학자 폴 크루그먼*Paul Krugman*이 1998년에 "2005년쯤 되면 인터넷이 경제에 미치는 영향이 팩스보다 크지 않다는 사실이 분명해질 것"이라고 잘못 예측하면서 입증했듯이, 혁신을 완전히 예측하는 건 불가능하다.[10]

디지털 발자국

미래학자라는 치어리더들은 알고리즘이 우리보다 우리를 더 잘 알게 될 수도 있다고 생각한다. 솔직히 말해서 알고리즘은 이미 많은 걸 알고 있다. 우리 행동은 다양한 상황에서 우리가 어떻게 행동할지 예측하는 잠재적인 심리 구조에 의해 결정되는데, 그 행동 방식은 상당히 일관성이 있다. 진보적인 정치 후보자에게 투표하는 사람은 스릴섬에 개방적일 가능성이 있고,[11] 평소 철학책을 읽고,[12] 재즈를 듣곤 한다.[13] 이 경우 모든 행동을 주도하는 근본적인 특성이 있는데, 바로 경험에 대한 개방성이다.

심리학에서 이것은 '단편 판단'이라는 원리와 관련이 있다.[14] 아주 얇게 자른 케이크 조각을 하나 받으면 그것을 보고 케이크의 나머지 부분이 어떻게 생겼을지 정확하게 예측할 수 있다. 마찬가지로, 어떤 사람의 아주 단편적인 부분을 보면 그것을 바탕으로 추론한 기본적인 특성을 가지고 그 사람에 대해 꽤 정확하게 예측할 수 있다. 이 모든 것에는 여러 가지 의미가 있으며, 여러분이 취할 수 있는 실용적인 조치도 있다. 사람들이 남긴 디지털 발자국을 보면 그 사람에 대해 많은 걸 알아낼 수 있다. "디지털 발자국을 통한 인간과 컴퓨터 성격 예측"이라는 리뷰는 알고리즘이 소셜 미디어 게시물, 스마트폰 로그, 언어적 특징 같은 데이터 포인트를 사용해서 성격을 예측하는 방식을 요약하고 컴퓨터가 전반적으로 인간의 판단보다 더 정확하다는 결론을 내렸다.[15]

스포티파이Spotify는 음악 장르 선호도와 앱 사용 방식을 바탕으로 우리의 성격을 평가할 수 있다. 예를 들어, 성실한 성격인 사람은 컨트리, 소울, 펑크 음악을 즐겨 듣고 프리미엄 계정을 보유하고 있으며 트랙을 건너뛸 가능성이 작다.[16]

지금까지 읽은 책을 모두 기억할 수 있는가? 아마존은 소비자가 뭘 훑어보고 뭘 샀는지 알고 있으므로, 기존 구매 이력을 바탕으로 도서나 다른 상품을 제안할 수 있다. 그리고 시간이 지나면 훨씬 더 정확한 상품을 추천할 수 있다. 킨들Kindle은 책의 어느 부분을 빠르게 혹은 느리게 읽는지, 잠깐 쉬려고 북마크해둔 부분은 어디인지, 책을 다 읽기 전에 포기한 경우가 있는지 등을 모니터링할 수 있다. 킨들이 생체 인식 센서와 카메라를 이용해서 책에 대한 독자의 반응까지 관찰할 수 있다고 상상해 보자. 독자가 웃거나 우는 때, 심장이 빨리 뛰거나 혈압이 급상승하는 때도 알 수 있다. 그러면 아마존은 독자가 다음에 또 정치적인 논쟁이나 짜릿한 로맨스를 기대하리라는 것을 신기할 정도로 정확하게 예측할 수 있다.

마크 저커버그Mark Zuckerberg는 여러분의 침실 취향을 알고 있다. 물론 이것은 은유적인 표현이지만 어쩌면 실제로도 그럴지 모른다. 2013년에 케임브리지 대학에서 진행한 연구에서는 페이스북의 '좋아요'를 통해 성격을 예측할 수 있을 뿐만 아니라 우울증, 약물 사용, 성적 취향 같은 개인적인 특성까지 예측할 수 있다는 것을 발견했다.[17] 그 이후의 연구에서는 심지어 프로필 사진만 보고도 성격[18]뿐 아니라 성적 취향[19]까지 예측할 수 있다는 비슷한 결과가 나왔다. 때문에 브래저스Brazzer나 폰허브Pornhub 같은 포르노 사이트의 모회사인 마인드기크MindGeek가 자사 웹사이트에서 "사용자가 인터넷에서 하는 모든 행동은 수십 개의 데이터 포인트를 만들어낸다. 이런 데이터 포인트를 주의 깊게 분석하면 제품에 대한 중요한 정보와 고객들이 제품을 사용하는 방식을 알아낼 수 있다"라고 자랑하는 것도 당연하다.[20]

이제 이런 얘기를 들어도 별로 놀랍지 않다. 케임브리지 애널리티카*Cambridge Analytica* 사건(데이터 분석 업체로 8,700만 명의 개인 정보를 유출한 사건) 이후로 무해한 소셜 미디어 데이터를 가지고 정치적 선호도를 예측할 수 있다는 사실은 잘 알려져 있다. 예를 들어, 민주당 지지자는 감정에 대한 트윗을 많이 올리고, 공화당 지지자는 단체 소속감에 대한 트윗을 많이 올린다.[21]

한 학술 연구에 따르면 성격을 타깃으로 한 광고는 클릭 수를 최대 40퍼센트, 매출을 최대 50퍼센트까지 늘릴 수 있다고 한다.[22] 정치 분야에서도 광고의 영향력은 입증되었다. 2010년 미국 의회 선거 기간 동안 페이스북 사용자 6,100만 명에게 전달된 정치적 동원 메시지에 대한 무작위 대조 시험에서 이런 메시지가 정치적인 자기 표현, 정보 추구, 실제 투표 행동에 직접적인 영향을 미치는 것으로 나타났다.[23] 또 다른 연구에서는 세밀하게 목표를 정해서 진행된 정치 광고가 무작위 광고나 포괄적인 전략보다 최대 70퍼센트 더 뛰어난 성과를 거두었다.[24] 이는 놀랄 일이 아니다. 소셜 미디어 플랫폼의 수익 모델은 스폰서 게시물과 광고가 사용자의 구매 행동을 변화시킬 수 있다는 가정을 따르기 때문이다. 정부와 우리에게 위험한 점은 AI가 민주주의와 투명성에 대한 '블랙박스'가 된다는 것이다.

필수 디지털 ID, '백신 패스', 중앙은행 디지털 화폐*CBDC*의 시대가 다가오고 있다. IMF는 신용 점수를 계산할 때 검색 기록을 사용하도록 권장했다.[25] 캐나다에서는 시위자의 은행 계좌를 동결하고 전 세계 항공편, 레스토랑, 공공장소에서 백신을 맞지 않은 사람들을 막기 위해 이런 유형의 개인 데이터를 사용하고 있다. 기술을 활용해서 바이러스성 질병을 억제하던 정부가 바이러스성 아이디어를 억제하는 쪽으로 전환하는 것은 얼마나 쉽겠는가?

흔적 숨기기

물론 소셜 미디어 플랫폼이 나를 최대한 잘 파악해서 취향에 맞는 책과 앨범, 친구, 그리고 유용한 직업적 인맥과 좋아하는 주제에 대한 기사까지 추천해 주길 바랄 수도 있다. 그러나 개인 정보를 보호하고 익명성을 유지하려면 디지털 발자국을 줄여야 한다. 이를 위해 할 수 있는 일은 무엇일까?

미래학자이자 작가인 트레이시 팔로스*Tracey Follows*는 수년간 거대 기술 기업과 협력해 왔다. 젊은 사람들을 대상으로 조사한 결과, 그들이 항상 플랫폼에 올바른 정보를 제공하는 건 아니라는 사실이 밝혀졌다. 팔로스는 허위 정보를 제공하는 건 플랫폼의 서비스 약관에 위배된다고 생각했지만, 젊은 세대는 각기 다른 정보를 가진 프로필 계정을 여러 개 보유하면 새로운 정보에 접근할 수 있다고 말했다. "그들은 항상 진짜 정보를 제공하는 것은 아니다. 실제 생일도 알려주지 않는다. 플랫폼이 자신을 정해진 상자 안에 집어넣는 걸 어렵게 만들려고 한다."

사회 공학 전문가인 제니 래드클리프*Jenny Radcliffe*에게 조작으로부터 자신을 보호할 수 있는 방법에 대해 물어보자 분명하게 이렇게 답했다. "자기 삶의 모든 부분을 온라인상에 공유해서는 안 된다! 온라인에서 해당 게시물을 볼 수 있는 대상을 선택하자. 사기꾼은 누군가의 안경이나 와인 잔에 반사된 정보를 이용할 수도 있다. 매년 9월이면 사람들은 교복을 입은 아이들이 학교 밖에서 찍은 사진을 인터넷에 올리곤 한다. 그럼 나는 당신 아이가 다니는 학교와 당신이 사는 곳이 어딘지 알게 된다. 근처 가게도 알 수 있다. 이런 모든 정보가 친숙하고 개인적인 접근을 가능하게 하며, 이로 인해 우리는 사기꾼에게 속아 넘어갈 가능성이 훨씬 커진다."

계정을 여러 개 만들라는 조언을 따르는 건 그 자체로도 흥미로운 활동이지만, 개인 계정과 업무 계정을 따로 만들어 소셜 미디어 활동을 관리하면 플랫폼의 예측 능력보다 한발 앞서 나갈 수 있다.

이 책을 쓰기 위해 조사를 진행하는 동안 인스타그램에서 어떤 데이트 전문가를 팔로우했다(순수하게 조사 목적이었음을 다시 말해둔다). 그러자 우리 활동을 알아차린 플랫폼이 다른 데이트 전문가 계정을 제안하기 시작했다. 그리고 수염이 까칠하게 자란 비슷한 외모의 30대 남자가 낭만적이고 감정적인 관계 발전에 대해 조언하는 릴스를 기대했던 것보다 더 많이 보여줬다. 우리는 '좋아요'나 '팔로우' 버튼을 클릭하거나 스크롤 도중에 특정 콘텐츠에서 속도를 늦추는 걸 주의하라고 배웠다. 공격적인 플랫폼일수록 약간의 호기심을 만족할 줄 모르는 탐욕으로 쉽게 오해한다. 이럴 때 조사용 계정을 따로 만들어두면 교차 오염 없이 다양한 관심사를 추구할 수 있다.

성격과 관련된 보다 미묘한 알고리즘 추론을 제외하더라도 그냥 성별을 바꾸는 것만으로도 차이가 생긴다. 우리가 개인적으로 미니 실험을 진행해 봤는데, 여성으로 등록한 페이스북 계정에는 성형수술, 메이크업, 보정 속옷 광고가 떴다(소셜 미디어에서 소녀들의 자존감이 왜 그렇게 낮아지는지 정말 쉽게 알 수 있다). 계정 성별을 남성으로 바꾸자 하루아침에 광고가 창고, 자동차, 금융 앱으로 바뀌었다. 페이스북의 '자기소개'란에는 선택 가능한 성별이 매우 많지만 광고와 관련해서는 성적인 고정관념이 여전히 남아 있는 듯하다. 아마 이런 광고는 알고리즘에 의해 주도되는 것으로, 남자들은 창고 같은 걸 많이 구입하는 경향이 있기 때문이다. 하지만 여러분에게는 개인적으로 적합하지 않은 도구일 수 있다.

다중 계정을 만드는 것 외에 콘텐츠에 '좋아요'를 누르는 빈도도 고려해 보자. 좋아하는 콘텐츠에 대한 열정과 지지를 드러내면 만족감을 느낄 수 있지만, 이를 통해 기술 기업들이 여러분의 머릿속을 들여다볼 수 있는 창을 제공하게 된다. 한 연구에 따르면 페이스북에서 '좋아요'를 10번만 눌러도 컴퓨터 모델이 여러분의 성격을 직장 동료들보다 더 정확하게 예측할 수 있는 것으로 나타났다.[26] '좋아요'를 많이 누를수록 페이스북은 여러분에 대해 더 잘 알게 된다. '좋아요' 버튼을 300번 클릭하면 페이스북이 배우자보다 여러분에 대해 더 속속들이 알게 될 것이다. 페이스북은 심지어 여러분이 깨닫기 전부터 여러분의 성적 취향을 인지할 수도 있다. 페이스북이 열세 살짜리 아이가 누른 좋아요와 다른 행동을 통해 그가 동성애자라는 사실을 본인보다 먼저 감지하는 시나리오를 상상해 보라. 이렇게 페이스북이 우리의 성적 취향을 우리에게 아웃팅할 수 있어도 되는 걸까?

하지만 아마 정말 물어봐야 할 질문은 소셜 미디어 알고리즘을 폐기해야 하는지일 것이다. 정부는 소셜 미디어를 입법화하려고 서두르고 있지만, 투명성을 강요하지는 않는다. 앞서 살펴봤듯이 알고리즘은 우리를 매우 잘 알지만, 우리는 알고리즘을 잘 모른다.

알고리즘의 신

플랫폼 디자인은 사람들이 소셜 미디어에서 보고 경험하

는 것의 핵심이며 플랫폼은 콘텐츠를 중립적으로 제공하지 않는다. 대부분의 사용자 간 플랫폼에서는 알고리즘을 이용해 각 개인에게 고유한 맞춤형 환경을 구성한다. 이는 상업적인 기회를 제공하지만, 콘텐츠를 인위적으로 확대해서 시간을 허비하게 하거나 자연스러운 편견과 강박관념을 조장할 수도 있고, 결국 콘텐츠 억압으로 이어질 가능성도 있다.

알고리즘은 또 온라인 세상 측에서 여러분이 모르기를 바라는 비밀 편집자이기도 하다. 알고리즘은 뉴스 회사가 기사를 게시하고 우선순위를 정하는 방법에 영향을 미친다. 24시간 뉴스 채널에서 일하는 익명의 소셜 미디어 편집자는 "기사 게시 여부를 결정하기 전에 알고리즘을 만족시킬 수 있는지부터 생각해야 한다"고 말한다(그가 신원을 공개하지 않는 이유는 그의 직업이 기술 플랫폼과 관계되어 있기 때문이다). "알고리즘에 적합하지 않은 기사는 좋은 결과를 얻지 못한다. 안타깝게도 최종 사용자 입장에서 콘텐츠 게시자가 본인의 관심사를 충족시키지 못한다고 느낄 경우 알고리즘과 충돌할 수 있다."

소셜 미디어 회사는 콘텐츠를 시간순으로 최종 사용자에게 제공하는 게 아니라 다양한 요소를 기반으로 콘텐츠 우선순위를 정하거나 억제하는 알고리즘을 이용한다. 게시물에 달리는 댓글, 공유, '좋아요' 수는 트위터, 페이스북, 인스타그램 등에서 어떤 대상이 얼마나 잘 홍보되는지 결정한다. 그러나 플랫폼의 정치적, 이념적 선호도가 우리가 온라인에서 보는 내용을 구성할지도 모른다는 우려도 있다. 플랫폼들은 그렇지 않다고 주장하지만, 알고리즘은 철저히 기밀로 유지되기 때문에 이를 확실히 알 수 있는 방법은 없다.

소셜 미디어 편집자는 이렇게 설명한다. "매일 콘텐츠를 게시한 뒤에야 비로소 어떤 콘텐츠가 잘되고, 어떤 콘텐츠가 안 먹힐지 알 수 있다. 그런 사실을 거의 무의식적으로 알아차릴 수 있다. 일반 직장인처럼 오전 9시부터 오후 5시까지만 근무하는 게 아니라 지속적인 피드백 루프를 계속 지켜보고 있기 때문이다. 게시물 성과는 완전히 유기적이지는 않다. 알고리즘이라는 다른 요소가 작용한다."

그는 트위터 타임라인에서 환경 시위 내용은 "위쪽으로 올라가고", "XR_{Extinction Rebellion}(멸종 저항, 기후 환경단체) 콘텐츠는 로켓처럼 도약하는" 반면, 이민과 인종 관련 게시물은 아래로 밀려난다고 생각한다. 플랫폼 전반에서 아동 학대에 대한 뉴스 보도는 아래쪽으로 밀려나는데, 이는 해당 뉴스를 소아성애와 혼동한 알고리즘이 사용자를 보호하기 위해 잘못된 시도를 하기 때문이다. 이념적·정치적, 안전 중심의 판단에 따라 우리에게 노출되는 콘텐츠가 결정된다.

이 소셜 미디어 편집자는 자신의 경험에 비추어 볼 때 트위터가 알고리즘 작동 방식에 대해 얘기하는 것을 매우 꺼린다고 한다. 페이스북은 그보다 좀 더 개방적인데, 이 회사의 한 담당자는 알고리즘이 진화했는데 그 이유를 모른다고 말했다.

"터미네이터에서 기계들의 지위가 올라간 것과 좀 비슷하다."

의미 있는 상호 작용을 원하는 페이스북의 열망은 결국 논란과 분열을 불러일으키는 콘텐츠로 이어졌다. 유명 미디어, 정치 캠페인, 고성장 소비재*FMCG* 브랜드에 고용되어 일하는 한 소셜 미디어 전문가는 "알고리즘이 어떻게 작동하는지 알면 그것을 악용할 수 있다"라고 말한다. "콘텐츠는 분열을 조장하고 감정적인 반응과 대립을 일으키도록 설계되어 있다. 내 임무는 고객에게 최상의 결과를 제공하는 것이고, 내 성과는 지표와 데이터를 통해 판단된다. 난 사람들의 기분을 좋게 만들려고 고용된 게 아니다. 내 고객은 영향력 범위와 판매량에 관심이 있지, 사람들이 좋은 하루를 보낼지 여부에는 관심이 없다." 감정적인 콘텐츠는 이성적인 사고에 영향을 미치므로 상호 작용의 함정에 빠질 가능성이 커진다. 소셜 미디어 플랫폼은 우리가 극심한 감정 변화를 느끼면서 이를 바탕으로 반응하기를 바란다는 걸 잊지 말자.

영국 정부는 소셜 미디어 플랫폼의 가장 시급한 문제 중 하나인 알고리즘 작동 방식의 비밀 문제를 해결할 기회를 놓친 듯하다. 온라인 안전 법안 초안은 규제 당국에게 알고리즘을 감사, 검토, 규제할 수 있는 감독권을 부여하라고 반복해서 제안했다. 이 정도면 충분할까? 인터넷이 그렇게 해롭다면(이것이 법안의 전제다) 아마 담뱃갑에 붙여둔 건강 경고문처럼 홈페이지에 알고리즘 내용을 공표해야 할 것이다. 우리가 알고리즘을 추측하고 그에 맞추려고 노력하는 게 아니라 알고리즘이 우리의 기분을 맞추도록 해야 한다.

이런 가상의 해결책을 상상해 보자. 소셜 미디어 플랫폼에 접속하면 상단 메뉴나 팝업으로 알고리즘을 사용하고 있다는 경고문이 뜨는 것이다. 알고리즘이 플랫폼이나 콘텐츠와의 상호 작용에 미치는 영향을 사용자가 이해하기 쉽게 설명한 내용도 읽을 수 있다. 이 설명문에는 모든 기능이 완전히 공개되며 규제 기관은 공개된 내용에 빠진 부분이 없는지 확인한다. 포장 식품에 표시된 성분 분석표처럼 알고리즘 사용 여부와 기능을 알리는 것이다. 포장 식품이 영양 성분을 표시하고 레스토랑에서 음식 칼로리를 공개하는 것처럼 알고리즘 요소가 미치는 영향을 솔직하게 설명해야 한다.

이는 실현 가능하지만, 아직 공개되지 않은 가상의 해결책이다. 일본 법원 판결은 빅테크가 선례가 있는 사건에서 알고리즘을 공개하도록 강제할 수 있다. 한국식 고깃집 체인인 한류무라Hanryumura는 타베로그Tabelog가 사용자 리뷰 계산 방식을 변경한 것이 매장 평점에 해를 끼쳤다고 주장했고, 법원에서는 이 주장을 받아들였다.

옛날에는 신문 가판대에 가서 늘 보던 신문을 집어 들거나 1면 제목을 훑어본 뒤 가장 눈길을 끄는 신문을 골랐다. 중요한 건 모든 신문이 눈에 잘 띄게 놓여 있었다는 것이다. 어떤 기사를 읽을지 선택할 수 있는 권한이 독자에게 있었다(물론 기사를 쓰는 건 플리트 거리*Fleet Street*에 몰려 있는 언론사들이지만). 미국 헌법 제정자인 토머스 제퍼슨은 이렇게 말했다. "정보가 없으면 국민들이 안전할 수 없다. 언론이 자유롭고 누구나 언론 기사를 읽을 수 있는 곳이어야 모든 게 안전하다."[27]

오늘날의 소셜 미디어와 검색 기업은 훨씬 정교해진 버전의 신문 가판대로, 독자의 관심사와 기업 및 정치에 대한 편견을 예측해서 일부 콘텐츠는 타임라인에서 위로 올리고 일부 콘텐츠는 아래로 밀어낸다. 이것은 매우 중요한 문제다. 최근 연구에 따르면 미국 성인의 절반 이상이 소셜 미디어에서 자주 또는 때때로 소식을 얻고, 3분의 1 이상은 페이스북에서 정기적으로 뉴스를 접하는 것으로 나타났다.[28] 영국도 상황은 비슷한데, 성인의 절반이 소셜 미디어를 통해 뉴스를 접하고 35퍼센트는 페이스북을 가장 많이 이용하는 뉴스 출처로 꼽았다.[29]

올더스 헉슬리*Aldous Huxley*는 『다시 찾아본 멋진 신세계*Brave New World Revisited*』에서 "기술적 진보가 평범한 사람에게는 해가 되고, 거물에게는 도움이 된다"라고 주장했는데, 그가 언급한 광대한 통신 산업에는 아직 인터넷이 포함되어 있지 않았다.[30] 헉슬리는 현대의 의사소통 방식이 독자적인 사고를 박탈하고 타인의 명령을 무비판적으로 받아들이는 결과를 초래할 것이라고 예측했다. 우리는 어떻게든 이런 상황을 피하려고 노력해야 하며, 자신의 비판적인 사고에 책임을 져야 한다.

지금은 알고리즘을 끄고 트위터와 페이스북 게시물이 시

간순으로 표시되도록 하는 기능이 제한되어 있다(알고리즘 이용을 확실하게 공표한 건 아니지만 적어도 우리가 알기로는 그렇다). 하지만 소셜 미디어에서 뉴스를 접할 때는 정치적 스펙트럼 양극단의 이야기를 모두 들을 수 있도록 의식적으로 균형을 맞추고, 텔레비전이나 라디오, 구식 신문 가판대 같은 다른 뉴스 출처를 계속 이용하는 게 도움이 될 것이다. 적어도 그런 출처들이 계속 존재하는 동안에는 말이다.

자동화된 시스템에도 인간의 개입과 편견이 침투한다. 트위터는 "진정한 변화는 대화에서 시작된다고 생각한다. 여기서는 여러분의 목소리가 중요하다. 지금 모습 그대로 참여해서 우리와 함께 대중적인 논의에 도움이 되는 올바른 일(쉬운 일이 아닌)을 하자"라고 말한다. 안타깝게도 우리는 트위터가 대중의 논의에 어떤 식으로 '도움'을 주고 있는지 잘 모른다. 트위터는 타임라인이나 섀도 밴shadow ban(계정이나 콘텐츠의 우선순위를 낮추는 것, 잠재적 차단)을 조작하지 않는다고 주장했지만, 프로젝트 베리타스Project Veritas가 공개한 트위터 직원들이 등장하는 유출된 동영상 내용은 그들의 주장과 다르다.[31]

이 글을 쓰는 시점에 트위터의 새로운 CEO가 된 일론 머스크는 트위터 고위 직원이 섀도 밴, 검색 블랙리스트, '가시성 필터링' 등을 통해 마음에 들지 않는 콘텐츠와 계정을 밀어냈다는 사실을 밝힌 서류 일체(트위터 파일)를 공개했다. 그중에는 트위터 직원들이 비밀 블랙리스트 작성을 위해 백악관과 비공식적으로 협력했다는 것을 암시하는 내용도 있다.

정부는 빅테크와 긴밀하게 협력하고 있기 때문에 이 기업들이 대중에게 알고리즘 방법론을 명확히 밝히도록 요구하는데 열심이지 않을 수도 있다. 이는 구글이 정부와 협력하는 기관에서 제작한 반대 담론 동영상을 더 잘 검색되도록 프로그램을 시험했다는 사례만 봐도 알 수 있다. 오픈 디모크라시_{open-}*Democracy* 홈페이지에 있는 다음의 내용이 그 의미를 설명한다.

> 이것이 실제로 의미하는 바를 명확히 하기 위해 어떤 인터넷 사용자가 '감수성 강한 젊은 무슬림(프리벤트*Prevent*(영국의 반反 테러 정책—옮긴이)에서 정의한 대로)'이라는 프로필을 내걸고 구글에서 '시리아 전쟁'을 검색하거나(또는 페이스북에서 이와 관련된 링크를 클릭), 브레이크스루*Breakthrough*의 '눈을 떠라: ISIS의 거짓말' 캠페인을 참조했다고 상상해 보자. 스노든*Snowden*의 폭로를 통해 알려진 것처럼, 이런 검색 내용은 정보기관에서 파악해 조사에 들어간다.
>
> 이 모든 것의 상징성은 아무리 강조해도 지나치지 않다. 정부 요청에 따라(또는 정부가 지원하는 NGO나 하청 업체를 통해) 어떤 '선전' 내용은 제거하고 어떤 건 홍보하는 태도는 실리콘 밸리가 우리에게 믿으라고 했던 언론 자유와 평등을 추구하는 모습과는 거리가 멀다.[32]

트레이시 팔로스는 소프트웨어 엔지니어링 세상에 살고 있고 엔지니어들은 소셜 엔지니어링 능력을 갖고 있다고 믿기 때문에 소셜 미디어에 대한 인간의 개입이 더욱 심해지고 있다고 말한다. "나는 수십 년 동안 구글, 페이스북 같은 거대 기술 기업과 함께 일했는데, 이런 다국적 기업의 고위 경영진이 얼마나 이념적인 사람들인지 알아야 한다. 그들은 세계주의적 대의를 택한다. 겉으로는 좋아 보일지 모르지만 그 대의가 기업의 입맛에 맞게 바뀌어 플랫폼에 내장되어 있다."

소프트웨어 엔지니어, 회사 경영진, 콘텐츠 관리자를 비롯한 여러 직원의 정치적·개인적 이데올로기는 특정 관점의 우선순위 지정이나 해제에 영향을 미친다. 우리가 가상현실과 증강현실로 이동할수록 이들의 도덕적 규범과 가치관이 내재된 프로그래밍이 주변 환경을 지배하게 되므로, 인간의 불완전성에 미치는 영향이 더욱 확대될 가능성이 있다.

'구글링'은 이제 검색과 동의어가 되었으며 현대의 직업적·개인적 기능에서 중요한 위치를 차지한다. 구글의 래리 페이지 *Larry Page*와 세르게이 브린*Sergey Brin*은 2004년에 주주들에게 보낸 '오너 매뉴얼*An Owner's Manual*'이라는 제목의 편지에서 검색 결과가 "편향되지 않고 객관적"이라고 주장했다. 오늘날에는 검색 결과가 광고, 후원, 유료 최적화의 영향을 받을 뿐만 아니라 점점 더 정치화되고 있다. '검색 엔진 조작 효과'에 대한 연구에 따르면 구글의 정치 후보자 검색 결과 순위가 부동층의 투표 선호도를 최대 20퍼센트까지 바꿀 수 있는 것으로 나타났다.[33]

빅테크는 코로나19 팬데믹 기간 동안 공공 안전을 명분 삼아 잘못된 정보를 통제하기 위한 단호한 조치를 취했다. 하지만 이를 위한 공개적인 협의를 진행하거나 관련 문제에 책임을 지지는 않았다. 이는 공익을 위한 것이라고 알려져 있었지만 실수도 있었다.

구글은 지식 패널이 승인한 특정 콘텐츠를 검색 결과 상단에 올렸고, 코로나19에 대한 잘못된 정보를 하향 링크했다. 구글 플레이*Google Play* 앱에도 바이러스와 관련된 앱을 삭제하고 유튜브의 일부 동영상을 삭제했다.[34] 페이스북은 연구소에서 인공적으로 만들어진 코로나바이러스가 유출되었다는 이야기를 검열하다가 중단했다. 유튜브도 마스크가 효과가 없다고 주장하는 동영상을 검열하다가 중단했다. 이런 정책 변화는 팩트, 혹은 적어도 용인되는 팩트가 달라졌다는 것을 반영한다. 잘못된 정보였던 것이 올바른 정보가 될 수 있다면, 애초에 그것이 정말 잘못된 정보였을까?

페이스북은 덴마크에서 진행된 마스크 무작위 대조 시험*RCT*과 관련해 칼 헤네건*Carl Heneghan* 교수가 「스펙테이터*The Spectator*」에 발표한 논문에 '거짓 정보'가 포함된 것으로 분류했다. 2020년에 이 회사는 그런 경고문을 본 사람들의 95퍼센트는 해당 게시물을 클릭하지 않았다고 자랑했다.[35] 칼 헤네건 교수는 일반의이자 임상역학자이며 켈로그 대학*Kellogg College* 선임연구원, 옥스퍼드 대학 근거중심의학센터 책임자, 「BMJ 근거중심의학*BMJ Evidence-Based Medicine*」 편집장이다. 과학은 질문과 토론, 다양한 아이디어를 장려해야 한다. 그가 RCT에 대해 논평할 자격이 없다면, 누가 자격이 있겠는가?

우리도 모르는 사이에 검열당했을 수 있다. 얼마 전까지만해도 검색 결과가 표시되지 않는 '섀도 밴'은 음모나 거짓말이라고 생각했다. 그러나 페이스북은 2021년 9월에 올린 블로그 게시물에서, 자신들이 잘못된 정보를 제공한다고 생각되는 일부 계정을 섀도 밴했다는 사실을 인정했다. 비록 이런 행위를 '콘텐츠 순위 지정'이나 '콘텐츠 유통 감소' 같은 이름으로 부르긴 했지만 말이다.[36] 커뮤니티 지침이나 법률에 위배되지 않더라도 잘못된 정보 또는 사람들이 "대체로 싫어하거나" 선정적이거나 도발적인 콘텐츠를 공유하는 계정은 효과적으로 침묵시킬 수 있다는 얘기다.

수백만 개의 게시물, 동영상, 이야기가 실수로 검열되지는 않았을까? 어떤 정보가 올바른 정보인지, 아니면 잘못된 정보인지 절대적인 확신을 갖고 말할 수 있는 사람은 누구인가? 세계보건기구WHO 사무총장 테드로스 아드하놈Tedros Adhanom은 이렇게 말했다. "우리는 전염병하고만 싸우는 게 아니라 인포데믹infodemic(검증되지 않은 채 유포되는 가짜 정보-옮긴이)과도 싸우고 있다. 가짜 뉴스는 이 바이러스보다 더 빠르고 쉽게 퍼지며 그만큼 위험하다." 그러나 영국왕립학회는 주요 플랫폼에서 '불쾌감을 주는 콘텐츠'를 삭제한다고 해서 피해가 줄어든다는 증거가 거의 없고, 심지어 이로 인해 잘못된 정보가 인터넷 사각지

대로 숨어들면 대처하기가 더 어렵고 당국에 대한 불신도 악화될 수 있다고 경고했다.[37]

시장을 거의 독점한 구글에 의존하지 말고 다양한 검색 엔진을 사용하면 다른 결과를 얻을 수 있지만, 그것도 안전한 것은 아니다. 개인 정보를 침해하는 구글의 트래커*tracker*를 피하려는 사람들이 선호하는 덕덕고*DuckDuckGo*는 '다운랭킹(검색 순위 격하)'을 이용해서 러시아의 허위 정보에 맞서 싸울 것이라고 발표했다. 이 검색 엔진은 '다운랭킹'과 노골적인 검열을 구별하고, 허위 정보 사이트의 콘텐츠 품질이 낮다는 가치 판단을 내림으로써 이런 결정을 정당화하려고 했다. 하지만 어떤 이유 때문에 (우리는 자신만의 이유를 가질 자격이 있다) 그게 바로 여러분이 원하던 정보라면 어떻게 될까? 어쩌면 여러분은 러시아 국영 언론이 러시아-우크라이나 전쟁을 어떤 식으로 보도하고 있는지 알고 싶을지도 모른다. 그것을 어렵게 만드는 게 검색 엔진이 할 일일까? 다양한 검색 엔진을 사용해서 여러 차례 검색을 수행하고, 뉴스 사이트 내에서도 검색해 보면 업랭킹*up-ranking*이나 다운랭킹의 영향을 상쇄하는 데 도움이 될 것이다.

어떤 사람들은 알고리즘을 갖고 노는 방법을 알고 있다. 2022년 5월 이전까지는 봉쇄 기간에 다우닝가 10번지 총리 관저에서 열렸던 논란의 여지가 있는 치즈&와인 파티에 대한 기사를 읽고 싶을 때 '보리스 존슨 치즈'라고 검색하면 원하던 기사를 찾을 수 있었다. 하지만 2022년 5월 이후에는 동일한 검색어를 입력했을 때 보리스 존슨이 치즈와 커피 때문에 정신이 너무 산만해져서 집에서는 일할 수 없다고 말했다는 기사가 나올 것이다. 봉쇄 조치를 어기고 와인을 마시는 파티 이미지는 구글에서 내려가고, 체다치즈와 커피에 군침을 흘리는 별나고 사랑스러운 보조*BoJo*(영국 총리 보리스 존슨의 별명)에 관한 기사가 검색 결과 상위권으로 올라와 있다.

SEO 및 디지털 PR 기업인 리버티*Liberty* 설립자 가레스 모건*Gareth Morgan*은 이것이 스핀 닥터*spin doctor*(정치인이나 고위 관료의 대변인 역할을 하는 사람-옮긴이)가 평판 관리를 위해 교묘하게 시도한 검색 엔진 최적화 사례라고 생각한다. 언론에서 탐욕스럽게 달려들었던 치즈에 관한 별난 이야기를 다른 기사를 이용해서 밀어낸 덕에 예전 기사들은 검색 결과에서 순위가 낮아진 것이다. 모건은 이렇게 말했다.

보조와 치즈에 관한 기묘한 이야기들이 평판 관리의 유일한 사례는 아니다. 이상한 이야기를 이용해서 이상한 성격을 교묘하게 가릴 수도 있다. 보리스 존슨이 와인 상자를 버스처럼 보이도록 칠해 놓았다는 이야기를 기억하는가? 그건 아마 브렉시트 버스*Brexit bus*(영국의 EU 탈퇴를 지지하는 쪽에서 운영한 캠페인용 버스, 보리스 존슨이 이 버스를 타고 다니면서 탈퇴 캠페인을 주도했다.-옮긴이)에 관한 기사를 밀어내려고 한 일일 것이다. 존슨이 인터뷰에서 하는 기괴한 답변이 실은 인터넷상에서의 화젯거리를 바꾸기 위해 그의 고문이 영리하게 계산해서 준비한 메시지는 아닌지 궁금해해야 한다.

평판 관리자는 구글 검색 결과 첫 페이지를 '장악'하려고 하기 때문에 모건은 구글 도구에서 '모든 결과' 검색보다 '완전 일치' 검색을 수행하라고 제안한다. 또 구글 검색 결과의 두 번째와 세 번째 페이지는 물론이고, 그 이후 페이지도 살펴보자. 마지막으로, 괴상한 이야기는 의심해야 한다. 그것은 우리를 현혹해서 '진짜' 이야기로부터 주의를 돌리기 위해 고안된 사이버 마술사의 속임수일지도 모른다. 모건이 말했듯이 "보리스 존슨과 관련된 이상한 기사가 있으면, '이건 과거의 어떤 이야기를 은폐하기 위한 걸까'라는 생각이 가장 먼저 떠오른다."

봇 집단

봇*bot*이라는 자동화된 계정은 게임 소셜 미디어이기도 하다. 그들의 유일한 목적은 정보 또는 허위 정보를 퍼뜨리고 증폭시켜서 온라인 내러티브를 형성하는 것이다. 계정 클러스터(봇 집단이라고도 함)가 동일한 메시지를 공유하거나 동일한 게시물을 리트윗하면 해당 메시지가 증폭되는 효과가 생기는데, 이는 정치적 목적을 위해 활용하는 경우가 많다. 즉 선전의 한 형태인 것이다. 그 배후에 누가 있는지 찾아내거나 식별하는 것은 항상 쉽지만은 않지만 이것은 심각한 문제다. 전체 트위터 계정의 9~15퍼센트가 봇인 것으로 추정된다.[38]

2017년에 진행된 '중국 정부가 논쟁에 개입하지 않고 전략 적인 주의 분산을 위해 소셜 미디어 게시물을 조작하는 방법' 연구에 따르면 25만~200만 명에 달하는 중국인이 정부에 고용 되어 1년에 약 4억 4,800만 개의 '가짜' 소셜 미디어 게시물을 올 리는 것으로 추정된다.[39] 비밀리에 활동하는 이 친정부 논객들 이 일반 시민인 척하면서 중국 공산당을 위한 방향으로 대화를 이끌어 나간다. 이들은 게시물 하나당 50위안을 받는 것으로 알려져 있어 '50위안 군대'라고도 불린다.

프로퍼블리카_Propublica_가 트위터 가짜 계정과 해킹당한 계 정을 분석한 결과 홍콩에 대한 프로파간다를 추진하는 가짜 계 정을 1만 개 이상 발견했다.[40] 이후 이 계정들은 홍콩 문제에서 코로나19로 초점을 전환했다. 트위터는 만리방화벽_Great Firewall_ 에 의해 차단되어 있기 때문에 이 트윗은 중국에 거주하는 중 국인들을 겨냥한 게 아니다. 일부 트윗은 해외에 거주하는 화 교를 겨냥해 중국어로 작성되었지만, 대부분은 영어로 작성되 어 있다. 이것은 우리를 겨냥한 것이다. 그리고 그들은 중국 정 부의 코로나19 대응을 지지하는 비공식 홍보 캠페인을 벌였다.

학계에서는 10년 넘게 봇을 연구해 왔지만, 봇은 소셜 미 디어의 재앙 중 하나다. 일론 머스크의 트위터 인수 시도가 이 플랫폼의 봇 계정 수에 대한 분쟁 때문에 보류되기도 했다. 봇이 발전하면서 봇 탐지 방법도 발전하고는 있지만, 이 현상과 맞서 싸우는 건 어려운 일이다. 2017년의 한 연구는 "현재로서는 트위터도 인간도 첨단 애플리케이션도 새로운 소셜 스팸봇을 정확하게 탐지할 수 없다"고 선언했다.[41]

봇은 중국에서만 사용하는 게 아니다. '크렘린 봇'도 있다. 전 세계에 모든 정치적 신조를 위한 봇이 존재한다. 이탈리아의 봇을 분석한 결과 모든 정당, 다양한 신문사, 축구 평론가, 심지어 가톨릭교회와 관련된 봇도 있었다(그들이 봇을 직접 관리한다는 뜻이 아니다).[42] 특정한 봇 캠페인의 배후에 있는 책임자가 누구인지 알아내는 건 매우 어렵다.

신기하게도 로라는 이 장을 쓰던 중에 트위터에서 자신이 작성한 기사 인용문을 사용해 조직적인 봇 캠페인이 벌어지고 있다는 걸 알게 됐다. 「선데이 타임스_The Sunday Times_」에 게재된 탈성전환자_detransitioner_(젠더 확정 치료를 후회하는 이들)에 관한 기사 인용문을 2020년 7월 12일에 J. K. 롤링_J. K. Rowling_이 트위터에 게시한 것이다. "'내가 인터뷰한 탈성전환 여성들이 탄광의 카나리아 같은 존재일까 봐 두렵다. 탈성전환자뿐만 아니라 여성들에 대해서도 말이다. 그들은 모두 어떤 식으로든 여자가 되는 게 너무 어렵고, 너무 위험하고, 너무 역겹다는 걸 알게 됐다.'_ 로라 도즈워스"

당시에는 진짜 계정들이 이 인용문을 리트윗했다. 그러나 그로부터 거의 2년 뒤인 2022년 5월에 여러 계정에서 로라의 이름으로 똑같은 인용문을 트윗하기 시작했다. 왜, 그리고 무슨 목적으로 그렇게 하는 걸까?

로라는 트위터에 연락해서 봇 캠페인과 관련해 다음과 같은 질문을 했다. "의심스러운 봇 캠페인을 어떻게 신고할 수 있는가? 트위터는 이런 의심스러운 봇과 조직적인 캠페인에 대해 어떤 조치를 취하는가? 현재 이 플랫폼에서 얼마나 많은 봇 계정이 운영되고 있고 이들이 생성하는 콘텐츠 양은 얼마나 되는가? 이 캠페인의 배후가 누구인지 어떻게 알 수 있는가? 트위터는 조직적인 캠페인의 배후가 누구인지 조사하는가?" 트위터 대변인은 인터뷰를 진행할 수 없다고 말하면서 질문에 답하지 않고 봇 계정을 삭제했다.

우리는 그 계정이 봇이라는 걸 어떻게 알았을까? 첫째, 트위터가 계정을 삭제함으로써 사실상 이를 확인해줬다. 둘째, 정교한 캠페인을 식별하는 게 항상 쉽지는 않지만 이런 계정에는 만화 아바타가 달려 있고 다른 계정과의 교류가 거의 또는 전혀 없다는 고전적인 특징이 있다. 이 계정 '집단'은 모두 NFT(대체불가능토큰)에 대해 트윗하거나 자기 소개란에서 이를 언급했다. 그리고 일론 머스크, 테슬라*Tesla*, NASA, 조 바이든*Joe Biden* 대통령에 대한 트윗이 많으며 모두 2022년 초여름에 처음 트윗을 올렸다. 이런 계정을 만든 이유, 실제 운영자, 이 인용문을 선택한 이유 등은 모두 미스터리로 남아 있다.

봇 캠페인의 특징에 대한 통찰은 영국 정부의 연구정보통

신부*RICU*의 업무를 담당하는 기관에서 근무했던 데니스(가명)에게서 얻었다. 이 부서의 명시적인 목표는 전략적 의사소통을 이용해서 '행동 및 태도 변화에 영향을 미치는 것'이다. 이 부서는 이런 야망이 영국 정부와 연결되어 있다는 사실이 드러나지 않도록 제삼자와 협력하고, 엄선한 '풀뿌리 조직 및 NGO'를 이용해 사람들의 생각을 은밀히 조작한다. "멀티미디어 캠페인 제작을 위해 정부의 재정적, 기술적 지원을 제공하면서 이것이 일반인들의 자발적인 움직임이라고 주장한다."[43]

데니스가 RICU와 계약한 기관에서 일했을 때 그들은 악의적 댓글 부대가 아닌 소셜 미디어 계정을 운영하고 있었다. 하지만 소셜 미디어 신원을 분석하고 이를 바탕으로 트위터 계정 프로필을 만들어서 진짜 계정처럼 보이게 했다.

초기에는 악의적 댓글 부대를 운영하지 않고 공식적인 소셜 미디어 계정을 운영했다. 내가 (그 기관에서) 일할 때보다 기술이 많이 발전했다. 이제 그들이 예전에 그렇게 걱정하던 러시아의 허위 정보 봇 캠페인을 따라 한다고 해도 놀랄 일은 아닐 것이다. 우리는 그 기관이 접근하고 싶어 했던 트위터 무리에게 프레젠테이션도 했다. 그 기관 고위직에 어떤 여자가 있었는데 사립학교 출신이고 중산층이고 아마 클랩햄에 살았던 것 같다. 그녀가 '무슬림 축구팬'에 대해 이야기했다. 축구팀 배지는 정체성을 나타내지만, 그녀는 그들을 그냥 '팬'으로 여겼다. 축구 계정에 '백신 반대' 같은 논란의 여지가 있는 뉴스 트윗이 증가하고, 이 문제에 대해 계속 언급한다면 뭔가 이상하다는 걸 알아차리게 될 것이다. 이런 캠페인을 운영하는 사람들은 축구팬들이 항상 백신 얘기를 하지는 않는다는 것, 그리고 봇 캠페인에 인위적인 부분이 있다는 걸 모르는 것 같다.

탈성전환자에 대한 로라의 기사를 인용한 봇 캠페인의 경우, 어떤 사람 또는 어떤 기관이 바르셀로나 FC를 응원하고 일론 머스크를 존경하는 NFT 수집가가 탈성전환자도 지지할 가능성이 크다고 생각한 걸까? 그럴 가능성은 없어 보인다. 하지만 어쨌든 그건 우리 관심을 끌 만큼 인위적인 움직임이었다.

아마 이 봇들은 온라인 여론에 영향을 미치기 위해 주로 사용되는 6가지 기술 중 일부를 사용했을 것이다.[44] 예를 들어, '포럼 슬라이딩'은 비판적인 의견을 대중의 시야와 정신에서 몰아내기 위해 관련 없는 게시물을 마구 올리는 것이다. '여론 무너뜨리기'는 가짜 계정을 이용해 자신과 반대되는 주장을 설득력 없게 작성해서 올린다. 그런 다음 다른 많은 계정을 통해 이를 맹비난해서 자기 쪽 입장이 강해 보이도록 만들어 사람들이 반대되는 주장에 면역력을 갖게 하는 것이다. '분노 낚시질'은 상대 팀에서 가장 불안정해 보이는 구성원의 민감한 버튼을 찾아내 화를 부추김으로써 상대 팀의 주의를 흐트러뜨리고 대중의 눈에 이상하게 보이도록 만드는 것이다.

트루먼 쇼 탈출

소셜 미디어와 검색에는 선전과 잘못된 정보(본인이 원하는 대로 정의해도 된다)가 넘쳐난다. 그렇다면 어떻게 해야 자신을 보호할 수 있을까? 먼저, 우리 안에 그런 취약성이 일부분이라도 존재하는 이유를 생각해 봐야 한다. 우리 소시민은 소셜 미디어 플랫폼을 통해 자신을 알릴 수 있는 수단을 얻었고, 이를 통해 우리도 선전가가 되었다. 따라서 이 모호한 선은 우리에게서부터 시작한다.

소셜 미디어에 게시물을 올릴 때 얼마나 엄격하게 진실을 준수하는가? 페이스북에 성공, 휴가, 승리는 공유하지만 실패와 우울한 날은 무시하는 경향이 있는가? 인스타그램에서 칭찬을 많이 받을 만한 사진을 고르기 위해 셀카를 20장 정도 찍는가? 필터를 적용하는가? 그 사진은 실제 '자신'과 거의 닮은 곳이 없는 이상화된 버전의 자신인가?

100년 전에는 의뢰받은 초상화나 자화상을 그리려면 몇 시간, 며칠이 걸리고 값비싼 재료와 어느 정도의 재능이 필요했다. 요즘에는 스마트폰으로 초당 10장의 사진을 찍고 필터를 씌울 수 있다. 과거의 초상화와 오늘날의 셀카는 모두 자기 미화와 선전의 한 형태지만 오늘날의 방법은 누구나 이용 가능하고 규모도 크다. 개인적, 사회적, 직업적인 이유로 자신의 가장 빛나는 버전을 보여주려고 노력하다 보니 다들 유능한 선전가가 되었다. 그리고 자아는 셀카로 대체되었다.

'스냅챗Snapchat 이상형태증'은 자신의 소셜 미디어 셀카처럼 보이고 싶어 하는 증상을 가리키는 용어다. 이 용어는 성형외과 의사인 에쇼Esho 박사가 만들었다. 소셜 미디어가 등장하기 전에 그를 찾아오던 잠재 고객들은 잡지나 텔레비전에서 본 스타처럼 보이고 싶어 했다. 그러다가 소셜 미디어가 모든 걸 바꿔 놓았다. 소셜 미디어는 사람들이 필터를 사용해서 자신의 모습을 편집할 수 있는 기능을 제공했다. 스마트폰 카메라의 각도는 거울과 달리 일차적인 왜곡을 추가했다. 그리고 필터와 앱이 비현실적인 레이어를 더했다. 이는 자신이 원하는 모습에 대한 사람들의 기대를 변화시켰고, 성형수술에 대한 비현실적인 기대를 만들어냈다.

에쇼 박사는 이렇게 말한다. "사람들은 모공을 제거해 달라고 요구하는데, 그것은 실생활에서는 불가능하다. 이미지에서 모공이 보이지 않는 건 메이크업과 필터 때문이다. 때로는 모공을 제거할 수 없다는 사실에 사람들은 충격을 받는다. 사람들은 이제 뭐가 진짜인지 모른다. 그들은 더 큰 눈, 작은 코, 날카로운 턱과 광대뼈, 아치형 눈썹을 원한다. 그중 일부는 가능하지만 전부 다 할 수는 없다."

에쇼는 이것을 '트루먼 쇼 효과'라고 말한다. 평생 대중에게 자신의 모든 것이 공개되는 사람을 가리키는 말이다. 우리 아기들은 그들의 탄생을 뿌듯해하는 부모가 자신의 첫 번째 사진을 온라인에 공유하는 세상에 태어났다. 거기서부터 시작이다. 이제 십대들은 '좋아요'를 많이 받지 못하면 플랫폼에서 사진을 삭제한다. 그리고 극단적인 경우, 온라인에서 자신을 표현하는 방식 때문에 원래의 자신과 완전히 달라져 거의 알아볼 수 없는 모습이 되기도 한다. 에쇼 박사는 상담하러 온 고객의 온라인 프로필 사진을 보면 진짜 그 사람인지 알아보지 못하는 경우가 많다고 말한다.

코로나 봉쇄 조치 때문에 이런 현상이 기성세대까지 확산되었다. 에쇼는 이제 줌Zoom 통화를 하면서 필터로 만들어낸 반짝이는 눈과 매끄럽고 검게 그을린 피부에 익숙해진 나머지, 줌 화면에 나오는 것과 같은 외모를 갖고 싶어 하는 나이 든 고객층을 확보하게 되었다.

그러나 이것은 외모 이상의 문제다. 소셜 미디어는 우리가 되고자 하는 모습에 압박을 가한다. 에쇼는 대중에게 모습을 드러내거나 소셜 미디어에 비치는 자신과 비교되는 걸 원치 않는 탓에 광장 공포증과 비슷한 증세를 보이는 블로거를 알고 있다. 심지어 사람들에게 알려지는 것조차 싫어하는 경우도 있다. 한 소셜 미디어 전문가는 "많은 인플루언서가 소셜 미디어를 큰 부담으로 여긴다. 그들은 보이지 않는 곳에서 스트레스를 많이 받는다"고 말했다. 그리고 이런 인플루언서들이 우리에게 영향을 미치고 있다.

이런 영향을 최소화하기 위해 취할 수 있는 조치가 여러

가지 있다. 우선 소셜 미디어는 실제가 아니라는 걸 인정하는 것이다. 에쇼는 "오늘날의 이상적인 아름다움은 현실이 아니다. 카다시안가※ 사람들도 서로 다르게 생겼다. 그러니 다른 사람들이 그들과 같은 외모를 가지는 건 불가능하다"라고 말했다. 그는 스냅챗 이상형태증을 앓는 사람들을 치료하는 대신 상담을 받게 한다.

유출된 연구 결과에 따르면 인스타그램과 페이스북은 자신들의 환경이 십대 소녀들에게 얼마나 해로운지 정확히 알고 있다고 한다.[45] 「월스트리트저널 *Wall Street Journal*」은 페이스북이 십대 소녀 3명 중 1명의 신체 이미지 문제를 더욱 악화시켰다고 폭로한 프레젠테이션 내용을 보도했다. 그리고 2020년 3월에 보고된 후속 프레젠테이션에 따르면 십대 소녀 중 거의 3분의 1이 자기 몸매에 만족하지 못할 때 인스타그램을 보면 기분이 더 나빠진다고 말했다. 걱정스럽게도 자살 충동을 느낀다고 보고한 사용자들 가운데 인스타그램의 영향을 받은 이들이 영국의 경우에는 13퍼센트, 미국도 6퍼센트나 됐다.

소셜 미디어 기업은 어떤 기사에 '잘못된 정보'가 포함된 경우에는 관심을 보이지만, 사람 이미지에 필터를 적용해서 비현실적으로 표현된 경우에는 거의 관심을 보이지 않는다. 사진에 시각적 필터를 적용하는 게 도움이 될지, 아니면 삶을 표현할 때 은유적인 필터를 적용하는 게 도움이 될지 생각해 보자. 장기적으로 자존감이 낮아질 수도 있다.

에쇼는 성형외과 의사로서의 역할과 이것이 자기 삶에 미치는 영향에 대해 매우 잘 알고 있다. 그래서 그는 '승패를 기록'하기로 결심하면서 이렇게 조언했다.

항상 깊이 파고들면서 어둡고 암울하게 행동할 필요는 없지만, 계약을 맺지 못하거나 원하는 결과물을 얻지 못한 것 같은 일상적인 현실을 공유할 수는 있다. 실패자라고 광고하는 게 아니라 사람들에게 자신이 앞으로 나아가 성장할 수 있다는 걸 보여주는 게 좋은 것이다. 진짜와 가짜의 차이를 알아야 한다. 그러니 실제 삶에 참여하자. 장미 냄새를 맡고, 작은 순간을 음미하자. 아이들이 뭔가 사랑스러운 말을 하거나 누군가가 '잘했다'고 말하면 그걸 소셜 미디어에 올리는 게 아니라 실제 삶에 참여하는 데 시간을 할애하자.

방해 금지

소셜 미디어가 다양한 해악을 미친다는 건 분명하다. 그렇다면 왜 많은 사람이 소셜 미디어를 사용하는 걸까?

여러분도 전화벨이 울리면 전화를 받고 한 시간 혹은 그 이상 통화할 것이다. 경제학자 허버트 A. 사이먼*Herbert A. Simon*이 처음으로 이론화한 '주목 경제*Attention Economy*'에 오신 걸 환영한다. 테크노 미래학자들은 미래의 산물이 바로 우리 뇌라고 말한다. 간단히 말해서, 소셜 미디어는 중독성을 발휘하도록 설계되었고 소셜 미디어 회사들은 우리 마음을 원한다.

아침에 일어나면 이메일과 소셜 미디어 플랫폼을 살펴본 다음 날씨와 뉴스를 확인하고, 다시 또 이 과정을 되풀이한다. 때로는 침대에서 일어나기도 전에 이 과정을 두 번씩 완료하기도 한다. 텔레비전을 보거나 식탁에 앉아 낭만적인 저녁 식사를 하면서도 휴대폰을 확인한다. 이제는 예전처럼 책을 읽을 수도 없다. 친구들과 함께 뭔가를 하면 그냥 즐기기만 하는 게 아니라 꼭 소셜 미디어에 게시한다. 대중의 절반은 아무리 노력해도 다른 일에 집중해야 할 때 스마트폰을 확인하는 걸 멈출 수 없다고 말한다.[46] 또 우리는 생각보다 2배 정도 자주 휴대폰을 확인한다. 한 연구에 따르면 사람들은 하루에 25번 정도 휴대폰을 확인한다고 추측했지만 실제로는 49~80번 확인했다.[47]

소셜 미디어는 집중력에 영향을 미친다. 한 연구에 따르면 일을 중단했다가 다시 집중하기까지 약 23분이 걸리며, 그 후에 더 많은 스트레스를 받는다고 한다. 여러분은 스마트폰 알림에 얼마나 자주 방해를 받는가?[48] 우리 중 절반이 전보다 집중하는 시간이 짧아졌다고 느끼는 건 놀라운 일이 아니다.[49]

다양한 연구 결과, 스마트폰과 소셜 미디어 사용이 뇌에 영향을 미칠 수 있는 것으로 나타났다. 한 연구에서는 주변에 스마트폰이 있는 것만으로도 인지 능력이 감소하는 것으로 나타났다.[50] 연구진은 휴대폰을 다른 방에 두고 온 참가자가 책상

위에 휴대폰을 놔둔 참가자보다 훨씬 좋은 성과를 내고, 주머니나 가방에 휴대폰을 넣어둔 참가자에 비해서도 약간 좋은 성과를 낸다는 것을 발견했다.

이 연구를 똑같이 재현했을 때는 결과가 좀 다르게 나왔지만 다른 많은 연구에서도 동일한 사실이 입증되었다. 예를 들어, 스마트폰에서 검색 엔진을 많이 사용하는 사람일수록 질문에 답하기 위해 직접 고민하는 시간이 적었다.[51] 박물관 전시물 사진을 찍은 사람은 전시물에 관한 퀴즈에서 더 낮은 점수를 받았다.[52] 우리는 '주머니 속의 뇌'에 생각을 아웃소싱하고 있고, 이 때문에 조작에 취약해진다. 스스로 생각하지 않으면 알고리즘이 우리 대신 생각하게 된다.

사랑하는 이들이 술, 마약, 도박, 음식, 섹스 등에 중독되는 걸 본 적이 있을 것이다. 하지만 자신도 그런 타락한 사람 중 한 명이라는 걸 인정할 준비가 된 사람이 얼마나 될까? 물론 휴대폰을 들여다보지 않을 수는 있다. 소셜 미디어 계정을 폐쇄하거나 시간 제한을 정해둘 수도 있다. 하지만 그게 그렇게 쉽지는 않을 것이다.

심지어 트위터에는 "트윗 하나만 더 올리고 자야지", "스크롤 딱 한 번만 더", "그러다가 밤새는 거지 뭐"라는 트윗을 올리면서 자신들의 중독성을 인정하기도 했다. 우리 중 일부도 거기 동참해서 성냥개비로 졸린 눈꺼풀을 받치고 매혹적인 폭포처럼 쏟아지는 트윗에 속수무책으로 빠져들었다. 하지만 지금은 그렇게 재미있지 않다.

트위터의 기업 강령은 "아무런 장벽 없이 아이디어와 정보를 즉시 생성해서 공유할 수 있는 권한을 모든 사람에게 제공하는 것"이다. 하지만 트위터는 장벽을 제공하지 않기 때문에 스스로 장벽을 세워야 한다. 영국인의 73퍼센트는 소셜 미디어 플랫폼들이 우리의 관심을 끌려고 끊임없이 경쟁을 벌인다고 생각한다.[53]

소셜 미디어는 보상 기반의 학습 프로세스인 트리거, 행동, 보상, 도파민 러시를 활용한다. 낚시성 기사의 헤드라인에 관심이 쏠린다. 소셜 미디어 동영상이 자동으로 재생된다. 새로운 소식이 도착하면 진동과 소리가 파블로프 반응을 일으킨다. '사랑'의 상징이 우리를 유혹한다. 타임라인이 카지노의 슬롯머신처럼 계속 새로고침 된다. 이 모든 것이 다른 일에 쏟아야 할 시간을 빼앗고 집중력에 영향을 미치며 소셜 미디어의 다크 넛지와 선전에 대한 민감성을 극대화한다.

이 책을 쓰는 우리도 여러분과 똑같은 고통을 느끼고 있다. 우리는 소셜 미디어를 절제하는 모범적인 사람들이 아니다. 패트릭의 아내는 패트릭이 소셜 미디어에 쏟는 시간을 제한하는 데 도움이 되도록 스마트폰 설정을 위한 보안 코드를 알고 있다. 로라는 한동안 수녀원에 머물면서 전자 장비 없이 조용한 시간을 보내는 등 중독을 끊으려고 온갖 방법을 시도해봤다.

가톨릭 수도사인 콜린 신부는 "어떤 사람들은 트위터에 중독되어 있다. 이들은 지속적인 상호작용이 끊어지는 걸 두려워한다. 침묵을 두려워한다. 끊임없는 동의와 접촉을 필요로 한다. 이렇게 많은 사람이 내 게시물을 좋아하고 이렇게 많은 사람이 내게 연락했다는 걸 확인하고 싶어 한다"라고 말한다. 이 수도사는 우리 영혼에 직통으로 연결되어 있는 걸까?

콜린 신부도 에쇼 박사처럼 우리가 소셜 미디어 때문에 현실에 집중하지 못한다고 지적하면서 그 해결책은 간단하면서도 어렵다고 말한다.

사람들은 이메일과 트윗이 넘쳐난다고 불평한다. 하지만 그럴 필요가 없다. 불평하지 말고 재미있는 방식으로 즐겨야 한다. 나도 중독성이 있다는 건 이해한다. 하지만 그것이 의미하는 바는 우리가 현재에 주의를 기울이지 않게 되었다는 것이다.

우리는 전 세계에서 무슨 일이 일어나는지 실시간으로 알 수 있게 되었지만, 흥미롭게도 현재를 잘 살아가지 못하고 있다. 과거에 일어난 일을 걱정하거나 미래에 일어날 일을 불안해한다. 모두 주의가 산만해지고 혼란스러워한다. 그래서 현재에 집중하기 어려운 것이다. 이를 불평할 수도 있지만, 답은 자기 자신에게 있다. 소셜 미디어 사용을 절제할 수 있다. 어렵지만 가능하다. 화면을 끄자. 답은 여러분 손에 달려 있다.

화면을 끄는 것의 중요성을 보여주는 연구가 매우 많다. 스크린 달린 장비를 일체 사용하지 않는 캠프에 참여한 아이들은 감성지능 지수가 더 높게 나왔다.[54] 비임상 표본들을 대상으로 한 연구에 의하면 휴대폰 알림을 끄자 ADHD 증상이 감소했다.[55] 4주 동안 페이스북을 비활성화하자 정치적 양극화가 줄어들고 주관적인 행복감이 증가했다.[56]

아이러니한 사실은 기능적인 관점에서만 보면 소셜 미디어가 필요하지 않을 수도 있다는 것이다. 2022년에 76개 연구를 메타 분석한 결과, 소셜 미디어는 정치적 지식에 거의 또는 전혀 영향을 미치지 않는 것으로 나타났다.[57] 논문 저자들은 "정치와 관련된 지식을 많이 알고 있는 사람들에게 소셜 미디어가 미치는 영향은 미미하다"라는 결론을 내렸다.

자신의 의지력만으로 절제가 불가능한 경우, 사용 시간을 제한하도록 도와주는 앱이 있다. 아니면 통제권을 빨리 되찾기 위해 보안 비밀번호를 다른 사람이 설정하게 할 수도 있다.

스마트폰이 나쁘기만 한 것은 아니다. 실시간 날씨 정보, 지도 없이도 도시를 돌아다닐 수 있는 기능, 사진 공유, 단 몇 초 만에 모임을 주최할 수 있는 기능 등을 포기하고 싶은 사람이 어디 있겠는가?

그러나 위험도 분명히 있다. 미래 기술 애호가인 유발 노아 하라리는 스마트폰이 아예 없다는 사실을 기억하자. 기술업계 거물들이 자기 가족의 스크린 시간을 제한한다는 이야기가 곳곳에서 들리고 있다.

『파이널 인벤션Our Final Invention: Artificial Intelligence and the End of the Human Era』의 저자인 제임스 배럿James Barrat은 「워싱턴 포스트 Washington Post」와의 인터뷰에서 이렇게 말했다. "겁을 주고 싶지는 않지만, AI 업계 고위직에 있는 사람들 가운데 재난이 닥쳤을 때 도망갈 수 있는 '긴급 생존용' 은신처를 갖고 있는 사람이 매우 많다는 걸 알고 깜짝 놀랐다."[58]

이제 소셜 미디어와 검색 엔진에는 점점 개인화되어 가는 정교한 행동과학 기술이 내장되어 있다. 아마 스마트폰으로 할 수 있는 가장 현명한 일은 스마트폰을 버리는 일일 것이다. 하지만 우리는 그렇게 하고 싶지 않으며 여러분도 마찬가지일 것이다. 콜린 신부도 완전한 금욕보다는 절제를 권했다. 하지만 적어도 소셜 미디어와 안전한 거리를 유지하기 위해 최선을 다해야 한다.

규칙

- 소셜 미디어는 이점도 있지만 많은 해를 끼치므로 포기하거나, 적어도 최소한으로만 신중하게 사용해야 한다. 그리고 일시적으로 플러그를 뽑아야 하는지, 디지털 디톡스가 필요한지, 아니면 '중독' 치료가 필요한 상태인지 평가해 보자.
- 소셜 미디어 플랫폼에서 관심사를 추구할 수 있는 계정과 ID를 여러 개 만들어 두면 개인 정보를 보호하고 조작을 줄일 수 있

다. 또 '좋아요'를 누르는 빈도나 대화에 참여하는 횟수도 줄여야 한다.

- 여러 개의 검색 엔진을 사용해서 편견을 개선하고 소셜 미디어 타임라인을 시간순으로 설정해 알고리즘의 영향을 줄인다.

7장

트위터가 없는 상태에서의 죽음과 눈물

로라

이건 내가 기대했던 게 아니다. 한때 호화로운 사유지에 있었을 법한 큰 나무들이 있음에도 내 앞의 수녀원은 매력이라고는 찾아볼 수 없을 정도로 실용적이다. 내가 상상했던 세속과 격리된 고전적인 수녀원이 아니었다. 여기는 린디스판 섬이 아니라 런던의 루이섬이다. 진입로의 녹슨 녹색 대문을 손으로 여닫는 동안 뜨거운 태양이 내 머리를 두드렸다. 먼지투성이 칠판에 적힌 '어서 오세요'라는 글귀가 나를 맞이했다.

미소 띤 수녀가 현관으로 안내했다. 방명록에 서명했다. 우리 둘 다 날짜를 몰랐다. 아, 이런 세속적이지 못한 부분이 자매답다. 수녀는 시원한 복도를 돌아다니면서 여기저기 안내해 줬다. 예상했던 대로 인테리어는 목재, 비닐, 리놀륨, 꽃무늬 직물, 종교화로 구성되어 있다. 교회와 마을 회관, 그리고 세제 냄새가 난다. 안전과 공동체, 어머니의 냄새다. 냄새는 다른 부분에까지 영향을 미치는 감각이다. 벌써부터 내가 예약한 24시간보다 더 오래 머물면서 보호받고 싶은 기분이 든다. 눈에 이슬이 맺힌다. 이렇게 되리라는 걸 진즉에 알고 있었다.

떠나기 직전에 친구에게 딱 24시간만 갔다 오겠다고 말했다. 친구는 딱 24시간이라니 매우 구체적이라며 웃었다. 전화도 컴퓨터도 없는 조용한 곳에서 24시간을 지내야 한다는 생각으로도 벌써 몸이 근질거렸다. 이건 진정한 중독자의 표식이다.

혼자 아이를 키우면서 분주하게 일을 하고, 책을 쓰고, 집을 개조하고, 친구를 만나는 등 정신없이 돌아가던 삶을 잠시 멈추면 감춰져 있던 뭔가가 표면으로 떠오를 수도 있겠다고 느꼈다. 우선 내가 겪고 있는 소셜 미디어 문제에 정면으로 맞서야 한다. '안녕하세요, 제 이름은 로라고 트위터 중독자예요.'

중독은 종종 고통이나 마비된 감정과 관련이 있다. 24시간은 침묵 속에서 자신의 감정을 맞이하기에 충분한 시간이다. 굿바이 소음, 굿바이 트위터. 헬로 나, 헬로 평소 밀어내고 싶었던 생각과 감정들.

이 조용한 장소에 온 것은 트위터 중독에 대처하기 위해서다. '소셜 미디어 거리두기'를 실천해야 하는 필요성에 대한 글을 쓰고 있으니, 내 말을 직접 실천해야 했다. 지금까지 수많은 방법을 시도해 봤고, 지금은 솔직히 갑자기 딱 끊어야 하는 단계까지 와 있다.

소셜 미디어는 내 관심을 사로잡기도 하고 분산시키기도 한다. 책에 집중하는 게 전보다 힘들다. 자려고 누운 뒤에도 족히 한 시간 정도 화면을 스크롤하면서 정보에 압도당하곤 한다. 나는 사람들을 조종하려고 설계된 개인화된 소셜 미디어 환경이 싫다. 스마트폰 화면만 봐도 뇌에서 알파파가 발산되는 기분이 든다. 언젠가 지금까지의 인생이 주마등처럼 스치고 지나갈 때 (앞으로 몇십 년 동안은 그런 일이 없길 바라지만) 트위터를 들여다보면서 더 많은 시간을 보낼 걸 그랬다고 생각하지는 않을 것이다. 그래서 이곳에 온 것이다.

침실 문에 내 이름이 적힌 카드가 꽂혀 있었다. 싱글 침대, 나무들이 늘어선 창밖의 풍경, 고요함. 바쁘지 않을 때는 삶의 무게가 느껴진다. 침실 문이 부드럽게 닫히자 슬픔을 억누를 수가 없다. 결국 울면서 일을 시작했다.

휴대폰을 들여다봤다. 물론 그래선 안 된다는 건 알고 있다. 하지만 확실한 두 가지 이유가 있고, 솔직히 내가 중독자의 협상 단계에 있는 건 아니라고 장담할 수 있다. 첫째 이유는 런던에서 운전하는 동안 발생한 ULEZ 도로 통행료를 내야 했다. 둘째, 나는 엄마니까 혹시 아이들이 날 필요로 하지는 않는지 확인해야 했다. ULEZ 통행료는 해결했고, 엄마로서의 의무는 24시간 동안 여러 차례 휴대폰을 확인할 수 있는 권한을 보장해 줄 것이다. 살펴보니 첫째 아들이 벌써 내게 메시지를 보냈다. 답장을 보냈다. 보라, 이 사소한 위반은 그만한 가치가 있다. 나는 좋은 엄마고 마땅히 해야 할 일을 하고 있다. 아들은 내가 휴대폰을 사용하지 않겠다고 말했던 걸 상기시켜 줬다. 나는 자녀들과의 연락은 예외라고 말했다. 당연하지.

그런 다음 이메일을 확인했다. 아, 여기에는 변명의 여지가 없다. 그래서 나 자신과 짧은 대화를 나누고 휴대폰을 내려놓았다. 안 믿을지도 모르겠지만 나로선 이것도 하나의 성취였다. 트위터를 보지 않았단 말이다.

준비해 온 도시락을 먹고 커피를 끓였다.

피곤했다. 너무 피곤했다. 아직 아침이다. 지금 막 도착해서 좀 울다가 후무스와 팔라펠을 먹은 것 외에는 아무것도 하지 않은 채 한 시간 반 정도 낮잠을 잤다. 트위터와 내 삶을 단 몇 시간 만이라도 내려놓으니 마치 감정과 피로가 잔뜩 고여 있는 우물 뚜껑이 열린 것 같았다.

잠에서 깬 뒤 켄트주의 홉 건조장처럼 둥글고 뾰족한 수녀원 예배당으로 갔다. 내가 아는 유일한 기도문인 주기도문을 외우지만, 그 말이 공허하게 느껴졌다. 아마 저런 땅딸막한 첨탑만으로는 내 기도가 하늘로 향하기에는 충분하지 않을 수도 있다. 기독교 페미니스트 기도서를 읽었다. 트위터를 끊은 지 몇 시간 만에 벌써 책 한 권을 읽다니 정말 놀랍다.

정원을 산책했다. 장미와 나는 폭염 속에서 누가 먼저 시들지 경쟁을 펼친다. 너무 더워서 마치 가상의 영국 여름을 체험하는 영화 속에 들어온 것 같은 기분이다.

치장 벽토를 바른 근처 아파트에서 갓난아기가 울고 있다. 내 아이들이 아기였을 때를 생각하니 가슴이 아프고 눈물이 났다. 시간을 17년 전으로 되돌려서 그때를 다시 살아보고 싶다. 아기 울음소리는 모든 엄마에게 이런 효과를 발휘하는 걸까? 미래에 고함과 쾅 닫히는 현관문 소리를 들을 때 아이들의 십대 시절을 반복하고 싶어질까?

죽은 풀과 멀리서 들리는 개 짖는 소리, 나무에서 들리는 매미 울음소리에서 신을 느꼈다. 나는 트위터가 그립지 않았다. 지금 이 순간 무중력 상태가 된 듯하지만 한편으로는 감상적이다. 슬픔이 목까지 차올랐다. 또 울고 싶었다.

두개골을 찾았다. 아마 여우의 두개골인 것 같았다. 수녀는 근처에 여우가 많고 대담하다고 경고했다. 여우들은 정원이 자기네 소유라고 생각하기 때문에 조심해야 한다고 말하면서도 그 점을 꽤 기뻐하는 것 같았다.

여우 두개골을 무릎에 올려놓고 마침내 기도했다. '신이시여, 제발 제가 좋은 삶을 살 수 있게 도와주세요. 지금부터 죽을 때까지 좋은 사람, 좋은 엄마가 되고 제가 아는 사람들을 기분 좋게 하고, 좋은 일을 할 수 있도록 도와주세요. 소셜 미디어 사용을 줄이고 글을 더 많이 쓸 수 있게 도와주세요. 죽을 때 제가 최선을 다했음을 알고 싶습니다. 아멘.'

마시던 다이어트 콜라 캔 옆에 두개골을 내려놓고 옆에 있는 더러운 플라스틱 의자에 핸드백을 올려두었다. 삶의 덧없음을 상징적으로 표현한 놀랍도록 저렴한 예술작품이 완성됐다. 이제 고요한 피정의 시간이다.

예배당의 저녁 음악은 매혹적이다. 교회는 여성의 고음을 과소평가한다. 하지만 가사도 곡조도 모르고 목도 멘 듯해서 그냥 침묵했다. 수녀 3명, 방문객 3명, 단 6명뿐이다. 5명이 아름답게 노래하는 동안 나는 가장 구석에 있는 의자에 앉아 부끄러워하며 눈을 감고 있었다.

저녁의 으스름한 빛이 제단 앞의 꽃병에 입을 맞췄다. 이곳은 상냥한 예배당이다. 수녀들은 우리와 다르게 행동했다.

복음서 낭독은 내가 해결해야 하는 가족 문제에 대해 날카롭게 이야기했다. 주기도문은 알기 때문에 큰소리로 함께했는데 이번에는 기도문이 생생하게 느껴졌다.

다른 사람들이 자리를 뜬 뒤에도 계속 예배당에 남아 있었다. 불은 모두 꺼졌고, 성소의 촛불과 일몰만 남았다. 사용하지 않은 찬송가 악보를 무릎에 올려놓고 앉아 있던 그때의 내 기분은 해독하기 어렵다.

침실에서 왓츠앱*WhatsApp*을 켜고 아이들이 보낸 메시지가 있는지 확인했다. 사실 아이들이 그립기도 했지만, 소통에 대한 갈망도 컸다. 손글씨로 메모를 몇 장 썼다. 침묵을 피하는 방법은 여러 가지가 있다. 하지만 두 아이가 모두 메시지를 보냈고, 그렇게 아이들과 메시지를 주고받으면서 기분이 좋아졌다. 트위터는 확인하지 않았다. 별로 신경 쓰이지 않았다.

밤 9시가 되자 더 이상 할 일이 없어서 잠자리에 들었다. 아마 해 뜰 무렵에 일어날 거라고 낙관적으로 생각했지만, 11시간이나 잤다. 인자하신 성모 마리아님, 제가 정말 피곤했나 봅니다.

아침에 여우의 두개골을 찾으러 갔다. 하얗고 섬세하고 산호처럼 예뻤다. 한때 욕망과 두려움, 사랑이 담겨 있었다고는 믿기 어렵다. 냄새를 맡아봤다. 어떤 부분에서는 고기와 사향, 음식 냄새가 났다. 어떤 부분에서는 긴 산책을 마친 내 반려견의 털에서 나는 편안한 냄새가 떠올랐다. 어떤 부분에서는 소변기 냄새가 났다. 두개골을 내려놓았다.

이 피정에서 가장 중요한 점이 여우 두개골이었다는 사실은 정말 재미있었다. 그런 두개골은 개를 산책시키는 시골길 어디서나 찾을 수 있다. 하지만 머리가 너무 복잡해서 알아차리지 못했던 것 같다. 그리고 설령 발견했더라도 그것을 그렇게 오랫동안, 조용히 들고 있지는 않았을 것이다. 당연히 기도도 안 했을 것이다. 두개골은 기폭제였고, 침묵과 피정은 호된 시련의 장이었다.

지금은 집에 와 있다. 두개골도 가져왔다. 그것은 죽음과 그때까지의 삶에서 내가 옹호했던 게 무엇인지 상기시켜 주는 토템이다.

그리고 고백할 게 있다. 독자들이여, 제가 죄를 지었으니 부디 용서해 주십시오. 트위터를 열었다. 나 자신을 테스트하기 위해서였다고 말하고 싶지만, 사실은 계속 신경을 건드리고 들쑤시고 헤집어서 참을 수가 없었다. 하지만 별로 마음에 들지는 않았다. 알고리즘, 논쟁과 의견의 소음, 짜증스러운 정치의 무게를 짊어지고 싶지 않았다. 어쨌든 아직은 아니다. 삶은 더 조용해졌고, 나는 이런 방식이 마음에 들었다. 하지만 기대했던 것과는 달랐다.

8장

텔레비전을 끄자

텔레비전을 보면 기분이 느긋해진다. 텔레비전은 직간접적인 선전의 원천이기도 하고, 현실에 대한 인식도 형성한다. 게다가 기분이 느긋할 때는 프로그램에 의해 '프로그래밍'될 가능성이 더 크다. 텔레비전을 끄거나 적어도 시청 시간을 줄이고 신중하고 의도적으로 시청해야 한다.

텔레비전의 힘

체링은 열세 살 때 불교 승려가 된 뒤에야 비로소 텔레비전을 볼 수 있었다. 네팔의 외딴 마을에서 자란 그는 텔레비전은 물론이고, 자동차나 비행기도 본 적이 없었다. 카트만두의 수도원에서 몇 년을 보낸 불교 신자인 사촌이 가족을 방문했을 때, 체링은 그가 들려준 현대 생활 이야기에 매료되어 아버지에게 승려가 될 수 있게 해달라고 간청했다.

아버지의 허락을 받은 체링은 승려로서의 삶을 시작하기 위해 마을을 떠나 카트만두로 향했다. 그는 처음으로 기차를 타고 혼자 여행을 떠났다. 도시에 도착한 그는 버스로 갈아타야 했는데, 마치 움직이는 집에 있는 것 같은 기분이었다고 말했다. 그는 단 하루 만에 현대 세계로 내던져졌다.

당시 마을에는 인터넷도 없었고, 전화도 없었다. 그렇게 떠난 체링은 2년 동안 가족과 대화 한 번 나누지 못했다. 그러나 이제 자동차와 비행기는 일상적인 광경이 되었고, 수도원의 소년들은 토요일에 텔레비전으로 만화를 볼 수 있었다.

텔레비전을 보려고 승려가 된 소년, '재미있는 만화를 보는 걸 좋아하는' 소년은 텔레비전의 유혹을 비롯해 여러 가지 영향에서 벗어나는 원칙을 배우고 기술을 연마하며 여생을 보냈다. 승려들은 텔레비전의 유혹에 저항하는 방법을 가르쳐 줄 수 있는 이들이며, 이번 장은 그들의 조언으로 마무리될 것이다.

그런데 텔레비전의 매력에 무슨 문제가 있는 걸까? 우리는 왜 그것에 저항해야 하는가? 노르웨이 팝 밴드 아하_A-ha_의 히트곡 중에 '더 선 올웨이즈 샤인스 온 TV_The Sun Always Shines On TV_'라는 곡이 있다. 노래를 만든 필 왁타_Phil Waaktaar_는 비 오는 날에도 '텔레비전의 힘과 텔레비전이 삶을 표현하는 방식'이 모든 걸 환하게 만들 수 있다고 설명했다.

텔레비전이 발명된 이후로 텔레비전의 힘은 말 그대로 우리 꿈속까지 들어왔다. 여러분은 꿈이 컬러화되는 걸 당연하게 여길 수도 있지만(모든 사람이 컬러로 꿈을 꾸는 건 아니지만), 1940년대와 1950년대에는 대부분의 사람이 흑백으로 꿈을 꾸었다고 보고했다.[1] 연구진은 사람들이 정말 흑백으로 꿈을 꾼 건지, 아니면 그렇다고 생각한 건지 확신할 수 없었다. 하지만 어느 쪽이든 텔레비전은 세상에 대한 사람들의 인식에 영향을 미쳤다.

그리고 2019년에 여러 언론 매체에서 미국 아이들이 어떻게 영국식 억양으로 말하게 되었는지 보도했는데, 이는 「페파피그*Peppa Pig*」라는 애니메이션을 보면서 배운 것이었다.[2] 프로그램이 언어에 영향을 미칠 수 있다면 더 나아가 인식에도 영향을 미칠 수 있다.

이것이 바로 텔레비전이 우리를 세뇌하는 방법이다. 현실을 정의할 때 사용하는 이미지로 머릿속을 포화시키는 것이다. 눈을 감고 뉴욕에 대해 생각했을 때 머릿속에 떠오르는 이미지는 아마 그 도시를 직접 방문했을 때의 모습보다 「프렌즈*Friends*」나 「사인필드*Seinfeld*」, 「섹스 앤 더 시티*Sex and the City*」 같은 드라마에서 본 이미지가 더 많을 것이다. 텔레비전이 우리를 위해 뉴욕의 현실을 구축한 것이다. 이는 대인관계, 통과의례, 권력 체계의 경우도 마찬가지다. 예를 들어, 「프렌즈」 같은 프로그램은 우정의 작동 방식에 대해 전 세계 밀레니얼 세대의 생각에 어떤 영향을 미쳤을까?

그리스 철학자 플라톤은 사람들이 동굴에 갇힌 채 깜박이는 불꽃이 동굴 벽에 만들어내는 춤추는 그림자를 보면서 살아간다고 주장했다. 사람들은 그 그림자가 현실이라고 생각한다. 그들은 동굴 밖으로 나가 밝은 햇빛 아래에서 아름다운 진실을 본 적이 없다. 오늘날의 텔레비전은 말 그대로 동굴 벽에 빛을 비추고 있고, 우리는 현실이 아닌 그것을 현실로 받아들인다.

예를 들어, 크리에이티브 디버시티 네트워크*Creative Diversity Network*(CDN, 영국 TV 산업의 인력 다양성 증대를 목적으로 설립된 기구)

의 보고서에 따르면 영국 인구 중 흑인의 비율은 약 3퍼센트 정도지만 화면에 흑인이 등장하는 비율은 8퍼센트가량 된다고 한다.[3] 유고브*YouGov*(영국의 인터넷 기반 시장 조사 및 데이터 분석 기업)에서 실시한 여론 조사에 따르면 영국인들은 전체 인구의 약 20퍼센트가 흑인이라고 추정한다.[4] 물론 흑인들이 화면에 등장하는 건 아무 문제가 없다. 문제는 언론이 왜곡된 비율을 제시함으로써 대중의 현실 인식에 영향을 미치는 것 같다는 점이다.

우리는 텔레비전 화면이 진짜 세상을 보여준다고 생각하지만, 어떤 의미에서 보면 그 반대다. 스크린의 역사를 보면 원래는 불, 바람, 햇빛 등을 가리는 데 사용되었다. 스크린은 세상을 있는 그대로 보여주는 게 아니라 모호하게 만든다. 텔레비전 스크린은 우리 마음속에 시각적인 스크린을 만들고, 그 스크린은 진실을 모호하게 가리는 가짜 현실을 구성한다.

하지만 확실히 텔레비전은 멸종 위기에 처한 종이자 연예계의 공룡이다. "낡은 미디어는 죽었다. 뉴미디어 만세!" 여러분은 현대 사회의 현대적 산물이다. 텔레비전보다 소셜 미디어에 더 많은 시간을 쏟는다. 체링 스님도 이제 텔레비전이 아닌 스마트폰을 사용해서 세계 뉴스를 접한다. 하지만 새로운 미디어 대체제들이 있음에도 불구하고 텔레비전은 여전히 영국[5]과 미국[6]에서 가장 인기 있는 여가용 소일거리다.

인기만 많은 게 아니라 위력도 강하다. 텔레비전 시청은 중독성이 있어서 과도한 시청, 문제적 시청, 갈망적 시청, 금단 현상 등을 유발할 수 있다.[7] 과도한 시청은 부정적인 신체 이미지,[8] 수면장애,[9] 주의력결핍 과잉행동장애*ADHD*의 원인 제공,[10] 계속 앉아서만 지내는 생활방식[11] 등과 관련이 있다.

텔레비전 시청은 사람을 더 폭력적으로 만들 수도 있다. 1969년에 미국 공중보건국 산하 텔레비전 및 사회적 행동에 관한 과학자문위원회에서 나온 보고서를 보면, 여러 가지 단서가 붙긴 했지만 폭력적인 오락물을 시청하면 일반적으로 차후 공격적인 행동을 할 가능성이 커진다는 결론을 내렸다.[12] 특정한 조건에 있는 아이들은 화면에서 어른들이 공격적인 행동을 하는 걸 보고 나면 그런 공격적인 행동을 재현하기 쉽다.[13] 즉 어른이 광대 인형을 망치로 때리는 장면을 본 아이들은 인형을 똑같이 다루었다. 하지만 미디어가 공격성에 미치는 영향은 심리학자들의 치열한 논쟁 주제라는 사실에 유념해야 한다.

심지어 텔레비전이 우리를 바보로 만든다는 주장도 있다. 1990년부터 2011년 사이에 미국 성인 599명의 시청 습관을 조사한 연구에 따르면, 텔레비전 시청 시간이 평균 이상인 사람들은 전두엽 피질과 내후각 피질의 부피가 감소한 것으로 나타났다.[14] 아마 텔레비전 시청이 실제로 회백질을 감소시키는 것일지도 모른다.

「패스트 컴퍼니*Fast Company*」는 텔레비전을 포기하는 문제에 관한 기사에서 뇌 건강 전문가 에릭 브레버먼*Eric Braverman*의 말을 인용했다. "바보상자는 당신을 바보로 만든다. 텔레비전은 사람들에게 최면을 걸어 지적인 구경꾼으로 만든다."[15] 그 효과는 정말 최면에 가깝다. 같은 기사에 등장하는 신경외과 의사 애덤 립먼Adam Lipman은 텔레비전이 뇌에 알파파 상태를 유도해서 헛된 공상이 늘고 비판적 사고가 감소한다는 사실이 EEG(뇌파검사) 연구를 통해 증명되었다고 설명했다.

아마 이것은 텔레비전 시청자들이 그렇게 잘 속아 넘어가는 이유를 부분적으로나마 설명할 것이다. 1957년 만우절에 BBC 시사 프로그램인 「파노라마Panorama」는 나무에서 스파게티가 자란다는 거짓 영상을 방송했다.[16] 그 후 일부 시청자들이 BBC에 전화를 걸어 스파게티를 직접 재배하는 방법을 물어봤다고 한다. 1992년에 BBC는 마이클 파킨슨Michael Parkinson이라는 신뢰도 높은 방송인이 진행하는 「고스트워치Ghostwatch」라는 '실시간' 유령 사냥 프로그램을 방송했는데, 이 프로그램은 허구적인 상황을 실제처럼 보이도록 만든 모큐멘터리mockumentary였다.[17] 하지만 이를 본 많은 시청자가 그것이 진짜라고 믿었고, 한 심약한 청년은 두려움에 자살까지 했다. 그의 어머니는 아들이 그 프로그램 때문에 "최면에 걸린 듯 집착하게 되었다"고 말했다.

누구나 텔레비전에 사로잡힐 수 있지만 아마 가장 취약한 사람은 어린아이들일 것이다. 「텔레토비Teletubbies」는 어린이용 텔레비전 프로그램의 매력과 성공을 대표한다. 전 세계로 수출된 이 프로그램은 미취학 아동을 대상으로 한 영국의 아동용 프로그램으로, 다채롭고 천진난만한 네 생명체의 평온한 삶을 담고 있다.

「텔레토비」 프로그램에 내재된 상징성과 관련해 많은 이론이 등장했다. 머리에 있는 더듬이는 사탄의 상징인가? 그들의 기본 색상은 프라이드*Pride* 무지개 깃발에 경의를 표하는 것인가? 터무니없는 이론은 제쳐두더라도, 이 재미있고 작은 인간형 생물체의 배 속에는 특이하고 흥미로운 특징이 담겨 있다.

매회 마법의 풍차 송신기가 윙윙 소리를 내며 공중으로 별을 내뿜는다. 텔레토비들은 수신 성능을 높이려고 잔디로 덮인 벙커에서 나와 밝은 햇빛이 내리쬐는 초현실적인 언덕을 달려간다. 운 좋은 텔레토비 한 명이 비디오를 재생하기 위한 신호를 받으려고 기다리는 동안 다른 텔레토비들은 텔레비전 화면에 집중한 채 서로 속삭이고 미소를 짓고 몸을 꼼지락거린다. 이 프로그램의 모든 에피소드는 재미있고 기발한 어린이 프로그램인 동시에, 텔레비전의 힘을 강화하는 자기 참조적 메타 프로그램이기도 하다.

이번 장에서는 여러분이 장시간 소파에 앉아 텔레비전만 보는 사람인지, 혹은 여러분 자녀가 스크린을 보모 삼아 자라고 있는지 여부에는 관심을 두지 않는다. 그보다는 여러분의 정신을 은근슬쩍 조작하는 텔레비전의 심각한 힘을 알리는 게 우리의 목적이다.

우리 정신을 조종하는 약의 달콤한 설탕 코팅

에드워드 헌터*Edward Hunter*는 자신의 저서『세뇌*Brainwashing: The Story of Men Who Defied It*』에서 "엔터테인먼트는 정신을 조종하는 약에 씌운 달콤한 설탕 코팅이다"라고 현명하게 표현했다(그는 텔레토비를 엔터테인먼트 업계의 순수한 포도당 요추천자*glucose spinal tap*라고 묘사했을 수도 있다…). 헌터는 포로수용소에서 살아남은 한국전 참전용사와 중국에 있는 민간인을 인터뷰하면서 그들이 당한 세뇌 경험과 거기서 살아남은 방법에 대해 들었다. '정신의 약*mind pills*'은 사람들이 공산주의 선전의 시각과 소리에서 벗어날 수 없도록 낮과 밤의 일상이 정해져 있는 사회에서, 이야기가 아닌 글쓰기를 처방해 주는 '포화 치료'와 관련이 있다. 헌터는 공산주의 문학이 올바른 심리적 효과를 얻으려면 개인이 아닌 집단이 집필해야 한다고 말했다.

오늘날의 민주주의 국가에서도 스토리텔링과 창의적인 작가의 능력이 예술가, 작가, 각본가의 전유물은 아니다. 설탕 코팅이 된 텔레비전 프로그램을 통해 우리에게 영향을 미치는 다른 관계자들도 있다.

19세기 말과 20세기 초는 선전이 확장되고 발전하는 시기로, 매스미디어 덕분에 대중에게 접근이 가능해졌다. 올더스 헉슬리는『다시 찾아본 멋진 신세계』에서 "텔레비전 중독의 시대, 연속극의 시대"를 예측했다.[18] 텔레비전은 선전과 설득이 점점 더 정교해지고 널리 실행되어 현대 사회의 일부로 받아들여지는 데 기여했다. 복잡한 미디어 생태계와 시청자의 세분화에도 불구하고, 사람들은 여전히 텔레비전을 권위 있는 정보 소스이자 엔터테인먼트의 원천으로 여긴다. 오프컴*Ofcom*(영국 방송과 통신을 통합한 규제 기구)에 따르면 텔레비전은 여전히 영국에서 가장 인기 있는 뉴스 원천이다.[19]

텔레비전은 정권이 '부드러운 독재'를 이용해 통치를 강화할 수 있게 한다. 마약처럼 엔터테인먼트 매체도 교양미를 무너뜨리고 선전에 더 취약하게 만든다. 다시 말해, 텔레비전과 엔터테인먼트 매체의 출현으로 독재 정권은 회복력을 유지하고 비용이 많이 드는 강압적인 접근 방식을 피할 수 있게 되었다. 중국 청중을 대상으로 한 연구에 따르면, 엔터테인먼트 매체에 대한 사람들의 관심 증가는 현 정권에 대한 만족도와 서방에 대한 적개심이 모두 증가한 것과 관련이 있는 것으로 나타났다.[20]

선전 및 커뮤니케이션 전문가인 노팅엄트렌트 대학의 정치 커뮤니케이션 부교수인 콜린 알렉산더*Colin Alexander* 박사는 이 상황을 다음과 같이 설명했다.

좋아하는 프로그램만 골라서 보면 마음이 편해진다. 그렇게 마음이 편해진 사람은 프로그래밍하기가 더 쉽다. 어떤 의사소통이든 항상 전달자의 목적이 무엇인지 고려하자. 콘텐츠를 만들려면 시간,

노력, 돈, 기술이 필요하다. 이것을 저자나 편집자 입장에서 고려할 수 있다. 미디어 콘텐츠에는 정치적, 이념적 목적이 숨어 있는 경우가 많으며 심지어 어린이용 텔레비전 프로그램도 마찬가지다. 때로는 제품을 판매하는 게 목적일 수도 있고, 다른 목적이 있을 수도 있다. 트윗에서 블록버스터 영화에 이르기까지 미디어 제품을 전달하기 위한 과정을 되돌아보면 어디에나 목적이 있다.

우리는 일반적으로 텔레비전 선전을 독재 정권이나 공산주의 국가와 연결한다. 「다람이와 고슴도치」는 1977년부터 2013년까지 북한에서 방영된 애니메이션 시리즈다. 꽃동산의 부지런한 다람쥐들은 북한 사람들을 나타낸다. 꽃은 저항의 상징인데 일본 통치에 대한 저항까지 거슬러 올라간다. 다람쥐는 일본인을 상징하는 교활한 족제비와 대항하는데, 족제비는 미국인을 상징하는 늑대와 동맹을 맺고 있다. 만화에 나오는 보잘것없는 쥐들은 한국인을 상징하는데 이들은 겸손한 태도로 일본 족제비를 섬긴다.

「다람이와 고슴도치」는 '선과 악의 대결'을 선전하기 위한 정치적인 우화를 제공한다. 혹은 비지트 노스 코리아*Visit North Korea* 웹사이트에서 설명하는 것처럼 "이는 기만적인 적들에 맞서 자신의 땅을 지키려는 근면하고 충성스럽고 순진하고 헌신적인 젊은 애국자들의 이야기다." 애국심인가, 선전인가? 어떤 식으로 짜 맞추느냐에 따라 달라진다.

푸틴이 처음 대통령으로 재직한 두 임기 동안 블라디슬라프 수르코프Vladislav Surkov는 러시아의 '주권 민주주의' 체제를 구축하고 국영 TV를 통제하면서 선전을 지휘한 덕분에 크렘린의 '회색 추기경'으로 불렸다. 그는 크렘린궁 사무실에서 매주 한 번씩 텔레비전 채널 대표들과 만나 텔레비전에서 허용되는 적절한 주제, 방송 금지 대상자, 대통령 이미지를 표현하는 방법 등을 지시했다고 한다. 「애틀랜틱The Atlantic」 기사에 따르면 수르코프는 "어떤 주제(친푸틴 집권층 인사, 미국, 중동)를 골라 20분 동안 얘기하고, 암시하고, 넛지 하고, 윙크하고, 완곡히 전달하긴 해도 직접적으로 말하는 경우는 거의 없었다. 그냥 상대방 머릿속에 각인될 때까지 '그들'이나 '적' 같은 단어를 끝없이 반복했다."[21] 공산주의자와 독재자들이 선전을 퍼뜨리는 건 놀라운 일이 아니다. 그러나 민주주의 국가에서도 정부와 엔터테인먼트 매체 사이에 비공식적인 관계가 존재할 수 있다. 『선전과 설득Propaganda and Persuasion』이라는 책에 의하면 때때로 전쟁 영화 제작을 지원하는 과정에서 할리우드와 미 국방부가 협력하기도 하는데, "이런 사실은 둘 사이의 협력에서 은밀한 정부 선전의 가능성을 보는 이들에게 상당한 원동력을 제공한다."[22]

「탑건Top Gun」은 미 국방부, 특히 미 해군의 광범위한 지원 덕분에 이전에 볼 수 없었던 화려한 공중 액션을 선보였다. 진짜 군 장비를 사용한 이 영화는 해군 광고 같은 역할을 했고 실제로 해군 지원자가 급증했다. 역사학자이자 『거츠 앤드 글로리『Guts and Glory: The Making of the American Military Image in Film』라는 책을 쓴 로렌스 H. 수이드*Lawrence H. Suid*는 「탑건」이 베트남에서 심한 내상을 입은 미군의 재활을 완료했다고 했다. 할리우드와 군대는 오래전부터 서로를 이념적, 경제적 파트너로 여겨왔고 이것은 비밀도 아니다.

「탑건: 매버릭*Top Gun: Maverick*」(2022년에 최고의 수익을 올린 영화)은 국방부와 제작 지원 계약을 체결했다. 영화 제작자는 군용 비행기, 선박, 장소를 이용할 수 있었고 국방부는 그 대가로 대본을 검토한 뒤 '핵심적인 화두를 넣을' 수 있었다.[23]

미 국방부는 자신들이 제작 과정에 영향을 미쳤다는 사실을 부인했다. "영화 제작자는 창작자다. 우리는 창작자가 아니며… 우리 임무는 그들을 지원하는 것이지, 그들이 전하는 이야기에 억지로 어떤 의제를 추가하는 게 아니다."[24]

좋아하는 프로그램의 은밀한 넛지

보다 은밀한 선전이 영화와 텔레비전 분야로 확산되고 있다. 영국의 행동 통찰력팀은 유익한 보고서를 발표했다. 행동 과학의 한 형태인 넛지 이론에서 이름을 따와 흔히 넛지 유닛이라고 부르는 이 팀은 한때 영국 정부 소속이었지만 지금은 독자적으로 활동한다. 그래도 여전히 영국 정부가 지분의 3분의 1을 소유하고 있는 이 팀에서 「TV의 힘: 시청자의 라이프스타일을 탈탄소화 방향으로 유도」라는 제목의 보고서를 발행했다.[25] 스카이Sky 방송사와의 협력을 통해 제작된 이 보고서에서 다음과 같은 놀라운 사실을 시인했다. "역사적으로 방송과 전통적인 미디어를 통한 행동 변화는 공중 보건을 개선하고 성평등을 증진하며 폭력을 감소시키는 것을 목표로 삼았다. 동일한 방법을 이용해 지속 가능한 행동을 장려할 경우 탄소 배출량을 얼마나 감소할 수 있을지 상상해 보라!"

여기서 핵심 단어는 '역사적'이다. 텔레비전 프로그램에서 사회적·정치적 이슈를 다소 인위적으로 조작하고 있다고 의심한 적이 있다면 그 생각이 옳았다. 이것은 사회 공학을 인정한 것이다.

텔레비전을 보는 것은 곧 규범적인 행동을 장려하는 것으로 알려져 있다. 북한 입장에서 얘기하자면, 우리가 어린이를 대상으로 한 선전이라고 생각하는 프로그램을 북한 정권은 아마 긍정적이고 친사회적인 의도로 제작했을 것이다. 한 연구에서는 사람들이 텔레비전을 통해 학습하는 이상 이를 더 이상 단순한 오락거리로 간주할 수 없다고 말했다. "텔레비전은 수백만 명의 사람들에게 관찰 학습의 중요한 원천이다. 그런 역할에서 보면, 텔레비전은 우리 사회에서 가장 중요한 사회화 기관 중 하나일 수 있다."[26] 이는 중요한 고려 사항이다. 이 책은 다크 넛지, 조작, 세뇌로부터 자신을 방어하는 데 도움을 주기 위해 쓰였지만, 여러분 자신도 바로 그런 의도에 동조하고 있다는 걸 깨닫게 될지도 모른다.

넛저nudger와 조작자들이 여러분의 이익을 진심으로 생각하고, 여러분도 그들의 대의를 공유하고 있다고 주장할 수도 있다. 그러나 이런 생각 때문에 뉴스, 드라마, 다큐멘터리 등 프로그램에 내재된 의도적인 의제 설정이 우선순위와 해결책에 대한 여러분의 믿음에 영향을 미치는 피드백 고리가 생성된다. 예를 들어, 한 연구에서는 미국 텔레비전 뉴스에 나온 세간의 이목을 끄는 범죄 보도와 범죄, 폭력이 국가의 가장 큰 문제라는 대중의 믿음이 크게 증가하는 것 사이에 상관관계가 있다는 것을 발견했다.[27] 이는 결국 정치적 성향에 영향을 미치게 되며, 텔레비전에서 방영되는 폭력 문제 때문에 강압적인 정치에 대한 의존도가 높아질 수 있다.

행동 통찰력팀과 스카이는 기후 변화가 시급한 문제라고 진심으로 믿을 수 있다. 여러분도 그렇게 생각할 수 있다. 만약 아직 그렇게 생각하지 않더라도 스카이의 텔레비전 프로그램을 충분히 보고 난 뒤에는 생각이 바뀔 것이다. 이 보고서는 프로그램 전체에 이런 대담하고 강력한 제안이 깔려 있다고 제안한다. "프로그램에 등장하는 핵심 캐릭터에게 생태학적 신념과 특성을 부가하면 환경 관련 주제의 노출 빈도를 높일 수 있고, 계속해서 환경 이슈를 원활하게 제기할 수 있다"라는 조언은 지루하게 들릴지 몰라도 매우 효과적이어서 "부주의하게 플라스틱병에 담긴 음료를 마시는" 캐릭터가 줄어들 것이다. 이 보고서는 '세대 간 파급'을 촉진하기 위해 환경 문제에 중점을 둔 어린이 프로그램이 더 많아져야 한다고 슬쩍 제안한다.

코미디 프로그램에서는 "가족이 쓰레기 줄이기에 대해 상의할 수 있다"라는 식으로 제안이 계속 이어진다. 그것을 재미있게 만드는 건 꽤 어려운 일이다. 뉴스 부문에서는 "친환경적인 행동에 대한 장벽을 탐색하고 이를 극복하기 위한 이야기를 공유"할 수 있는데, 이는 딱히 뉴스 거리가 될 만한 내용은 아닌 것 같다(제대로 읽은 건 맞다. 실제로 준정부기관인 행동과학 부서가 뉴스 프로그램 제작과 관련해 방송사와 공모한 것이다). 드라마 에피소드에 전기 자동차 구입과 관련된 내용이 포함될 수도 있고, 등장인물들은 당연히 레스토랑에서 채식 메뉴를 주문한다. 이들의 의도는 여러분이 지구를 구하는 데 도움이 되는 식물성 버거를 먹도록 유도하려는 것이다.

스카이 외에도 BBC, ITV, 채널 4, RTE, 브릿박스BritBox, 디스커버리Discovery를 비롯한 영국의 11개 주요 미디어 브랜드는 엄격한 편집 편향을 채택해서 기후 관련 보도의 양과 질을 높이겠다고 약속했다.

이는 여러 방송사 간의 이런 협력은 COP26(유엔 기후변화회의) 기간에 여러 드라마의 스토리라인이 환경 문제에 수렴되었던 이유를 설명한다. 각 드라마마다 기후 변화의 다양한 측면을 다루는 장면을 촬영했고, 프로그램들이 서로를 참조했으며,

주인공들이 서로 다른 드라마에 등장하기도 했다. 이런 드라마보다 세뇌에 더 효과적인 방법이 있을까?

기술 관료적인 정책 고문과 행동주의 언론인들은 시청자의 잠재의식에 영향을 미치기 위해 이를 자청한 듯하다(정부의 실제적인 지시는 없었을지 몰라도 축복은 받았을 것이다). 그들이 기후 변화 문제의 긴급성을 확신하고 있더라도 그것은 논란의 여지가 있는 정치적 목표다. 영국 정부의 넷제로 공약에 따르면 영국 국민이 고기와 유제품 섭취를 줄이고, 전기 자동차로 전환하고, 대중교통을 이용하고, 녹색 연금으로 전환하는 등 많은 고행을 감수해야 하기 때문에 당연히 논란이 있을 수밖에 없다.

여담이지만, 스카이 CEO인 다나 스트롱*Dana Strong*은 2021년에 몇 달간 개인 제트기를 타고 미국과 영국을 오가며 통근했다.[28] 아마 자신이 운영하는 방송국 프로그램을 시청하면 그런 심각한 기후 파괴 행동을 고칠 수 있을 것이다(이를 비판하는 목소리에 스카이는 이렇게 응답했다. "다국적 기업을 이끄는 많은 CEO는 일정이 너무 바빠서 다양한 운송 수단을 이용해야 한다. … 이를 상쇄하는 게 중요하기 때문에 스카이 직원들의 출장으로 인해 발생하는 탄소 배출량을 줄이고 있다."[29]). 기본적으로 부유한 사람들은 우리와 다른 방식으로 살아가고 있으며 여기에는 텔레비전 시청 습관도 포함된다. 『부자 습관*Rich Habits: The Daily Success Habits of Wealthy Individuals*』이라는 책에 따르면 백만장자 중에는 하루에 1시간 이상 텔레비전을 시청하는 사람이 23퍼센트밖에 안 되는 반면, 그 밖의 경우 77퍼센

트나 된다고 한다.[30]

　넛지 유닛과 스카이의 협업을 간단하게 요약하자면, 한때 정부 산하 기관이었던 행동과학자 팀과 허가받은 방송사가 모든 연령대 시청자의 잠재의식에 영향을 미치기 위한 계획에 협력했다. 그들은 영국인들이 기후 변화 행동에 우선순위를 두도록 유도하고 강경한 정책도 받아들일 수 있을 만큼 마음을 누그러뜨리려고 했다. 기후 변화와 관련해 '과학이 할 수 있는 역할은 정해졌다'라고 생각하기 때문에 그와 반대되는 관점을 도입할 필요가 거의 없다. 편집 편향을 강화하려는 이런 계획은 분명히 선전이다. 그리고 현대적이고 민주적인 국가에서 그런 일이 일어나고 있다. 여러분이 이번 조치에는 동의한다고 하더라도 다음 조치에도 반드시 동의하게 될까?

　전시에는 선전에 대해 폭넓은 관용과 기대를 품을 수 있다. 그러나 기후 변화와 전쟁은 분명히 '목적이 수단을 정당화하는' 상황이다. 코로나바이러스와의 전쟁도 마찬가지다.

　익명을 요구한 한 각본가가 미국의 시나리오 작가와 방송 작가들을 위한 '코로나19 백신에 대한 대중 교육' 간담회에 초대받았다. 이메일로 온 초대장 내용은 다음과 같았다.

　시나리오 작가와 방송 작가는 놀라운 설득력과 진정성 있고 울림 있는 스토리텔링을 통해 청중을 교육할 수 있는 능력을 갖추고 있습니다. 그래서 저희는 여러분이 광고심의회 및 코비드 콜라보래

티브COVID Collaborative(코로나 협업)와 함께 미국 역사상 가장 대규모로 진행되는 커뮤니케이션 활동, 즉 코로나19 백신에 대한 신뢰도를 높이기 위한 대규모 공공 교육 캠페인에 참여해 주길 바랍니다.

6월 29일에 광고심의회의 시장 조사 및 메시징 전문가들이 진행하는 심층 브리핑을 들어보십시오. 대본과 스토리라인에 백신과 관련된 중요 사실을 통합하고 백신 접종을 주저하는 이들에게 공감을 불러일으킬 수 있도록 틀을 짜는 방법 등 여러분에게 도움이 될 만한 방법을 모두 알려드립니다.

이 이메일은 각본가들에게 "변화를 이루고 생명을 구하도록 도와달라"고 간청했다. 하지만 이 각본가는 "사람들에게 자기 몸을 어떻게 해야 할지 말해달라"는 요청을 받고 겁을 먹었다. 그는 선을 넘었다고 느꼈다.

"간담회에 가지 않았다. 아마 갔다면 화가 났을 것이다"라고 말했다. "노트북을 창밖으로 던졌을지도 모른다. 보편적이고 시대를 초월한 방식으로 인간의 상태를 살피는 게 내 일이다. '지금 당장' 진행되고 있는 한 가지 문제에 관한 글을 쓰고 싶지는 않았다. 아무도 내게 뭘 써야 할지 말해주지 않았다."

이런 대담한 발언에도 불구하고 이 각본가는 텔레비전 시리즈에 대한 요청은 받아들였다. 제작자가 그에게 '프로그램에 트랜스젠더가 등장하지 않는 탓'에 위기가 발생했다고 말했다. 약간의 토론 끝에 그들은 '빈칸에 체크를 하고 작업이 완료되었다고 말할 수 있도록' 대사가 세 줄 정도 되는 단역 캐릭터를 만들기로 합의했다. 모든 게 약간 혼란스러워졌다.

어떤 남성 캐릭터를 트랜스 남성으로 바꾸기로 결정하고 그 역할을 할 트랜스 남성을 캐스팅했다. 그러나 의상팀 직원들이 남성이 여성으로 성전환한 것이라고 잘못 이해하는 바람에 트랜스 남성을 여성으로 꾸며 놓았다. 제작 과정에서 차별을 없애려고 애쓰다가 정말 당황스러운 상황이 벌어진 것이다.

엔터테인먼트를 사회적 의제를 위한 수단으로 사용하는 건 새로운 현상이 아니다. 영화 「더티 댄싱Dirty Dancing」을 생각해 보자. 패트릭 스웨이지Patrick Swayze와 춤을 추고 싶어 하는 상냥한 소녀가 나오는 멋지고 가벼운 로맨틱 코미디 영화라고 생각할 수도 있다. 이 영화의 시나리오 작가인 엘리노어 버그스타인Eleanor Bergstein은 잡지 「바이스Vice」와의 인터뷰에서 「더티 댄싱」은 사실 당시 중미 사람들이 낙태를 받아들이도록 하려는 사회적 의제를 위한 수단이었다고 말했다.[31] 이 영화의 촉매는 임신한 뒤 낙태를 원하는 바람에 춤을 출 수 없게 된 페니라는 댄서다(그래서 주인공이 그 자리를 대신하게 된다).
이 영화의 스토리라인은 1980년대의 관객들이 낙태를 일반적인 것으로 받아들이게 했다. 또 '아기'가 생기면 평온하고 낭만적인 생활이 사라진다는 암시적인 메시지도 담고 있다. 영화 마지막 부분에서 자니가 말하는 것처럼 "누구도 아기를 혼낼 수 없다." 영화 줄거리보다 사회 공학을 우선적으로 고려한 버그스타인은 「바이스」지에 이렇게 말했다.

> 「더티 댄싱」에는 6개의 사회 계층이 등장하고 베트남 전쟁 얘기도 나오고 인종 간의 관계에 대한 내용도 많다. 전부 내가 관심 있는 사안들이지만, 사람들을 극장에 데려와서 그걸 보게 하는 유일한 방법은 그들이 본능적으로 영화에 나오는 사랑과 멋진 음악, 춤의 구조 속으로 빠져들게 하는 것이라고 생각했다.

물론 이런 캠페인 중 일부 훌륭한 의도에 대해서는 논쟁의 여지가 거의 없다. 금연 메시지와 슈퍼맨 프랜차이즈의 교차점에서 아이들을 흡연자 집단에 끌어들이려는 악당 닉 오틴Nick O'Teen이 탄생했다. 건강에 해로운 선택을 하기 쉬운 아이들을 대상으로 삼았지만, 한편으로는 아이들이 '대리인'이 되어 부모가 담배를 끊도록 설득할 것이라는 이유도 있었다. 광고에는 좋은 의도가 투명하게 담겨 있다. 이는 규제 대상인 광고의 투명한 틀 바깥에서 뉴스, 사설, 엔터테인먼트가 은밀하게 영향을 받는 것과는 별개의 세계다.

사회 공학을 위해 텔레비전을 이용하는 건 영국 행동과학자들만의 전유물이 아니다. 일례로 인도와 멕시코에서는 모유 수유, 피임, 소비자 사기 등의 문제에 대한 친사회적 메시지를 전달하기 위해 드라마를 적극적으로 활용해 왔다. 『선전과 설득』에서는 이런 프로그램이 "일반 드라마와 마찬가지로 시청 자들을 끌어들이도록 설계되었고, 대본 작가는 '긍정적인' 선전 메시지가 드라마 줄거리에 원활하게 통합되도록 사회과학자와 협력해서 신중하게 대본을 썼다"라고 설명했다.[32]

신중한 시청

텔레비전과 다른 스크린의 위력은 전 세계에 그대로 유지 되고 있다. 이는 엔터테인먼트와 교육을 위한 확실한 방법이 다. 그리고 우리가 긴장을 풀고 수동적인 상태에 있을 때 선전 가와 광고주가 우리에게 영향을 미칠 수 있는 매우 유용한 도 구다. 조지 오웰George Orwell의 『1984』에서 텔레스크린은 모든 가 정에 의무적으로 설치해야 하는 스크린으로, 선전 방송에 이용 할 뿐만 아니라 주민들을 감시하기도 한다.[33] 텔레스크린은 "어 둡게 할 수는 있지만 완전히 끌 수 있는 방법은 없다." 다행히 우리는 텔레비전을 끌 수 있고 그렇게 해야 한다.

많은 연구에서 텔레비전 시청 시간을 비만이나 우울증 같 은 부정적인 결과와 연관했지만 텔레비전 플러그를 뽑았을 때 생기는 영향을 살펴본 연구는 거의 없다. 이스턴워싱턴 대학의 한 연구원은 실험 참가자들을 두 그룹으로 나눠서 한쪽 그룹에는 스크린 기반 미디어의 소비를 줄이라고 지시하고, 다른 그룹에는 그런 지시를 하지 않았다.[34] 첫 번째 그룹은 이 실험 덕분에 주관적인 행복도가 높아졌다고 보고했다. BBC의 「파노라마Panorama」라는 프로그램에서 미디어 심리학자와 협력해 가족들이 2주 동안 텔레비전과 다른 스크린을 모두 치워 버리는 비공식적인 실험을 진행했다. 그 결과, 가족끼리의 상호작용이 늘었고, 아이들은 잠을 더 많이 자고 상쾌한 기분으로 일어났으며, 숙제에 더 많은 시간을 할애했다.[35]

체링은 텔레비전과 자동차가 보고 싶어서 불교 승려가 되었다. 그는 어른이 된 뒤에도 자동차 광고는 '일종의 질투, 애착, 분노'를 유발하기 때문에 믿음을 방해하고 유혹을 불러일으킬 수 있다고 말한다. 그의 해결책은 텔레비전과 스크린, 현대 기술을 모두 피하는 게 아니라 의식적으로 그 사용을 조절하는 것이다. 체링은 "미디어를 의도적으로 신중하게 사용하면 도움이 되고 유익할 수 있다. 하지만 일정한 한도를 초과하면 해롭다. 예를 들어, 난 지금 왓츠앱을 이용해 여러분과 연결되어 무언가를 공유하고 있다. 하지만 이것을 쓸데없는 잡담에 사용한다면 해로울 것이다. 미디어를 사용할 때는 의식적으로 인식하려고 노력해야 한다"라고 조언했다.

콜린 신부도 텔레비전을 보고 싶다는 유혹을 물리쳤다. 텔레비전은 '시간 낭비이고 지나치게 자극적이기' 때문이다. 그는 과도한 텔레비전 시청은 '즐겁고 재미있고 흥미로운 대안적 존재'를 제시하여 현재에 대한 주의력을 약화한다고 생각한다. 성직자인 그는 "우리는 지금 이 순간에만 신을 만날 수 있기" 때문에 과도한 텔레비전 시청으로 신앙심이 줄어드는 것을 우려하지만, 한편으로 "세속적인 등가물을 생각해 보면 우리 자신도 지금 이 순간에만 만날 수 있다"고 말했다.

그의 조언은 간단하다.

저항해야 한다. 즐거움을 원한다는 이유로 텔레비전을 보는 걸 거부해야 한다. 자기 삶에 더 주의를 기울이려면 텔레비전을 너무 많이 보지 않는 게 좋다. 항상 텔레비전을 보거나 항상 트위터를 사용하고 있으면 다른 사람의 생각에 영향을 받기 때문에 자기 인생의 올바른 행동 방침에 대한 분별력을 느끼기 어렵다. 다른 이들의 생각에 폭격당하는 걸 피하려면 텔레비전과 휴대폰을 꺼야 한다. 매우 간단하다.

텔레비전이 우리를 '다른 사람의 생각'에 노출한다는 콜린 신부의 예리한 관찰 내용은 축복이면서 동시에 저주다. 드라마, 예술, 다큐멘터리는 다른 사람들에게서 비롯되고 스토리텔링은 언어 자체만큼이나 오래되었다. 이야기꾼은 우리에게 영향을 미치고 싶어 한다. 이번 장에서 설명했듯이, 때로 그들은 자신들이 여러분이나 나라 전체, 심지어 다른 나라에 가장 좋은 게 뭔지 알고 있다고 생각하기 때문이다.

가톨릭 병원 사제인 자일스 신부는 코로나19 팬데믹 기간에 텔레비전 뉴스에서 보도되는 내용과 자신이 겪은 경험의 격차 때문에 당황했다. "병원에 있는 사람들 모두 코로나를 심각하게 받아들이긴 했지만, 텔레비전에 나오는 많은 공황 상태와 선동은 말이 안 되는 것 같았다. 우리는 병원의 존재 목적에 의해 아픈 사람들을 치료하고 있었지만 압도당하지는 않았다. 텔레비전에서 어떤 사람이 매우 기진맥진한 상태로 자기 병원이 곧 환자들을 감당할 수 없는 상황이 될 거라고 얘기하는 걸 본 적이 있는데, 그것은 내가 일하는 곳의 상황과는 전혀 맞지 않았다. 텔레비전에서는 마치 세상의 종말이 온 듯한 분위기였지만 여기 병원에서는 평범한 화요일을 보냈다. 언론인들이 더 관심 가는 기사를 만들려고 위기감을 강조하는 것 같다."

자일스 신부는 이런 뉴스 외에도 모터바이크 시리즈의 '전기 배터리와 관련된 정치적 메시지' 같은 보다 미묘한 메시지에 대해서도 인지하고 있다. 이는 넛저들이 생각하는 것보다 은밀한 메시지가 더 명백하게 드러날 수 있다는 징후다. 자일스 신부는 "우리 생각을 바꾸기 위한 정보가 곳곳에 숨어 있다. 프로그램 줄거리도 정치적인 영향을 받는다"라고 말한다.

하지만 텔레비전에서 친사회적인 공학을 사용하는 건 좋은 일일까, 아니면 나쁜 일일까? 자일스 신부는 "의도적으로 행하는 일이니까 나쁜 일이다. 그건 현재 상황과 그들이 원하는 상황 사이에 긴장감을 조성한다. 우리가 정상이라고 생각해야 하는 것들을 의도적으로 밀어붙인다"라고 생각한다.

영국 넛지 유닛의 또 다른 보고서인 「매스미디어, 행동 변화와 평화 구축」은 매스미디어를 이용해서 폭력을 줄이자고 제안한다.[36] 이 보고서의 필자들은 "매스미디어도 평화를 촉진할 수 있다"는 이상적인 선언을 하면서 '이야기 공유를 통해' 이를 달성하려고 한다.

> 예술과 미디어(책, 영화 등)가 영향력을 발휘하는 건 이야기 속에 묘사된 인물의 관점을 받아들였기 때문이다. 웨인 C. 부스*Wayne C. Booth*의 설명처럼 예술은 하나의 마음과 다른 마음을 연결하는 다리이고… 사람들이 의미를 만들고 교환하는 주된 방법이다.
>
> …매스미디어는 이런 이야기를 전 세계 사람들의 집과 휴대폰에 전달함으로써 다른 형태의 의사소통으로는 불가능한 방식으로 우리와 다른 사람들 사이에 다리를 놓을 수 있다. 바로 여기서 매스미디어가 세계적인 규모의 갈등을 줄일 수 있는 잠재력이 나온다.

영국의 행동과학자들은 자신들이 다른 사람의 정신을 설계한다고 생각하지는 않지만, 자신의 마음과 여러분의 마음 사이에 다리를 놓는 정치적 토목기사라고 생각한다. 세계 평화는 고상한 목표지만 이 보고서는 텔레비전을 통해 사람들에게 영향을 미치려는 순수한 욕망의 규모를 보여주는 또 다른 예시다. 텔레비전의 넛지와 선전의 영향으로부터 마음을 자유롭게 하기 위해 신을 찾을 필요는 없다. 하지만 수도승과 백만장자에게서 교훈을 얻을 수 있고 텔레비전 시청도 줄일 수 있다.

규칙

- 텔레비전 콘텐츠는 편집팀의 영향만 받는 게 아니라는 걸 기억하자. 정부, 정책 입안자, 자문위원들이 우리에게 고의적이고 은밀하게 영향을 미치려고 모든 유형의 텔레비전 프로그램에 손을 대고 있다.

- 텔레비전을 완전히 끄지는 않더라도 그것의 영향력과 잠재적인 피해를 최소화하기 위해 텔레비전 시청을 줄이고, 가급적 목적의식을 가지고 '신중하게' 시청하자.

- 텔레비전 프로그램의 내용이 실생활과 '다르다'거나 이상하다고 느껴진다면(친환경 제품 배치부터 과장된 뉴스 기사까지) 사회 공학 시도를 알아차린 것일지도 모른다.

9장

서면으로 받아두자

하나의 이미지가 천 마디의 말보다 낫고, 백문이
불여일견이다. 우리는 말보다 이미지에 쉽게 설득되는 경향이 있고 동영
상은 이미지보다 더 설득력이 있다. 반면, 독서는 비판적인 사고를 할 수
있는 여지를 많이 남겨준다.

그림 우월성 효과

"대통령은 머리에 뭘 쓰지 않습니다. 그게 정치의 기본이에요."

버락 오바마*Barack Obama*는 해군 풋볼 헬멧을 써 달라는 요청을 받았을 때 이렇게 말했다.[1] 아마 그는 1988년 대선 후보였던 마이클 듀카키스*Michael Dukakis*를 생각했을 것이다. 듀카키스는 헬멧과 탱크, 멍청한 미소가 등장하는 민망한 사진 때문에 선거에서 조지 H. W. 부시*George H. W. Bush*에게 패했다. 이 사진은 듀카키스가 영원히 대통령 후보 이상은 되지 못하도록 그의 운명을 확정지었을 수도 있다.[2]

영국 정치인 에드 밀리밴드*Ed Miliband*는 총리 선거에서 낙선한 후 듀카키스의 멍청한 준우승자 클럽에 합류했다. 선거 전날, 영국에서 가장 인기 있는 신문인 「더 선」은 밀리밴드가 베이컨 샌드위치를 게걸스럽게 입에 욱여 넣는 사진을 1면에 게재했다.[3] 영국인에게 에드 밀리밴드를 생각할 때 무엇이 떠오르는지 물어보면 다들 샌드위치를 먹는 이 이상한 사진이 떠오른다고 말할 것이다.

정치는 이미지로 정의될 수 있다. 강력한 은유나 시각적인 표현도 머릿속에 깊이 남는다. 도널드 트럼프*Donald Trump*의 정치 경력은 복잡하고 추상적인 이민 정책이 아니라 시각적이고 구체적인 것, 즉 국경 장벽으로 정의되었다. 반면, 만화「딜버트*Dilbert*」창작자에서 정치 평론가로 변신한 스콧 애덤스*Scott Adams*는 트럼프가 "여성의 몸을 문어처럼 더듬었다"라는 혐의가 제기됐을 때 이런 시각적 은유가 트럼프의 대선 희망을 거의 침몰시켰다고 생각했다.[4] 애덤스는 "트럼프를 '문어'에 비유한 것은 최고의 설득력을 발휘한다. 이 비유가 이야기를 매우 시각적이고 소름 끼치게 만든다"고 말했다.

심상은 우리를 사로잡고 본능적으로 우리 마음의 눈에 스며든다. 그것은 강력한 설득 도구이며 종종 정치적 운동을 전진시키는 역할을 한다. 익사한 채로 터키 해변에 엎드려서 작은 신발이 하늘을 향해 있던 시리아 난민 어린이의 비극적인 이미지처럼 말이다. 또 독수리가 참을성 있게 주위를 맴돌고 있는 굶주린 아프리카 어린이의 이미지도 그렇다. 이 사진을 촬영한 사진작가는 아이의 모습이 계속 떠올라 괴로워하다가 퓰리처상을 수상한 지 몇 달 만에 스스로 목숨을 끊었다. 이런 시각적 요소는 계속 마음속에 남아 행동을 유도한다. 한 연구에 따르면 9·11과 관련된 충격적인 이미지(유명한 '추락하는 남자' 같은)가 기억에 저장되어 있는 사람들은 결과적으로 테러에 더 많은 관심을 갖는 것으로 나타났다.[5]

심리학자들은 이미지의 고착력을 대부분 인정한다. 말보다 이미지가 더 기억에 남는다는 일관된 발견을 가리키는 '그림 우월성 효과'라는 원리도 있다. 한 연구에서 사람들에게 612개의 이미지와 단어를 섞어서 각각 6초 동안 보여줬다. 그리고 어떤 걸 인식했는지 물어보자 그림은 98퍼센트 인식한 반면, 단어는 90퍼센트만 인식했다.[6] 뉴스 방송에 관한 또 다른 연구에서는 라디오를 통해 들은 이야기는 16퍼센트만 기억하는 데 비해 텔레비전에서 본 것은 34퍼센트나 기억했다.[7]

이미지는 기억에 잘 남을 뿐만 아니라, 사람들은 자신의 눈으로 본 것을 믿는 경향이 있다. 2022년에 한 물리학자가 초리조 소시지 사진을 NASA에서 찍은 별 사진이라고 하면서 수천 명의 사람을 속였던 걸 생각해 보라.[8] AI가 생성한 이미지가 우리를 속이는 능력에 대해서는 말할 것도 없다. 2023년 3월에 인터넷에 떠돌던 도널드 트럼프가 체포되는 모습이 담긴 가짜 사진처럼 말이다.[9] 우리는 이미지를 믿는 경향이 있는데, 그러지 않을 이유가 없지 않은가? 기술적으로는 논쟁의 여지가 없다. 사진은 맥락이나 인과관계와 단절된 시공간의 스냅샷이다. 아무런 논거 없이 동결된 모습만 존재한다. 우리가 사진에 대해 던질 수 있는 유일한 질문은 그게 진짜인지 여부다. 만약 진짜라면 논쟁의 여지는 없다.

게다가 이미지를 일단 기억에 저장하면 나중에 그것이 부정확하다는 사실이 입증되더라도 계속 믿는 경향이 있다. 걸프전 당시 고정밀 폭격 장면을 본 미국인들은 군사 공격이 최첨단이라고 결론을 내렸다. 나중에 목표물에 명중한 폭탄은 7퍼센트뿐이라는 사실을 알게 되었지만 기존의 인상을 버리기 어렵다는 걸 깨달았다.[10] 보다 최근에 진행된 연구에서는 코로나19 관련 뉴스를 동영상 대본으로 읽을 때보다 동영상으로 시청했을 때 훨씬 신뢰도가 높은 것으로 나타났다.[11]

전직 군사 정보 분석가인 다니엘은 테러리스트들이 이런 효과를 어떻게 활용하는지 설명했다.

> IS는 소셜 미디어에서 가상의 처형이 실제 처형만큼 큰 공포를 불러일으킨다는 점에 주목했다. 시리아에서 가짜로 골동품을 파괴한 경우도 마찬가지다. 이런 행동은 불안과 두려움, 공포를 불러일으킨다. 사람들은 그중 일부가 허구라는 사실을 알면서도 '내게도 저런 일이 일어날 수 있어(똑같은 사람이 세 번 처형되는 모습을 봤음에도 불구하고!)'라고 생각한다.

그 이유 중 하나는 우리가 정보를 처리하는 방식과 관련이 있다. 심리학자들은 두 가지의 정보 처리 경로가 있다고 생각한다. 하나는 설명을 주의 깊게 들으면서 설득이 이루어지는 '중앙' 경로다. 그리고 반복이나 매력 같은 감정적 요인을 통해 설득이 이루어지는 '주변' 경로가 있다.[12]

감정적 경로는 메시지가 시각적으로 제시될 때 작용하는 경향이 있다. 우리 조상들에게 눈은 5억 년 이상 전부터 있었던 반면, 말을 하게 된 건 5만 년 전부터이고 글자를 쓰게 된 지는 4000년밖에 안 됐다.[13] 이미지는 도마뱀 뇌를 작동시키는 반면, 말은 이성적인 뇌와 경쟁해야 한다. 이라크 전쟁 사상자에 대한 신문기사에 사진이 첨부되면 더 큰 감정적 반응을 불러일으키고, 미국의 지속적인 이라크 주둔에 대한 지지가 낮아진다는 연구 결과가 나온 게 놀라운 일일까?[14]

이미지는 우리의 관심을 끄는 효과도 매우 뛰어나다. 시선 추적 연구에 따르면 신문 독자는 주로 사진, 특히 사이즈가 큰 컬러 사진을 본 후 기사를 읽기 시작하는 것으로 나타났다.[15] 이는 특히 움직이는 이미지에 해당하는 이야기다. 동영상은 정적인 이미지보다 기억에 훨씬 잘 남으며, 편집을 많이 해서 빠르게 움직이는 동영상은 훨씬 더 기억에 남는다.[16] 파블로프는 이것을 지향 반응 또는 '탐색' 반사라고 불렀다.[17] 텔레비전 화면에서 깜박이는 이미지나 흑백 텍스트를 배경으로 한 컬러 사진처럼 주변 환경에 갑작스러운 변화가 생기면 그게 뭔지 의식적으로 식별하기 전에 무의식적으로 주의를 기울이게 된다.[18]

물론 천 마디 말보다 그림 한 장이 더 중요하다는 옛말도 사실이다. 심리학의 '이중 부호화' 이론은 단어는 뇌의 한쪽 체계(언어)에만 저장되는 반면, 이미지는 언어적 체계와 비언어적 체계 양쪽 모두에 부호화된다고 말한다. 그 이유는 우리는 이미지를 볼 때 자동으로 그것을 묘사하는 단어를 생각하기 때문이다.[19] 이미지는 뇌에서 더 넓은 범위의 기억을 활성화한다. 텍스트는 한 번에 한 단어씩 처리되는 반면, 사진은 자동으로 그리고 동시에 방대한 의미를 전달한다. 예를 들어, 테러 공격에 의한 부상, 희생자들의 사회 인구학적 배경, 위치, 건물 잔해 등을 몇 밀리초 만에 확인할 수 있다. 연구진은 사람들이 라디오나 인쇄물보다 텔레비전 뉴스에서 더 쉽게 의미를 파악한다는 사실을 발견했다.[20]

이런 식으로 '단어 1,000개'의 폭격을 받았을 때 생기는 결과 중 하나는 세뇌로부터 자신을 보호할 수 있는 비판적 사고 능력이 과부하된다는 것이다. 빠르게 진행되는 텔레비전 콘텐츠를 보는 경우, 평소 같으면 세부 사항에 주의를 기울이면서 비판적으로 생각하는 데 사용했을 두뇌 능력이 해당 콘텐츠를 처리하는 데 많이 할당된다. 한 연구에서 학생들을 두 그룹으로 나눠 한쪽은 일반 뉴스를 시청하게 하고, 다른 한쪽은 화면에 인포그래픽이 깜박이고 하단에 텍스트가 흐르는 전형적인 CNN 스타일의 뉴스를 시청하게 했다.[21] 멀티미디어 형식은 "시청자의 주의 집중 능력을 초과했다." 우리에게 쏟아지는 정보가 많을수록 눈앞에 보이는 것에 대해 비판적인 태도로 면밀히 조사하는 능력이 떨어진다.

커뮤니케이션 이론가인 마셜 맥루언*Marshall McLuhan*의 말처럼 미디어는 "마음을 감시하는 개의 주의를 딴 데로 돌리기 위해 도둑이 들고 다니는 육즙이 풍부한 고기 조각"이다.[22]

미디어는 메시지다

『죽도록 즐기기*Amusing Ourselves to Death*』는 미디어가 사회에 미치는 영향을 다룬 중요한 책이다.[23] 이 책의 저자인 닐 포스트먼*Neil Postman*은 텔레비전의 덧없는 성격을 비난했다.

> 뉴스 진행자가 "자 … 이번 소식은"이라고 말하면 아무리 잔인한 살인 사건도, 파괴적인 지진도, 큰 대가를 치러야 하는 정치적 실수도 우리 머릿속에서 깨끗이 사라진다. … 방금 핵전쟁이 불가피하다는 소식을 전한 진행자가 버거킹*Burger King* 광고 후에 다시 돌아오겠다고 말해도 더 이상 놀라지 않는다.

포스트먼은 뉴스 앵커 로버트 맥닐*Robert MacNeil*의 말을 인용했다. 텔레비전 뉴스의 신념은 "모든 걸 간략하게 전하면서… 다양성, 참신함, 행동, 움직임을 통해 지속적인 자극을 제공하는 것이다. … 어떤 개념이나 특징, 문제에도 한 번에 몇 초 이상 주의를 기울이지 않는다."

연구 결과 그의 말이 옳았다. 「바이올로지스트*Biologist*」에 실린 논문에 따르면 「세서미 스트리트*Sesame Street*」가 처음 방영된 이후 25년 동안 회당 편집 횟수가 2배로 증가했다고 한다.[24] '이미지가 뉴스를 괴롭힌다'라는 제목의 또 다른 연구는 1968년부터 1992년 사이에 뉴스 프로그램에서 기자가 등장하는 장면의 평균 길이는 33초에서 14초로 줄었고, 이런 장면에 영화나 동영상을 삽입하는 횟수는 5회에서 27회로 늘었다고 보고했다.[25] 더 많고 빠르고 단순한 걸 추구하면서 사려 깊은 태도는 줄어드는 게 트렌드다. 레이 브래드버리*Ray Bradbury*는 『화씨 451*Fahrenheit 451*』에서 이렇게 말했다. "출판인, 개발자, 방송인의 분주한 손길 아래에서 인간의 마음이 너무 빨리 휘몰아치기 때문에 이 원심분리기가 시간을 낭비하는 불필요한 생각을 모두 날려 버린다!"

'미국 대통령들의 말이 수사학적으로 덜 복잡해지고 있는가?'라는 연구에서 정치 지도자들의 연설문을 분석한 결과 시간이 지남에 따라 복잡성이 감소하는 추세를 발견했다.[26] 예를 들어, 바이든의 토론 내용과 트럼프의 취임 연설은 복잡도가 너무 낮아서 이런 하락 추세를 앞지르기까지 했다. 트럼프 대통령은 "우리는 미국을 다시 강하게 만들 것입니다. 우리는 미국을 다시 부유하게 만들 것입니다. 우리는 미국을 다시 자랑스러운 나라로 만들 것입니다. 우리는 미국을 다시 안전하게 만들 것입니다. 그리고 우리는 힘을 합쳐서 미국을 다시 위대한 나라로 만들 것입니다."[27]

이는 예전의 정치가들과 극명한 대조를 이룬다. 『죽도록 즐기기』는 1850년대에 대통령 후보였던 에이브러햄 링컨*Abraham Lincoln*과 스티븐 A. 더글라스*Stephen A. Douglas* 사이의 논쟁을 예시로 보여준다. 한 번은 더글라스가 3시간짜리 연설을 한 적이 있다. 링컨이 이에 응할 시간이 되자, 그는 청중들에게 이미 오후 5시인데 자기가 연설하는 데 3시간쯤 걸릴 테고 더글러스도 이에 반박할 예정이라는 걸 상기시켰다. 그러면서 청중들에게 집에 가서 좀 쉬었다가 다시 돌아와서 4시간 동안 토론하자고 제안했고 실제로 그렇게 했다. 대화 자체도 역설, 은유, 세밀한 세부 묘사 같은 복잡한 수사적 기법을 사용했고 글을 쓸 때와 유사한 형식의 구문도 등장했다. 이성이 아닌 감정에 호소하는 건 자제했다. 더글라스는 이렇게 말했다. "친구 여러분, 이런 문제를 토론할 때는 박수보다 침묵이 더 적합할 것입니다. 여러분의 열정이나 열광이 아니라 판단력과 이해력, 양심에 호소하고 싶습니다."

틱톡 영상을 볼 때도 "끝까지 시청하세요!"라고 말해야 하는 2020년대 시민의 집중력이 이런 산문체 토론을 7시간 동안 견딜 수 있을까? 1850년대의 청중은 오늘날의 청중에 비해 추론 능력이 탁월했던 게 분명하다. 실제로 일부 연구에 따르면 미국인들의 수학 점수, 언어 능력, 독해력이 떨어지고 있다.[28]

따라서 이미지를 통한 세뇌 가능성이 그 어느 때보다 커졌다.

빠르게 진행되는 시각적 콘텐츠가 합리적 사고를 방해하는 건 아닐까? 올더스 헉슬리가 『다시 찾아본 멋진 신세계』에서 말한 것처럼, "텔레비전과 라디오에 익숙해진 청중은 주의가 산만한 상태가 일상화되어서 집중하라거나 장시간 지적인 노력을 기울이라는 요청을 받는 걸 좋아하지 않는 것"은 아닐까?[29] 여러분도 개인적으로 긴 형식의 콘텐츠에 집중하거나 생각의 흐름을 유지하는 게 점점 더 어려워지고 있는가?

'다양한 유형의 텔레비전 프로그램이 어린이의 실행 기능에 미치는 즉각적인 영향' 연구에서 연구진은 빠르게 진행되는 텔레비전 프로그램이 4세 어린이의 집중 및 충동 억제 능력('실행 기능'이라고 하는 과정)에 영향을 미치는지 조사했다.[30] 아이들은 9분 동안 크레용을 가지고 놀거나, 평균 34초마다 한 번씩 장면이 바뀌는 공영 방송 다큐멘터리를 보거나, 11초마다 한 번씩 장면이 바뀌는 '바다 밑에 사는 움직이는 스폰지에 대한 매우 인기 있고 환상적인 만화'를 시청했다. 빠르게 진행되는 만화는 크레용이나 다큐멘터리에 비해 실행 기능에 상당히 부정적인 영향을 미쳤다.

이 연구에서는 단기적인 영향만 조사했지만, 다른 연구에서는 어린아이의 텔레비전 시청과 실행 기능 결함 및 언어 지연 사이의 연관성을 발견했다.[31] 다시 말해, 주의 집중 시간이 줄어들 수 있다. 화면에 다양한 이벤트가 빠르게 표시되면 감정적, 자동적으로 주의를 사로잡아 전두엽 피질에서 논리적인 프로세스가 많이 발달하지 못한다. 생쥐를 이용한 연구에서도 신생아의 뇌를 과도하게 자극하면 평생 정신 구조가 더 나쁜 방향으로 형성될 수 있다는 사실이 밝혀졌다.[32]

그러나 바다에 사는 스폰지에 관한 만화는 현대인의 기준으로 볼 때 거의 『전쟁과 평화_War and Peace_』에 가깝다. 앞서 언급한 연구에 따르면 이 만화는 평균 11초마다 한 번씩 장면이 바뀐다고 했는데 코코멜론_CoComelon_ 애니메이션 동요의 경우 1~3초에 한 번씩 장면이 바뀐다.[33] 인스타그램의 한 인기 게시물에서는 코코멜론이 "본질적으로 아기용 코카인, 즉 전 세대의 아이들에게 주의력, 행동, 실행 기능 장애를 초래할 가능성이 큰 강렬하고 위험한 자극제"가 아닌지 고민했다.

코코멜론 제작사인 문벅_Moonbug_ 측은 이메일을 통해 "우리는 코코멜론이 잠재적으로 중독성이 있고 어린이에게 해를 끼칠 수 있다는 귀하의 주장에 절대 동의하지 않습니다. 문버그는 우리의 핵심 가치인 연민, 공감, 회복력을 뒷받침하는 어린이용 콘텐츠를 만듭니다"라고 주장했다.

그들은 여기에 인용된 연구는 전부 코코멜론을 구체적으로 조사하지 않았고, 연구 중 하나는 소수의 말레이 가족 표본만 이용해서 수행되었다. 미국에서 훨씬 큰 표본을 대상으로 한 다른 연구에서는 유아기의 텔레비전 시청(속도에 관계없이 모든 종류의 프로그램)과 3세 아동의 시각 운동 기술 사이에 아무런 연관성이 없다는 사실이 드러났다고 주장했다. 또 틱톡 동영상과 인스타그램 게시물은 신뢰할 수 없고 정확한 출처가 아니라는 말도 했다. 그러나 또 다른 학술 연구에서는 틱톡 사용이 집중 가능한 시간에 직접적이고 부정적인 영향을 미치는 것으로 드러났다.[34]

마셜 맥루언은 "미디어는 메시지다"라는 유명한 말을 남겼다. 중요한 건 내용이 아니라 그 내용을 전달하는 형식이다. 커뮤니케이션 기술은 우리가 생각하는 방식과 생각하지 않는 방식을 바꿀 수 있다. 또 개인으로서 그리고 사회 구성원으로서의 우리 본질을 변화시킨다.

『죽도록 즐기기』에도 이와 관련된 예가 나온다. 철학자 프리드리히 니체*Friedrich Nietzsche*가 처음으로 타자기를 사용하기 시작했을 때, 그의 친구 한 명이 니체의 글쓰기 스타일이 기계처럼 효율적이고 강력해진 것을 알아차렸다. 니체는 "그 생각이 맞다. 글쓰기 도구는 우리 생각을 형성하는 데 참여하니까"라고 말했다.

닐 포스트먼은 심지어 텔레비전이 등장하기 전에도 우리 정신을 "보다 최신 메시지로 신속하게 대체될 수 있는 긴급 메시지에만 반응하도록" 훈련시켰다고 말했다. "팩트는 평가를 허용하지도 요구하지도 않고, 빠른 속도로 다른 팩트를 의식 속에 밀어 넣었다가 사라지게 만든다."

깊은 의미를 찾거나 관계를 맺을 여지가 거의 없는 피상적이고 순간적인 정보의 소용돌이 같은 느낌이다.

2022년 우크라이나 위기를 예로 들어보자. 현대 역사에서 코로나19 외에 많은 관심을 받은 이야기는 거의 없으며, 우리 대부분은 이 문제에 확고한 의견을 가지고 있다. 하지만 당시 우크라이나 총리 이름을 아는 사람이 몇이나 될까? 아니, 젤렌스키Zelensky(우크라이나 대통령)가 아니다. 우크라이나에 총리가 있다는 사실은 알고 있었는가? 우크라이나는 언제 독립을 선언했을까? 누구에게서? 다들 우크라이나 문제에 대해 자신만의 의견이 있지만 포스트먼이 이란에 대해 말한 것처럼 "이것은 의견이라기보다 감정이라고 부르는 게 더 정확할 것이다. 그래야 의견이 매주 바뀌는 이유를 설명할 수 있다."

포스트먼은 또 (1985년에) 왜 텔레비전 뉴스가 본질적으로 '허위 정보'인지도 설명했다.

텔레비전 방송국은 허위 정보라고 불러 마땅한 정보를 직접 만들어내면서 '정보 입수'의 의미를 바꿔 놓고 있다. 나는 이 단어를 CIA나 KGB 스파이들이 사용하는 것과 거의 같은 의미로 사용하고 있다. 허위 정보는 잘못된 정보를 뜻하는 게 아니다. 이건 부적절하거나 관련이 없거나 단편적이거나 피상적인 정보, 즉 무엇인가를 알고 있는 듯한 착각을 일으키지만 실제로는 정확한 정보에서 멀어지게 만드는 정보를 뜻한다.

언어로 돌아가자

이미지가 우리를 불안정하고 감정적이고 비합리적인 상태로 이끌어 세뇌에 취약하게 만든다면 이를 치료할 방법은 무엇일까?

흥미롭게도 1988년 캐나다 선거를 분석할 때 사람들의 미디어 소비 행태와 시간 경과에 따른 태도의 안정성을 측정했다.[35] 텔레비전 콘텐츠를 많이 시청한 사람은 관점이 불안정해졌다. 그들의 의견은 화면의 이미지만큼 덧없었다. 그들은 '지금 눈앞에 있는 것'에서 다른 것으로 빠르게 이동했다. 그러나 인쇄 매체에 대한 노출이 증가하면 안정성도 높아졌다.

다른 학자들은 인쇄 매체가 전자 매체의 일시적인 특성에 비해 정보를 처리할 기회를 더 많이 제공한다는 사실을 발견했다.[36] 그 결과, 반론 같은 사려 깊은 인지적 반응을 보일 가능성이 크다.[37] 포스트먼은 "(독서를 통해) 거짓말, 혼란, 과도한 일반화를 밝혀내고 논리와 상식의 남용을 감지할 수 있다. 또 아이디어를 따져보고, 주장을 비교 및 대조하고, 하나의 일반화를 다른 일반화와 연결한다"고 말했다.

따라서 정보를 서면으로 접하는 것이 해결책이다.

우리는 글쓰기를 통해서만 개념에 합리적으로 참여할 수 있다. 예를 들어, 일부 종교에서 도상학을 금지한 이유는 이미지가 추상적인 진리를 조잡하게 표현하기 때문일 수도 있다.

사진이 '나무'의 원래 본질이 아닌 겉모습만 포착할 수 있는 것처럼 이미지는 '신'과 같은 추상적인 개념을 포착할 수 없다.

이미지의 얄팍한 특성과 다르게 독서에는 더 깊은 사고방식이 필요하다. 독서는 내면의 생각과 감정의 세계와 깊이 연관되어 있다. 지속적인 집중, 충동 억제, 방해 요소를 무시하는 힘이 필요하다. 이 모든 것이 우리의 실행 기능을 강화한다. 다시 말해 독서는 우리를 더 사려 깊고 합리적인 존재로 만든다.

이미지와 다르게 독서는 속도가 느리다. 그래서 숨을 쉬며 정보를 소화할 수 있는 여지가 생긴다. 심리학자들은 '샤워 효과'의 힘을 입증했다. 즉 휴식을 취하면 무의식적으로 문제를 해결하는 데 필요한 시간이 생겨서 결과적으로 더 나은 결정을 내릴 수 있게 된다.[38] 속사포 같은 콘텐츠를 접하면 우리의 의식적인 뇌가 텔레비전 세트처럼 변해서 매 순간 들어오는 신호를 포착하기는 하지만 이를 심층적으로 처리하거나 장기 기억에 저장하지는 않는다. 그래서 금세 사라지고 다음 것으로 대체된다. 반면 독서는 장기 기억에 통합될 수 있는 작지만 꾸준한 정보를 제공한다.

우리는 강렬한 이미지를 접하면 감정에 영향을 미치지만, 시간을 들여 그와 관련된 뉘앙스나 맥락을 깊이 고려하는 경우는 거의 없다. 예를 들어, 사담 후세인*Saddam Hussein*의 군인들이 인큐베이터에서 아기를 꺼내 죽게 했다는 이야기가 불러일으킨 충격적인 정신적 이미지가 없었다면 우리가 그렇게 쉽게

1차 걸프전에 참전했을까?[39] (이것은 나중에 홍보 회사 힐 앤드 놀튼*Hill & Knowlton*에서 증폭시켜 퍼뜨린 날조된 이야기라는 사실이 밝혀졌다.) 아니면 실제로 발견된 적도 없는 대량 살상무기를 시연하기 위해 콜린 파월*Colin Powell*이 UN 안전보장이사회에서 탄저균 약병을 들고 있는 사진이 없었다면 우리가 그렇게 쉽게 2차 걸프전에 끌려들어 갔을까?[40]

아마 아닐 것이다.

규칙

- 지나치게 자극적인 콘텐츠는 집중력을 저하하고 합리성을 감소시킬 수 있으므로 피해야 한다.
- 독서 습관을 기르면 비판적 사고력이 강화되고 정보를 소화할 수 있는 여지가 생긴다.
- 이미지나 정신적 이미지를 조작해서 사용하지 않도록 주의하자. 어떤 이야기를 시각화하는 게 매우 쉽다면 그 뒤에 어떤 의도가 숨어 있을 수 있다.

10장

일시적인 상황 변화를 조심하자

일시적인 혼란이든 장기적인 인생 변화든, 중요한 방어벽을 무너뜨리는 혼란스러운 기간을 의미하는 '블립*blip*'을 겪을 때 조작에 가장 취약해진다. 배고픔, 불안감, 외로움, 피로 같은 우울한 상황을 항상 조심해야 한다.

마음속의 허리케인

마누엘 노리에가*Manuel Noriega*는 결코 고결한 사람이 아니었다. 그는 총기, 마약, 살인 등을 밀거래하는 권위주의적 독재자로 파나마를 통치했다. 1989년 12월 미국이 침공했을 때 바티칸 대사관으로 몸을 피하려고 한 그의 결정은 이상해 보였지만, 사실 이것은 엄청나게 약삭빠른 결정이었다. 외교 조약에 따라 미국은 대사관을 침범하는 게 금지되어 있는데, 이는 곧 노리에가도 대사관 안에 있으면 안전하다는 뜻이다.

그에게 물리적으로 접근할 수 없었던 미군은 대신 심리적인 공격을 가했다. 요원들은 밤낮으로 최대한 시끄러운 소음을 냈고, 대사관 벽을 향해 장갑차 엔진 속도를 올리고, 근처에서 헬리콥터를 착륙시키거나 이륙시켰다. 또 군 보고서에 따르면 자신이 '포트 브래그*Fort Bragg*의 PSYOPS(심리전) 팀원이라고 밝힌

사람'이 이끄는 대로 확성기를 설치해서 최대 볼륨으로 틀어 놓았다고 했다.[1]

오페라 팬이었던 노리에가는 반 헤일런*Van Halen*의 '파나마*Panama*'와 릭 애스틀리*Rick Astley*의 '네버 고너 기브 유 업*Never Gonna Give You Up*' 같은 히트곡을 비롯해 다양한 헤비메탈 곡을 24시간 내내 최대 볼륨으로 틀어 놓은 상황에 처해야 했다(사실 이건 노리에가보다 대사관 직원들을 겨냥한 작전이었을 것이다).

대사관 안에서는 교황 대사인 라보아*Laboa* 추기경이 노리에가 주위에 '일종의 주문을 걸어놓고' 결국 항복하는 수밖에 없다고 설득하면서 직접 심리전을 벌이고 있었다.[2]

1990년 1월 3일, 열흘간 시달린 노리에가는 가족에게 전화를 걸고 미사를 드린 뒤 결심을 굳혔다. 그는 미군에 항복했다. 그가 정문에 도착했을 때 마주친 낙하산 부대원 중 한 명이 나중에 말하길, 이때 노리에가는 '망가진 상태'였다고 했다. 심리 공격이 효과를 본 것 같았다.

독재자든 아니든, 모든 사람은 삶의 격동을 겪을 때 특히 암시에 취약하다. 피로감처럼 사소한 문제일 수도 있고, 끝없이 이어지는 음악 공격처럼 심한 것일 수도 있다.

오클라호마주의 한 판사는 최근 교도관들이 벽에 붙어서 스트레스 자세를 취하고 있는 죄수에게 동요 '아기 상어(아기 상어, 뚜루루뚜루, 아기 상어, 뚜루루뚜루, 아기 상어, 뚜루루뚜루, 아기 상어)'를 4시간 동안 반복해서 틀어주는 건 일종의 고문이라고 판결했다.[3] 소송 문서에는 "노래 볼륨이 너무 커서 복도 전체에 울려 퍼졌다"고 되어 있다.

나오미 클라인*Naomi Klein*이 『쇼크 독트린*The Shock Doctrine*』에서 말한 것처럼 이런 고문의 목적은 "마음속에 일종의 허리케인을 유발하는 것이다. 수감자들은 심한 퇴행과 두려움 때문에 더 이상 이성적으로 생각할 수 없다."[4]

과부하가 계속되면 의식적인 방어벽이 완전히 무너지고 정신이 진공 상태가 되어 새로운 사고방식을 흡수할 수 있는 일시적인 단계(블립)가 찾아온다. 이것이 바로 세뇌의 본질이다. 이것은 전체주의 정권, 심문실, 사이비 종교 단체에서 원하는 정신 상태를 형성하기 위해 사용하는 강력한 도구이다. 하지만 한편으로는 사기꾼, 광고주, 정치인이 일상 속에서 우리에게 강요하는 속임수와 혼란에도 적용된다. 자세한 내용은 이번 장에서 얘기할 것이다.

CIA 심문 매뉴얼에는 가장 극단적인 수준의 블립에 대한 설명도 있다.

혼란 상태에 도달하면 저항력이 크게 저하된다. (극히 일순간일 수도 있지만) 생기가 사라지고 일종의 심리적 충격 또는 마비를 겪는 순간이 오는데… 이때 대상자에게 익숙한 세계와 그 세계 안에 존재하던 자신의 이미지가 폭발한다. 숙련된 심문자는 이런 효과가 나타나는 순간을 인식하고, 이 순간에 상대방이 자신의 제안에 훨씬

열려 있다는 걸 안다.[5]

재구축을 위한 파괴

기본적인 원칙은 죽음과 재생이다. 즉 사람을 심리적으로 파괴한 뒤 새롭게 재건하는 것이다. 이는 용해시킨 뒤 재조합하는 연금술의 과정이기도 하다. 조지 오웰이 그의 고전『1984』에서 말한 것처럼, "권력이란 인간의 마음을 갈기갈기 찢은 뒤 자신이 원하는 형태로 다시 조립하는 것이다."[6]

세뇌에 관한 책을 보면 대체로 동일한 세뇌 과정을 발견할 수 있다. 첫째, 가장 기본적인 형태로 신체적인 공격이 포함될 수 있는 충격 단계가 있다.『세뇌의 심리학 *The Rape of the Mind*』이라는 책은 북한 수용소 수감자들이 얼어붙은 압록강까지 맨발로 행진한 뒤 발에 물을 붓고 몇 시간 동안 자신에게 가해진 비난을 반성하는 과정을 설명한다.[7] 굶겨서 기력을 약화시키는 방법도 있다.『세뇌 *Brainwashing: The Story of Men Who Defied It*』라는 책에는 북한의 포로수용소에서는 굶어 죽지 않을 정도로 최소한의 쌀 양을 신중하게 계산한 뒤 이를 3분의 1로 줄이고, 정해진 양보다 한 톨도 더 배급되지 않도록 컵 윗면을 칼로 쓸어냈다는 내용이 나온다.[8] 심문관은 또 굴욕감, 고립감, 혼란, 죄책감 같은 심리적 무기도 이용할 수 있다.

정신 분석학자인 요스트 메이를로는 『세뇌의 심리학』에서 "시간, 두려움, 지속적인 압박이 정신적인 자살 최면을 유발하는 것으로 알려져 있다"라고 말했다. 결국 새로운 권위자나 이념에 거의 어린아이처럼 굴복하면서 애착을 느끼는 순간이 찾아오는데, 이는 그것이 강렬한 심리적 압박에서 벗어날 수 있는 유일한 수단이기 때문이다. 이렇게 갑작스럽게 항복한 뒤에는 "새로운 축음기가 유쾌한 시간을 보장해 줘야 한다." 새로운 생각과 행동이 세뇌 대상에게 좋은 인상을 주면 그것을 합리화하고 정당화하는 데 도움이 된다.

제2차 세계대전이 끝난 뒤 헝가리 가톨릭교회의 지도자였던 민첸티 추기경은 공산주의를 강력하게 반대했다. 그 결과 투옥되어 고문을 받았다. 스티븐 K. 스위프트*Stephen K. Swift*는 그가 받은 대우를 폭로하는 글을 썼는데 붕괴, 굴복, 각인의 3단계 과정이 생생하게 요약되어 있다.[9] 우선 정치범은 하루 종일 심문을 받으며 거의 쉬지도 못하고 부족한 양의 식사를 불규칙적으로 제공받는다. 추기경도 66시간 동안 심문을 받아야 했다. 그가 차라리 죽여달라고 요청하자 협조만 하면 아무런 해도 입지 않을 것이고, 모든 시련을 끝낼 수 있다는 말을 들었다. 끊임없이 모순되는 질문을 받은 추기경은 생각을 똑바로 유지할 수 없었다. 우리와 마찬가지로 사회적 존재인 그는 자신을 억류한 사람들과 좋은 관계를 맺고 싶은 충동을 느꼈다. 그는 불면증, 설사, 요통뿐 아니라 외로움, 죄책감, 불확실성, 현실과의 괴리 등으로 괴로워했다. 안팎으로 가해지는 고문 때문에 그는 석방되기 위해, 적어도 잠을 자기 위해 협력하고 싶다는 강한 충동을 느꼈다. 추기경은 이 굴복 시점에서 자신의 '자백' 내용을 인정하고 똑같은 문장을 계속 반복하면서 아주 상세하게 연습하는 훈련을 받았다.

여기서 핵심은 비판적인 사고를 방해하는 충격을 줘서 제안에 더욱 취약하게 만드는 것이다. 메이클로는 행동학자인 이반 파블로프*Ivan Pavlov*가 실제 전기 충격(특히 강력하거나, 예상치 못했거나, 아프고 피곤할 때 가해지는 충격)을 이용해 개의 기존 행동 패턴을 무너뜨리고 새로운 행동 패턴을 구축할 수 있음을 입증했다고 보고했다. 그런 압도적인 자극은 일종의 인지 폐쇄를 유발한다.

파블로프는 모든 개는 적절한 스트레스가 가해지면 '한계점'에 도달한다고 했다. 알렉산드라 스타인*Alexandra Stein*이 쓴 『공포, 사랑, 세뇌*Terror, Love and Brainwashing*』에 따르면, 컬트 집단 '소셜 테라피*Social Therapy*'의 리더인 프레드 뉴먼*Fred Newman*은 자신의 혁명적인 정신 요법을 '정신적 지배자들의 전복'이라고 묘사했다.[10] 한때 그 컬트 집단에 몸담았던 스타인은 이들이 어떻게 '인지적 붕괴'를 유도하고, 그 결과 발생하는 '인지적 공백'을 이용해서 새로운 믿음을 심어주는지 설명한다.

스타인은 포기하고 생각을 중단하면 안도감이 느껴진다고 했다. 그러면 투쟁이 끝나기 때문에 혼란과 피로에 압도된 사람들은 반가워한다. 컬트 집단에 소속되어 있을 당시 그녀는 일기에 이렇게 적었다. "나 자신의 손을 잡아야 한다. 계속 싸우면서 두려움에 맞서야 한다. 내 머릿속의 혼란을 멈추지 않으면 익사할 것이다. 이 소음을 참을 수 없다. … 투쟁을 위해 더 열심히 노력해야겠다. 이게 내가 할 수 있는 유일한 일이다. … 더 이상 악몽을 꾸고 싶지 않다. 난 계속 나아갈 것이다. 탄탄한 기반을 찾은 듯한 기분이 든다. 이들과 함께하기로 결심했다."

과격한 공산주의로 전향했던 경험을 묘사한 아서 쾨슬러Arthur Koestler의 책『애로 인 더 블루Arrow in the Blue』에도 이런 갑작스러운 전환의 좋은 예가 나온다.[11] 그의 최종적인 결정은 '12월의 어느 저녁에 한꺼번에 일어난 기괴한 사건들'을 겪은 이후 갑작스럽게 내린 것이었다. 그는 친구의 포커 파티에 갔다가 눈 깜짝할 새에 몇 달 치 월급을 잃은 뒤 슬픔을 달래기 위해 뒤풀이 장소로 향했다. 술에 잔뜩 취해 새벽 3시쯤 자리를 뜬 그는 새로 수리한 차를 망가뜨렸다. 파티에서 만난 한 여자(별로 마음에 들지 않았던)가 그를 발견했고, 근처에 있는 자신의 아파트로 가자는 제안을 받아들이면서 결국 '예상했던 결과'로 이어졌다. 무일푼이 된 그는 좋아하지 않는 사람 옆에서 숙취와 불안, 죄책감을 느끼면서 잠에서 깼다.

"그 토요일 밤에 연속적으로 일어난 기괴한 불운은 조잡한 광대가 꾸며낸 일 같았다. 하지만 내게 몸을 바짝 구부리고 있는 광대 얼굴을 마주하면 아주 무서울 수 있다. 집에 돌아온 뒤 (마침내 공산당에 가입하겠다는) 결정을 내렸지만, 그게 내가 내린 결정처럼 느껴지지 않았다. 그냥 저절로 결정된 것 같았다."

이것은 하나의 사건이 인지 붕괴를 촉발한 경우이지만, 파도처럼 요동치던 충격이 최고조에 이르렀을 때 발생하는 경우가 더 많다. 바다의 썰물과 밀물에 절벽이 침식되는 것처럼 사람은 메이를로가 '공포의 파도'라고 부르는 것에 잠식당하곤 한다. 잠깐씩 숨 쉴 틈만 주면서 계속 밀려오는 파도는 방금 전 밀려온 파도보다 효력이 점점 더 커진다. 그리고 이전 파도에 의해 약해진 채로 방심하고 있는 목표물에 도달한다.

보다 규모는 작지만, 마술사이자 심리학자인 구스타프 쿤 교수는 마술 트릭에서 타이밍을 어떻게 활용하는지 설명했다.

불규칙성이 매우 중요하다. 아마 마술에서 가장 중요한 원리일 것이다. 방법이 효과보다 먼저 발생하기 때문에 방법과 효과를 분리해야 한다. 마술이 '아직 시작되지 않았을 때', 즉 트릭이 시작되기 전 사람들이 긴장을 푼 순간에 교묘하게 트릭을 시도해야 한다. 마술사가 뒤로 이동하면 청중이 긴장을 풀고, 앞으로 이동하면 긴장감이 높아진다. 아니면 리듬을 이용해도 된다. "하나, 둘, 셋"이라고 말하면 사람들은 셋을 셌을 때 무슨 일이 일어날 것이라고 예상한다. 이때 시간을 앞당기거나 늦춰서 사람들의 허를 찌르는 것이다.

쿤 교수가 설명한 또 다른 기술은 화려한 쇼걸, 연막탄, 시끄러운 음악 같은 전술을 이용한 속임수와 시선 돌리기다. "물건을 잔뜩 늘어놓고 청중을 정신없게 만들면 청중은 마술이 어떤 식으로 진행될지 파악하기 훨씬 어려워진다. 마술 쇼에 온 사람들의 감각에 엄청난 양의 정보를 퍼붓는 것이다."

먼저 상대를 미치게 하라

메이를로는 혼란을 조성해서 사람들이 진실과 거짓을 구별할 수 없게 하는 것이 전체주의 정권의 중요한 전술이라고 말한다. 전체주의 지도자가 사람들의 마음을 무너뜨리려면 "먼저 광범위한 정신적 혼란과 언어적 혼란을 야기해야 한다." 메이를로와 인터뷰한 전체주의의 희생자들은 강제 수용소의 가장 충격적인 측면 중 하나가 바로 논리가 사라진 듯한 기분이라고 말했다. 유명한 옛말에도 있듯이 "신은 파멸시키고자 하는 사람을 먼저 미치게 만든다."

알렉산드라 스타인은 예전에 컬트 신도였던 줄리엣이 의미 없는 언어에 어떻게 속았는지 얘기했다. 그녀는 정치에 별로 관심이 없었는데 컬트 집단에서 정치 문제와 정체성 문제에 대해 자주 이야기하기 시작했다. 토요일 저녁마다 함께 모여 계급주의에 대해 토론하고 "다들 서로를 이런저런 존재라며 비난했는데 우리는 자기가 무슨 말을 하는지도 몰랐다. 그냥 그런 것들에 대해 배우고 있었기 때문에 이런 단어들을 쏟아낸 것뿐이다. … '성차별', '인종차별', '이즘'이 어쩌고, 하지만 난 그게 무슨 뜻인지 이해하지 못해서 힘들었다…."

다른 나라, 다른 시대의 컬트 집단과 권위주의 정권은 사람들을 세뇌하려고 의도적으로 압력과 혼란을 가하지만, 우리 일상생활에서는 그런 일이 안 일어나지 않는가? 우선, 이런 극단적인 예는 여러분이 사소한 방식으로 경험할지도 모르는 취약성을 생생하게 전달하기 위해 제시한 것이다. 그러나 사실은 우리 정부도 이런 속임수 전술을 사용하고 있다.

앞서 얘기한 CIA 심문 매뉴얼에는 '이상한 나라의 앨리스' 심문 기법도 설명되어 있다. 사람들은 자신이 이해할 수 있는 '연속성과 논리가 존재하는 세계, 예측 가능한 세계'에 익숙하며 정체성과 저항력을 강화하기 위해 이 세계에 집착한다. 이상한 나라의 앨리스 기법은 '익숙한 것을 없애고 그것을 이상한 것으로 대체하기 위해' 고안되었다. 말도 안 되는 질문을 하거나, 비논리적인 말을 덧붙여서 답변을 중단시키거나, 서로 무관한 두 가지 이상의 질문을 동시에 하거나, 질문의 중요성에 전혀 맞지 않는 목소리 톤을 사용하기도 한다. 이는 정상적인 패턴이 '섬뜩한 무의미함'으로 대체되는 묘한 분위기를 조성한다. 심문 대상자가 말도 안 되는 것들을 이해하기 위해 과도하게 애쓰는 동안 주변 상황은 "정신적으로 참을 수 없는" 상태가 되고, 결국 그 과정에서 틈을 보이게 된다.

사람들의 중요한 방어력을 무력화하는 또 다른 방법은 감각을 압도하는 것이다. 올더스 헉슬리는 이렇게 말했다. "아무리 고도로 문명화된 사람이라도 아프리카의 북소리나 인도의 챈팅, 웨일스의 찬송가를 아주 오랫동안 들으면서 비판적이고 자의식 강한 원래의 성격을 그대로 유지할 수는 없다. … 아프리카의 탐탐 북과 노래에 오래 노출되면 우리 철학자들도 모두 야만인들과 함께 뛰어다니면서 울부짖게 될 것이다."[12] 세계 각지에서 열리는 변화를 위한 의식과 정치 집회에 리드미컬한 북 연주가 동원되는 것도 이런 이유 때문일지 모른다. 북소리는 흥분을 고조시키고 종종 춤이 동반되어 결국 신체적·정신적으로 탈진하는 지경에 이르게 된다.

아방가르드 예술가 마야 데렌*Maya Deren*은 1949년에 아이티 춤을 연구하려고 아이티를 방문했다.[13] 그녀는 북소리가 점점 걷잡을 수 없는 움직임을 유도해 소유욕의 정점에 이르는 과정을 설명했다. "내 두개골이 곧 북이다."

북이 큰 소리로 울릴 때마다 다리가 뾰족한 말뚝처럼 땅속으로 파고든다. … 나는 이 원통, 이 소리의 우물에 갇혔다. 이것 외에는 어디에도 없다. 빠져나갈 길도 없다. … 밝은 어둠이 내 몸을 휩쓸고 내 머리에 닿아 나를 삼킨다. 아래로 빨려 들어가다가 단숨에 위로 폭발했다. 그게 전부다. … 지구가 구형이라면 땅 밑의 심연도 하늘이다. 그 둘 사이의 차이는 시간, 지구가 자전하는 시간뿐이다.

정지된 움직임과 인지적 붕괴의 순간에 도달한 데렌은 종교적, 정치적 전향자들이 경험하는 일종의 재탄생을 이루었다. "이 첫 번째 완전한 빛 속에서는 세상이 정말 또렷하게 보인다. 잠시 의미의 그림자가 사라진 이 순간은 정말 순수한 형태를 띠고 있다. … 죽은 자의 영혼이 그랬듯이 나 역시 돌아왔다. 그렇게 돌아왔다."

극심한 스트레스, 죄책감, 두려움 같은 정서적 과부하 때문에 비판적 사고가 압도될 수도 있다. 컬트 집단은 집요하게 비판적인 '영혼 탐구'와 '고백'을 장려하고, 정치 운동은 계급이나 인종 같은 정체성에 대한 강한 죄책감을 심어준다. 마오쩌둥은 재교육 수용소에 대해 이렇게 말했다. "수용자들이 이성을 되찾게 하는 첫 번째 방법은 그들에게 강한 자극을 주면서 '넌 아프다!'라고 소리치는 것이다. 그러면 수용자들은 공포를 느끼면서 땀을 흘리게 되는데, 그 상태에서 주의 깊게 치료하면 된다."[14]

최근에 진행된 실험 연구에서는 사람들이 감정적으로 압도된 뒤에 더 설득하기 쉬운 것으로 나타났다. 특히 주목할 만한 것은 '공포 후 안도' 순응 모델이다. 한 연구에 따르면 무단횡단을 하던 사람들이 숨어 있던 경찰의 호루라기 소리를 듣고 놀란 경우, 호루라기 소리를 듣지 않은 사람에 비해 가던 길

을 멈추고 설문조사에 응할 가능성이 더 컸다(59퍼센트 대 46퍼센트).[15]

이는 아마도 '자아 고갈' 때문일 것이다. 뇌는 사용할 수 있는 자원이 한정적이다. 정보, 감각, 감정이 쏟아져 들어오면 근육과 마찬가지로 피곤해질 수 있다. 한 실험 결과, 어렵고 지루한 과제(문자 'e'가 다른 모음 옆에 있거나 어느 방향으로든 모음과 한 글자 떨어져 있는 경우를 제외하고 전부 지우라는 과제)를 완료한 학생은 그 뒤에 새로운 필수 시험을 도입해야 한다는 인기 없는 제안에 동의할 가능성이 더 컸다.[16] 그 과제에 지적 능력을 다 써버렸기 때문에 저항할 수 없었던 것이다.

2007년에 진행된 심리학 및 마케팅 연구에서 어떤 사람들은 에너지가 고갈된 저녁 시간에 설득하는 게 더 쉽다는 결과가 나온 것도 이 때문일 것이다.[17] 히틀러도 낮 동안에는 "인간의 의지력이 가장 높은 에너지를 발휘해 반란을 일으킨다. … 하지만 저녁에는 의지가 더 강한 지배 세력에게 쉽게 굴복한다."[18]

취조실 외부

여러분이 밤에 열리는 나치 집회에 참석할 일은 없겠지만 이런 사례는 모두 가장 순수한 형태의 '블립'이 발휘하는 힘을 보여준다. 기본적인 원칙은 사회 각 계층이 일상생활 속에서도 사용한다. 예를 들어, 현대 종교에서는 '블립'을 촉진하고 추종자들이 메시지를 잘 받아들이도록 하기 위해 금식과 챈팅(불교 승려들이 불교 경전에 약간의 곡조를 붙여 노래처럼 읊조리는 것), 극단적인 육체적 고행(예: 자신에게 채찍질하기 등)을 이용한다.

종교 외에 대학교의 신입생 주간 같은 세속적인 입문 의식은 어떻게 생각해야 할까? 이는 '죽음과 재탄생' 의식의 인류학적인 특징을 모두 지니고 있다. 입회자들은 고향 공동체에서 벗어나 새로운 환경에 적응하게 된다. 학생들은 일반적으로 정신이 가장 약해지는 밤시간에 술, 마약, 시끄러운 음악, 섹스를 혼합해서 비판적인 저항을 무너뜨린다. 낮에 마음이 누그러진 학생들에게 새로운 사고방식을 소개한다.

제니퍼(가명)는 대학에서 어떻게 자신의 세계관이 근본적으로 바뀌었는지 설명했다.

기본적으로 백인을 미워하는 법을 배웠다. 대학에 오기 전에는 그런 기분을 느낀 적이 없었다. 내 친구는 체제나 억압에 대해 이런저런 이야기를 했다. 우리는 수업이 끝난 뒤 술집에서 어울리곤 했다. 난 대학에서 정말 외로웠고, 남자친구와 헤어진 지 얼마 안 됐고, 얘기할 사람도 없었다. 한번은 언니가 내 앞에서 '난쟁이'라는 말을 해서 말다툼을 했다. 나는 그들을 '작은 사람들'이라고 불러야 한다고 말했다. 다시 생각해 봐도 너무 부끄럽다. 대학을 졸업하고 2년 정도 지난 뒤에야 비로소 정상으로 돌아왔다.

음악 축제도 세뇌를 위한 비옥한 기반이 된다. 참석자들은 밤새 시끄럽고 불편한 텐트에서 지내야 하고, 영양가 있는 음식을 거의 먹지 못해서 더럽고 지쳐 있는 경우가 많다. 이들의 저항력은 술과 마약으로 더욱 무너지고, 시끄러운 음악과 환상적인 광경이 참석자들의 감각과 감정을 압도한다. 바로 이런 조건에서 MK-울트라 연구진이 말한 노래의 반복적인 메시지에 담긴 '심령적 추진력'이 뿌리를 내리고, 난해한 잠재의식적 상징주의가 효과를 발휘할 수 있다.

글래스톤베리Glastonbury의 피라미드 무대에서 열린 2017년 노동당 지도자 제러미 코빈Jeremy Corbyn의 연설이나, 2022년 기후운동가 그레타 툰베리Greta Thunberg의 연설 같은 공공연한 정치적 메시지는 열광적인 박수를 받으면서 청중들의 수용 정신에 뿌리를 내릴 가능성이 훨씬 크다.

브랜드, 영업사원, 광고주도 취약성의 '블립'을 조성하려고 노력한다. 「성격 및 사회심리학 저널Journal of Personality and Social Psychology」에 실린 한 논문에서 연구진은 '혼란 후 재구성disrupt-then-reframe'이라는 기술을 테스트했다.[19] 그들이 카드 8장이 든 패키지를 3달러에 팔았을 때는 약 40퍼센트의 고객이 구입했다. 그러나 고객들에게 "카드 8장 가격이 300페니인데 이것은 할인가다"라고 말하자 매출이 2배로 늘어났고 80퍼센트 정도의 고객이 카드를 구입했다. 가격을 페니 단위로 특이하게 제시한 것이 사람들의 정상적인 사고를 방해해서 자기도 모르는 새에 머릿속에 할인 메시지가 주입된 것이다.

소매점들은 계산대 옆에 과자와 장신구를 놓아두는데, 쇼핑객들이 매장을 둘러보고 나올 때쯤에는 너무 피곤해서 충동을 참을 수 없게 된다는 사실에 근거한 상품 배치다. 렌터카 회사들은 11시간의 비행과 5시간의 시차로 지친 여행자들은 비싼 돈을 내고 아주 미세한 긁힘 사고만 보상해 주는 보험에 가입하도록 유도할 수 있다는 점을 이용한다. 노골적으로 사기를 칠 때는 '주의 분산 원리'를 이용하는 경우가 많다. 예를 들어, 창 두드리기 기술의 경우 사기꾼 한 명이 카페 창문을 두드려 고객에게 시간을 묻는 동안 다른 사기꾼이 고객의 핸드백을 훔쳐 가는 것이다.[20]

쇼크 독트린

혼란의 규모가 작을 수도 있지만, 때로는 인생에서 벌어진 더 큰 사건의 결과인 경우도 있다. 미국의 대테러 플랫폼인 액션 카운터 테러리즘Action Counters Terrorism, ACT에서는 "누구나 과격화의 위험에 처할 수 있다"고 하면서 가장 큰 위험 요소는 충격적인 인생 사건 같은 상황적 요인이라고 설명한다.[21] 『우리 사이의 컬트Cults in Our Midst』라는 책에서는 대학 진학, 이혼, 가족의 죽음 같은 삶의 변화가 우리 인생에서 '블립'의 역할을 하는 중

요한 취약성이라고 말한다.[22]

광신적인 컬트 집단에서 벗어나도록 교육하는 게레트는 이렇게 말했다.

> 사람들이 인생의 전환점에서 사이비 종교에 빠져드는 건 드문 일이 아니다. 내가 일을 시작하기 6개월 전에 딸이 태어났다. 처음 엄마 노릇을 하게 된 나는 여러모로 취약한 상태였다. 방향 감각을 잃었고 부족한 부분이 많았다. 충격적인 경험, 이혼, 죽음을 겪은 뒤에도 이런 상태에 빠지는 일이 종종 있다.
>
> 얼마 전 사망 기사를 살펴보면서 슬픔에 빠진 가족을 찾는 사이비 종교가 있다는 얘기를 들었다. 사랑하는 사람을 방금 잃은 이들은 그런 집단에 더 쉽게 발을 들인다. 코로나 이후 이런 집단은 집집마다 방문하지는 않기 때문에 새로운 전략을 세워야 했다.

「스터프*Stuff*」에 실린 기사를 보니, 여호와의 증인의 예전 신도들은 최근에 사별한 사람들을 '애도 표적'으로 삼기에 '적절한 대상'으로 간주한다고 인정했다.[23] 그들은 부고 기사에서 발견한 슬픔에 빠진 가족을 불쑥 찾아갈 뿐만 아니라, 브라질에서는 위령의 날에 음향 장비를 갖춘 여호와의 증인 차량이 묘지를 돌아다니면서 4만 명이 넘는 추모객들과 접촉했다고 한다.

알렉산드라 스타인은 '블립' 이론을 바탕으로 다음과 같이 말했다.

전쟁, 자연재해, 사회적 격변(예: 구소련 붕괴, 현재 붕괴한 시리아나 소말리아 국가 등)은 가족과 공동체의 유대를 약화시켜서 사회적 분열과 고립이 증가할 수 있다. 이웃 간의 유대가 적고 가족들이 뿔뿔이 흩어져 있는 현대의 선진국에 산다는 것은 곧 우리 대부분이 점점 더 취약해지는 사회적 네트워크 안에서 살고 있음을 뜻한다.

사회가 전쟁, 전염병, 경제 붕괴 같은 충격을 받거나 브렉시트 같은 규제 완화 지진으로 힘들어지면 전보다 외부의 영향을 잘 받게 된다. 나오미 클라인은 동명의 책에서 이를 '쇼크 독트린'이라고 불렀다.

처음에 발생한 재난(쿠데타, 테러 공격, 시장 붕괴, 전쟁, 쓰나미, 허리케인)은 전 국민을 집단 충격 상태에 빠뜨린다. 고문실의 시끄러운 음악과 타격이 죄수들을 약화시키는 것처럼 떨어지는 폭탄, 사방에서 터지는 공포, 세찬 바람이 사회 전체를 약화시킨다. 공포에 질린 수감자가 동지의 이름을 말하고 자기 신앙을 포기하는 것처럼, 충격을 받은 사회는 평소 같으면 맹렬히 보호했을 것들을 포기하곤 한다.

이라크 전쟁이 좋은 예다. 클라인은 미군이 이라크를 변화시키고 착취하기 위해 '충격과 공포' 기술을 사용했다고 말한다. 전직 CIA 요원의 말에 따르면, "공포와 무질서가 진정한 가능성을 제공했다." 그가 설립한 사설 보안 회사는 1억 달러 규모의 계약을 체결했다.[24] 클라인은 "공포와 무질서는 새로운 도약을 위한 촉매제"라고 설명한다.

네 번째 전환기

이것이 우리를 현재로 데려왔다. 현대의 생활은 세분화되고 외로우며 무엇보다도 혼란스럽다. 기술과 미디어는 감각, 감정, 정보를 통해 매일 우리를 압도한다. 풀팩트의 팩트 체크 담당자인 윌 모이는 "우리는 허위 정보 캠페인의 목표 중 하나가 어떤 행위자 또는 행위자 집단이 허위 정보를 사용해서 혼란을 야기하고 확산시키는 것임을 알고 있다. 사람들에게 사실이 아닌 것을 납득시키는 게 목표가 아니라 혼란을 일으키는 게 목표인 것이다"라고 설명했다.

지난 몇 년은 충격적인 사건과 혼란으로 얼룩졌다. 학술 연구에 따르면 사람들은 코로나19 기간에 거짓말, 사기, 피싱에 더 취약했는데, 이는 공포가 비판적 사고를 약화시켰기 때문인 것으로 나타났다.[25] 그러나 우리가 휘말린 허리케인은 코로나19 사태뿐만이 아니다. 우크라이나 전쟁과 경제 불황 등도 있다.

세상의 고난을 상징적으로 홍수로 여길 수도 있다. 홍수는 주변을 황폐화시키지만, 한편으로는 낡은 것을 쓸어버리고 토양을 비옥하게 만들어 새로운 것이 자랄 수 있게 한다. 파블로프에게 기존에 조건화된 행동 패턴이 뇌에서 깨끗이 지워질 수도 있다는 깨달음을 안겨준 것은 레닌그라드 홍수였다.[26]

예전부터 많은 학자가 사회가 죽음과 재탄생의 주기를 거치는 동안 새로운 것이 자리를 잡을 수 있도록 낡은 삶의 방식을 없애는 파괴적인 위기 지점이 존재한다고 주장했다. 닐 하우*Neil Howe*와 윌리엄 스트라우스*William Strauss*는 자신들의 책 『네 번째 전환기*The Fourth Turning*』에서 이 이론에 세부 사항을 추가했다.[27] 그들의 가설은 사회가 80~100년(인간의 평균 수명)마다 계절이 바뀌듯이 4단계 주기를 거친다는 것이다. 사회가 '겨울'에 도달하면 기존 가치관과 습관이 붕괴되어 새로운 패러다임이 자리 잡기 전까지 무질서해지는 게 특징이다. 경제, 제도에 대한 믿음, 공동체의 결속력 등 여러 지점에 압박이 가해지다가 결국 혼돈에 빠지게 된다.

이 이론에 따르면 마지막 '겨울'은 약 80~100년 전으로, 세계는 두 차례의 세계대전과 금융 붕괴, 독감 유행을 겪었다. 나치가 등장하기 전 바이마르 독일의 상황(초인플레이션, 생계비 위기, 전염병, 산업혁명, 부도덕, 집단 간 갈등, 정치인과 언론에 대한 신뢰 붕괴 등)도 이상할 정도로 비슷하다. 혁명 발발 전의 프랑스나 로마가 멸망하기 직전에도 이와 비슷한 상황을 찾아볼 수 있다.

순환론이 사실이든 아니든, 서구 문명이 현재 위기를 겪고 있다는 건 부정할 수 없다. 정치인, 언론, 기타 제도에 대한 신뢰가 무너지고 있다.[28] 많은 국가가 말 그대로 에너지 위기와 더불어 심리적인 에너지 위기도 겪고 있다. 연이은 충격으로 인해 사람들의 결의가 약화된 것이다. 유고브는 현재 영국인 8명 중 1명이 상시적으로 피로를 느낀다고 보고했다.[29] 많은 국가의 경제 상황이 악화되었고, 영국의 푸드뱅크와 미국의 푸드 팬트리 같은 식품 지원 프로그램을 이용하는 사람들이 늘었다.

굶주림, 스트레스, 탈진은 낡은 사고방식이 해체되고 새로운 생각이 자리 잡을 수 있는 완벽한 조건이다. 이들 전체주의 정권이 새로운 이데올로기를 구현하기 위해 조성한 조건이다. 중국의 '대약진 운동' 농업 개혁은 (고의든 아니든) 수백만 명을 굶어 죽게 만들었다. 이 정권은 4가지 낡은 것, 즉 낡은 사상, 낡은 문화, 낡은 관습, 낡은 습관을 파괴하려고 했다. 크메르루주의 혁명적인 농업 개혁도 사회를 재설정하려는 '영년 _Year Zero_' 시도로 수백만 명의 캄보디아인이 굶주렸다.

오늘날 서구 지도자들은 이런 혼란스러운 상태를 그레이트 리셋 _The Great Reset_ 과 넷제로의 기치 아래 새로운 행동과 이상을 심을 수 있는 기회로 보고 있으며, 이것이 '쇼크 독트린'의 유력한 후보다. 또 디지털 ID, 중앙은행 디지털 통화, 각종 환경 및 사회적 의제가 자신의 차례를 기다리고 있다.

일단 멈추자

　새로운 정책을 추진하는 정부 관료, 메일함의 피싱 사기 메일, 소셜 미디어 피드에 등장한 허위 정보 봇 팜 등 요즘처럼 혼란스러운 환경에서는 누구나 세뇌, 조작, 다크 넛지의 대상이 되기 쉽다. 심지어 상황이 괜찮을 때에도 영업사원과 광고주가 여러분을 속여서 자신들의 말을 따르게 할 수 있다. 혼자 힘으로 사회적 주기를 바꿀 수는 없지만 본인의 심리적 회복력을 높일 수는 있다. 일단, 멈춰야 한다*HALT*.

　알코올 중독자 갱생회는 분별력을 유지하고 유혹을 물리치는 데 전문가들이다. 우리도 물론 광고주나 동료의 조작을 피하려고 노력하지만, 중독에서 회복 중인 사람들은 등에 업힌 원숭이가 술 한 잔, 담배 한 개피, 내기 한 번만 하자고 꼬드겨도 넘어가지 않도록 끊임없이 경계해야 한다. 이때 필요한 기술은 자신이 유혹에 약해질 수 있는 심리적 상태에 있는지 파악하는 것이다. 구체적으로 4가지 유발 요인이 있는데, 바로 배고픔*Hungry*, 분노*Angry*(또는 불안), 외로움*Lonely*, 피곤함*Tired*이다. 그 머리글자를 합쳐서 HALT라고 한다.[30]

　다음에 중요한 결정을 내려야 할 때는 잠시 멈추고 지금이 결정을 내리기에 최선의 상태인지 스스로에게 물어보자. 장거리 비행을 막 마쳤거나, 비행기 기내식만 먹었거나, 다음 목적지로 가는 게 걱정된다면 지금은 렌터카 회사와 거래하기에 좋은 때가 아닐 수도 있다. 그보다는 먼저 뭔가를 먹거나 낮잠을 자는 게 나을 수도 있다. 마찬가지로, 인생이 혼란스러울 때는 중요한 결정을 내리지 말아야 한다. 최근에 이혼했다면 비싼 자기계발 강좌를 듣는 건 나중에 다시 생각해 보는 게 나을 수도 있다.

또 여러분을 속이거나 압박감을 주기 위해 고안된 기술을 조심해야 한다. FBI 인질 협상가로 일했던 게리 노스너는 "내가 쓴 책 중에 『시간 끌기*Stalling for Time*』가 있다. 누군가 여러분에게 압력을 가하려고 하면 속도를 늦춰야 한다. 왜 그 일을 지금 당장 해야 하는지 이해시켜 달라고 요청하자. 그렇게 하면 적어도 문제를 해결할 시간이 생길 것이다."

결국 '흥분'을 가라앉히고 '냉정한' 상태에서 결정하려고 노력하는 게 중요하다. 즉 압력을 제거하고 천천히 마음을 가라앉혀야 한다. 소셜 미디어 기업이 사용자에게 정말 그 내용을 게시하고 싶은지 물어볼 때도 이런 효과가 생긴다. 행동과학 컨설팅 회사인 이레이셔널 랩스*Irrational Labs*는 이런 프롬프트('정말 이 동영상을 공유하시겠습니까? 이 동영상은 검증되지 않은 콘텐츠로 신고되었습니다')를 도입함으로써 틱톡에서 공유되는 문제성 콘텐츠 수를 24퍼센트나 줄였다.[31] 이 업체 보고서에는 "틱톡은 사용자가 종종 흥분한 상태에서 행동하는 패스트 플랫폼이다. 우리는 사람들이 행동하는 속도를 늦추면 압도적인 감정의 힘을 줄일 수 있다는 가설을 세웠다"고 적혀 있다.

틱톡을 스크롤하는 어린아이든, 계산대에서 간식의 유혹을 받는 쇼핑객이든, 아니면 대사관에 숨어 있는 파나마 독재자든, 속도를 서서히 늦추다가 결국 멈추는 것이 '블립'에서 살아남는 열쇠인 듯하다.

규칙

- 중요한 결정을 내릴 때는 일단 멈춰야*HALT* 한다. 지금 배가 고프거나 불안하거나 외롭거나 피곤하지 않은지 스스로에게 물어보고 좀 편안해질 때까지 기다리자.
- 중요한 결정은 흥분한 상태보다 냉정한 상태에서 내리고, 긴박감이나 순응하라는 압박에 굴복하지 말아야 한다.
- 상황이 혼란스럽고 뒤죽박죽일 때는 그 속에서 확실한 걸 찾기 위해 현실적인 것에 자신을 고정해야 한다.

11장
빅브라더에 회의적인
태도를 취하자

정부와 당국이 우리를 보호하거나 돕기 위해 존재한다고 믿으면 위안이 되지만, 우리 어깨에 팔을 두르고 있는 빅브라더를 조심해야 한다. 때로는 온화하고 위안을 주지만 때로는 찌르고 조종하고 목을 졸라 죽이는 것으로 알려져 있다. 항상 빅브라더를 우러러봐서는 안 된다. 음모론자가 되라는 건 아니지만, 설사 그렇게 되더라도 꼬리표를 두려워해서는 안 된다.

기계 속의 유령

누가 배후 조종자인지 궁금해한 적이 있는가? 셰익스피어처럼 세상이 모두 연극 무대라고 생각한 적이 있는가?

이번 장이 음모론적인 방향으로 나아가는 건 아니니까 걱정할 필요 없다. 이 질문은 매우 공식적인 기관인 미 육군 부대, 구체적으로 말해 제4심리작전단(공수부대)이 유튜브에 게시한 모병 동영상에서 제기한 것이다. 배후 조종자가 존재한다는 게 암묵적인 답인데, 그게 바로 이 비밀스러운 심리전 부대다.

'기계 속의 유령*Ghosts in the Machine*'이라는 제목의 동영상은 긴장감이 넘치고 인상적이다. 지금까지 보아온 신병 모집 영상과는 다르기 때문에 자세한 설명이 필요하다. 이 영상을 할리우드에서 제작한 섬뜩한 신작 스릴러 영화의 예고편이나 연령 제한이 있는 무서운 비디오 게임 또는 해커들이 돈을 많이 들여서 만든 영리한 선언문으로 혼동할 수도 있다. 우리는 인터뷰를 위해 미군과 여러 차례 접촉했는데, 우리 인터뷰 요청은 홍보팀의 폭탄 돌리기 게임처럼 여러 소령 사이에서 이리저리 전달되기만 했다.

수수께끼의 세력이 우리를 배후에서 조종한다는 생각은 새로운 게 아니다. 영향력 있는 정신 분석가이자 『프로파간다』라는 책을 쓴 에드워드 버네이스는 정부의 보이지 않는 줄$_{wires}$에 대해서 썼다.[1] 간첩 행위, 해외 첩보 활동, 선전은 매우 오랜 역사를 가지고 있다. 동영상도 이에 동의하면서 오프닝 화면에 기원전 4세기경의 중국 장군 손무의 말을 인용한다. "상대방이 다혈질이라면 그를 짜증 나게 만들어라. 약한 척하면 상대가 교만해질 것이다."

영상에는 텔레비전에 나오는 꼭두각시가 분위기 있는 음악에 맞춰 탭댄스를 추는 모습이 나온다. 해설자의 목소리로 천안문 광장의 민주화 시위와 베를린 장벽 붕괴에 대한 미국 측 논평이 추가된다. 체스 말은 '게임'처럼 진행되는 심리작전을 가리킨다.

전 세계에서 벌어진 폭동, 시위, 전쟁 장면이 나온다. 우리는 "동쪽에서 위기가 고조되고 있다"라는 경고를 받는다. 러시아의 우크라이나 침공과 말, 탱크, 터치스크린 등 다양한 이미지가 나오고 다음과 같은 자막이 뜬다.

전쟁은 진화하고 있다.

그리고 온 세상이 무대다.

우리가 만지는 모든 것이 무기다.

영상과 함께 흐르는 노래 가사는 그림자, 밤의 발소리, 근처에 숨어 있는 늑대에 대해 이야기한다. 그리고 심리전은 대개 그림자 속에서 진행된다. 우리는 그것에 대해 알면 안 된다. 그러나 흥미로운 반전이 일어나, 배후에서 줄을 당기는 사람들이 이제 자신이 줄을 당기고 있다는 걸 우리에게 알려준다. 그들은 무대 위에 서서 우리 눈앞에 꼭두각시를 보여주면서 그것은 연기라고 말한다.

제4심리작전단의 모토는 베르붐 벤셋*Verbum Vencet*, 즉 '말씀이 승리하리라'이다. 정복자는 사기꾼이다. 하지만 우리 정부와 군대가 자국민을 상대로도 심리전을 펼칠까? 이 동영상에서 문제가 되는 측면 중 하나는 그들이 그렇게 한다는 암시다.

일부 장면은 분명히 해외로 설정되었지만 일부 장면은 미국 국내처럼 보인다. "우리는 속이고, 설득하고, 바꾸고, 영향을 미치고, 영감을 줄 수 있습니다"라는 자막이 전 세계에서 촬영한 장면을 배경으로 한 단어씩 천천히 나타난다. 학교에서 히잡을 쓴 소녀들, 축구공을 들고 있는 아프리카 어딘가의 소년들, 마사이 마라 부족 사람, 그리고 미국에 사는 것처럼 보이는 사람들. 지하철과 자유의 여신상 이미지를 배경으로 "우리는 어디에나 있습니다"라는 자막이 나온다.

미군은 자신들이 뭘 하는지 우리에게 말해준다. 즉 모든 곳에서 심리전을 활용하고 있다는 것이다. 크리스 스트랭글Chris Strangle 대령은 군사 전문지 「태스크 앤드 퍼포즈Task and Purpose」와의 인터뷰에서 미 육군 심리전 병사들이 전 세계 40개 이상의 나라에서 매일 활동을 벌이고 있다고 확인시켜 줬다.[2] 더 논란이 되는 것은 '모든 곳'이 미국 국내를 의미할 수도 있다는 것이다.

이 영상의 목적은 입대 희망자를 모집하는 것이다. 그런데 '우리가 만지는 모든 것이 무기'라면 이 영상도 거기 포함되는 것일까? 그것이 요점인 걸까? 결국 일부러 이해하기 힘들고 불안하게 만드는 것이다. 스트랭글이 「태스크 앤드 퍼포즈」 인터뷰에서 말한 것처럼 설득력 있는 미디어를 만드는 것도 심리전의 일부다.

심리전 대리인이 '다양한 형태로 나타난다면' 그게 적국이 보낸 건지, 아니면 자국 '빅브라더'가 보낸 건지 구분할 수 있는가? 동영상 아래에 달린 일부 댓글에서는 미국 시민이 외국 정부를 더 두려워해야 하는지, 자국 정부를 더 두려워해야 하는지 묻는다. 긴장감이 손에 만져질 듯 뚜렷하다. 빅브라더를 믿는 게 더 편하다.

물론 빅브라더는 조지 오웰의 『1984』에 등장하는 전체주의 정부의 전능하고 오류 없는 상징적 인물을 말한다.[3] 이번 장에 나오는 사례 연구는 우리가 그와 유사한 정부 밑에서 살고 있다는 뜻이 아니다. 빅브라더는 선전, 조작, 심리전을 위한 상징적 저장소이기도 하다. 현실적이고 복잡한 세계에서는 정부와 그 산하의 보안 기관들이 우리를 보호하고 도와주는 동시에 우리를 자극하고 조종할 수도 있다.

스트랭글은 심리전은 전 세계 '모든 곳에서, 매일, 우리 삶의 모든 부분에서' 진행되고 있다고 말한다. 그러니 세일즈맨, 사이비 교주, 광고주, 마술사가 사용하는 방법을 아는 것처럼 빅브라더의 놀라운 방법도 알고 있어야 한다. 마키아벨리 *Machiavelli*의 말처럼 "군주와 정부는 사회 내의 다른 요소들보다 훨씬 위험하다."

이 글을 쓰는 지금도 이 시대의 심리전이 실시간으로 펼쳐지고 있다. 2022년 러시아의 우크라이나 침공은 물리적 환경에서의 갈등뿐만 아니라 현대전에서 미디어와 소셜 미디어의 역할도 드러냈다. 스트랭글의 말에 의하면 2014년에 러시아가 크림반도를 합병한 이후, 미국 심리전 커뮤니티는 다른 NATO 동맹국 및 전 세계 특수작전 커뮤니티와 함께 우크라이나가 독자적인 능력을 구축하도록 도왔다. 스트랭글은 정보전에서는 우크라이나가 러시아보다 훨씬 성공적이었다고 생각한다.

전쟁에서 허위 정보가 난무하는 건 새로운 현상이 아니다. 정보를 교란하고 상대방을 혼란스럽게 하고 사기를 높이기 위해 군사력부터 잔학 행위에 이르기까지 모든 것에 대한 정보를 부풀리거나 날조하는 건 흔한 일이다. 전쟁의 첫 번째 희생자는 진실이라는 말이 있다. 그렇다면 잘못된 정보와 허위 정보에 대한 현대인의 거부감과 이것을 어떻게 결합할 수 있을까? 거짓말은 악당들의 전유물인가? 이번에는 선전 영역에서 또 다른 반전을 기대해 보자.

키이우의 유령

2022년 4월 30일, 우크라이나 공군 관계자가 페이스북에 "키이우의 유령은 우크라이나인이 만든 전설의 슈퍼히어로다!"라고 발표하면서 '키이우의 유령'이라는 군사 영웅이 허구의 존재라는 사실을 인정했다. 당국은 키이우의 유령이 한 사람의 전투 기록이 아니라 "수도 상공을 방어하는 공군 제40전술항공여단 조종사들의 집단 이미지"라고 설명했다.

이 특이한 이야기도 유령처럼 꾸며낸 것이다. 그는 '우크라이나인'이 만든 게 아니라 우크라이나 당국이 만든 것이다. 우크라이나 보안국은 처음에 텔레그램*Telegram*에서 전투기 조종사 사진을 보여주면서 키이우의 유령, 러시아 비행기 10대를 격추시킨 '천사'라는 자막을 달았다. 우크라이나군은 2022년 3월 페이스북에 키이우의 유령 사진을 공개하면서 '이봐, 점령군. 지금 네 영혼을 가지러 가고 있다!'라는 자막을 달았다.

그의 이름은 동화에 나오는 다크 히어로를 연상시킨다. 그의 업적은 과장되어 신화적인 지위를 얻었다. '에이스'는 적기 5대를 제거할 수 있는 반면, 유령은 러시아 조종사를 40명 정도 격추시킨 것으로 알려져 있다. 제2차 세계대전 때 유명했던 스탈린그라드의 저격수 결투도 지어낸 이야기일 가능성이 큰 것처럼, 키이우의 유령도 선전용으로 일부러 만들어낸 존재라는 걸 생각하면 진짜처럼 느껴지지 않아도 별로 놀랍지 않다. 산타클로스가 나눔의 정신을 상징하는 것처럼, 신화 속의 영웅들은 전시의 용기를 상징하기 위해 만들어졌다. 인간은 언제나 전설을 좋아한다. 이런 선전은 사기를 높여준다. 하지만 이것이 혼란과 불신을 낳기도 한다. 그리고 우리는 대부분 그 일이 있고 난 뒤에야 사실을 알게 된다.

우리는 팩트 체크 담당자, BBC 허위 정보 전문가, 정부와 다양한 분야의 관계자를 통해 허위 정보의 위험성에 대한 경고를 꾸준히 받고 있다. 온라인 안전 법안은 이런 목적을 중심으로 구성되었다. 잘못된 정보를 퍼뜨리면 사회적·직업적 처벌이 따른다. 그래서 이런 허구에 대한 인정이 아무런 비판도 받지 않고 넘어갔다는 점이 흥미로웠다.

실제로 키이우의 유령 이야기에 대한 BBC 뉴스 보도는 놀라울 정도로 관대했다.[4] 그게 허구라는 사실이 "놀랍지 않다", "꾸며낼 여지는 충분하다", 영웅은 '국가적 신화'에 포함된다고 저자세로 설명하면서 보안 컨설팅 회사 시빌라인*Sybilline*의 저스틴 크럼프*Justin Crump*의 말을 인용했다. 그는 소셜 미디어 시대에 "사람들이 결속력과 의미를 얻으려면 신화, 영웅, 전설이 필요하기" 때문에 키이우의 유령 전설이 중요하다고 말했다.

이런 관용은 우리가 잘못된 정보나 허위 정보와 관련해서 기대하는 강경하고 적극적인 태도와 완전히 상충된다. 이 태도는 전투기 조종사를 이용해 산타클로스를 만들어낸 정부를 사실상 지지하는 것이다. 게다가 이것은 우리를 속기 쉬운 어린 아이로 전락시킨다. 키이우의 유령은 점령자의 영혼을 맞이하러 오는 것일 수도 있지만 선전은 모든 사람을 대상으로 한다.

물론 우크라이나만 딱 꼬집어서 비판하려는 게 아니다. 사회과학자 크리스토퍼 폴*Christopher Paul*과 미리암 매튜스*Miriam Matthews*에 따르면 러시아는 수많은 채널과 메시지를 동원하여 "부분적인 진실이나 노골적인 허구를 퍼뜨리려는 뻔뻔한 의지"를 발휘해서 '거짓의 불쏘시개'를 제공하고 있다.[5]

키이우의 유령은 특별히 믿을 만한 영웅은 아니었다. 그러나 우리 측의 가치관이나 사명에 부합하는 허구는 거짓이 아니라 전설이고, 허위 정보가 아니라 신화적 정보라는 걸 증명했다. 또 정교하게 꾸며낸 동화는 입소문을 타고 퍼진다는 것도 증명했다.

우크라이나와 러시아는 둘 다 사이버 전쟁에서 불안과 공포, 걱정을 조성하기 위해 '대통령', '정부', '리더십', '수치심', '테러리스트', '위협', '공황' 같은 단어를 쓰는 봇 군대를 활용한다.[6]

또 집을 떠나 피난을 갈 것인지에 대한 결정에 영향을 주기 위해 트윗을 이용했는데, 이는 이전에 관찰된 적이 없는 일이다.

이것은 매우 새로운 연구 분야이지만, 의도적이고 악의적인 트위터 캠페인을 통해 내러티브를 통제하고 양극화를 조장하려는 것은 분명하다. 당연한 얘기지만, 이로 인해 소셜 미디어(특히 이 경우에는 트위터)는 혼란스럽고 신뢰할 수 없는 관점, 뉴스, 감정의 원천이 된다. '이방인의 위험성'이라는 옛말이 새로운 의미를 갖는다. 여러분이 모르는 계정이 외국 열강에 대한 지지를 독려하거나, 대통령에게 조치를 취하도록 청원하거나, 위험을 과장해서 목숨 걸고 도망치게 만드는가? 간단히 말해, 세계의 '빅브라더'가 온라인에서 하는 일은 믿을 수 없다.

영국 정부는 우크라이나 침공 당시 크렘린이 어떻게 댓글부대를 이용해서 '소셜 미디어에 거짓말을 퍼뜨렸는지' 폭로하기 위해 전문적인 연구에 자금을 지원했다. 러시아는 정치인을 표적으로 삼고, 크렘린의 입장을 지지하는 '유기적인' 콘텐츠를 의도적으로 퍼뜨리고, 지지자를 모집하거나 조정하기도 했다. 이 작전은 텔레그램, 트위터, 페이스북, 틱톡 등 8개 소셜 미디어 플랫폼에서 감지됐다.

우리는 중국과 러시아가 악의적 댓글부대와 교활한 소셜 미디어 계정을 운영한다는 걸 알고 있다. 우크라이나는 단순히 대응만 하는 게 아니라 온라인 전쟁에서 승리할 가능성이 있어 보인다. 하지만 민주주의의 보루들도 대용 소셜 미디어 계정을 사용할까? 간단히 말해서, 그렇다.

홈그라운드에서

「워싱턴 포스트」는 2022년 9월에 "주요 소셜 미디어 기업들이 미군이 플랫폼 규칙을 위반하면서 운영 중인 것으로 의심되는 가짜 계정을 식별해서 삭제한" 뒤 국방부가 비밀 정보전을 수행하는 방식에 대한 전면적인 감사를 지시했다고 보도했다.[7] 확실히 트위터와 페이스북은 지난 몇 년 동안 미국에서 생성된 150개 이상의 가짜 계정과 미디어 사이트 계정을 폐쇄했다. 익명의 관리들은 미 중부사령부를 범인으로 지목했다.

일부 계정에는 반러시아적인 이야기를 옹호하는 게시물이 포함되어 있었고, 일부는 코로나19의 기원에 대해 중국이 퍼뜨린 허위 정보에 반박하고 있었다. 또 한 가짜 계정은 사망한 아프가니스탄 난민의 친척들이 이란 측에서 돌려받은 시신에서 장기가 사라져 있었다고 주장했다. 국방부 관계자는 만약 이것이 미군이 꾸민 일이라면 "원칙과 훈련 관행을 완전히 위반한 것"이라고 말했다.

데니스(가명)는 영국 정부의 연구정보통신부RICU를 위해 일하는 기관에서 근무했다. 데니스의 말에 따르면 RICU는 선전 업무를 외부 기관으로 아웃소싱하고, 외부 기관은 NGO 및 민간 조직과 협력한다. 이는 관련 당사자와 그들이 영향을 미치려는 사람들(평소 같으면 정부를 의심했을 사람들)이 더 쉽게 속아 넘어간다는 뜻이다. 또 정부는 이런 방법을 통해 선전과 거리를 두고 직접적인 개입을 부인할 수 있다. 데니스의 이야기는 오픈 데모크라시*openDemocracy*[8]와 미들 이스트 아이*Middle East Eye*가 실시한 조사 내용과 보고를 통해 확인되었다.

이런 민간 커뮤니케이션 채널을 우연히 발견했다면 자신이 선전 내용을 보거나 읽고 있다는 사실을 깨닫지 못했을 수도 있다. 어쩌면 만든 사람 본인도 모를 수 있다. 데니스는 "품질이 너무 좋아서 믿을 수 없을 정도"라면 의심해 보라고 권한다. 그들이 "민간인치고는 너무 훌륭한, 매우 고급스러운 제품"을 생산한다는 것이다. 전문적인 기관은 소셜 미디어 채널을 관리하고, 웹사이트를 구축하고, 동영상까지 제작하는 이른바 360도 계약을 체결한다. "대부분의 자선단체 동영상(이슬링턴*Islington*이나 배터시*Battersea*에 사무실이 있는 대규모 단체가 아닌 경우)은 품질이 별로 좋지 않다. 우리는 소말리아 청소년을 위해 정말 고품질 동영상을 제작했다. 사람들이 그것을 알아차릴 수 있어야 한다."

이 부서의 초기 선전 노력은 주로 무슬림의 태도와 행동 변화, 즉 영국 무슬림의 사고와 행동방식을 바꾸는 쪽으로 집중되어 있었던 듯하다. 데니스는 이것이 테러와의 전쟁 이후 대중과 언론의 압력에 힘입어 급진적인 극단주의에 대해 뭔가 조치를 취하려는 정부의 선한 욕구에서 비롯된 것이라는 걸 강조하고 싶어 했다. 하지만 그 노력이 지나치게 '부풀어 오르면서' 이 부서와 외부 기관은 자신들의 '존재를 정당화'하기 위한 캠페인을 벌였다. 시간이 지나면서 그런 작업이 부정직하게 느껴졌다. "정치 프로젝트는 아무리 의도가 '선해도' 어쨌든 정치적일 수밖에 없고, 결국 사람들이 생각하는 방식을 바꾸려고 노력한다. 그리고 그 비용은 정부 자금으로 충당된다." 그건 물론 국민이 낸 세금이다.

2017년에 런던브리지 테러가 발생한 뒤, 테러 현장에 쳐놓은 저지선 뒤에는 꽃다발과 연대를 상징하는 메시지가 그려져 있었다. 소셜 미디어에는 #TurnToLove, #ForLondon, #LoveWillWin 같은 긍정적인 주제의 해시태그와 지지가 쏟아졌다. 지역 공무원들은 "이슬람 성직자 100명을 보내겠다"는 얘기를 들었다.[9] 언론에서는 종교 지도자와 정치인들의 논평이 울려 퍼졌다. 이런 대응은 대부분 자발적인 게 아니라 영국 정부가 사전에 계획한 것으로 알려졌다. 그들의 목적은 무슬림을 향한 대중의 분노를 누그러뜨리고 폭동이나 보복 없이 재난 '복구' 단계로 신속히 넘어가려는 것이었다.

재난 및 복구 기획자이자 더럼 대학의 위기 및 위험 실무교수인 루시 이스트호프*Lucy Easthope*는 「가디언*Guardian*」지에 기고한 글에서 "테러 공격 이후 여러 도시에 등장한 '아이 하트*I heart*' 메시지가 전부 자발적인 건 아니고 사전에 신중하게 계획된 것"라고 말했다.[10] 그녀는 자신도 긍정적인 감정과 회복력을 단계적으로 표현하는 이런 선제적인 계획안을 직접 작성한 적이 있다고 말했다. 하지만 2017년 맨체스터 폭탄 테러 이후 사람들이 원초적인 슬픔을 드러낼 창이 필요하다는 사실을 깨달았고, 이런 유도된 대응 방식에 대한 생각이 바뀌었다. "학생들을 가르칠 때 이런 상황에서 마치 눈앞에 있는 적에게 우리의 약점을 드러내면 상대방이 이기게 되는 것처럼 '우리는 극복해낼 것이다'라는 메시지부터 먼저 전해야 한다고 주장한 것은 잘못된 것이었다. … 싸움을 수사적으로 표현하는 것은 도를 넘는 일이다. 그보다 먼저 할 일은 그 사건으로 인해 얼마나 큰 상처를 입었는지 인정하는 것이다."

비상 대책 설계자가 '통제된 자발성'이라고 부르는 이런 작전은 불안과 폭동을 방지하고, 속도가 너무 빠르긴 하지만 어쨌든 사람들의 충격과 슬픔을 완화하기 위해 고안된 것이다. 인위적이긴 하지만 좋은 의도인 것은 분명하다. 하지만 재난에 대한 자연스러운 감정 반응을 위장하고 제한하고 서둘러서 묻어버리는 게 과연 건전한 일일까?

자기 자신이나 주변 사람들의 자발성이 통제되고 있는지 어떻게 알 수 있을까? 반응이 빠르고 부자연스러울 정도로 긍정적으로 느껴지거나 충격과 슬픔, 특히 분노가 최소화된다면 반응이 통제되고 있다는 신호일 수 있다. 장기적인 정서적, 심리적 건강을 위해서는 자연스러운 반응을 따르는 게 가장 현명할 수 있다.

영국 정부는 러시아의 봇 활동을 '음흉하다'고 규정했지만, 영국도 자체적인 소셜 미디어 캠페인을 진행하고 있다. 비밀 캠페인에 참여한 '데니스'가 말한 것처럼 이들은 분명히 봇이 아닌 일반 계정을 사용해서 캠페인과 해시태그를 시작한다. 가짜 소셜 미디어 계정 사용, 악의적 댓글 부대, 정부와 그 산하 기관, 군대가 온라인에서 고의로 퍼뜨리는 허위 정보는 우리 정신이 바로 현대의 전쟁터라는 사실을 무엇보다 잘 입증한다. 우리 정신이 단순한 지형이 아니라 목표물이라면 어떨까?

넛지

정부는 시민의 행동을 유도하기 위해 항상 인간 심리학에 대한 지식을 활용해 왔다. 그러나 2000년대 초반 영국과 미국 정부는 정책 결정과 규제에 심리적·행동적 요소를 보다 노골적으로 포함하기 시작했다.

2008년에 『넛지Nudge』라는 획기적인 책이 출판된 후, 이 책의 저자 중 한 명인 캐스 선스타인Cass Sunstein이 오바마 정부의 정보규제국 책임자로 임명되었다. 선스타인은 행정 명령을 통해 다양한 규제 문제에 개입할 수 있었다. 특히 환경보호국이 의회 승인 없이 온실가스 배출을 규제하고 연비 기준을 정할 수 있게 했다. 영국에서는 2010년에 데이비드 캐머런David Cameron의 새로 선출된 연립정부에 넛지 유닛으로 알려진 행동 통찰력팀이 설립되었다.

행동과학은 특히 넛지 유닛을 설립한 데이비드 하펀David Halpern이 쓴 「개인의 책임과 변화하는 행동: 지식의 상태와 공공 정책에 대한 함의」라는 토론 논문이 공개된 뒤부터 정부 관료들의 관심을 받게 되었다.[11] 이 논문은 정부가 넛지를 사용하는 3가지 이유를 제시했다.

첫째, 주요 정책 성과를 달성하려면 시민들의 적극적인 개입과 참여가 필요하다. "정부 혼자 힘으로는 할 수 없다." 근본적으로 개인의 행동이 바뀌어야 한다. 논문에서는 건강을 개선하려면 기꺼이 운동하고 식습관을 바꾸려는 의지가 필요하다는 예를 들었다. 이것은 다른 형태의 정부 개입이 필요한 사회경제적 요인을 고려하지 않고 건강 악화에 대한 책임을 개인에게 돌리는 것이다. 또 사람들이 건강 개선을 원하고, 정부가 이를 달성하는 방법을 가장 잘 알고 있다고 가정한다.

둘째, 이 논문은 개인의 책임을 보호하고 강화해야 한다는 강력한 도덕적·정치적 논거가 있다고 주장한다. 선택설계choice architecture 시스템에서 개인의 책임과 선택이 보존된다고 가정한다. 그러나 넛지와 선택설계가 작동하는 이유는 우리가 특정한 대상을 먼저 선택하도록 잠재의식적으로 유도되기 때문이다. 넛지와 선택권을 인식하고 나면 진정한 선택권을 행사할 수 있다. 자신에게 어떤 선택권이 있는지 모른다면 그럴 '권한이 없는' 것이다.

셋째, 이 논문은 행동과학이 정책 채택을 장려하는 데 비용적인 면에서 효과적인 방법이라고 가정한다. 그것이 제대로 작동하면(넛지가 얼마나 성공적인지 논의한 다양한 연구와 이론이 있다) 넛지를 하지 않았을 때 얻을 수 있는 결과보다 비용이 덜 든다. 물론 토론 측면에서도 비용이 덜 들며, 이는 정책 입안자들에게 큰 매력으로 작용할 것이다.

넛지 사용은 오랫동안 과격한 논평과 부정적인 피드백을 야기했지만 정부는 이를 계속 고집했다. 이유는 분명하다. 넛지는 의무사항이 아니므로 논쟁이나 의견 충돌 없이 실행 가능하다. 다시 말해 사용자가 인지하지 못하는 사이에 구현된다는 뜻이다. 넛지는 상대적으로 비용도 저렴하다. 그래서 일부 학자들은 이를 합의되지 않은 선전이라고 부른다. 사람들은 이에 대한 정보를 받지 못하고 선택을 거부할 자유도 없다.[12]

정부의 넛지는 정부가 국민들에게 가장 좋은 게 뭔지 알고 있다는 가정에 근거한다. '넛지'라는 용어를 창안한 캐스 선스타인의 말처럼 "사람들이 어떻게 생각하는지 알면 그들이 자신과 가족, 사회를 위해 가장 바람직한 것을 더 쉽게 선택하도록 할 수 있다."[13] 우리에게 가장 바람직한 게 무엇인지 아는 사람들이 있다니 대단하지 않은가?

그러나 캐스 선스타인이 깨닫지 못한 것은 넛저 자신을 비롯해 모든 인간은 편견을 가지고 있다는 것이다. 우리에게 가장 좋은 게 무엇인지 안다고 여기는 사람들도 다른 사람과 마찬가지로 비합리적이며, 그들의 맹점과 확인되지 않은 힘이 결합하면 재앙이 발생할 수 있다. 정부 개입으로 의도치 않은 결과가 발생한 사례는 많지만, 아마 그중에서도 가장 유명한 건 '델리 코브라 효과'일 것이다.

영국령 인도제국에서 예전에 코브라 수를 줄이고 싶어서 넛지 방식을 도입했다. 즉 죽은 코브라를 가져오는 사람에게 보상금을 지불하기로 한 것이다.[14] 죽은 코브라가 너무 많아서 이 방법은 큰 성공을 거둔 것처럼 보였다. 정부는 문제가 해결되었다고 여기고 계획을 종료했다. 하지만 사실은 현지인들이 보상금을 받으려고 코브라를 키우고 있었다. 보상금 지급 계획이 종료되자 키우던 코브라들을 풀어주는 바람에 문제가 더욱 악화되었다. 또 어떤 곳에서는 금연 표지판이 흡연을 증가시키는 것으로 나타났다(사람들에게 흡연 욕구를 상기시키는 바람에).[15] '소매치기 조심'이라는 표지판은 실제로 문제를 더 악화시킬 수 있다(표지판을 본 행인은 무의식적으로 자신의 귀중품을 확인하기 때문에 도둑들은 행인이 뭘 가지고 있고 그걸 어디에 넣어뒀는지 알 수 있다).[16]

흡연과 소매치기를 줄이기 위한 캠페인에 이의를 제기할 수는 없다. 하지만 이런 가치 있어 보이는 계획이 사람들의 결심 능력을 공격하는 걸까? 누군가가 흡연을 포기하지 않는다면 그것은 위험성을 이해하지 못하거나 포기할 수 없어서가 아니라, 그런 위험성에도 불구하고 계속 하고 싶기 때문일 수 있다.

넛지를 이용하는 정부는 조작과 속임수를 업무 수행 방식의 중요한 특징으로 받아들였다. 행동경제학에서는 인간은 합리적이지 않고 스스로 그 사실을 알고 있지만 불안과 죄책감에서 벗어나고 싶어 한다고 가정한다. 영국 상원의 위원회 보고서에서는 정부가 국민의 결정을 유도하는 것은 "대리 의지력으로 작용하여 비스킷 통을 잠그는 역할을 한다"라고 지적했다. 이는 본인의 의지력으로는 비스킷을 먹는 걸 멈추지 못하는 아이의 부모처럼 행동한다는 얘기다.[17] 본질적으로 선스타인이나 하편처럼 영리한 사람들은 자신들이 원하는 일을 영리하지 않은 사람들이 하도록 만든다.

2010년 정부연구소 싱크탱크의 『마인드스페이스: 공공 정책을 통해 행동에 영향 미치기』를 쓴 저자들은 '논란의 여지가 있는 행동 변화에 대한 정부 개입의 정당성'을 논하는 데 한 챕터 전체를 할애했다.[18] 그들은 행동과학이 '동의와 선택의 자유에 영향을 미쳐서' 사람들에게 '거부할 기회가 거의 없기' 때문에 '대중의 수용성'이 행동 변화를 진행하기 위한 결정 조건이 되어서는 안 된다고 말한다.

미국과 영국 정부는 기업이 은밀한 넛지와 선택설계를 이용해 고객들의 선택과 시장 경쟁에 부정적인 영향을 미치고 있음을 인정했다. 2022년 9월 미국 연방무역위원회는 조작적인 온라인 디자인 패턴이 소비자에게 어떤 피해를 주는지 살펴본

「다크 패턴을 밝히다」라는 보고서를 공개했다.[19] 영국 정부의 경쟁시장청CMA은「온라인 선택설계: 디지털 디자인이 경쟁과 소비자에게 해를 끼치는 방식」이라는 토론 논문을 발표했다. 이 논문은 선택권을 제시하는 방식에서 발생 가능한 피해에 초점을 맞추는데, 이로 인해 소비자 행동과 경쟁이 왜곡되어 차선의 결정을 내리게 될 수 있다고 한다.[20]

이런 부분에 대한 우려를 '다크 패턴', '다크 넛지'라고 한다. 일반적인 예로는 검색 결과에 나오는 제품 순서, 구독 취소를 위해 거쳐야 하는 수많은 단계, 옵션이 기본적으로 선택되어 있는지 여부, 중요한 정보 숨기기, 우리 기호에 맞지 않을 수 있는 기본적인 선택 사항 설정, 우리 관심이 희소한 제품에 집중되는 방식 활용 등이 있다.

그렇다면 영국 정부는 자체적인 선택설계를 사용할 때 이런 지난 조사 결과를 적용해야 할까? 스코틀랜드 범죄 및 정의 연구센터는 2021년 9월에 영국 정부와 공공기관, 법 집행기관이 사람들의 행동을 변화시키기 위해 행동 변화, 민감한 개인 데이터, 표적 광고를 융합해서 사용하는 문제에 대한 브리핑 문서를 발표했다.[21] 이는 국민과 정부 사이의 관계가 근본적으로 달라졌음을 의미하지만, 이 보고서는 언론의 관심을 거의 받지 못했다.

중앙 정부와 지방 정부는 국가의 행동을 '넛지'하기 위해 검색 엔진과 소셜 미디어 플랫폼에 표적 광고를 게재했다. '통제된 자발성' 프로그램이나 프리벤트(급진화에 대처하기 위한 영국 정부의 프로그램)의 경우와 마찬가지로 이런 프로그램도 외부 기관에 아웃소싱해서 심사와 투명성 문제를 피한다.

이 문서에 소개된 한 사례에서는 내무부가 최근 양초를 구입한 사람들의 구매 데이터를 이용해서 그들이 소유한 스마트 스피커를 통해 화재 안전 광고를 했다고 주장한다. 주택 화재를 줄이려는 건 좋은 의도이며 분명히 이점이 있다. 그러나 다른 맥락에서는 정부의 영향력 증가는 더 해로울 수 있다. 여기에는 개인 데이터 사용도 포함된다. 예를 들어, 전형적인 사이버 범죄자의 프로필을 작성하기 위해 인터뷰에서 입수한 메모를 주의 깊게 활용하는 것이다. 또 취약하고 소외된 집단에 부정적인 관심을 집중하기도 하는데, 이것은 역효과를 낳을 수도 있다. 예를 들어, 유튜브의 드릴 뮤직 팬들을 대상으로 흉기 범죄 방지 광고를 하는 것이다. 이런 범죄 사전 차단 방식은 영화 「마이너리티 리포트_Minority Report_」에 나오는 미래의 감시 상태를 연상시켜 마음이 불안해진다. 그러나 연구원들이 지적한 또 다른 문제는 인터넷에서 흉기 범죄에 대한 언급을 자주 본 젊은 이들은 칼을 소지하는 게 흔한 일이라고 생각하게 되고, 결국 무기를 갖고 다녀야겠다고 결심하게 될 수 있다는 것이다.

연구에 따르면 이제 일선 공공기관과 법 집행기관들도 온라인 행동 프로필, 인플루언서와 '영향력 작전', 고급 마케팅 전략을 기반으로 한 타깃 광고를 사용하고 있다고 한다. 이를 통해 공공기관은 점점 더 구체적인 그룹에 접근하면서 이에 따라 메시징을 맞춤화할 수 있다. 이런 방법도 이점이 있겠지만 갈수록 개인화되는 온라인 세계에서 넛지를 관찰하기 어렵게 만든다. 정부는 온라인 환경과 그에 따른 행동(특정 주제를 검색하거나, 소셜 미디어에서 특정 언어를 사용하거나, 특정 콘텐츠를 보는 등)을 사람들이 동의하지 않는 방식으로 구성해 놓았다. 여러분에게 가장 적합한 검색 결과와 콘텐츠를 접할 수 있도록 보장하겠다고 약속한 정당을 기억하는가? 아마 그들은 투표에서 승리하지 못한 것 같다. 또 이것은 특정한 유형의 승인된 행동이나 유해한 행동에 참여할 '위험이 있다고' 간주하는 집단의 문화를 은밀하게 형성한다. 그중 일부는 원하는 효과를 얻을 수도 있지만, '역타격'이나 예상치 못한 부정적인 반응을 초래할 가능성도 있다. 공동체가 이런 식으로 표적이 되었다는 걸 안다면 어떻게 대응할까? 정부에 대한 신뢰가 높아질까, 낮아질까?

정부의 온라인 선택설계 관행은 선택 압력, 개인정보 침해, 개인 특성에 대한 차별 등 CMA의 관심 분야에 위배되는 듯하다. 가장 중요한 건 넛지가 선택이라고 가정할 때, 그 선택이 기술 안에 은밀하게 내장되어 있기 때문에 무시할 수 없다는 것이다. 결정적으로, 이런 형태로 영향을 미치는 정부는 민주주의와 상충한다. 이런 '하향 방식'은 공공기관이 시민(및 보고서에서 지적한 대로 '이들의 통제를 받지만 시민권은 거부당한 집단')의 온라인 환경, 행동, 문화를 형성할 수 있도록 한쪽 방향으로만 향하는 능력을 제공한다. 정부는 이런 프로그램의 타당성에 대해 대중과 협의한 적이 없다.

정부는 민간 기업의 선택설계 및 넛지 남용을 면밀히 조사하면서 자신들의 행태도 돌아볼 필요가 있다. 더 극단적인 예를 들면, 대출 수수료 스캔들에 대한 초당적 의원 단체 보고서에서는 HMRC(영국 국세청)가 의사소통에 이용한 30가지 행동 인사이트를 대출 수수료 문제로 자살한 7명 중 한 사람과 연결했다.[22] 이 보고서는 완전히 독립적인 조사를 진행하면서 'HMRC의 행동 심리학/행동 인사이트 이용을 주의 깊게 살펴보는' 과정이 포함되어야 한다고 분명하게 말했다. 하지만 아무런 조사도 진행되지 않았고, HMRC는 계속해서 "납세자에게 압력을 가하라"고 촉구하고 있다.

넛지는 우리와 정부의 관계를 변화시켰다. 이것은 넛지 유닛이 출범한 직후부터 예견된 일이었다. 행동 변화에 대한 과학기술특별위원회의 조사에서는 "사람들이 명백히 인식하지 못하는 메커니즘을 통해 행동을 변화시키는 것이므로 윤리적인 문제가 있다"고 지적했다.[23] 그리고 '마인드스페이스'는 다음과 같이 경고했다.

사람들은 정부와의 관계에서 강력한 상호주의 본능을 드러낸다. 즉 국민은 세금을 내고 정부는 그 대가로 서비스를 제공하는 것이다. 정부가 사람들의 행동에 영향을 미치기 위한 법률을 제정하고 조언을 해준다면 이런 거래 모델은 그대로 유지된다. 그러나 정부가 국민의 행동을 미묘하게 변화시키기 위해 강력하고 전 의식적인 효과를 사용하는 게 드러난다면 사람들은 관계가 바뀌었다고 느낄 수 있다. 이제 국가는 '그들', 즉 그들의 성격에 영향을 미치고 있다.

넛지 사용에 대한 공개 협의를 실시하라는 요청은 아직 받아들여지지 않았다. 우리는 캐스 선스타인에게 정부가 넛지를 사용할 수 있는 민주적인 권한이 있다고 생각하느냐고 물어봤다. 그는 현재로서는 정부가 일을 잘 못 하게 만드는 행정적 부담, 장벽, 마찰 같은 '슬러지'에 초점이 맞춰져 있다고 말했다. 다시 말해, 그는 우리 질문을 회피했다. 선스타인은 과거에 음모론을 다루는 방법에 대한 제안 때문에 곤경에 빠진 적이 있어서 인터뷰할 때 조심스러운 모습을 보인 것인지도 모른다.

음모론적 사실 또는 허구

음모론은 종종 사악한 계획을 달성하기 위해 움직이는 권력자들이나 정부의 비밀 계략을 폭로하겠다고 주장한다. 음모론을 정의하는 방법은 여러 가지가 있지만, 일반적으로 중요한 부분은 계획의 정확한 메커니즘을 자세히 설명할 수 없다는 것이다. 음모론은 일반적으로 검증되지 않았고 믿기 어려우며 부당하고 불필요하고 어리석은 것으로 간주한다. 사실 집단, 특히 강력한 집단은 항상 자신의 이익을 높이기 위해 음모를 꾸며왔으므로 이에 대한 이론을 세우지 않는 것은 비합리적이다.

그러나 '음모론'이라는 용어는 1950년대에 철학자 칼 포퍼 *Karl Popper*에 의해 대중화된 이후로 좋지 않은 평판을 얻었다.[24] 그 이전에 세상은 어떻게든 음모론 없이 운영되었지만, 그 이후로 음모론자가 사회 문제로 간주되었다.

2008년에 캐스 선스타인과 아드리안 베르뮬*Adrian Vermeule*은 「음모론」이라는 제목의 학술 논문에서 음모론의 '심각한 위험'에 대응하기 위해 '인지적 침투'라는 정책 아이디어를 제시했다.[25] 이 논문에서 음모론자들을 '극단주의 집단'으로 분류했는데, 이것 자체가 이론화를 위한 극단적인 꼬리표라는 점에 주목할 필요가 있다. 저자들은 정부가 음모론을 무시하거나 반박해서 신빙성을 높이지 말고, '음모론 제공자'를 공격해서 내부에서 사람들의 마음을 바꿔야 한다고 제안했다. 그 방법으로는 신뢰할 수 있는 민간인을 고용해 반박 연설을 하거나, 사회적 순응 및 정보 폭포 효과로 고통받는 집단에 인지적 다양성을 도입하는 것 등이 있다.

정부 요원(및 그 협력자들)은 채팅방, 온라인 소셜 네트워크, 심지어 현실 집단에 들어가서 그들의 사실적 전제, 인과 논리, 정치적 행동의 함의에 의구심을 제기함으로써 사람들에게 스며들고 있는 음모론을 약화하려고 할 수 있다. … 정부가 신뢰성이 있거나 아니면 신뢰할 수 있는 대리인을 통해 행동한다면, 아무도 반박하지 않는다는 이유로 계속 유지되는 믿음을 제거하는 데 성공할 수도 있다.[26]

똑똑한 것인가, 아니면 교활한 것인가? 이 말은 많은 논평가의 포화 표적이 되었다. 음모론이 널리 퍼지는 이유는 사람들이 정부를 불신하기 때문이다. 인지 침투라는 개념은 정부에 대한 신뢰를 높이지 못한다.

인지 침투는 실행되지 않았을 수도 있다. 그냥 학술지에서 논의하기 위한 아이디어였을지도 모른다(그러기를 바란다). 하지만 선스타인은 '보잘것없는 사람'이 아니라 존경받는 행동과학자이자 오바마 대통령의 친구다. 유엔, 유럽연합 집행위원회, 세계은행 관계자들에게 조언을 해왔다. 2020년에 세계보건기구WHO는 그를 행동 통찰 및 과학 부서의 기술자문그룹 의장으로 임명했다.

그의 제안은 음모론이 거짓이고 정당하지 않으며 해로운 경향이 있다는 가정에 기초한다. 선스타인은 언론의 자유, 제도적 견제와 균형이 존재하는 공개 사회에서는 비밀이 오래 유지될 수 없기 때문에 음모론은 일반적으로 정당하지 않고 거짓이라고 주장했다. 그러나 이것은 사실이 아니다. 일부 음모론은 오랜 시간이 지난 후 옳다는 사실이 입증되기도 했다. 심지어 논문에서도 MK-울트라(CIA가 자금을 지원한 비밀스러운 정신 통제

연구)를 예로 들어 이를 인정하고 있다.

MK-울트라는 정부가 시민을 오도하거나 실험 대상으로 삼은 유일한 사례가 아니다. 음모론이 때때로 진실로 밝혀진다는 걸 증명하는 몇 가지 사례가 더 있다.

영국의 악명 높은 과학기관인 포턴 다운Porton Down은 생물학 무기의 영향을 연구하기 위해 1963년에 런던 지하철 노던 라인에 의도적으로 탄저균을 방출하고도 런던 시민에게 건강에 대한 경고나 확실한 후속 조치를 하지 않았다.

영국 국방부에서 소련의 공격을 받을 경우 영국의 취약성을 평가하기 위해 1949년부터 1979년 사이에 이와 유사한 비밀 실험을 200건 이상 진행한 것으로 추정된다. 한 보고서에 따르면 군 관계자들은 혹시 '꼬치꼬치 캐묻는 사람이 있으면' 해당 실험이 '날씨와 대기 오염에 관한 연구 프로젝트의 일환이라고 전하라'는 지침을 받았다고 한다. 발표된 보고서 중 '형광 입자 실험'이라는 챕터에서는 비행기를 이용해 영국 북동부부터 콘월 끄트머리 지역에 사는 사람들에게 황화아연 카드뮴을 살포했다고 폭로했다.[27] 카드뮴은 인간에게 발암 가능성이 있는 물질이다.

노스우드 작전은 미국 시민을 대상으로 제안된 위장 작전이었다. 이 계획은 CIA 요원들이 미국 군대와 시민들을 상대로 테러 행위를 저지른 뒤 이를 쿠바 정부 탓으로 돌려 쿠바와의 전쟁을 정당화하는 것이었다. 이 제안은 케네디 대통령에 의해 거부되었다.

최근에 헌터 바이든*Hunter Biden*의 노트북[28]처럼 한때 '음모론'으로 치부되던 뉴스 기사가 공개되면서, 어떤 사람들은 음모론과 뉴스의 유일한 차이는 6개월이라는 시간뿐이라는 농담까지 하게 되었다.[29]

가장 이상한 이론 중 하나는 비밀 정부기관이 과거에는 유해한 프로젝트를 진행했지만, 이제는 그러지 않는다는 것이다. 이런 관행에는 마감일이 없다고 가정하는 게 논리적이다. 그러나 모든 불행한 상황이 전부 음모론이라거나 재난 피해자는 모두 위기를 연기하는 사람들이라고 가정하는 것도 위험할 수 있다. 다음에 발생하는 위험은 당국이 이런 잘못된 음모론을 인터넷의 허위 정보라고 비난하고, 자신들이 신뢰할 수 없는 방식으로 행동한 것에는 책임을 지지 않는 것이다.

인지 침투라는 치명적인 프로그램이 실행되었는가? 이것을 추측하다 보면 우리가 음모론자가 될 것이다. 진실은 우리가 모른다는 것이다. 그러나 정부에는 나름의 방식이 있다. 한가지 예로 FBI의 방첩 프로그램인 코인텔프로*COINTELPRO*가 있는데, 1956년부터 1971년까지 채팅방이 아닌 실생활 속에서 일어난 일이다. 태즈메이니아 대학 철학과 수석 강사인 데이비드 코디*David Coady* 박사는 다음과 같이 말했다.

(그 일은) 아이젠하워부터 닉슨에 이르기까지 모든 미국 대통령의 승

인을 받았다. 민권 운동, 반전 운동, 그리고 다양한 페미니스트와 반식민주의 단체를 비롯해 정치적 좌파 등 여러 정치 조직에 침투해서 그들을 방해하고 불신을 심어주는 게 목표였다. 가장 악명 높은 FBI의 프레드 햄튼*Fred Hampton* 살해와 마틴 루서 킹*Martin Luther King*에 대한 불법 감시뿐만 아니라, 그를 자살로 몰고 가려고 시도했던 것도 관련 증거가 많이 남아 있다. 선스타인과 베르뮬은 코인텔프로에 대해서는 언급하지 않았는데 이는 아마도 그들의 주장과 잘 맞지 않기 때문일 것이다. 결국 코인텔프로를 폭로한 것은 자유 언론의 용감한 취재 기자나 열린 사회의 다른 기관이 아니라 'FBI 조사를 위한 시민위원회'라는 좌파 '음모론자' 그룹이었다. 이들은 FBI 사무실에 침입해서 해당 프로그램과 관련된 문서를 훔쳤다.[30]

볼테르*Voltaire*가 말했듯이 "정부가 틀렸을 때 옳은 일을 하는 건 위험하다."[31] 여러분은 대화방이나 현실 집단에서 활동할 때 정부가 잠입시킨 자들의 술책으로부터 자신을 방어할 필요가 없기를 바란다. 우리가 할 수 있는 가장 중요한 일은 관심 분야의 조직에 가입하거나 논쟁을 벌이는 걸 단념하지 않는 것이다(그렇다고 비이성적인 토끼굴에 뛰어들라는 말은 아니다). 그리고 그다음으로 중요한 일은 '음모론자'라는 꼬리표를 거부하는 것이다.

음모론자는 현대의 이단자이다. 이는 종종 권력에 도전한다는 뜻이다. 이들이 제기한 많은 이론이 사실이며, 다른 이론들에 대해서는 합리적인 의견이 여러 갈래로 나뉘어 있다. 음모가 발생했는지 여부에는 논란의 여지가 없는 상황이 많은데, 유일한 문제는 어떤 이론이 사실인지이다. 어제의 음모론이 시간이 지나 전부 사실로 밝혀지는 건 아니지만, 꼬리표를 어느 정도 겸허히 받아들여야 할 정도로 자주 발생한다.

'음모론'을 경멸적인 의미로 사용하면, 의문을 제기하거나 권력자들이 속임수에 가담할 가능성을 조사하는 것 자체에 문제가 있다는 태도에 기여하게 된다. 이것의 최종 효과는 속임수에 연루될 수 있는 권력자들의 이익에 도움이 되는 방식으로 사람들을 침묵시키는 것이다. 따라서 음모를 강력하게 비판하면 오히려 음모론이 번성할 수 있다.

가짜 뉴스와 음모론에 대한 공포는 반대 견해와 이론을 무력화하려는 당국의 강력한 모습을 반영하기도 한다. '가짜 뉴스'라는 용어는 도널드 트럼프가 만들었지만(어쨌든 그는 그렇게 주장한다), 이후 트럼프 반대자들 사이에서 친트럼프 뉴스를 지칭하는 용어로 인기를 끌었다. 코디의 말에 따르면, 트럼프 비판자들은 용어 자체가 아니라 그 용어를 사용하는 방식에 이의를 제기한다. 가짜 뉴스는 트럼프에게 적용되어야 하는 말이지, 그가 무기처럼 휘둘러서는 안 된다는 것이다.

많은 국가에서는 어떤 식으로든 가짜 뉴스를 금지하는 법안을 도입했다. 프랑스에서는 마크롱_Macron_ 대통령이 선거 기간 중에 인터넷에 가짜 뉴스를 퍼뜨리는 것을 금지하는 법안을 통과시켰다. 그는 "자유 민주주의를 보호하려면 강하고 명확한 규칙이 있어야 한다"고 말했다.[32] 요약하자면, 자유 민주주의를 보호하기 위해 자유 민주주의의 기본 원칙인 언론의 자유가 금지된 것이다.

　일부 허위 정보 전문가와 팩트 체크 담당자는 근거 없는 믿음을 깨고 조잡한 기사를 바로잡기 위해 최선을 다하는 것처럼 보인다. 풀팩트 최고경영자인 윌 모이는 "가짜 뉴스에 대한 도덕적 공황이 정부의 과잉 반응을 야기하고 있다"라고 생각한다. 그는 정부가 합법적이지만 유해한 콘텐츠를 제거하는 것과 알고리즘의 불투명성을 우려한다. 그는 정부가 빅 테크를 압박해야 한다고 생각하지만, 현재는 "개방적이고 투명한 민주적 감독 과정 없이 민간 정부가 빅 테크를 압박해서 콘텐츠를 제거하게 하거나, 사람들이 보거나 공유할 수 있는 내용을 바꾸기도 한다(즉 우리가 온라인에서 할 수 있는 일을 이들이 결정하는 것이다)." 그러나 이것이 전부 나쁜 것만은 아니다. "이렇게 정보가 민주화된 시대에 살고 있다는 건 놀라운 일이다. 이것이 앞으로 어떻게 전개될 것인지에 대한 두려움도 있지만 그것을 영광스럽게 받아들여야 한다. 위험성에 대해 생각하고 또 개인적으로 어떻게 행동해야 하는지도 고민해야 하지만 단점만 얘기해서는 안 된다."

　윌 모이가 빅테크에 대한 정부의 압박을 우려하는 건 이해가 되지만, 이게 풀팩트의 자금 조달과도 관련이 있을까? 2021년에 이 웹사이트는 페이스북에서 48만 1,106파운드, 구글에서 23만 5,222파운드를 받았고, 매달 검색 대기업에 7,300파운드 상당의 무료 광고를 게재했으며, 구글 자원봉사자들이 AI 도구 구축도 도와줬다고 보고했다. 왓츠앱과 백신 보조금 프로그램 등을 통해서도 돈을 받았다. 이런 자금이 풀팩트의 무결성을 훼손하고 빅 테크에 대한 편견을 조성할까? 호의적인 시선으로 보자면, 풀팩트는 완전한 투명성을 보장하면서 사람들에게 스스로 판단하라고 제안한다.

정치인의 과장된 약속과 주장에 대한 일반적인 폭로도 그렇지만, 조직이 나중에 진행하는 모든 팩트 체크가 정밀 조사를 거치는 것은 아니다. 정보가 발전함에 따라 팩트도 변한다는 사실은 팩트 체크 서비스의 치명적인 결함 중 하나다.

2021년 8월의 팩트 체크에서는 왕립 산부인과 대학의 말을 인용해 "백신 성분이 모유를 통해 아기에게 전달될 수 있는 메커니즘이 없다"고 밝혔다.[33] 하지만 2022년 9월에 발표된 한 연구에 따르면 인간의 모유에서 코로나19 백신의 메신저 RNA가 검출되었다.[34] 검출된 양은 적었지만 이것은 전달 메커니즘이 존재한다는 뜻이다. 그러니 "메커니즘이 존재한다는 증거가 없다"는 표현이 더 정확하고 공정했을 것이다. 풀팩트는 "이 기사에 포함된 정보는 기사 작성 당시 이용 가능한 최신 증거와 공식적인 지침이었다"라고 밝혔다. 그러나 증거가 바뀌었다. 빅테크 플랫폼이 당시 이런 과학적인 사고를 이용해서 자신들이 자금을 지원하는 팩트 체크 조직이 계정을 검열하거나 섀도 밴하도록 승인했다면 그것은 온당치 못한 행동이다.

코로나19 바이러스가 연구실에서 누출되어 발생했다는 이론은 팩트 체크의 오류 가능성에 대한 가장 최근의 예시 중 하나다. 다양한 매체와 팩트 체크 기관은 연구실 유출에 대한 아이디어를 단호하게 반박했다. 대표적인 사례로 「포브스」는 "우한 연구소 유출 가설은 음모론이지 과학이 아니다"라는 제목의 기사를 실었다.

팩트 체크 전문가와 언론은 왜 시간이 지날수록 가능성이 커 보이는 바이러스의 그럴듯한 기원 중 하나를 그렇게 부인하려고 하는 걸까? 이런 팩트 체크는 마음이 열려 있어야 하는 시기에 공론화와 아이디어 수용 가능성을 왜곡했다. 실제로 주요 공중 보건학자들은 이 바이러스가 인간이 만든 것이고 우연히 실험실에서 유출되었다고 개인적으로 추측했지만(유출된 이메일을 통해 알려진 사실이다), 더 이상의 논쟁은 중국 과학계와 '국제적 조화'에 해를 끼칠 것이라고 우려했다. 『바이럴Viral: The Search for the Origin of Covid』의 공동 저자인 매트 리들리Matt Ridley는 이렇게 말했다. "이 이메일은 개방성과 투명성이 애석할 정도로 부족한 서구 과학자들이 매우 그럴듯하다고 생각되는 가설을 정치적인 이유로 폐기하는 데 더 관심을 기울이는 모습을 보여준다."[35] 2022년 11월 「텔레그래프Telegraph」지는 "영국 전문가들은 코로나19 연구실 누출 이론이 사실일 수도 있다는 말을 들은 지 몇 주 만에 그 이론이 폐기하도록 도왔다"고 보도했다.[36]

반대 의견 억압

팩트 체크 전문가는 우리가 관찰할 수 있는 방식으로 논란을 억제하지만 정부는 이 과정을 불투명하게 진행한다. 2022년 1월 나딘 도리스*Nadine Dorries* 내각장관은 하원에 출석해서 허위 정보 및 역정보 처리 부서가 이해할 수 없는 자체적인 재량에 따라 시민들의 온라인 발언을 검열한다고 자랑했다(아마 내각 사무처의 신속 대응 부서나 디지털, 문화, 미디어, 스포츠부의 허위 정보 대응 부서를 말한 것으로 추정된다). 2023년에 진행된 빅 브라더 워치*Big Brother Watch*의 조사에서는 정부 비밀 부서가 빅 테크 플랫폼에 연락해 비판적이지만 완전히 합법적인 콘텐츠를 삭제해 달라고 요청하는 경우가 얼마나 많은지 드러났다.[37] 미국에서도 공화당 출신 법무장관이 바이든 행정부가 코로나19 팬데믹 기간 동안 표현의 자유를 검열하고 소셜 미디어와 공모했으며 「뉴욕포스트*New York Post*」가 헌터 바이든의 노트북 기사를 폭로하지 못하도록 억압했다는 이유로 행정부를 고소했다.

정부가 고의로 허위 정보를 흘리는 경우도 있지만, 이 경우에는 물론 그것을 허위 정보라고 하지 않는다. 프랭크 스넵*Frank Snepp*은 CIA를 그만둔 뒤에 쓴 책『적당한 간격*Decent Interval: An Insider's Account of Saigon's Indecent End Told by the CIA's Chief Strategy Analyst in Vietnam*』과 그 후의 인터뷰에서 CIA가 언론인에게 의도적으로 허위 정보를 제공한다고 주장했다. 그중 가장 극적인 것은 베트남 전쟁이 끝나갈 무렵 사이공에서 '대학살'이 일어날 가능성이 있다는 정보였다. "CIA가 말하는 역정보는 단순한 허위 정보가 아니라 가장 역겨운 종류의 정보다. 그리고 사람들에게 들키곤 한다. CIA가 실제로 그 얘기를 할 때는 별로 역겨운 부분이 없다. 다큐드라마처럼 현실과 동떨어져 있는 정보이기 때문이다. 하지만 CIA의 정의에 따르면 거짓을 받아들이지 않는 게 아니라 진실의 일부를 받아들여야 한다."

요즘에는 빅 브라더가 전보다 덜 관대해진 것 같다. 영국 공무원 조직에서 유출된 문서에 따르면, '다양성 및 포용성' 원칙에 따라 외부 연사를 주선하는 공무원들은 연사 몰래 그의 배경을 조사해서 그가 최근 5년 안에 소셜 미디어나 다른 곳에서 정부와 관료 또는 정책에 반대하는 발언을 한 적이 있는지 확인한다. 이 문서에는 행사가 진행되기 한참 전에 조사를 완료해야 한다고 명시되어 있으며, 약 10페이지 정도의 검색 결과와 링크를 확인하고 조사 결과를 문서로 작성하라고 제안한다. 익명을 요구한 한 공무원은 "공무원의 가치라는 미명아래 정부 정책에 대한 반대 의견은 은밀하게 억누르고, 순응하는 목소리만 들리는 게 심히 우려된다"라고 말했다.

이것은 이례적인 검열 행위다. 정부는 어떤 주제에 대해서든 비판자들의 의견을 들을 수 있을 만큼 강건해야 한다. 극단적으로 말하면, 이런 검열을 통해 기존의 정치적 수장이 진행한 단일 정책에 반대 의견을 표명한 숙련된 전문가들이 공무원에게 연설하는 걸 막을 수 있다. 그러나 이것을 제대로 이해하면 부패가 얼마나 심각한지 알 수 있다. 정부가 세워둔 벽 안팎에서 반대 의견이 모두 억압되는 것이다.

잘못된 이론 때문에 음모론자로 낙인찍히지 않는다면 아마 미치광이로 치부될 것이다. 레이첼 샤먼*Rachel Sharman* 박사는 기후 변화를 의심하는 사람은 정신 질환이 있다고 가정했다.[38] 코디는 심리학이라는 직업을 종교 재판에 비유한다. 음모론을 병리화하기 때문이다. 그는 "가장 극단적인 사례는 소련에 정치적 반체제 인사들이 가득한 정신병원이 있었던 것이다. 서구에서는 아직 그 단계에 이르지는 않았지만 자신과 다른 정치적 견해나 회의론을 가진 사람들을 정신병자나 해로운 인물로 분류하는 걸 볼 수 있다"라고 말했다.

그는 사람들이 '음모론자'라는 말을 두려워하지 말고 자부심의 상징으로 여겨야 한다고 생각한다. '마녀'와 '퀴어'가 사람을 폄하하는 표현으로 사용되다가 명예를 회복한 것처럼 '음모론자'라는 말도 명예를 되찾아야 한다는 것이다.

언어는 조작의 중요한 도구다. 우리는 항상 자신이 처한 사회적 환경을 설명하는 새로운 용어인 신조어에 경각심을 가져야 한다. 이런 용어는 대부분 선전 도구다. 음모론도 그런 용어 중 하나이고, 가짜 뉴스도 마찬가지다. 이것은 사람들을 조작하고 검열하기 위한 새로운 용어다. 전 세계 국가에서 가짜 뉴스를 금지하는 법률을 도입하고 있다. 가짜 뉴스가 무엇인지는 누구도 제대로 설명할 수 없다. 이 광기가 멈추면 마녀와 이단자를 화형에 처하는 것처럼 완전히 기괴한 일로 여기게 될 것이다. 음모는 항상 발생했고 앞으로도 그럴 것이다. 정치계에서는 늘 그런 일이 있었다. 이것은 거대한 사기 행위다.

비합리적인 신념에 빠지지 않도록 조심해야 하고, 어느 정도 회의적인 태도를 취하는 것도 좋은 생각이다. 분명하게 말하지만, 이건 난해한 음모론을 육성하고 장려하라는 얘기가 아니다. 토끼굴에서 길을 잃거나 시간을 낭비하지 말자. 그보다는 이런 신조어를 폄하하려는 의도가 있다는 것을 인식해야 한다. 이건 사이언톨로지가 탈교자를 '억압적인 사람'이라고 부르거나, 종교계에서 '불신자' 또는 '배교자' 같은 비호의적인 용어로 사람들을 분류하는 것과 같은 맥락이다. 누군가를 음모론자라고 부르면 그는 결국 불신자로 분류되어 그의 말은 전부 무시된다. '음모론'이라는 개념에 좀 더 관대해져야 한다. 약간의 이단은 우리에게 유익하다.

빅 브라더와 그 대리인이 외국인과 정부뿐만 아니라 우리를 상대로도 선전과 심리전을 사용한다는 걸 확신할 수 있는 증거가 많다. 국가가 내게 가장 이익이 되는 방향으로 이끌어 줄 것이라고 마음 편히 믿을 수도 있고, 아니면 항상 경계 태세를 갖추고 관찰하는 것을 선호할 수도 있다. 정부는 국민이 새로운 정책을 따르도록 유도하는 데 의존하고 있다. 그들은 부지불식간에 우리 행동과 성격에 은밀한 영향을 미치고 싶어 한다. 그리고 정부가 항상 시민 개인의 최선의 이익을 위해 행동하는 건 아니다. 전략적 목표를 추구할 때는 절충안이 공정한 게임으로 간주될 수 있다.

플리머스의 느메Nme가 제작한 유명한 거리 예술작품에 쓰여 있듯이 "세상은 그렇게 나쁘지 않다. 짜증 나는 건 너희 정부다." 그들은 자신들이 배후 조종자라고 말한다. 그 말을 믿자.

규칙

- 국내외 정부가 다양한 매체를 이용해 여러분을 겨냥한 선전 캠페인을 진행하고 있다는 사실에 유의하자.
- 민간 조직의 커뮤니케이션, 소셜 미디어, 동영상 제작 수준이 너무 높아서 진짜 같아 보이지 않는다면 실제로 진짜가 아닐 수도 있다는 걸 알아야 한다.
- 회의적으로 생각하고, 질문을 던지고, '음모론자'라는 말을 두려워하지 말자.

12장
선택권을 고려하자

조작의 핵심은 동의다. 자신이 결정한 것이라고 생각했을 때만 어떤 선택을 받아들이게 된다. 사람들이 자신에게 통제권이 없다고 느낄 때는 설득이 역효과를 낳는다. 정말 자신에게 선택권이 있는 건지, 아니면 환상에 불과한 건지 알아봐야 한다.

통제의 환상

악마는 항상 우리에게 선택권을 준다.

파우스트*Faust*가 무한한 즐거움과 지식을 얻으려고 기꺼이 자기 영혼을 바친 일이나 블루스의 거장 로버트 존슨*Robert Johnson* 이 기타와 타의 추종을 불허하는 연주 실력을 위해 자기 영혼을 교환한 것 등 우리가 잘 아는 이야기 속에는 자신의 자유 의지로 거래하는 이들의 사례가 가득하다. 이런 이야기의 주인공은 어떤 길을 택할지 스스로 선택할 수 있기 때문에 '교차로에서' 이야기가 진행된다. C. S. 루이스*C. S. Lewis*는 "지옥에 있는 자들은 모두 지옥을 선택한 것이다"라고 했다.[1]

이런 이야기는 성경부터 현대 공상과학 영화에 이르기까지 다양하다. 구약성서는 이브가 금지된 열매를 맛보려고 하지 않았다면 우리 모두 낙원에 살고 있었을 거라고 말한다. 뱀은 이브에게 사과를 먹으라고 강요한 게 아니라 그녀의 자존심을 이용했다. 「매트릭스*The Matrix*」의 주인공 네오*Neo*는 자기 의지로 빨간 약을 골랐을 때만 가상현실에서 나갈 수 있었다. 나중에 네오는 시뮬레이션 세계의 설계자를 만났는데 설계자는 이렇게 말했다. "모든 피험자에게 선택권을 주면, 거의 무의식적인 상태에서 선택권을 인식했음에도 99퍼센트가 프로그램을 받아들인다."

여기서 중요한 원칙은 '통제의 환상'이다. 즉 사람들은 세계와 자신의 결정에 대해 어느 정도 주체성을 갖고 있다고 믿을 때만 행복하다는 얘기다.[2] 이런 자율성이 없으면 정신이 괴롭다. 탈출할 수 없는 우리 안에 갇혀서 전기 충격을 받는 개를 상상해 보자. 연구 결과에 따르면 개를 탈출 가능한 우리로 옮겨도 이미 무기력함을 학습한 탓에 계속 누워서 전기 충격을 받아들인다는 사실이 밝혀졌다.[3] 반면, 심리학 연구에서는 통제감을 소득 증가[4]부터 수명 연장[5]에 이르기까지 여러 가지 긍정적인 삶의 결과와 지속적으로 연결했다.

하지만 통제의 환상은 실제로 환상일 뿐임을 시사하는 증거가 많이 있다(이론의 여지가 있긴 하지만). 우리가 의식적인 선택이라고 믿는 것이 사실은 사후 합리화에 불과할 수도 있다.[6] 이 착각은 너무 중요해서 사람들은 자유 의지를 박탈당했다고 느끼면 반항적이 되어 소위 '반발심'을 드러낸다.[7] 이는 뭔가를 강요당했다고 느낄 때 고의적으로 순종하지 않을 수도 있다는 뜻이다. 담배를 피우지 말라는 꾸지람을 들은 십대 청소년이 "엄마 아빠, 이미 늦었어요. 난 지금 내가 구할 수 있는 가장 큰 쿠바산 시가를 피우고 있다고요!"라고 말할 때 벌어지는 일이다.

사실 금연 메시지에는 '아이러니한 과정'이 존재할 수 있다. 사람들이 담배를 끊게 하려고 겁을 주거나 수치심을 느끼게 하면, 그들은 자신에게 자유 의지가 있다는 걸 느끼기 위해 담배를 더 많이 피울 수도 있다.[8] 그들은 광고, 특히 감정적으로 조작된 광고의 지시를 받고 싶어 하지 않는다.

「광고 저널」에 발표된 한 실험에서 밝혀진 것처럼 우버Uber의 "마스크를 쓰지 않으면 탈 수 없습니다" 캠페인이 역효과를 냈을지도 모르는 것도 이런 이유 때문이다.[9] 연구에 따르면 이 캠페인은 사람들의 자유의식을 위협했고 실제로 순응의 가능성을 낮췄다. 또 우버라는 브랜드에 대한 태도도 악화되었다.

조작자는 우리가 스스로 선택하고 있다는 느낌을 줌으로써 이익을 얻는다. 그들은 우리에게 불리한 방향으로 일을 꾸미면서도 결국 그것이 우리가 선택해서 받아들인 일처럼 느끼게 한다. 42개 연구를 종합한 한 메타 분석에서는 "마음대로 하세요" 순응 기법("선택은 여러분이 하는 겁니다" 또는 "본인이 원하는 경우에만" 같은 문구로 요청을 종료하는 것)을 사용할 경우 순응하는 사람이 2배나 늘어나는 것으로 나타났다.[10]

전 FBI 인질 협상가인 게리 노스너는 이 순응 기법을 상대방이 내가 원하는 방향으로 움직이도록 만드는 핵심 원칙으로 꼽았다.

상대방에게 뭔가를 강요하려고 하지 말고 인내심을 갖고 시간을
투자하는 게 중요하다. 세게 밀어붙일수록 상대가 저항할 확률이
높아진다. 그러면 사람들은 마음을 닫는다. 우리는 중고차 판매원
이라고 하면 떠오르는 고정관념(고객을 심하게 압박해서 현장에서 거래를
끝내려고 하고, 사람을 꼼짝달싹하지 못하게 만드는)에 대한 농담을 자주 한
다. 하지만 그것은 뭔가를 판매할 때 좋은 방법이 아니다. 난 "여기
저기 둘러보면서 천천히 고르세요"라고 말하는 직원을 원한다.
노새처럼 사람도 완고하다는 평판을 듣곤 한다. 그들을 잘 이끌면
원하는 방향으로 데리고 갈 수 있을지도 모른다. 하지만 뒤로 돌아
서서 노새를 밀려고 하면 노새의 작은 뇌는 자기가 지금 강요당하
고 있다고 느낄 것이다. 솔직히 사람도 다르지 않다. 사람들은 자신
을 너무 세게 몰아간다고 느끼면 여러분을 따르지 않을 것이다.

이것이 말 조련사인 몬티 로버츠Monty Roberts가 쓴 『인간을
위한 상식Horse Sense for People』이라는 책의 핵심이다.¹¹ 야생마는 힘
으로는 길들일 수 없다. 억지로 쫓아가면 도망가지만 그냥 왔
던 길을 되돌아가면 말은 발길을 멈추고 위협받지 않는 상태에
서 호기심을 품고 멀리서 따라오기 시작할 것이다.
　우리도 자유가 위협받고 있다고 느끼면 겁을 먹을 수 있
다. 따라서 세뇌자는 우리에게 여전히 통제권이 있다는 착각을

유지한 상태에서 우리 선택에 영향을 미치기 위해 온갖 기술을
모두 동원한다.

선택설계

실습을 하나 해보자. 두 자리 숫자를 생각해 보라. 숫자는
모두 홀수여야 하고 서로 달라야 한다. 그리고 10에서 50 사이
의 숫자여야 한다. 아래 각주의 숫자를 선택했는가?* 대부분의
사람이 이 숫자를 선택하는데, 그들도 여러분처럼 이것이 전적
으로 본인의 결정이라고 믿는다.[12]

이것은 마술사가 관객이 깨닫지 못하는 사이에 그의 선택
(예를 들어 숫자)을 통제하는 '강제'라는 마술 원리 때문이다.[13] 1에
서 10 사이의 숫자 중 하나를 선택하라고 하면 7이 가장 인기
있는 선택인데 이를 전형적인 반응 패턴이라고 한다.[14] 또 다른
트릭은 카드를 섞을 때 그중 하나를 좀 더 오랫동안 보여줘서
돋보이게 하는 것이다. 이렇게 하면 최대 98퍼센트의 사람들이
해당 카드를 선택하게 된다.[15] 좀 더 간단히 말하면, 마술사는
여러분이 모든 카드가 동일하다는 사실을 알아차리지 못한 채
카드를 한 장 선택하도록 할 수 있다.

---

* 37

영업 분야에는 영업사원이 자신에게 이익이 되는 선택권 두 가지를 제시하는 '양자택일 마무리'라는 기술이 있다. 대표적인 예는 웨이터가 고객에게 생수를 마실 건지 탄산수를 마실 건지 묻는 것인데, 이때 무료로 제공되는 수돗물에 대해서는 언급하지 않는다. 또 '흡슨Hobson의 선택'이라는 것이 있는데, 실제로 이용 가능한 옵션이 하나뿐인 경우의 선택을 말한다. 이 것은 마구간 주인인 토머스 흡슨Thomas Hobson이 고객에게 문에서 가장 가까운 말을 선택하지 않으면 말을 빌려줄 수 없다고 한 데서 유래되었다고 한다. 고객은 싫으면 그만두면 된다.

마찬가지로 '선택설계'라고 하는 옵션 제시는 어떤 옵션을 선택하게 될 것인지에 영향을 미친다. 오스트리아의 버거킹 매장에서는 '뉴노멀의 시대'가 도래한 지금 고기는 '더 이상 당연한 게 아니다'라고 선언했다. 그들의 모토는 "노멀? 아니면 고기 포함?"이다.[16] 육류 대체품 제조업체인 퀀Quorn이 영국에서 진행하는 광고에는 동물들이 인간에게 이제 퀀 제품만 먹고 '대체품'은 생각도 하지 말라고 촉구하는 내용이 나온다.[17] 두 가지 캠페인 모두 '디폴트 효과default effect'를 교묘하게 사용했다. 즉 한 가지 옵션이 기본인 것처럼 보이도록 설정하면 사람들이 해당 옵션을 선택할 가능성이 크다.[18] 그 선택이 사회적으로 더 안전하고 심리적으로도 쉽다.

조작자는 환상에 불과한 선택권을 제공해서 참여 근거를 정하고 자신에게 이익이 되는 방식으로 선택권 범위를 제한한다. 실제로는 그들이 제시한 두 가지 거짓 선택권 외에도 무한히 많은 다른 선택이 존재할 수 있다.

이 원칙을 가장 명백하게 활용하는 곳은 정치권이다. '투표의 역설' 원리는 정치에 참여하려면 많은 시간과 노력, 지적 능력이 필요하다. 하지만 개인의 단일 투표는 통계적으로 결과에 전혀 영향을 미치지 않고, 정치인이 실제로 약속을 지킬 가능성은 작으며, 이런 약속이 우리 일상생활에 실질적인 영향을 미치는 경우는 별로 없기 때문에 투표는 비합리적이라고 주장한다.[19] 또 두 정당 중 한쪽이 유권자의 복잡한 개인적 요구를 모두 만족스럽게 충족시킬 가능성은 거의 없다. 좌파와 우파(같은 새의 양쪽 날개), 또는 블루팀과 레드팀(둘 다 같은 경기를 하는) 중 하나를 선택하는 것은 사실 공허한 선택이거나 잘못된 이분법일 수 있다.

영국에서는 진보적이라고 알려진 노동당 정부가 전례 없는 대규모 감시 시스템을 도입했다. 그 후 보수당 정부는 동성 결혼을 입법화했다. 해당 문제에 대한 개인의 견해에 관계없이, 이런 법률은 각 정당에게 예상했던 방향과 반대되는 방향으로 진행되었다. 만약 다른 당이 집권했다면 상황이 많이 달라졌을까?

전 세계 모든 정부는 성향이 진보적이든 보수적이든 아니면 다른 어떤 성향이든 상관없이 정확히 같은 방식으로 봉쇄 조치를 시행했다. 투표의 목적은 발언권을 갖는 게 아니라 자신이 발언권을 갖고 있다고 느끼게 하기 위한 것일지도 모른다. 투표용지에 서명하는 것은 통제 동의서에 서명하는 것과 같으며, 거짓 이진법 너머에 존재하는 무한한 가능성을 보지 못하게 한다.

정치인들은 아마 거의 인류학적 기능을 수행할 것이다. 왕을 희생양으로 삼고, 목적을 달성한 뒤에는 그를 죽였던 과거 부족들의 모습이 떠오른다.[20] 모든 정치 지도자의 지지율은 거의 동일한 패턴을 보여준다. 임기를 시작할 때는 지지율이 높지만 임기 내내 대중이 자신의 모든 좌절감을 지도자에게 표출함에 따라 지지율이 떨어지다가 결국 상징적인 희생과 새로운 왕의 즉위 시기가 다가온다. 미국에서는 경제 문제가 생기면 대통령을 비난하지만, 영국에서는 총리를 비난한다. 두 경우 모두 이익을 얻는 금융가나 재벌이 아닌 정치인들에게 관심이 집중된다. 어떤 정치인에게 투표하면 사람들의 주의가 딴 데로 쏠리고 자신에게 선택권이 있는 것처럼 느끼게 된다.

거짓 이진법 외에도 마술에는 강제 기술이 많지만, 이 둘에는 두 가지 공통점이 있다.[21] 첫째, 결정이나 결과에 중대한 영향을 미쳐야 한다. 둘째, 관객이 자기 마음대로 선택해서 결과를 통제할 수 있다고 느껴야 한다. 이런 인식 부족이 매우 중요하다. 마술사가 특정한 결과를 목표로 하고 있다는 것을 관객이 깨닫지 못해야 한다.

심리학 교수이자 매직 서클 회원인 구스타프 쿤은 남다른 통찰력을 가지고 있다. 그는 "강제 기술을 이용하면 자신에게 선택권이 있는 것처럼 보이지만 실제로는 그렇지 않다. 선택의 착각이다. 자신에게 자유로운 선택권이 있다고 느끼지 않으면 마법이 작동하지 않는다. 자신이 조종당하고 있다는 사실을 알거나 의심을 품으면 마술의 힘은 사라지게 된다"라고 설명했다. 사상 개조의 대가인 중화인민공화국이 국민들이 당의 노선을 앵무새처럼 따라 하기만 하는 게 아니라 세뇌하는 내용을 진심으로 믿을 때까지 멈추지 않는 것도 그때문이다.[22] 그들은 세뇌 대상이 조지 오웰의 『1984』 마지막 부분에 나오는 윈스턴 스미스_Winston Smith_처럼 되기를 원한다. "하지만 그래도 괜찮다. 모든 게 괜찮고 투쟁은 끝났다. 그는 자신을 이기고 승리를 거두었다. 그는 빅 브라더를 사랑한다."[23]

에드워드 헌터는 자신의 저서 『세뇌』에서 사람들의 '자발적인 복종'이 '로봇 같은 노예화'를 초래했다고 경고했다.[24]

선택의 환상을 설명한 헌터는 1950년대에 한국전쟁 포로수용소에 수감되었던 한 병장의 이야기를 들려준다. 그는 계속 이어진 야간 행군 때문에 동상에 걸려 손과 발이 검게 변했다. 치료를 받고 싶다는 절박한 마음에 젊은 병장은 심문관을 기쁘게 하려고 노력했고, 요청에 따라 '재교육' 문헌을 열심히 공부했다. 그러는 동안 괴저된 손가락이 계속 떨어져 나가 당황했지만 어떻게든 팔다리는 구할 수 있기를 바랐다.

그는 테스트를 받았다. "공부를 열심히 한 것 같군. 하지만 진심인가? 사람들은 그걸 알고 싶어 해." 심문관은 이렇게 말했다. 긴급한 치료가 절실하고 장기간의 심문과 굶주림, 공부 때문에 정신적으로 불안정해진 병장은 진심을 증명하려면 어떻게 해야 하느냐고 물었다. 심문관은 그에게 마음에서 우러난 일 외에는 아무것도 하지 않기를 바란다고 확신시켰다. 그가 해야 할 일은 자유 의지로 불타는 네이팜탄과 박테리아를 사람들에게 투하했다는 사실을 인정하는 것이었다(사실 그는 포병이었는데도).

결국 그는 '자발적으로' 동의했다. 형언할 수 없을 정도로 힘든 상황에 처해 있었지만 그래도 그에게는 여전히 선택의 여지가 있었다. 적에게 순응하느냐, 아니면 괴저로 팔다리를 잃느냐였다. 그는 순응하기로 결정했다. 그럼에도 불구하고 그는 팔다리를 잃었다.

넛지는 거부를 존중하는가?

일상적인 마케팅에서도 사람들이 자신에게 자발적인 통제권이 없다고 느끼면 넛지 효과가 떨어질 수 있다. 예를 들어, 한 연구에서는 정치인이나 전문가가 넛지를 실행한다는 사실이 알려지면 넛지 효과가 감소한다는 걸 발견했다.[25] 또 다른 연구에서는 참가자들에게 넛지의 대안이 입법이라고 말할 경우 넛지 효과가 떨어지는 것으로 나타났다.[26] 다시 말해, 정부 같은 힘 있는 존재가 자신에게 뭔가를 강요한다고 느끼면 넛지가 효과가 있든 없든 상관없이 반발심을 드러내면서 쉽게 영향을 받지 않는다. 그래서 정부가 국민들을 부드럽게 넛지하려는 것이다. 세게 밀치면 설득력이 약해진다.

우리는 『넛지』의 공동 저자인 캐스 선스타인에게 넛지를 피할 수 있는 방법에 대해 물어봤다.

> 그냥 자기 생각대로 하면 된다. 넛지는 선택의 자유를 완전히 보존하는 개입이라고 정의할 수 있다. 진료 예약에 시간 맞춰 가라는 넛지를 받은 경우(예: 알림을 통해)에도 일정을 변경하거나 취소할 수 있다. 초콜릿 브라우니를 먹지 말라는 넛지를 받은 경우(예: 칼로리 표시를 통해)에도 여전히 초콜릿 브라우니를 선택할 수 있다.

선스타인은 이메일 인터뷰에만 응하면서 자기 답변 내용을 모두 게재해 달라고 요청했는데 우리는 당연히 그렇게 했다. 우리는 사람들이 자기 생각대로만 하면 넛지를 피할 수 있다는 데 동의하지 않는다. 넛지가 항상 가시적이거나 명백한 건 아니기 때문이다. 그것은 의식 수준 아래에서 미묘하게 작동한다. 그렇지 않다면 효과를 발휘하지 못할 것이다. 뭔가가 선택에 영향을 미치면서 동시에 선택의 자유를 보존할 수 있다는 것은 모순이다.

넛저는 거절을 거절로 존중해 주는가? 선스타인의 말에 따르면 분명히 그렇다고 한다.

당연하다. 넛지의 핵심은 선택의 자유를 존중하는 것이다. GPS는 경로를 알려주지만 원할 경우 다른 경로를 선택할 수 있다. 저축 플랜에 자동으로 가입하는 건 넛지지만 언제든 해지할 수 있다. 물론 모든 정책이 넛지를 이용하는 건 아니다. 또 사람들에게 담배를 피우지 말라고 넛지하면서 (흡연의 위험성을 공개하는 등의 방법으로) 동시에 담뱃세를 선호할 수도 있다. 그리고 연비 표시를 선호할 수도 있고, 자동차의 연비를 향상하도록 요구하는 규정을 선호할 수도 있다. 넛지는 항상 사람들이 자기 생각대로 할 수 있게 허용한다.

정부의 경우, 때로 넛지가 정책 목표를 추구하기 위해 이용하는 첫 번째 도구에 불과한 것처럼 보인다. 그래서 이들의 설득 과정은 처음에 부드러운 넛지로 시작해서 점점 세게 밀치다가 마침내 전류가 흐르는 소몰이 막대까지 동원할 수 있다. 코로나19 백신은 이 문제를 설명하는 데 매우 적절한 사례다. 처음에는 독특하고 다양한 넛지를 이용해 백신을 홍보하다가 결국 백신 접종을 원하지 않는 국민에게는 의무적으로 접종을 강요했다.[27] 전 세계에서 백신 접종을 유도하기 위해 사용한 넛지 중 일부는 상당히 특이했다. 워싱턴주에서는 접종률을 높이기 위해 백신을 맞는 사람에게 대마초를 제공했다. 비엔나에서는 펀팔라스트라는 매춘 업소가 백신 접종에 동참해, 백신을 맞은 고객은 원하는 여성과 30분간 시간을 보낼 수 있게 해줬다. 영국에서는 아이들을 유혹하기 위해 스티커, 포스터, 체험형 동물원, 스케이트 공원 같은 보상을 제공했다. 그 밖에도 유로축구 티켓 추첨권, 의류 상품권, 무료 택시인 '백신 택시', '백신 케밥' 경품, 그리고 엄청난 규모의 광고와 마케팅, 소셜 미디어 캠페인을 동원했다.

부드럽고 호감 가는 넛저는 항상 우리에게 선택권이 있다고 장담하지만(심지어 '넛지'라는 단어 자체도 온화한 느낌이다) 그들의 태도는 확실히 더 단호하다. 『넛지』의 공동 저자이며 노벨상 수상자이자 넛지 유닛의 고문을 역임한 리처드 탈러는 「뉴욕타임스」에 기고한 글에서 '지금은 넛지를 훨씬 뛰어넘어야 할 때'이므로 정부가 보다 강력한 개입 방법을 사용해야 한다고 했다.[28] 본질적으로 정중한 넛지는 훌륭하지만 결국 모든 사람을 설득하지 못할 경우 강압적인 방법을 써야 한다.

때로는 설득력 있는 메시지가 명시적으로 자유 의지에 대한 인식을 높이려고 시도한다. 일례로 영업사원이 "선택은 전적으로 손님에게 달려 있다"고 말할 수도 있다. 혹은 누군가가 여러분이 선택하기를 원치 않는 옵션을 선택하도록 유도할 수도 있다. 이를 구어적인 표현으로는 반심리학이라고 하고, 기술적인 용어로는 '전략적 자기 반순응'이라고 한다.[29] 예를 들어, 연애 상대를 찾는 사람이 자신의 매력을 증폭하기 위해 비싸게 굴 수도 있다. 마술에서는 4장의 카드를 고르라고 하면 대부분의 사람이 다이아몬드 에이스를 선택한다. 하지만 "본인 마음대로 선택해야 합니다. 내가 영향을 미치도록 해서는 안 돼요" 같은 반발 넛지를 제공하면 대부분의 사람이 하트 4 같은 별로 뻔하지 않은 카드를 고른다. 물론 이것이 애초에 마술사의 의도였을 수도 있다.[30]

설득자가 자신의 시도를 공개적으로 밝히면 설득력이 증폭될 수도 있다. "그들이 날 설득하려고 한다는 사실을 인정하면 나도 그들을 믿어야 한다." 마술사는 자신이 관객을 속이고 있다는 사실을 숨기지 않는데 사실 이것 때문에 환상의 힘이 더 커진다. 구스타프 쿤이 말했듯이 마술사는 '정직한 사기꾼'이다. 그들은 우리가 속고 있다는 사실을 알려준다. 하지만 알고 있어도 우리의 인식과 믿음은 여전히 영향을 받는다. 연구에 따르면 때로는 자신이 하는 일을 투명하게 밝혔을 때 넛지 효과가 훨씬 커진다고 한다. 오아시스*Oasis* 같은 청량음료 브랜드는 "여름입니다. 목이 마른 계절이죠. 우리는 판매 목표량이 있습니다"라고 적힌 신선할 정도로 정직한 포스터를 통해 이익을 얻었다.

음모론자들은 이 모든 걸 '방법 폭로'라고 부른다.[31] 권력자들은 팝 비디오, 시상식, 세계적인 행사 같은 곳에서 상징을 통해 비밀 의제를 미묘하게 드러낸다는 것이다. 이 이론에 따르면 권력자들은 자기 의도를 대중에게 전하고 대중은 무의식적으로 인식해서 어느 정도까지는 모든 걸 받아들이기로 한다.

조작자는 또 선택의 환상을 제공해 심리적인 이익을 얻는다. 예를 들어, 피해자에게 책임을 전가하는 건 조작자들의 죄책감을 줄이는 방어 메커니즘으로 유명하다. "당신이 고통을 겪는다면 그것도 결국 당신 선택이었다."[32]

이런 선택의 환상이 모든 설득의 본질을 뒷받침한다. 예를 들어, 웹사이트에 게시된 유럽의 GDPR(개인정보 보호법) 공지를 우리는 어떻게 이해해야 할까?

어떤 웹사이트에 접속했는데 읽으려고 하는 콘텐츠의 상당 부분이 커다란 네모로 덮여 있는 상황을 생각해 보자. 인터넷상의 정보는 대부분 즉시 확인 가능할 것이라고 기대하기 때문에 이런 사소한 방해를 받으면 좌절감을 느낀다.

일반적으로 가장 크고 눈에 띄는 버튼을 클릭하면 그 네모 칸이 사라진다. 버튼을 클릭하면서 무엇에 동의했는지 모르겠지만 어쨌든 뭔가에 동의했다. 무언가를 허락한 것이다.

어쩌면 어느 날에는 웹사이트가 약간 의심스러워서 동의하지 않기로 결정할 수도 있다. 이를 위한 명확한 버튼이 없고 '쿠키 거부'라고 표시된 버튼도 없다. 그래서 '기본 설정 관리'를 클릭한다. 길고 복잡한 옵션 목록이 나타나면 하나씩 클릭해서 선택을 해제해야 한다. 마침내 맨 아래에 도달해서 '모두 수락'이라는 큰 버튼을 누르면서 지금까지 변경한 사항이 저장될 것이라고 생각한다. 하지만 그건 착각이다. 눈에 잘 띄지 않는 '저장 및 종료' 버튼을 클릭했어야 했다. 아, 이제 너무 늦었다. 이미 동의해 버린 상태다.

그렇다면 동의를 구하는 게 무슨 의미가 있을까? 왜 사용자에게 선택권이 있는 것처럼 위장해 놓는 것일까? 앞서 얘기했듯이 통제의 환상은 사람들을 더욱 수동적, 순응적으로 만들고 데이터 수집가의 도덕적인 책임을 면해주기 때문이다. 이것은 '책임화'라고 하는 광범위한 사회적 추세를 반영한다. 카지노 측에서 "재미없으면 멈추세요"라고 말했다면 책임이 면제된다. 은행에서는 일반적인 사기 징후를 경고하는 팝업을 띄우면 책임이 면제된다.[33] 그러니 다음번에 누군가가 선택권을 제시하면 자신에게 정말 그런 선택권이 있는 건지, 아니면 환상에 불과한 건지 스스로에게 물어보자.

규칙

- 어떤 일이 전적으로 여러분에게 달려 있다는 주장에 속지 말자. 그런 경우는 거의 없으며 그 주장은 넛지일 수도 있다.
- 이진법적인 구분 너머를 바라보면서 그것이 정말 유일한 옵션인지, 아니면 대신 선택할 수 있는 다른 옵션이 있는지 자문해 보자.
- 불쾌한 두 가지 선택에 직면했을 때 별로 원하지 않는 쉬운 옵션을 선택하지 말자. 최선의 결과가 나올 가능성이 거의 없다.

13장
상징의 언어를 배우자

상징은 잠재의식 깊은 곳에 내재된 반응을 끌어
낸다. 상징의 언어를 구사할 수 있는 사람은 경험이 부족한 이들을 무의
식적으로 조작할 수 있는 반면, 이를 알고 있는 사람은 어느 정도 면역력
이 있다.

선천적인 특성 발현

완만하게 경사진 초원과 비엔나 외곽을 흐르는 도나우 강 옆에 그림처럼 아름다운 알텐베르크 마을이 자리 잡고 있다. 그 마을에는 노벨상 수상자인 콘라트 로렌츠*Konrad Lorenz*의 가족이 사는 조지 왕조 풍의 상아색 벽에 둘러싸인 저택이 있다. 여기에서 로렌츠가 연구를 위해 키웠던 새들은 때때로 미친 듯이 분주하게 움직이면서 주변의 고요를 깼다.

로렌츠는 오리, 거위, 칠면조에 대한 실험을 통해 동물 행동을 연구하는 동물행동학을 개척했다. 그의 실험에서는 머리 위에서 맴돌고 있는 포식자의 위협을 받고 있다고 생각한 새들이 짹짹거리면서 엄폐물을 찾고 알을 안전하게 보호하려고 애쓰는 모습을 볼 수 있었다.

그 포식자는 사실 로렌츠가 공중을 활공하는 매 모양으로 잘라낸 판지였다. 새들은 아마 여러 세대 동안 그런 포식자를 실제로 본 적이 없을 텐데도 매 모양에 본능적으로 반응한 것이다. '릴리서*releaser*'라고 하는 이 자극은 '생득적 해발 메커니즘'으로 알려진 진화적 행동 패턴을 드러냈다. 여러 연구에 따르면 포식자의 형태만이 이런 공포 반응을 끌어낼 수 있다는 사실이 밝혀졌다. 단순한 원형은 공포 반응을 일으킬 수 없으며 거위 모양도 마찬가지다. 새끼 새의 머릿속에서 반응이 나타내려면 마치 자물쇠에 꼭 맞는 열쇠처럼 아주 특별한 상징이 필요하다.[1]

로렌츠와 그의 동료들이 수행한 연구의 구체적인 내용은 많은 논쟁의 대상이 되어 왔지만, 상징이 행동에 영향을 미칠 수 있다는 기본 원칙은 논쟁의 여지가 없다.

사실 음성, 텍스트, 이미지 등 모든 의사소통의 본질은 사람의 생각과 행동 방식을 조작하기 위해 만들어진 상징이다. 사람들의 행동을 바꾸면 결국 현실을 바꿀 수 있다. 예를 들어, 비스킷을 먹고 싶은데 근처에 아무것도 없다면 파트너에게 "비스킷 좀 갖다줘!"라고 소리칠 수도 있다. 여러분이 하는 말의 상징이 파트너의 머릿속에 그 물건의 모양을 형성하고 그들의 행동을 조종해서 이제 여러분 옆에는 조금 전까지 없었던 비스킷이 놓여 있게 될 것이다. 요약하자면, 여러분은 상징을 조작해서 현실을 형성한 것이다. 이게 바로 '주문*spell*'을 건다는 것의 실제 의미다. 철자*spelling*는 상징(문자)을 단어로 배열해 사람들

마음속에 있는 무언가를 형성하고 그들의 행동에 영향을 미쳐서 현실로 드러낸다.

이 명제의 중심에는 두 가지 영역, 즉 물리적인 외부 영역과 머릿속으로 상상하는 내부 영역이 있다. 상징은 이들 둘 사이를 연결하는 다리다. 예를 들어, '사과'라는 말을 들으면 내부 영역에서 사과를 생각하게 된다. 사실 상징을 사용하거나 행성에서의 자기 위치를 정의하는 물리적 평면과 별개인 추상적인 우주를 활용하는 것은 인간의 고유한 능력이다. 그러나 이는 인간이 세뇌에 취약하고 이데올로기와 환상을 위해 죽거나 죽일 수 있는 존재가 된 이유이기도 하다(흥미롭게도 연구 결과에 따르면 상상력이 풍부한 사람이 암시에 걸릴 가능성이 더 큰 것으로 나타났다[2]).

임시 자율 구역

이 원칙은 시대를 초월하지만 요즘에는 상징의 언어를 의식적으로 말할 수 있는 능력이 그 어느 때보다 중요해졌다. 『마케팅에서의 기호학 활용*Using Semiotics in Marketing*』이라는 책을 쓴 레이첼 로우스 박사는 이렇게 말했다. "어떤 면에서 보면 이것은 모든 사람이 항상 하는 일이다. 생각하고 살아 있고 소통하는 건 곧 기호학을 사용하는 것이다. 하지만 지금은 20년 전보다 훨씬 많이 나타나고 있다."

인류는 로렌츠의 연구가 진행된 알텐베르그의 조용한 언덕과 동떨어진 세계다. 우리 대부분은 상징으로만 이루어진 스크린 기반의 우주에 살면서 실제 생활이나 모든 물리적 법칙에서 점점 멀어지고 있다. 스크린 밖에서도 한때는 종교적 도상에만 국한되었던 상징이 이제 모든 광고판과 버스 정류장, 브랜드를 통해 우리에게 뛰어든다. 주디스 윌리엄슨*Judith Williamson* 교수는 1978년에 자신의 저서 『광고의 기호학*Decoding Advertisements*』에서 다음과 같이 말했다. "광고는 갈수록 해석해야 하는 세계, 의미가 있는 세계에 우리를 가두어 놓는다. … 자연이 제공하는 의미론적 우주는 이제 상징체계에 의해 대체되었다."[3]

스크린 기반의 상징주의가 부상하면서 인류는 이상한 나라의 토끼굴에 빠졌다. 앨리스의 표현에 따르면 우리는 아침 식사 전에 여섯 가지 불가능한 일이 일어난다고 여기면서 "도대체 나는 누구인가?"라고 물어볼 수 있다.

로우스 박사는 "임시 자율 구역이라는 게 있는데, 온라인상에서 더 많은 시간을 보낸 사람들이 발견한 것이다. 여기는 짧은 시간 동안 상상력을 제한하는 규칙이나 팩트가 존재하지 않는 창조적인 공간이다"라고 설명했다.

무정부주의자 하킴 베이*Hakim Bey*가 제안한 이 개념은 모든 형태의 구조와 통제가 해체되고 유동성과 과민 편집증 상태만 남은 채 상징이 지배하는 공간을 말한다.

누군가가 자신을 위한 온라인 페르소나를 만들고 이를 실행해 현실로 만들면 임시 자율 구역에 들어갈 수 있다. 마술을 하는 사람들은 이것을 잘 활용한다. 정해진 장소와 시간 제한이 있는 마술 의식을 통해 현실의 규칙을 중단할 수 있다. 마술에 관한 글을 쓰는 몇몇 작가는 마술을 하기 위해 임시 자율 구역에 들어가는 것은 자신이 일시적으로 미치도록 하는 것이라고 생각한다. 마술사는 현실의 일반적인 법칙을 훨씬 벗어나는 행보를 보인다. 그것은 완전한 창의성과 완전한 규칙 위반을 허용한다. 불가능한 사건이 일어날 수 있게 한다.

팬데믹은 사회적 고립이나 스크린 앞에서의 생활과 관련된 많은 문제를 가속화했다. 대부분의 인적 교류를 틱톡 같은 미디어를 통해 진행하는 사람들이 꽤 많다. 우리는 자신이 되고 싶은 게 무엇이든 될 수 있다고 상상할 수 있다.[4]

아마도 이것의 극단적인 사례는 백인이면서 자신을 한국인으로 정체화하여 인터넷에서 유명해진 '인종 전환자' 올리 런던*Oli London*이다. 그는 스무 번이 넘는 성형수술에 23만 파운드 이상을 지출했고 음경 축소 계획도 갖고 있었던 것으로 알려졌다.[5] 그가 애초에 한국 대중문화에 그토록 집착하게 된 것은 상징적인 스크린 기반의 세계 때문이다. 그리고 사진 필터와 온라인 반향실 효과 덕분에 자신이 한국인이라고 상상하게 되었다. 이 효과가 너무 강력했던 나머지 그는 자신의 외적 현실까지 외과적으로 변형해서 내적 현실과 일치하기 시작했다.

인종 전환자로 커밍아웃한 런던은 이후 자신을 논바이너리*non-binary*(기존의 이분법적 성별 구분에서 벗어난 성 정체성이나 성별-옮긴이)로 정체화하면서 '그들'이라는 대명사를 사용했다. 이것은 남성과 여성, 심지어 개인 간의 구별도 없을 정도로 구조가 해체된 임시 자율 구역의 놀라운 예다. 더 이상 '그'와 '그녀', '너'와 '나'는 존재하지 않고 확실한 형태가 없는 '그들'만 존재하게 되었다.[6]

염소 머리를 한 신 바포메트*Baphomet* 역시 논바이너리여서 유방과 남자의 성기를 모두 갖고 있을 뿐만 아니라, 동물이자 인간이기도 하다. 일반적으로 삽화에는 바포메트의 팔에 'solve et coagula'라는 문구가 새겨져 있다.[7] 이 말은 '무너지고 재건된다'는 뜻이다. 이것이 임시 자율 구역의 본질이다. 세상에 대한 초기 인식에 선행하는 유동적이고 형태가 없는 붕괴한 진공 상태다.

성 정체성은 물론 강력한 사례지만 임시 자율 구역이 정치 스펙트럼 전반에 적용된다는 것을 알아야 한다. 2016년 미국 대선 당시, 트럼프 지지자들은 자신들이 원하는 현실을 표현하기 위해 인터넷에 상징을 퍼뜨리는 '밈 매직*meme magic*'에 참여했다.[8] 즉 도널드 트럼프가 백악관에 있는 모습을 밈으로 만든 것이다.[8] 그들이 가장 좋아하는 밈인 개구리 페페*Pepe*는 고대 이집트의 개구리 머리를 한 혼돈의 신 켁*Kek*(남성과 여성의 특성을 모두 갖고 있다)의 재창조로 간주했다.[9] 페페는 종종 광대로 묘사되었는데, 이는 일반적인 규칙이 유예되고 모든 것이 뒤죽박죽 전복되는 카니발(또는 '광대의 세계')의 상징이다.[10]

한편 큐어넌 회원들은 익명의 이미지 게시판에 올라온 날짜, 게시물 번호, 암호화된 텍스트에 담긴 비밀 메시지를 해석하면서 과민 편집증을 나타냈다. 상징적인 의미에 대한 단서가 너무 많아서 그들은 엘리트가 '상징주의 때문에 몰락하게 될 것'이라고 말하곤 했다.[11] 흥미롭게도 2014년 「신경정신질환 저널」에 실린 보고서에 예전에는 건강했던 서른한 살 여성의 이야기가 나왔다. 유명 배우가 트윗을 통해 자신에게 암호화된 메시지를 보내고 있다고 믿게 된 그녀는 갈수록 거기에 '상징적인 의미가 담겨 있다'고 느꼈다. 보고서 집필자들은 '트위터 정신병'이라는 용어를 새로 만들었다.[12]

그 건너편에서는 「마리끌레르*Marie Claire*」 같은 주류 언론 매체가 "현실 속의 저항 마녀들이 가부장제를 무너뜨리고 있다"고 보도하면서 도널드 트럼프와 브렛 캐버노*Brett Kavanaugh* 같은 인물들에게 주문을 걸었다.[13] 「와이어드*Wired*」지는 "트럼프 대통령 집권으로 새로운 세대의 마녀들이 탄생했다"고 감탄했다.[14]

현실 조작

마술은 우리와 거리가 먼 개념처럼 느껴질 수도 있지만, 로우스 박사의 말처럼 그것은 "기호와 상징일 뿐이다. 상징을 조작해 순수한 의지의 힘으로 물질적 변화를 일으키려는 시도다." 실제로 상징을 이해하고 조작할 수 있는 사람과 그렇지 못한 사람 사이에는 권력 차이가 있다. 올더스 헉슬리는 "비합리적인 선전의 효율성은 상징의 본질을 이해하지 못하는 대중에게 달려 있다"고 말한 적이 있다.[15] 프리메이슨 단원인 맨리 P. 홀*Manly P. Hall*도 이에 동의한다.

> 보편적 절차에 작동하는 모든 법칙과 힘은 상징이라는 매개체를 통해 인간의 제한된 감각 인식에 나타난다. 인간은 언어의 한계를 초월하는 생각을 상징을 통해 전달하려고 노력해 왔다. 하나의 형상에서 상징이 드러나기도 하고 숨길 수도 있다. 현명한 사람에게는 상징의 주제가 명백하지만 무지한 사람에게는 상징이 불가해하기 때문이다.[16]

예를 들어, 광고를 생각해 보자. 광고에는 명시적인 정보 메시지와 암시적인 상징적 의미라는 두 가지 층이 존재하는 경우가 많다. 주디스 윌리엄슨은 『광고의 기호학』에서 다음과 같이 설명했다.

광고가 하는 '말'은 그냥 광고가 전하고자 하는 바일 뿐이다. 광고가 그 이면에 있는 '메시지'를 전달하는 투명한 수단이라고 여기는 것은 광고의 기만적인 신화의 일부다. 물론 어떤 광고에서나 이 '메시지'가 큰 부분을 차지한다. 우리는 제품에 대한 얘기를 듣고 그것을 구입하라는 요청을 받는다. … (이것에 대한 비판은) 광고가 바람직하지 않은 메시지를 눈에 보이지 않게 전달한다는 가정에 기초하고 있으며, 광고의 '형식'보다 명시적인 '내용'에서만 의미를 찾는다. … '형식'은 눈에 보이지 않으며 일련의 관계, '내용'으로 채워지는 발판이다.

이 책에 소개된 많은 사례 중에 굿이어*Goodyear* 타이어 광고가 있다. 광고에는 바다로 둘러싸인 부두 끝에 자동차 한 대가 멈춰 서 있다. "3만 6,000마일을 달리고 난 뒤 시속 50마일에서 브레이크를 밟았다"는 문구가 적혀 있다. 이들이 전하려는 합리적인 메시지는 명확하다. 타이어가 매우 안전하고 내구성이 뛰어나서 잔교 끝에서 갑자기 브레이크를 밟아도 바다에 빠질 위험이 없다는 것이다.

그러나 이 광고에는 상징적인 레이어도 있다. 나무판자가 동일한 간격으로 깔려 있는 휘어진 부두는 타이어 자국 같은 느낌을 준다. 심지어 사람들이 메시지를 잘 알아듣게 하려고 차체 측면에 타이어를 매달아 뒀다. 자동차는 부두라는 상징적인 타이어 안에 고정되어 바다의 부식력으로부터 보호된다. 윌리엄슨은 "따라서 단순히 제동 속도에 대한 메시지를 전달하는 장치처럼 보였던 것이 실은 하나의 메시지였던 것으로 드러났다. 이건 명백히 드러나지는 않지만 거의 무의식적인 수준에서 작동하는 메시지다"라고 말했다.

광고에서 잠재의식적인 상징주의를 보여주는 대표적인 예는 마케팅 선구자인 에드워드 버네이스의 작품에서 찾을 수 있다. 그는 베티 크로커Betty Crocker라는 브랜드의 케이크 믹스 판매를 돕기 위한 자문을 해줬다.[17] 버네이스는 이 브랜드의 목표 시장인 주부들이 케이크 믹스를 사용하는 건 가족을 속이는 일이라고 느낀다는 걸 알아냈다. 그의 해결책은 달걀 두 개를 추가하도록 레시피를 변경하는 것이었다. 상징성이 가득한 달걀은 주부들이 음식에 모성애를 담고 있다는 기분을 느끼게 했다.

버네이스는 "어떤 물건을 원하는 이유가 그것의 본질적인 가치나 유용성 때문이 아니라 (소비자가) 거기에서 무의식적으로 다른 어떤 것의 상징, 스스로 인정하기 부끄러운 욕구를 발견했기 때문일 수도 있다"고 말했다.[18] 예를 들어, 다이아몬드 장신구는 착용자의 자존심을 높이는 것 외에는 본질적인 가치가 없다. 또 일부 보건 관계자는 마스크가 전염병의 존재를 가시적으로 상기시키는 통합과 올바른 사고의 상징에 불과하다고 인정했다.[19]

맥도날드는 1960년대에 황금색 아치 로고를 포기하는 것을 고려했지만 심리학자 루이스 체스킨Louis Cheskin은 '무의식에 대한 프로이트적 영향'을 근거로 들면서 그러지 말라고 조언했다.[20] 체스킨은 맥도날드의 황금색 아치 모양은 '어머니 맥도날드의 가슴이며, 이것은 집에서 만든 음식을 대체하는 데 도움이 되는 연상'이라고 말했다.

흥미로운 것은 이런 암묵적인 상징이 부지불식간에 우리에게 영향을 미칠 수 있다는 것이다. 즉 잠재의식 수준에서 작동한다는 얘기다.

정신 분석가 카를 융*Carl Jung*은 우리 모두가 '집단 무의식'이라는 것과 심리적으로 연결되어 있다고 가정했다.[21] 즉 모든 인간이 조화를 이루는 보이지 않는 상징적 우주다. 예를 들어, 모두 암묵적으로 인식하고 반응하는 어릿광대나 반항아 같은 인간의 원형이 있다. 이런 원형의 상징은 로렌츠의 새가 매를 봤을 때와 매우 유사한 고대의 반응을 일으킨다. 데이트 전문가들은 남성이 자동으로 매력을 발산하려면 여성의 잠재의식 깊숙한 곳에 있는 이런 원형(디자이너 정장을 입은 지배자, 가죽 재킷을 입은 반항적인 불량 소년, 외국 억양을 쓰는 낭만적인 바람둥이 등)과 공명해야 한다고 조언했다.[22]

조지프 캠벨*Joseph Campbell*(『천의 얼굴을 가진 영웅*The Hero with a Thousand Faces*』), 크리스토퍼 부커*Christopher Booker*(『7개의 기본 플롯*The Seven Basic Plots*』), 제임스 조지 프레이저*James George Frazer*(『황금가지*The Golden Bough*』) 같은 학자들도 동일한 상징, 원형, 내러티브가 세계 각지의 인류 역사와 이야기, 종교에 반복적으로 나타난다고 상정했

다. 일례로 연구진이 '스미스와 악마(특별한 재능을 얻기 위해 악마와 거래한 남자의 이야기)'라는 이야기의 원형을 추적한 결과, 원시 인도유럽어까지 거슬러 올라갔다.[23] 인터넷상의 일부 괴짜들은 아나킨 스카이워커Anakin Skywalker가 '우주의 예수'라고 말한다.

융은 "신화는 이해 여부에 관계 없이 무의식에 직접적으로 영향을 미친다"라고 말했다. 좀 더 과학적으로 표현하자면, 잠재의식적 상징주의는 '잠재의식 프라이밍'이라는 심리적 기술을 활용하는데 이를 통해 의식적으로 등록되지 않은 상징도 행동에 영향을 미칠 수 있다.[24] 예를 들어, 한 연구에서 참가자들에게 사전에 에로틱한 이미지를 30밀리초 동안 표시해둔 가구 사진을 평가하게 했다.[25] 결과를 대조군과 비교하자, 이들은 나중에 잠재적인 연애 파트너에게 자신을 드러낼 가능성이 훨씬 컸다. 2012년에 진행된 뇌 영상 연구를 검토한 결과, 의식적인 인식이 부족한 상황에서도 이런 잠재의식 자극이 뇌의 특정 영역을 활성화하는 것으로 보고되었다.[26]

프라이밍은 심리학자들 사이에서도 논쟁의 여지가 있는 주제지만, 상징이 행동에 영향을 미친다는 핵심적인 사실은 심리학, 그리고 실제로 모든 인간 의사소통의 기본이다.

우리를 조종하려는 사람들은 상징을 통해 그 일이 가능하게 한다. 콘라트 로렌츠가 판지로 만든 매 모형을 새들 머리 위에서 흔들어댄 것처럼, 조작자(선전가, 광고주, 픽업 아티스트)는 우리 머리 위에서 상징에 대한 비밀 지식을 사용해 자신의 아래에 있는 무리들을 열광의 도가니에 빠뜨리고 군중의 행동을 지시한다. 그들은 천국과 지옥, 영웅과 귀신의 상징을 이용해 사람들의 행동을 통제하는데, 이런 상징은 마치 깊숙한 미로에 갇혀 있는 미노타우로스처럼 우리의 잠재의식 속에 존재한다.

로렌츠도 이 점을 알고 있었던 듯하다. 그는 자신의 대표작 제목을 『솔로몬 왕의 반지 *King Solomon's Ring*』라고 지었는데, 이것은 소지한 사람에게 동물과 대화할 수 있는 능력을 부여한다고 알려진 솔로몬의 신비한 인장을 말하는 것이다. 이 인장은 프리메이슨의 인장 반지에 새겨져 있는 컴퍼스 및 삼각자와 동일한 기호다.

시대에 따른 상징주의

독자 여러분은 잠재의식적 상징주의가 엉뚱하고 진부한 허튼소리라고 생각할 수도 있지만(아마 그 생각이 맞을 것이다), 권력자들은 그에 동의하지 않는 것 같다. 정치 운동은 상징을 매우 효과적으로 사용해 왔다. 제국의 상징인 독수리는 멕시코에서 알바니아까지 전 세계 국기에서 볼 수 있으며, 그 역사는 로마제국 이전까지 거슬러 올라간다. 멕시코 국기에 그려진 독수리가 발톱으로 움켜쥔 뱀은 혼돈에 대한 지배를 상징하는데, 이는 성 미카엘이 사탄을 격파해 자기 발 앞에 무릎 꿇리거나 성 조지가 용을 죽인 것 같은 고대 전설을 반영한다.

나치도 독수리를 사용했다. 상징주의는 정권에 필수적이었다. 「국가 사회주의자들이 사용한 상징과 의식」이라는 논문에서는 휘날리는 깃발, 행진하는 대열, 인상적인 기념물, 거대한 독수리, 만자(卍字) 깃발을 설명한다.[27] 히틀러는 종종 프리드리히 대왕처럼 표현되었으며 왕이자 국가 자체, 국가의 활력을 회복하려는 희망을 상징하는 존재가 되었다. 이 논문은 "모든 상징은 독일 국민에게 미칠 영향을 고려해 특별히 엄선되었다"라고 결론지었다.

이런 상징은 독일 국민의 표현되지 않은 가장 깊은 두려움과 욕망을 자극할 수 있는 피뢰침 역할을 했다. 이는 '개인을 집단이나 사회 전체에 묶어주는 통합된 힘'으로 작용했다. "이데올로기와 행동을 하나로 묶어서 … 인간 본성의 정서적이고 원시적인 부분을 공격한다." 인류학자 데이비드 커처David Kertzer는 상징은 이성적으로 표현하기 어려운 것을 나타내기 때문에 상징에 반대할 논거가 없다고 말했다.[28]

권좌에 난해한 상징을 사용하는 오래된 전통도 있다. 예를 들어, 워싱턴 D.C의 국회의사당 건물 주변의 길과 공원을 위에서 보면 부엉이를 닮았다(지혜와 깨달음의 상징, 다른 것들이 어둠 속에 있을 때도 볼 수 있는 능력). 돔과 워싱턴 기념비가 있는 미국 국회의사당은 그보다 거의 200년 전에 지어진 로마의 성 베드로 대성당을 모델로 한 것으로 보인다. 그렇다면 왜 가톨릭교의 본거지 중심에 고대 이집트의 오벨리스크가 있는 걸까?

NBC가 전 세계 텔레비전 화면으로 정보를 중계하는 뉴욕의 록펠러 플라자에는 신들의 불을 훔쳐 지상으로 떨어져 인류에게 깨달음과 고통을 동시에 안겨준 프로메테우스의 황금 상이 전시되어 있다. 뉴욕에는 조각상 자체에 상징성이 있는 게 아니라, 이 광장의 유명한 아이스 링크를 굽어보는 그 위치에 상징성이 있다. 얼음의 미끄러운 성질 때문에 사람들이 프로메테우스처럼 지상으로 자꾸 추락하는 것이다.

1972년에 샤토 드 페리에르에서 열린 로스차일드 가문의 초현실주의 무도회 같은 소수만 즐기는 행사에는 전 세계에서 가장 영향력 있는 사람들이 참석하는 것으로 알려져 있다. 「배너티 페어Vanity Fair」의 기사에 따르면 이 특권층 파티에는 살바도르 달리, 오드리 햅번, 유럽 왕족 같은 엘리트들이 상징적인 복장으로 참석했다고 한다.[29] 마리 엘렌 드 로스차일드Marie-Hélène de Rothschild는 다이아몬드 눈물이 달린 죽은 수사슴 가면을 쓰고 있었다. 참석자들은 모두 설탕으로 만든 실물 크기의 벌거벗은 여자를 디저트로 먹었다.

그보다 5년쯤 전에 미래의 미국 대통령인 리처드 닉슨Richard Nixon과 로널드 레이건Ronald Reagan이 특권층 모임인 보헤미안 그로브Bohemian Grove에서 사진을 찍었는데, 「워싱턴 포스트」에 따르면 이 모임은 '부자와 권력자가 모여서 비행을 저지르는' 곳이라고 한다.[30] 보헤미안 그로브 회원들은 '케어의 화장

Cremation of Care'이라는 의식에 참여하는데, 두건을 쓴 사람들이 관 모형을 호수에 띄워 건너편 제단에 올려놓은 다음 12미터 높이의 올빼미 상 앞에서 화장하는 모습을 지켜본다.

2016년 미국 대선을 불과 며칠 앞두고, 위키리크스*WikiLeaks*가 클린턴 선거 캠프 서버에서 유출된 이메일을 공개했다. 그 중에는 인터넷을 휩쓸어 잠재적으로 선거 결과를 바꿀 수 있는 내용이 한 줄 포함되어 있었다.

행위 예술가 마리나 아브라모비치*Marina Abramovic*가 힐러리 클린턴*Hillary Clinton*의 선거 본부장인 토니 포데스타*Tony Podesta*에게 보낸 이메일에 "우리 집에서 열리는 스피릿 쿠킹*Spirit Cooking* 만찬이 너무 기대된다"라고 쓴 것이다.

잘 모르는 사람을 위해 설명하자면, 「스피릿 쿠킹」은 아브라모비치가 1996년에 첫선을 보인 공연 예술작품이다. 「MIT 프레스*MIT Press*」의 한 기사는 스피릿 쿠킹은 "아브라모비치의 잘 알려지지 않은 공연 제목으로 … 하얀 벽에 돼지 피로 명확한 지시 사항(666과 뒤집힌 오각별을 비롯해)을 그리는 것뿐"이라고 설명하면서 '극보수주의자들이 제기한 편집증적인 음모론'이 틀렸다고 주장했다.[31] 이 공연에서는 "신선한 모유와 정액을 섞어서 지진이 일어난 밤에 마셔라" 같은 내용이 포함된 요리책이 함께 제공되었다.

(「뉴욕」지가 말한 대로) 스피릿 쿠킹을 "사탄의 의식이라고 생각하느냐, 아니면 재미있는 저녁 식사라고 생각하느냐"는 자신

의 정치적 견해에 따라 달라지겠지만, 그것은 매우 상징적이고 미국에서 가장 유력한 정치인들 일부가 초대받았다는 사실은 부인할 수 없다.[32] 사실 아브라모비치가 미국 문화에 미친 영향은 비밀이 아니다. 그녀는 제이 지*Jay-Z*나 레이디 가가 같은 차트 1위 아티스트는 물론이고, 마이크로소프트*Microsoft*[33] 콘텐츠 제작에도 공개적으로 협력했다. 레이디 가가는 아브라모비치 메소드*Abramovic Method*에 관한 3일짜리 수련회에도 참석했고, 한 번은 자기 팬들(레이디 가가는 팬들을 '리틀 몬스터'라고 부른다)에게 "마리나 아브라모비치를 멘토로 모시게 되어 매우 영광이다. 그녀가 날 믿어준 덕에 내 인생이 완전히 바뀌었다"는 트윗을 올리기도 했다.[34]

제20회 워터밀 센터 연례 하계 자선행사에서 레이디 가가는 아브라모비치와 함께 시체 역할을 하는 벌거벗은 모델이 누워 있는 욕조에서 떠낸 가짜 피 한 숟가락을 맛보며 사진을 찍었다.[35] 아브라모비치가 로스앤젤레스 현대미술관에서 연례 갈라 행사를 주최했을 때는 윌 페럴*Will Ferrell*, 커스틴 던스트*Kirsten Dunst*, 스웬 스테파니*Gwen Stefani* 같은 스타 게스트들이 살아 있는 모델의 머리가 테이블을 뚫고 나와 마치 목이 잘린 것처럼 보이는 테이블에서 식사를 하고, 벌거벗은 여성 모습을 한 실물 크기의 케이크를 먹었다.[36] 독자들은 이것이 약 50년 전에 로스차일드가의 초현실주의 무도회에서 제공된 디저트를 연상시킨다는 걸 알아차렸을 것이다.

허구의 땅

아브라모비치가 미국의 문화 엘리트들과 어울리고 있을 무렵, 뮤직비디오 분야에서는 이상한 일이 일어나고 있었다. 난해한 상징주의 사용이 늘어난 것이다. 케이티 페리*Katy Perry*의 '다크호스*Dark Horse*'를 예로 들면, 팝스타가 이시스*Isis* 여신처럼 옷을 입고 한쪽 눈을 호루스의 눈*Eye of Horus*으로 가리고 자신을 피라미드의 관석으로 삼는 모습을 보여준다. 케샤의 기억하기 쉬운 허무주의적 히트곡 '다이 영*Die Young*'의 뮤직비디오에는 오각별과 거꾸로 뒤집힌 십자가가 가득하다. 아마 가장 흔한 비유는 만물을 꿰뚫어 보는 눈을 나타내기 위해 가수들이 한쪽 눈을 가리는 모습일 것이다. 「포브스」나 「슬레이트*Slate*」 같은 주류 언론 매체는 상징주의에 대한 음모론을 질책했지만("그렇게 어이없다는 듯이 눈을 굴리다가 눈이 머리 뒤쪽까지 돌아가면 꼭 바포메트에게 홀린 사람처럼 보일 것이다"), 그 존재를 부인하는 사람은 아무도 없다.[37]

이건 일시적인 현상이 아니다. 2022년 여름, 팝계에 센세이션을 일으킨 빌리 아일리시*Billie Eilish*는 글래스톤베리 페스티벌의 최연소 헤드라이너가 되었다. 그녀는 알리스터 크롤리*Aleister Crowley*(잉글랜드의 오컬티스트, 신비, 의식 마법사이자 시인, 등산가)의 이미지와 '루시퍼*Lucifer*', '666' 같은 모토가 새겨진 재킷을 입고 빛나는 관석으로 장식된 피라미드 무대에서 노래를 불렀다.

심지어 비틀스도 「서전트 페퍼스 론리 하츠 클럽 밴드_Sgt. Pepper's Lonely Hearts Club Band_」라는 앨범 표지에 크롤리 이미지를 집어넣은 것으로 유명하다.

21세기에 유명 음악가들이 발표한 골드셀링 팝송 뮤직비디오에는 불길한 곤충과 심란한 성적 이미지가 결합해 있고, 아티스트가 뱀의 제단에 있는 보이지 않는 존재를 통해 쾌감을 느끼는 모습이 담겨 있기도 하다. 무엇보다 충격적인 점은 우리의 의식적인 인식을 우회할 수 있는 길이가 1초도 안 되는 장면들이 여러 번 깜박이는 것인데, 여기에는 피 묻은 신체 부위나 부정적인 성적 묘사 장면 등이 담겨 있다. 이런 영상에서 섹스를 두렵고 역겨운 이미지로 무의식적으로 연결하는 이유가 무엇인지는 추측만 할 수 있을 뿐이다.

마케팅 업계에서는 의식적으로 인지할 수 없을 정도로 이미지를 빨리 표시하는 방식을 잠재의식 광고라고 하는데, 이는 영국 광고표준위원회_ASA_의 규정에 위배된다.[38] 하지만 세계 다른 나라에서는 애매한 영역이며, 어쨌든 이건 광고가 아니라 뮤직비디오다. 이런 플래시 프레임이 충격적이고 이상하긴 하지만 불법은 아니라는 얘기다.

2021년, 가족 친화적인 히트곡 '올드 타운 로드_Old Town Road_'로 유명해지고 그 후 『C는 컨트리의 C_C is for Country_』라는 동화책까지 썼던 미국 래퍼 릴 나스 엑스_Lil Nas X_가 '몬테로_Montero_'라는 신곡 뮤직비디오를 공개했는데, 여기에는 신화적 상징이 가득했다. 이 래퍼는 에덴동산에서 뱀의 모습을 한 자기 자신과 에로틱한 만남을 갖고, 성 미카엘의 창을 이용해 폴댄스를 추면서 지옥으로 내려간 뒤 그곳에서 사탄을 죽이고 왕관을 차지한다. 이 곡은 실제 인간의 피가 담겨 있고, 오각별로 장식한 한정판 운동화와 함께 출시되었는데 릴 나스 엑스가 신발로 한쪽 눈을 가린 이미지를 이용해서 홍보했다. 이 신발은 666켤레만 제작되었다.[39]

의사소통에는 표면적인 메시지와 상징적인 의미라는 두 가지 층이 있다는 걸 기억하자. 뮤직비디오나 영화 같은 콘텐츠는 메시지만 있는 경우가 거의 없다. 오히려 이야기는 상징적인 의미를 전달하는 그릇 역할을 하는 경향이 있다. 예를 들어, 정부의 백신 접종 캠페인이 한창이던 2021년에 최고 수익을 올린 영화 「스파이더맨: 노 웨이 홈*Spider-Man: No Way Home*」을 생각해 보자. 이 영화에서는 세상이 끝없는 시간의 고리에 갇힐 운명에 처하게 되는데, 정상으로 돌아가려면 주인공이 악당들을 모아놓고 강제로 혈청을 주사해야만 한다. 이 영화는 2020~2021년 겨울에 촬영했는데, 주인공 톰 홀랜드*Tom Holland*가 「GQ」와의 인터뷰에서 밝힌 바에 따르면 촬영 도중에 대본이 계속 바뀌었다고 한다.[40]

2022년에 가장 많은 수익을 올린 영화 중 하나는 「더 배트맨*The Batman*」이었다. 반정부적 분노가 고조되는 상황에서 개봉된 이 영화 초반부에는 배트맨이 "나는 복수다"라고 낮게 으르

렁거리는 장면이 나오는데, 마지막 부분에서 인셀 같은 테러리스트 한 명이 그에게 똑같은 대사를 던진다(카를 융의 표현을 빌자면 배트맨이 그의 그림자를 만난 것이다). 그런 다음 배트맨은 총에 맞아 물웅덩이에 빠지지만(심리적인 죽음과 부활을 의미), 복수보다 희망을 선택하는 게 얼마나 중요한지 강조한다. 영화의 악당인 리들러Riddler는 정치 체제가 망가진 상태에서는 급진적인 행동주의만이 변화를 가져올 수 있다고 믿는다. 영화 주인공인 배트맨은 언제든 체제 내부에 접근할 수 있는 억만장자이지만 법의 테두리 밖에서 활동한다. 결국 이 영화의 상징적인 메시지는 대중이 스스로 문제를 해결하려 하지 말고 엘리트들끼리 알아서 문제를 해결하도록 맡겨야 한다는 것이다.

여기까지 읽은 독자들은 코웃음을 치면서 어이없어하고 있을 것이다. 재현할 수 없는 것, 본질적으로 숨겨져 있는 오컬트를 표현하는 데서 그 힘을 얻는 상징성의 사용을 실증적으로 증명하는 건 어렵다. 합리적인 반론은 우리가 그림자 속에 뛰어들어 상징이 존재하지 않는 곳에서 그 패턴을 보려는 경향이 있다는 것이다. 이것의 학명은 '파레이돌리아pareidolia(무의식적으로 패턴이나 물체에서 의미 있는 이미지나 형상을 인식하는 경향)'다. 예컨대 잡음 속에서 유령의 목소리를 들을 수 있다고 주장하는 유령 사냥꾼들이 그런 경우다.[41]

역설적이게도 편집증으로 감각이 고조되면(임시 자율 구역) 상징에 대한 인식과 민감성이 증가한다. 악의적인 목적을 위해 대중을 조종하는 사탄 같은 유명인 무리가 있다고 생각하는 건 편집중일 수 있다. 하지만 거꾸로 뒤집힌 오각별이나 모든 걸 꿰뚫어 보는 눈 같은 상징은 보는 사람에게 심리적인 영향을 미치고, 문화 엘리트들이 실제로 그것을 사용하고 있다는 건 부인할 수 없는 사실이다.

그랜트 모리슨_Grant Morrison_은 DC와 마블_Marvel_의 스토리를 만들어낸 다작형 만화 작가다. 그는 또 현직 '카오스 마술사'이기도 하다. 카오스 마술은 믿음을 통해 현실을 형성할 수 있다고 생각하는 뉴에이지 종교 운동인데, 의식의 장벽을 무너뜨리고(앞서 얘기한 임시 자율 구역에 혼돈을 일으키고), 정신 내부에 상징을 심으면 믿음이 바뀔 수 있다고 믿는다. 모리슨은 자기 작품 중 일부는 '하이퍼시질_hypersigil_'이라고 설명했다. 이는 "실시간으로 조작해서 '실제' 삶이 진행되는 대우주 환경에 변화를 일으킬 수 있는 마술사의 우주, 홀로그램, 소우주, '부두 인형' 등으로 구성된 역동적인 미니어처 모델"을 말한다. [42]

「브이 포 벤데타_V for Vendetta_」, 「왓치맨_Watchmen_」, 「프롬 헬_From Hell_」 같은 작품을 만든 앨런 무어_Alan Moore_도 자신을 마술사라고 생각한다. 그는 "예술은 의식의 변화를 이루기 위해 상징, 단어, 이미지를 조작하는 과학인 마술과 같다"고 말했다. [43]

무어는 또 다음과 같이 설명했다. "우리가 진정으로 알 수 있는 유일한 현실은 우리의 인식, 즉 자신의 의식이지만, 그 의식과 모든 현실은 기호와 상징으로만 이루어져 있다. 오직 언어뿐인 것이다. 신조차도 우주를 잉태하기 전에 언어를 필요로 했다. 창세기를 보면 '태초에 말씀이 있었다'라고 하지 않는가."[44]

허구의 땅 할리우드에서 배우들은 오스카 상을 받는 영예를 얻는데, 어떤 사람들은 이 상이 고대 이집트 신 프타*Ptah*를 모델로 만든 것이라고 말한다.[45] 프타는 자신의 말과 지팡이(그의 신성한 나무)를 이용해 세상을 잉태하고 낳았다. 현대에는 상징을 이용해 현실에 대한 세상의 인식을 형성하는 할리우드가 이런 기능을 수행할 수 있을까?

그러나 영화의 힘은 가상현실에 비하면 약하다. 인류는 기술을 통해 상징적인 위기 지점으로 향하고 있다. 2021년 11월, 페이스북은 메타*Meta*라는 새로운 브랜드의 출시를 발표했다. 출시와 함께 광고도 나왔다. 유튜브 설명문에는 "메타와 함께 상상의 세계로 들어가 2차원이 3차원이 되는 무한한 가능성을 탐험해 보세요"라고 적혀 있다.[46] 이 영상 제목은 '호랑이와 버팔로'로 이사야서 11장 6절 내용("이리가 어린 양과 함께 살며…")을 도시적으로 힙하게 재해석한 것인데, 디즈니 영화 「주토피아*Zootopia*」처럼 평화와 평등에 대한 불가능한 환상을 보여준다. 메타는 메타버스를 일종의 지상낙원으로 여기는 것 같다. 더 흥미로운 건 광고에 나오는 작품, 그러니까 스웨덴 신비주의자 힐마 클린트*Hilma Klint*가 그린 피라미드 꼭대기의 눈처럼 생긴 태양이다. 클린트는 종종 강령술을 이용해서 의식의 흐름 기법으로 그림을 그린다고 주장했다. 또 자신을 다른 차원에서 오는 의미를 전달하는 그릇이라고도 했다. "그들이 무엇을 묘사하려는 건지 전혀 몰랐지만… 붓 터치 하나 바꾸지 않고 신속하고 확실하게 작업했다."[47]

메타버스는 자유로운 상징의 땅이 될 것이 확실하다. 그것은 우리의 모든 의식 흐름을 하나의 상징적 수프로 연결할 것이다. 그곳은 영구적인 자율 구역, 연중무휴 24시간 지속하는 딥 페이크*deep fake*의 땅, 진정한 탈진실 현실이 될 것이다. 이 영역에서는 상징을 통제하는 사람들이 현실에 대한 인식뿐만 아니라 현실 그 자체도 통제하게 될 것이다. 현실은 더 이상 인식이 아니기 때문이다. 마크 저커버그는 밤을 낮으로, 낮을 밤으로 바꿀 수 있지만 사용자는 물리적인 환경과 너무 동떨어져 있어서 달라진 점을 알 수 없다. 지금까지 수십억 달러를 투자했는데도 불구하고 메타버스로의 이륙은 순탄치 못했다. 그곳에 결코 도달하지 못할 수도 있지만, 만약 도달한다면 미래의 정치적 분열은 좌파-우파 또는 자유주의-권위주의의 분열이 아니라 현실-환상의 분열이 될지도 모른다.

현실 점검

이런 걸 보면 '상징의 세계에서 어떻게 탈출할 수 있을까'

라는 의문이 생긴다. 물론 첫 번째 단계는 실제 현실을 점검하는 것이다. 노트북을 닫고 휴대폰을 끄고 창밖을 내다보자. 뉴스에서는 폭풍 때문에 '적색 경보'가 발령되고 '1명 사망'이라고 외칠지 모르지만, 밖을 내다보면 사실은 바람이 조금 부는 정도라는 걸 확인할 수 있다.

레이첼 로우스 박사는 이렇게 설명했다. "나는 임시 자율 구역이 섬세하고 터지기 쉬운 거품 같다고 생각한다. 여러분이 평소에 경험하는 '현실 세계'와 조금이라도 연결되어 있다면 아주 쉽게 터져버릴 것이다. 이것은 명상과 약간 비슷하다. 가장 어려운 부분은 집중하는 것이다. 쉬운 부분은 눈을 뜨고 이메일과 출판사 마감일에 대한 일상적인 생각을 다시 떠올리는 것이다."

두 번째 단계는 기호학적인 지식을 갖추는 것이다. 로우스 박사는 이렇게 말을 이어갔다. "문화에서 완전히 벗어나는 것은 불가능하다. 하지만 상징 사용자가 되어 자신이 그것을 알고 있다는 사실을 인식하는 것은 가능하다. 그것을 의식적으로 알고 있으면 거기서부터 진짜 재미가 시작된다. 사방 어디에서나 상징을 발견할 수 있다. 머릿속의 스위치 전환, 그것이 언제나 가장 중요하다. 일단 대체 현실을 인식하면 다시는 잊어버릴 수 없다."

우리 인간은 상징 영역을 이해하고 조작하는 데 독특한 존재다. 로렌츠의 새끼 새들과 다르게 우리는 위에서 내려온 상징의 용도를 변경하고 거부할 수 있는 힘을 가지고 있다. 우리의 혀에 바로 그 창조의 정신을 담고 있다.

규칙

- 의사소통에서 어떤 상징적 의미를 찾으려면 표면 아래를 살펴봐야 한다. 내용만큼 형식에도 주의를 기울이자.

- 고대 신화와 고전 동화를 읽으면서 흔히 사용되는 난해한 상징에 익숙해지자.

- 상징의 세계에서 벗어나 "현실로 돌아가자." 그렇지 않으면 다른 사람의 환상에 휩쓸릴 수 있다.

14장

트랜스젠더 서브레딧의 브레인웜과 애정 공세

패트릭

나는 트랜스젠더 포럼에서 괴롭힘을 당하고, 애정 공세를 받고, 협박도 당했다. 적어도 나의 분신인 패트리샤 XO *Patrishia xo*는 그랬다.

UCLA의 발표에 따르면 지난 5년 사이에 트랜스젠더 청소년이 2배로 늘어났다는데, 그 이유가 뭔지 알고 싶어서 트랜스젠더 포럼에 가입했다.[1] 폰허브의 트랜스젠더 카테고리가 2022년에 75퍼센트 성장해서 전 세계에서 일곱 번째로 인기 있는 카테고리가 된 이유는 무엇일까?[2]

단순히 그런 데서는 낙인찍기가 거의 없기 때문이라고 말하는 사람들이 많지만(이는 공정한 지적이다), 어떤 이들은 대중문화의 어떤 요소들이 실제로 사람을 트랜스젠더로 만들 수 있다고 주장한다. 학자들은 일본 만화영화, 포르노, 소셜 미디어 등 다양한 대상을 지적했다. 그리고 일부에서는 이것이 틱톡이나 유튜브 같은 사이트를 통해 확산하는 사회적 전염의 한 형태일 수 있다고 말한다. 2018년에 발표된 (심각한 비판을 받는) 한 연구에서 자녀가 사춘기 무렵에 트랜스젠더로 커밍아웃한 가족 250세대를 조사한 결과, 그중 약 80퍼센트가 아동기에 성별 불쾌감의 징후를 관찰하지 못한 것으로 나타났다.[3] 그리고 가족 중 거의 3분의 2는 자녀가 트랜스젠더라고 알리기 직전에 인터넷 사용량이 눈에 띄게 증가했다고 보고했다.

트랜스젠더가 되는 건 당연히 힘든 일이다. 트랜스젠더는 종종 고립, 낙인, 정신 건강 문제와 씨름해야 한다. 하지만 사실 누구에게나 삶은 힘든 법이니까 다른 성별로 살아가는 데서 목적과 만족감을 느낀다면 그 입장을 고수하자. 인생에서 어떤 길을 걷든, 모든 사람은 존엄성을 지키고 연민을 받을 자격이 있다.

그러나 남자는 여자가 아니고, 여자는 남자가 아니다.

이것은 기본적인 사실이다. 남자와 여자는 낮과 밤, 북쪽과 남쪽처럼 현실을 구성하는 기본적인 요소다. 이것을 부정하는 건 이상하다. 그러나 팩트 체크 전문가들과 옥스브리지 *Oxbridge* 학자들은 여성이 음경을 가질 수 있다는 명백한 허위 정보가 틀렸다는 사실을 결코 밝히지 않는다.

이런 식으로 일부 성전환 사례(물론 전부는 아니다)가 일종의 세뇌를 수반할 수 있을까? 생물학적인 남성이 자신을 여성이라고 생각하는 것(또는 그 반대)은 육체적 현실과 객관적으로 분리된다. 그래서 나는 트랜스젠더 커뮤니티의 한 부분에서 영향력의 원칙이 작동하는지 조사해 보기로 했다.

패트리샤 XO라는 레딧*Reddit* 사용자 이름을 선택한 다음, 마블 영화와 콩고기 관련 게시물을 지나 /r/AskTransgender라는 서브레딧으로 이동했다. 그리고 "내가 트랜스젠더일지도 모른다는 생각이 드는데 어디서부터 시작해야 할지 모르겠어요. 혹시 도와주실 분 있나요?"라는 글을 올렸다. 다른 게시물을 읽으면서 심하게 상심하고 충격을 받은 사용자들이 있는 것에 놀랐다. 그 포럼은 의미를 찾기 위해 애쓰면서 필사적인 투쟁의 무게를 견디고 있는 외로운 방랑자들로 가득했다.

내 게시물에 답글이 달리기 시작했다. 특히 열심히 도와주고 싶어 하는 사용자가 있었다. 그는 여자가 되고 싶은 스무 살 대학생이라고 했다. 그 시간에 수업에 들어가지 않은 이유는 괴롭힘을 당하고 있기 때문이라고 했다. 그가 털어놓은 상황에 따르면, 라커룸 샤워실에서 크고 검은 성기를 가진 덩치 큰 흑인 쿼터백에게 괴롭힘을 당했다는 것이다(그는 성기를 지칭하는 다른 단어를 사용했다). 난 의심이 들기 시작했다.

멘토가 내 사진을 보내 달라고 했다. 내가 여기가 처음이라서 사진이 없다고 하자 그는 내 얼굴을 여성화해서 여자 몸과 합성할 수 있는 앱을 다운로드하라고 했다. 서브레딧 중 하나에는 그런 사진, 그러니까 거의 여자에 가까운 흐리멍덩한

얼굴을 비키니 모델 사진이나 음란한 GIF와 합성한 사진으로
가득했다.

난 페이스앱*FaceApp*을 다운로드하고 거기에 내 사진첩에서
사진을 하나 골라서 올린 다음 성별을 여성 1로 변경했다. 그
이미지를 MtFSelfieTrain이라는 서브레딧에 올리자 수백 개의
'좋아요'와 수십 개의 긍정적인 댓글이 쇄도했다. 아름답다는 말
을 계속 들었다. 처음에는 몇 개씩 들어오던 DM이 홍수처럼
늘어났는데, 대부분 약간 잡담을 나눈 뒤 사진이 더 있는지 알
고 싶어 하는 남자들에게 온 것이었다. '흠, 내가 꽤 매력적인
여자를 만들어냈나 보군'이라고 생각했다.

여기에서는 두 가지 측면에서 세뇌가 시작되었다. 첫째,
가장 중요한 건 내가 현실과 동떨어진 상징의 세계로 끌려가고
있다는 것이었다. 물론 실생활에서의 나는 결코 페이스앱으로
만들어낸 패트리샤처럼 보이지 않을 것이다. 포토샵을 이용해
사람들은 스크린 시대 이전에는 불가능했던 환상의 세계에서
살 수 있게 되었다. 이것은 융이 말한 '터무니없는 소원-환상',
즉 지상에서 정치 운동을 이곳저곳으로 몰아가는 천국과 지옥
의 비현실적인 모습이다.

둘째, 컬트 연구자들 사이에서 '애정 공세'라고 알려진 긍
정적인 관심을 많이 받았다. 내 사진에 대해 남자로서는 결코
얻을 수 없었을 평가를 받았다. 이런 비정상적인 상황에서도
내가 매력적이라는 말을 듣는 건 기분 좋은 일이었다. 다른 사

용자들과 대화를 나누면서 긍정적인 반응과 확신을 얻었다. 우리는 자존감이 낮은 사람들이 특히 세뇌에 취약하다는 걸 알고 있다. 종교적 개종 또는 정치적 희생양 몰살을 통해서든, 아니면 이 경우처럼 음경과 고환을 외과적으로 제거하는 방법으로든 더 나은 삶에 대한 약속은 항상 존재한다.

다행히 나는 자존감이 높은 편이어서 이런 댓글을 받을 때 굉장히 조심스러웠다. 사용자들은 내가 아름답다고 말했지만 다른 포스터에 대해서도 똑같은 말을 했다. 심지어 그물망 같은 옷을 입고 오후가 되어 수염이 자란 턱에 컨실러를 조잡하게 바른 나이 든 남성들 사진에 대해서도 마찬가지였다.

다른 게시물을 읽으면서 이런 커뮤니티가 회원들 사이에 불안정한 애착 관계를 만들어 오래된 사회적 유대를 끊을 수도 있다는 걸 알게 되었다. 지지자들은 젠더 이데올로기에 동의하지 않는 '해로운' 사람들을 본인 삶에서 끊어내라는 말을 들었다. 이 포럼은 '새로운 가족'이었고 나이 든 트랜스젠더 중에서 '양모養母'를 찾을 수 있었다. 세뇌는 사람들이 오래된 애착 관계(가족, 전통, 공동체 등)에서 벗어날 때 가장 효과적이다. 사람들의 마음을 비워서 다른 것으로 채우는 것이다.

포럼에서는 세뇌에 자주 사용되는 다양한 언어적 트릭을 사용했다. 성별 '행복감' 대 '불쾌감'이라는 개념에서는 조건화 과정이 분명하게 드러났다. 이데올로기에 부합하는 모든 생각과 행동은 칭찬과 보상을 받았다. 하지만 그와 반대되는 모든 생각과 행동은 금지되었다. 반대 의견은 지지자의 마음속에서도 좌절되었다. 의심이나 불안감은 무시하고 억눌러야 하는 병적인 환청처럼 '브레인웜'으로 분류되었다(한 사용자의 정의에 따르면 "트랜스젠더와 관련해 부정적이고 상처를 주고 사실이 아닌 사고/신념 체계다." 예를 들어, 시스 젠더로 통하는 트랜스젠더 남성이 자신은 클로키(트랜스젠더라는 사실을 남들이 쉽게 알아볼 수 있는 상태)라고 확신하는 것이다).[4] 대화 상대 중 한 명에게 내가 트랜스젠더인지 확실하지 않다고 말하자 의심과 부정은 내가 진짜 트랜스젠더라는 사실을 나타내는 일반적인 징후라고 했다.

전체주의에서처럼 모든 길은 트랜스젠더로 이어졌다. 자신이 트랜스젠더가 아니라고 생각한다면 그것이 바로 트랜스젠더라는 뜻이다. 사용자가 털어놓은 모든 의구심은 결국 그것이 트랜스젠더임을 뜻하는 것이라고 합리화되었다.

대부분의 게시물은 본질적으로 자기 고백이었다. 이는 세뇌에서 흔히 볼 수 있는 현상이다. 죽음과 재탄생이 반복되는 과정에서 중요한 방어 체계를 무너뜨리기 위해 강렬한 감정적 에피소드를 사용한다.

패트리샤를 연기하면서 흥미로운 하루를 보낸 뒤, 노트북을 닫고 잠자리에 들면서 큰 소리로 방귀를 뀌어 내 남성성을 재확인했다. 다음 날 아침에 일어나 보니 업무용 편지함에 이메일이 하나 와 있었다. 내 개인 홈페이지를 통해 전송된 것이었는데 제목은 없었고 "안녕하세요, 패트리샤. 얘기 좀 나눌 수 있을까요?"라는 메시지가 적혀 있었다.

내 필명의 독특한 철자를 고려하면 아마 협박을 시도하려는 것 같았다. 나는 깜짝 놀랐다. 당연히 레딧의 변태들에게 내 개인 정보는 전혀 알려주지 않았다. 내가 유일하게 공유한 것은 포토샵으로 만든 사진뿐이었다. 재빨리 구글을 검색해 보니 얼굴 사진을 업로드하면 얼굴 인식 기능을 사용해서 인터넷상에 있는 그 사람의 다른 인스턴스를 찾아주는 핌아이즈*PimEyes*라는 검색 엔진이 있었다. 패트리샤의 사진을 이용해 시험해 보니, 내 개인 웹사이트에 올려둔 사진을 비롯해 진짜 내 모습을 담은 수십 장의 사진이 검색되었다.

재빨리 계정을 삭제했다. 책을 쓰기 위한 조사 작업이었지만 그런 식으로 아웃팅 당하는 게 너무 부끄러웠다. 피트 타운젠드*Pete Townshend*도 그렇게 말했지만, 여러분 같으면 그에게 자녀를 돌봐 달라고 맡기겠는가? 오명은 벗기 어려운 법이므로 생각만으로도 굴욕적이었다.

많은 사람에게 이것은 궁극적인 세뇌 조치가 될 것이다. 즉 오래된 관계를 끊고 새로운 정체성에 묶여 있도록 반응하게 하는 것이다. 이는 또 거짓말을 하지 않고 살아가는 것의 중요성에 대해 말해준다. 조작자가 우리의 비밀을 우리에게 불리한 방향으로 사용할 수 있다.

패트리샤는 이제 죽었지만, 과거의 유산은 계속 남아 있다. 적어도 인터넷의 특정한 부분에는 성전환에 대한 조작 요소가 있다는 걸 알게 됐다. 이는 상징적인 환상을 바탕으로 번창하며 고립, 반전, 고백 같은 도구를 사용해 지지자의 기존 정체성을 파괴하고 새로운 정체성을 구축한다.

또 트랜스젠더도 당연히 동정을 받을 자격이 있다는 걸 재확인했다. 내가 본 많은 사람이 자신의 성별에 의문을 제기하는 복잡한 문제와 씨름하기 전에도 삶의 힘든 시기를 겪고 있었다. 당연히 내 경험이 전체를 대표하지는 않는다. 자신이 잘못된 성별을 타고 태어났다고 진심으로 생각하는 사람들이 많다. 그러나 취약한 상태에 있는 어떤 사람들은 세뇌의 희생자가 될 수도 있다.

어린이를 비롯해 점점 더 많은 사람이 트랜스젠더로 커밍아웃함에 따라 '이 문제를 조사하기 위해 더 노력해야 할까?'라는 의문이 든다.

15장

남들보다 먼저 말하라

순응과 군중은 위험할 수 있다. 리더는 실수할 수 있다. 이런 상황에 직면했을 때 자기 신념을 가지고 용기 있게 말하는 게 중요하다. 「벌거벗은 임금님」에 나오는 소년처럼 남들보다 먼저 목소리를 내는 연습을 해보자. 그러면 주변 집단의 역학관계가 변하고, 무엇보다 중요한 건 여러분을 변화시켜서 심리적인 독립심이 커질 것이다.

벌거벗은 임금님

왕이 새 옷을 만들려고 직공 두 명을 고용했다. 직공들은 세상에서 가장 아름다운 옷을 만들겠다고 주장한다. 하지만 사실 이 직공들은 사기꾼이었고 멍청한 사람 눈에는 보이지 않는 마법의 천을 사용해서 옷을 만들고 있다고 왕을 속였다. 직공들의 작품을 보기 위해 초대받은 신하들은 모두 자기 역할에 부적합한 바보처럼 보일까 봐 두려워서 옷이 보이는 척한다. 그러면서 주변 사람 중 누군가가 자신의 영리함을 '속이고' 있지는 않은지 알고 싶어 한다.

누구도 직공들의 진실성에 도전할 수 없다고 생각한다. 곤혹스러운 상황에 처한 영향력 있는 인물들이 차례로 무너지면서 모두 그 천의 '타당성'을 강화한다. 얼마 뒤, 직공들이 옷이 완성됐다고 보고하고 왕에게 옷을 입히는 흉내를 낸다. 왕은 사람들 앞에서 알몸으로 행진한다.

어리석어 보이고 싶지 않았던 마을 사람들도 불편한 마음으로 가식을 따른다. 그때 군중 속에 있던 한 어린아이가 임금님이 아무것도 안 입었다고 불쑥 말했고, 그러자 다른 사람들도 그 말을 따라서 외치기 시작한다.

「벌거벗은 임금님」은 자기기만, 순응, 권위에 대한 복종에 의문을 제기하는 이야기다. 모든 좋은 동화처럼 이 책도 인간 행동에 대한 교훈을 전하려고 한다. 그 어린아이처럼 먼저 말하는 법을 배우는 건 좋은 습관이며, 무의미한 순응을 거부하는 심리적 회복탄력성을 키우는 데 도움이 될 것이다.

직공들은 물질적인 천이 아니라 사회적 관계와 진실이라는 천을 가지고 놀면서 '시스템이 작동하는 방식'을 폭로했다. 그들은 특히 다른 사람에게 부족한 사람으로 보이는 것에 대한 수치심과 상실 및 축출에 대한 두려움을 이용해서 인간의 심리를 착취했다.

군중이 침묵하지 않았다면 이야기는 얼마나 달라졌을까? 분명히 더 짧아졌을 테고 인간의 심리를 제대로 표현하지도 못했을 것이다. 대부분의 사람은 자신이 단순히 군중에 동조하지 않는 것이라고 생각하고 싶어 한다. 그러나 이것은 모든 사람의 전형적인 모습이다. 윌리엄 사건트는『정신을 차지하기 위한 전쟁』에서 다음과 같이 지적했다.

어떤 사람이 단순히 사회적 표준과 행동 패턴을 대부분 받아들이면 공동체에서 '정상'으로 간주된다. 이는 사실 그가 제안에 민감하고 대부분의 평범하거나 특별한 경우에 다수의 의견을 따르도록 설득되었다는 뜻이다. 소수 의견을 가진 사람들은 사후에 그것이 옳다는 사실이 입증되더라도 평생 '미친 사람' 또는 적어도 '괴짜'라고 불린다.[1]

악명 높은 스탠퍼드 대학 감옥 실험을 진행한 심리학자 필립 짐바르도는 이에 동의했다. "영웅이 되려면 일탈자가 되는 법을 배워야 한다. 그래야 항상 집단의 순응에 맞설 수 있기 때문이다."[2]

집단 중독

넛지 이론은 순응을 전제로 한다. 변호사이자 행동경제학자인 캐스 선스타인은 『동조하기 Conformity: The Power of Social Influences』라는 책에서 이런 인간의 경향에 대해 두 가지 설명을 제시했다.[3] 첫째, 정보적 영향은 사람들이 자기 행동을 '올바른' 방향으로 조정할 때 발생한다. 우리는 종종 자신보다 아는 게 많다고 생각하는 사람에게 기대를 건다. 둘째, 규범적 영향은 누군가의 비위를 맞추고 그에게 처벌받지 않으려는 욕구에서 비롯된다. 이 두 가지 원칙을 결합하면 신하와 군중의 침묵을 설명할 수 있다.

선스타인은 이런 태도가 정보 '폭포'에 순응하려는 신호라고 말한다. 정보 폭포가 발생하면 사람들은 자신의 개인적인 정보나 의견에 의존하는 걸 중단하고 대신 다른 사람이 전달하는 신호에 의존한다. '규범'을 따르지 않으면 부끄러움을 당하고 잠재적으로 버림받을 수 있다. 본질적으로 사람들은 자신이 옳고 남들에게 사랑받기를 바란다.

1950년대에 솔로몬 애쉬*Solomon Asch*가 실시한 유명한 순응 실험에서 집단의 압력이 의견에 미치는 영향을 밝혔다.[4] 이 실험은 개인의 의견이 집단의 의견에 어느 정도 영향을 받는지 보여줬다. 실험 참가자들에게 선을 하나 보여준 다음 길이가 다른 세 개의 선 중에서 처음과 길이가 일치하는 선을 고르게 했다. 애쉬는 사람들이 집단 내 다른 사람들의 의견에 순응하기 위해 기꺼이 현실을 무시하고 오답을 제출한다는 사실을 발견했다(이 실험에서는 배우들에게 의도적으로 오답을 제시하도록 했다).

집단의 의견을 따르려는 욕구는 타고나는 것으로 동물에게도 관찰된다. 동물은 무리의 다른 구성원이 뭔가를 하고 있으면 그것이 안전하고 적절한 행동이라고 가정한다. 예를 들어, 라르센*Larsen* 덫은 새가 일단 들어가면 빠져나올 수 없는 새장을 사용한다. 일반적으로 새들은 당연히 의심을 품을 것이다. 하지만 이 덫에는 일종의 '변절자' 새에게 먹이와 물을 주는 특별한 구획이 있다. 동료가 그 안에서 안전하게 있는 모습을 본 야생 새들은 파멸로 향하게 된다.

이스트 서섹스 스몰홀더스East Sussex Smallholders의 조류 사육사 조이 오웬Zoe Owen은 "닭, 오리, 칠면조 같은 새는 다른 새가 알을 낳는 곳에 알을 낳고 싶어 한다. 그들은 자기보다 먼저 도착한 다른 새가 그곳이 안전하고 좋은 곳이라고 판단한 것이라고 생각한다. 그래서 모두 그 뒤를 따른다. 우리 인간도 마찬가지로 학교 평가에서 높은 등급을 받은 학군에 살고 싶어 한다"고 설명했다.

애쉬는 더 많은 사람이 참석할수록, 작업이 어려워질수록, 집단 내 다른 구성원의 지위가 더 높다고 인식할수록 순응성이 증가한다는 걸 발견했다.[5] 반대로 개인적으로 응답할 수 있을 때는 순응성이 감소한다. 신하들이 왕 앞에서, 마을 사람들이 자신보다 '지위가 높은 사람들' 앞에서 어리석은 모습을 보이는 것을 부끄러워하는 것도 바로 이런 이유 때문이다. 수많은 군중의 압도적인 순응을 뚫고 들어가려면 어린 소년의 순수함이 필요하다.

군중이 모두 나쁜 건 아니다. 군중과 동일시된다고 느끼면 순응하려는 경향 때문에 안전하다는 생각이 든다. 신뢰할 수 있는 결정을 내릴 수 있고, 육체적인 의미에서는 말 그대로 더 안전할 수 있다. 우리는 다른 사람들이 기피하는 덤불 열매를 먹지 않는다. 실제 군중은 생각과 달리 안전할 수 있다. 한 연

구에서 "군중의 자기 조직화가 재난을 예방한다"고 주장했다.[6]

우리는 협력과 집단에 의존하는 사회적 동물이다. 임상심리학자이자 집단 작업 실무자인 리비 뉴젠트Libby Nugent 박사는 "진화적 발달을 생각하면 개인보다 집단이 존재했다. 우리에게는 집단이 필요하다. 욕구의 계층 구조에 관해 이야기할 때 우리의 기본적인 욕구는 바로 소속감이다. 우리는 어딘가에 소속되기 위해 모든 것을 희생한다"라고 설명했다.

순응은 바람직한 진화적 이유로 발생한다. 그러나 위대한 사상가, 연구, 다양한 책에서는 군중과 순응의 위험성을 설명한다. 올더스 헉슬리는 『다시 찾아본 멋진 신세계』에서 인간은 자동화 기계처럼 만들어지지 않았기 때문에 군중 속에서 길을 잃는 것이고, 만약 자동인형이 된다면 정신 건강과 자유가 위험에 처하게 된다고 말했다.

(히틀러는) 사람들을 보다 대중적이고 동질적으로 인간 이하의 존재로 만들기 위해 거대한 강당과 경기장에 수천, 수만 명을 모았다. 그곳에서 개인은 자신의 정체성, 심지어 기본적인 인간성까지 잃고 군중과 합쳐질 수 있었다. … 그들은 자극에 민감해졌고 개인적 또는 집단적 책임감을 모두 상실한 채 갑자기 분노, 열광, 공황에 빠지곤 했다. 한마디로, 군중 속의 남자는 마치 강력한 중독성 물질을 다량으로 삼킨 것처럼 행동한다. 그는 내가 '집단 중독'이라고 부르는 것의 희생자다.[7]

그 시대의 또 다른 위대한 사상가인 카를 융도 비슷한 결론을 내렸다. 융은 세계대전과 냉전 시대의 파괴적인 집단 움직임, 즉 대중 운동, 집단 히스테리, 그리고 그가 '정신적 전염병'이라고 말한 것을 겪으며 살아왔다. 융은 자신의 저서 『발견되지 않은 자아*The Undiscovered Self*』에서 개인과 사회에 대한 위험을 최소화하는 방법을 조언한다.[8] 군중과 대중의 움직임에 저항하기 위해 할 수 있는 가장 중요한 일은 자신에게 개성을 부여하는 것이다. "조직된 대중에 대한 저항은 대중들만큼이나 개성이 잘 조직된 사람에 의해서만 가능하다." 융은 의미 있는 가치관, 일, 공동체, 신앙, 종교를 통해 스스로에게 개성을 부여할 수 있다고 생각했다. 그러면 그 사람은 남들보다 먼저 목소리를 낼 가능성도 커진다.

군중은 분노하고 쇄도하고 난폭해질 수 있지만 전문가 커뮤니티, 이웃, 종교 단체 같은 집단 내에는 다른 위험이 존재한다. 소셜 미디어 시대에는 이것이 더 중요하다. 관심사별로 그룹이 만들어지고 페이지, 팔로워십, 해시태그, 이전 표준처럼 바이오스에 표시되는 이모티콘 등을 통해 조정하지만 실제로 사람들은 물리적으로 떨어져 있을 가능성이 크다. 뉴젠트는 "우리는 집단과 대규모 집단의 심리를 거의 모르면서 갈수록 거기에 의존하는 세상에 살고 있다. 월드와이드웹과 소셜 미디어가 있지만 그것으로 뭘 해야 하는지 모른다. '집단 심리학이라는 원자폭탄'을 발명해서 그것을 장난감처럼 갖고 놀고 있다"

고 말한다.

사람들은 자신이 속한 내집단에 대해 고정된 편견을 가지고 있다. 예를 들어, 자기 인종이 고통을 겪고 있는 걸 보면 공감적으로 더 큰 고통을 느끼는 경향이 있다('거울 뉴런'을 통해).[9] 한 연구에 따르면, 미국 흑인들은 "아프리카계 미국인들은 변명을 멈추고 사회에서 앞서 나가기 위해 자신들에게 훨씬 많이 의지해야 한다"는 말을 백인 정치가가 아닌 흑인 정치가가 했을 때 동의할 가능성이 더 큰 것으로 나타났다.[10] 유로비전 송 콘테스트를 시청하는 유럽 국가들의 경우, 지리적이나 정치적으로 가까운 이웃 나라 사람에게 투표하는 경향이 있다.

'우리 대 그들'은 조작자가 자주 이용하는 강력한 메커니즘이다. 보다 광범위하게 보면 '흑백 사고'도 마찬가지다. 사람들이 정체성이나 아이디어에 너무 집착하면 그것이 불리하게 작용할 수 있다. 연구에 따르면 '인지적 종결 욕구'가 높은 사람은 어떤 면에서 더 설득하기 쉽다고 한다.[11] "잘 모르겠다"고 말하면서 모호한 상태를 더 편안하게 느끼는 사람은 묘책과 만병통치약을 선전하는 조작자들에게 넘어갈 가능성이 작다. 컬트 집단에서 벗어나도록 교육하는 게레트는 이렇게 말했다.

컬트는 '옳음과 그름' 같은 흑백 사고를 이용한다. 이것은 미묘하게 작용하는 강력한 제어 메커니즘이다. 친가족과 컬트 집단을 대립시키는 건 고전적인 양극화다. 내 경우 그 일이 아주 천천히 일어났다. 나는 우리 집단이 훨씬 중요한 가족이라고 진심으로 믿게 되었고, 심지어 형의 장례식에도 가지 않을 정도였다. 형의 장례식은 내가 이미 참가하기로 약속한 수련회와 같은 주말에 열리기로 되어 있었다. 나는 장례식에 가지 않고 컬트 가족과 함께 지내는 걸 정당화하기 위해 완전히 다른 현실을 만들었다.

집단 사고는 독립적인 사고를 방해할 수 있다. 귀스타브 르 봉Gustave Le Bon이 『군중심리The Crowd: A Study of the Popular Mind』라는 책에서 제시한 군중심리 이론은 초기에 등장한 가장 영향력 있는 이론 중 하나다. 그는 개인이 집단 안에서 자아의 감각을 잃을 수 있지만, 그와 동시에 집단으로서 익명성을 얻어 더 강력해질 수 있다고 믿었다. 개인이 집단에 소속되면 생각과 감정이 전염된다. 개별적인 물고기들이 떼지어 움직이는 것을 생각해 보자. 최근 이론가들은 군중에 대한 르 봉의 개념화가 "분별력이 부족하다"라고 비판했지만, 나쁜 생각이 집단을 사로잡을 수 있다는 건 분명하다. 순응하려는 우리의 강력한 성향은 수많은 과학 실험에 의해 뒷받침되고, 조작자들은 이를 무자비하게 이용한다.

우리는 자신이 직접 아이디어를 내놔도 그것을 따르지 않을 것이라고 생각하곤 한다. 하지만 실제로는 그 아이디어에 휩쓸리는 경우가 많다. 카를 융의 유명한 말처럼 "사람이 아이디어를 만드는 게 아니라, 아이디어가 사람을 만든다."[12] 이 말은 우리 일상과 연결되어 있다. 우리는 '오늘 저 사람 제정신이 아니네'라든가, '내게 무슨 일이 생긴 건지 모르겠어'와 같은 생각이 자신을 사로잡는다는 걸 안다. 융의 말은 작은 사회 집단부터 국가 전체에 이르기까지 사람들의 정신을 장악할 수 있는 정신적 전염병이나 집단 히스테리를 말하는 것일 수도 있다.

집단의 생각이 틀렸고, '목소리를 높인 소년' 같은 외로운 목소리가 옳았다고 증명된 역사적 사례가 많다. 16~17세기의 유명한 물리학자이자 사상가인 갈릴레오는 태양이 지구 주위를 도는 게 아니라 그 반대라는 사실을 정확하게 파악한 코페르니쿠스의 태양 중심설을 옹호했다. 하지만 가톨릭교회 교황과 사제들('군중'들 가운데 '더 지위가 높은' 관리)은 논쟁의 여지가 많은 그의 이론을 인정하지 않았다. 갈릴레오는 이단이자 바보라는 판결을 받고 평생 가택연금을 선고받았다. 이 고전적인 사례에서 갈릴레오는 옳았고 합의된 여론은 틀렸다.

선스타인은 순응은 결과에 따라 좋을 수도 있고 나쁠 수도 있다고 말한다. 달성된 정치적 목표가 바람직하다면 사회적 압력이나 잘못된 정보로 인한 순응도 괜찮을 것이다. 하지만 과연 목적이 수단을 정당화할 수 있을까? 자신에게 어떤 정치적 견해가 바람직한지 다른 사람들이 알 것이라고 생각하는가?

오늘날 우리는 연속적이고 영향력을 발휘하며 잘 짜인 안무처럼 조화롭게 순응하는 움직임을 보고 있는데, 그것은 사람들의 마음을 사로잡은 아이디어의 실제 사례다. 순응성이 진화하는 방식을 보여주는 현대의 사례를 하나 살펴보자. 바로 인간이 야기한 기후 변화다.

기후 순응

이것은 매우 난감한 문제다. 기후 변화의 위험을 조금이라도 의심하면 '기후 변화 부정자'라는 꼬리표가 붙는다. 기후 변화에 대한 여러분의 견해와 상관없이, 그런 폄하적인 꼬리표가 어떻게 나타나서 사람들을 침묵시키는 힘을 얻었는지 알아야 한다.

'기후 변화 부정자'가 된다는 것은 정보와 사회적 순응을 우선시하는 사람들과 동떨어진 아웃라이어로 자리매김한다는 것을 의미한다. 이 용어는 '음모론자'라는 말처럼 심각한 반대를 억제하기 위해 고안되었다. 다양한 국가에서 넷제로 목표 이행을 약속했고, 일부 국가에서는 법적 구속력이 있는 약속을 했다(영국의 경우 2050년까지 달성). 따라서 정부와 활동가 단체는 우리 행동을 바꾸도록 설득하기 위해 최선을 다하고 있다. 행동 통찰력팀은 "넷제로 이행은 실질적인 사회적, 행동적 변화에 달려 있다"라고 지적했다.[13]

교육계, 학계, 미디어, 연예계, 인터넷이 결합해서 매우 강력한 '폭포'를 만들어냈다. 이 예시의 목적을 위해, 여러분이 인간이 야기한 기후 변화의 심각성, 이를 해결하기 위한 조치의 필요성, 해당 조치에 대한 비용-편익 분석의 필요성을 믿는지 여부는 중요하지 않다. 혹은 이 모든 것이 모형 제작자가 찻잔 속 폭풍을 과장한 것이라고 생각해도 상관없다. 중요한 것은 '목적'에 대한 견해가 아니라 그것을 달성하기 위한 '수단'이다.

2022년 '지구의 날'에 영국에서 새로운 자연사 GCSE(영국의 2년짜리 중등교육 과정)가 발표되었다(일부에서는 '세상 구하기'라고 표현한다).[14] 옥스퍼드, 케임브리지, RSA의 시험 심사기관에 의하면 이는 "교육 과정을 녹색화"하기 위한 더 폭넓은 움직임의 일부다. 교육부 장관 나딤 자하위는 COP26(2021 유엔 기후변화협약)에서 모든 아이에게 지구를 보존하고 보호하는 것의 중요성을 가르치겠다는 비전을 제시하며 교육이 '기후 변화에 맞서 싸우기 위한 핵심 무기' 중 하나라고 선언했다.[15]

행동 통찰력팀은 「넷제로: 성공적인 행동 변화 이니셔티브를 위한 원칙-과거 정부가 주도한 행동 변화 및 대중 참여 이니셔티브의 핵심 원칙」이라는 제목의 보고서를 발표했다. 이 보고서에는 다음과 같은 내용이 있다. "교육도 새로운 규범을 확립하는 데 중요한 역할을 한다. 실제로 학교는 예전부터 국가 정체성을 구축하는 매개체 역할을 해왔다. 아이들은 새로운 행동을 보임으로써 부모나 다른 이들에게 중대한 영향을 미칠 수 있다." 이 보고서 내용과 "학교에서 하는 모든 일은 아이들의 사고방식을 바꾸기 위한 것"이라는 마오쩌둥의 말과는 큰 차이가 없다. 이런 교육적 발전은 젊은이들의 생각에 영향을 미치고 어린 기후 보병을 징집하기 위해 고안된 것이다. 학교는 사회적 규범을 구축하는 첫 번째이자 아마 가장 강력한 '폭포' 구실을 한다. 전쟁에 대한 신념과 상관없이, 특히 교육부 장관까지 나서서 저런 말을 했다면 의도적으로 아이들을 끌어들이고 있다는 사실을 부정하기는 어렵다.

같은 맥락에서, 넛지 유닛과 스카이 방송국은 공동으로 작성한 보고서 「TV의 힘: 시청자의 라이프스타일을 탈탄소화 방향으로 유도」에서 방송사가 어린이용 TV 콘텐츠를 활용해 어린이와 부모(다세대 파급 효과를 통해)의 '긍정적인 환경 행동'을 장려해야 한다고 권고했다. 물론 모든 연령대에게 다가가기 위해 텔레비전 프로그램 전체에 기후 넛지를 침투시키는 방법에 대한 제안도 있었다. 언론들은 COP26 기간 동안 다양한 영국 드라마가 환경 관련 주제를 다뤘다고 무비판적으로 보도했는데, 이는 표면적으로 새로운 사회 규범 확립을 위한 것이었다.

회당 평균 600만 명으로 영국 최대 규모의 시청자를 보유하고 있는 드라마 「코로네이션 스트리트_Coronation Street_」에서 마리아 코너_Maria Connor_는 아들이 축구를 하는 경기장이 개발될 위험에 처하자 화가 났다. 또 아들의 천식 진단은 대기 오염과 관련이 있었다.

그리고 드라마 「에머데일_Emmerdale_」에서 슬픔에 잠긴 의사인 리암은 딸 리아나의 죽음을 극복하기 위해 새로 분양받은 주말농장에서 일하면서 틱톡 동영상을 제작했다. 다른 드라마들 간의 놀라운 상호 교류를 통해, 「코로네이션 스트리트」에서 마리아의 남편이 새로운 우회로에 대한 계획을 얘기하다가 이 동영상을 마리아에게 보여주는 장면이 나오기도 했다. 이 줄거리는 또 다른 드라마에도 스며들어서 「홀리오크*Hollyoaks*」 등장인물들은 지속 가능한 사업 방안을 논의하기 전에 대기 오염 문제 해결을 위한 조치를 촉구하는 마리아의 항의 시위에 대한 기사를 보고 얘기를 나눈다.

　「이스트엔더스*EastEnders*」에서는 베일리 베이커*Bailey Baker*라는 여학생이 월요일에는 고기를 먹지 말자는 청원을 제기하면서 고기 소비를 줄이는 문제에 초점을 맞췄다. 베일리는 다른 등장인물들에게 "전 세계적으로 축산 산업 때문에 엄청난 양의 온실가스가 발생한다. 지구를 구하려면 축산 산업 규모를 줄여야 한다. 삼림 벌채와 오염을 초래하는 홍수와 가뭄이 일어나는 게 걱정되지 않느냐? 더 늦기 전에 지구를 구하려면 우리가 섭취하는 고기의 양을 줄여야 한다. 이미 발생한 피해는 범죄급이다. 우리 모두 일주일에 하루만 고기를 먹지 않는다면 기후 변화를 늦추는 데 도움이 될 것이다"라고 말한다.

　눈에 띄게 과장된 어조로 말하는 이 대사는 등장인물들뿐만 아니라 시청자를 겨냥한 것이었고, 일부 시청자들은 트위터에 "드라마에서 기후 변화를 다루는 방식이 너무 서투르다", "드라마에서 또 강의를 들었네" 같은 댓글을 달면서 불만을 토로하기도 했다.

기후 문제를 다룬 드라마 줄거리는 단발성으로 끝나지 않고 1년 내내 계속되었다. 「에머데일」은 방영 50주년을 기념하기 위해 '살인적인' 폭풍이 몰아치는 에피소드를 방영했다. 2021년 10월에는 「프로즌 플래닛 II*Frozen Planet II*」의 마지막 에피소드를 홍보하기 위해 「이스트엔더스」의 유명한 클로징 크레디트를 이용해 해수면이 2미터 상승했을 때 런던의 모습을 보여주었다. 해당 프로그램에 대한 BBC의 언론 보도자료에서는 편집자들에게 다음과 같은 내용을 제공했다.

> 일부 IPCC 기후 예측 시나리오는 2100년까지 해수면이 2미터 상승할 가능성을 보여준다. 이런 일이 발생하고 런던에 홍수 방어 시설이 더 이상 구축되지 않는다면 템스 강 주변 수위가 디지털로 생성한 항공 이미지와 유사해질 가능성이 크다.

BBC는 위기에 대한 강력한 인상을 심어주려고 시각 효과를 사용했다. 사실 해수면이 2미터나 상승한다는 건 타당한 예측이 아니다.[16] 이번에도 트위터에서는 "그러면 더 거대한 템스 장벽이 필요하겠네"라고 쏘아붙이면서 이를 '세뇌'라고 칭했다.

과학은 불안정하다

일부 과학자들은 기후 변화 과학은 이미 확립된 것이며 논쟁의 여지가 없다고 선언했다. 대중의 엄청난 심리적 압박감을 이용한 한 연구의 경우, 상호 심사 논문을 통해 인간이 초래한 기후 변화와 관련하여 학계에서는 99퍼센트의 합의가 이루어졌다고 주장했다.[17] "이 문제는 포괄적으로 결정되었으며, ACC(인위적 기후 변화)의 현실은 판 구조론이나 진화와 마찬가지로 과학자들 사이에서 더 이상 논쟁의 여지가 없다." 다른 과학자와 언론인들은 이 주장과 연구의 견고성에 이의를 제기했다. 하지만 이런 엄청난 비율은 강한 설득력을 발휘하기 때문에 정상적인 선에서 벗어나고 싶어 하지 않는 많은 학자와 과학자, 언론인, 기타 유명 인사를 침묵시키는 효과가 생긴다.

이는 또 대중의 신뢰도를 높이기 위해 고안되었다. 과학연합*Alliance for Science*의 객원 연구원이자 이 논문의 제1저자인 마크 라이너스*Mark Lynas*는 "인간이 초래한 기후 변화의 현실에 대한 의미 있는 공개 대화는 거의 마무리되었다"라고 대담하게 주장했다.[18] 다시 말해, "우리가 과학적인 사실을 확립했으니 이제 조용히 하고 자신이 들은 내용을 믿어야 한다"는 것이다.

그 연구는 소셜 미디어 플랫폼에서 기후 변화를 부정하는 '허위 정보'를 검열해야 한다는 아이디어를 홍보하는 데 사용되었으며, 이는 논쟁을 더욱 억압하면서 대중의 내러티브와 개인의 의견을 형성할 것이다.

기후 변화에 대한 하나의 사회적 규범이 언론을 통해 제시되지만, 대부분의 사람이 믿는 현실은 상당히 다를 수 있다. 전략대화연구소*Institute for Strategic Dialogue, 이하 ISD*는 페이스북에서 공식 기후과학센터의 게시물과 기후 회의론을 퍼뜨리는 것으로 식별된 계정을 추적했다.[19] 그러자 이 플랫폼의 경우 회의적인 내용에 대한 참여도가 '권위 있는 출처'의 정보에 비해 12배나 많은 것으로 나타났다. 회의적인 메시지에 표현된 핵심 주제는 COP26이 쓸모 없는 실패작이며 위선적이고 경제에 해로우며 기후 운동가와 엘리트가 조직한 환경 파시스트 의제의 산물이라는 것이다.

ISD는 또 UN 환경 프로그램이 공유한 데이비드 애튼버러*David Attenborough* 연설의 동영상 조회 수가 8,600회가 조금 넘는다는 사실을 확인했다. 이와 대조적으로 스파이크 온라인*Spiked Online*의 브렌든 오닐*Brendan O'Neill*이 환경 회담을 '위선자, 나르시시스트, 미덕 과시자들'의 모임으로 묘사한 동영상은 3만 4,100회 이상의 조회 수를 기록하며 UN 게시물보다 5배 많이 공유되었다. 두 동영상 모두 큰 관심을 받지는 못했지만 ISD는 둘 사이의 차이에 충격을 받았다.

ISD는 사람들이 기후 변화에 대한 주장과 정책에 회의적인 이유를 살펴보기보다 이런 콘텐츠를 허위 정보이자 오정보로 간주한다. 이런 종류의 회의적인 콘텐츠를 좋아한다면 ISD

는 아마 여러분을 어리석고 사기꾼에게 잘 속아 넘어가는 사람으로 간주할 것이다. 카네기 UK 재단은 온라인 안전 법안 초안을 작성할 때 기후 변화에 대한 회의론을 '공공 안전, 공중 보건 및 국가 안보에 대한 해악'으로 정의해야 하며, 기술 플랫폼의 피해 방지 방안에도 포함해 오프컴이 모니터링해야 한다고 주장했다. 그리고 이 보고서 결과를 영국 정부 위원회에 증거로 제출했다.[20] 여러분이 좋아하는 콘텐츠를 좋아하지 말아야 하고, 공유하고 싶은 콘텐츠를 공유해선 안 된다고 결정한 사람들이 있다. 하지만 여러분은 무엇이 자신에게 해롭고 무엇이 가장 이익이 되는지 모른다.

하버드 대학 케네디스쿨의 쇼렌스타인 미디어, 정치, 공공 정책센터가 운영하는 저널리스트 리소스*Journalists Resource*는 '언론인이 과학적 합의를 이용해 보도 내용을 강화하고 잘못된 정보와 싸우는 방법'을 설명한다.[21] 상황이 정리되었다고 가정하고 합의된 의견을 보고하는 게 훌륭한 저널리즘의 정점은 아니다. BBC 역시 인간이 야기한 기후 변화가 존재하며 '허위 균형'을 위해 '이를 부정하는 이들'을 굳이 연단에 세울 필요는 없다는 입장을 취했다.[22] 요점은 반대 의견을 억압하기 위해 만장일치 집단이라는 환상을 만드는 것이다.

예를 들어, 젊은이들을 대상으로 실시한 글로벌 설문 조사에서는 그들이 기후 변화를 매우 두려워한다고 보고했다. 그리고 "기후 변화가 어린이와 청소년에게 미치는 정서적 영향에 대한 추가 연구가 시급하고, 정부는 기후 변화를 해결할 긴급 조치를 취해 그들의 고통을 덜어줘야 한다"고 결론지었다.[23] 하지만 설문 방법을 면밀히 조사해 보면 이 조사가 "미래가 무섭다", "인류는 멸망할 것이다" 같은 매우 부정적인 진술에만 동의를 구했다는 사실이 드러났다. 응답자들은 중립적이거나 긍정적인 진술에 동의하도록 요청받지 않았다. 설문 조사를 시작할 때는 위험한 미래를 두려워하지 않았더라도 아마 끝날 무렵에는 두려워하게 되었을 것이다.

여기서 더 나아가, 호주의 다른 연구에서는 다양한 원인에서 기후 변화에 대한 의심이 비롯되는데, 특히 어떤 정신 질환과 관련이 있다고 주장했다. 이들의 분석 과정은 이런 근거 없는 믿음과 부정적으로 연관되어 있다.[24] 연구진 중 한 명은 자신들의 예상과 다르게 이런 장애를 앓는 사람들 중 분석 능력이 있는 사람은 회의적인 태도를 보일 가능성이 훨씬 컸다고 말했다. 그녀는 왜 분석 능력이 그들을 더 회의적으로 만드는지에 대해서는 의문을 제기하지 않았다. 이 연구에 따르면 "기후 변화 완화 정책은 정치적 보수주의자들의 가치관에 어긋나기 때문에 상충하는 증거가 나타나면 자신의 기존 가치관이나 신념과 일치시키기 위해 일부러 잘못된 해석을 할 수 있다"라고 한다. 이는 연구진의 편견을 드러낸다. 이 문장을 달리 해석하면 "기후 변화에 대한 회의론은 정치적 자유주의자들의 가치관에 어긋나기 때문에 상충하는 증거가 나올 경우 자신의 기존 가치관이나 신념과 일치시키기 위해 일부러 잘못 해석할 수 있다"고 받아들일 수 있기 때문이다. 편견은 목적이 수단을 정당화한다는 생각에 대한 한 가지 문제일 뿐이다.

이런 정보 폭포 사례를 모두 살펴보면 어떻게 순응이 이루어지는지 쉽게 알 수 있다. '기후 변화 부정자'라는 용어는 집단의 인정을 계속 받고 싶은 사람의 마음속에 두려움을 불러일으킬 가능성이 크다. 이것은 가장 끔찍한 맹비난인 홀로코스트 부정자를 연상시킨다.

하지만 일부 과학자와 정치인은 에너지 부족과 가격 상승에 대해서도 매우 우려하고 있기 때문에 기후 변화 주장과 목표에 더욱 큰 목소리로 이의를 제기하고 있다. 「타임」지에서 '환경 영웅'[25]이라고 칭한 마이클 셸런버거*Michael Shellenberger*는 미국 의회에서 기후 변화 경고론은 과학적인 사실에 근거한 게 아니라고 증언했다.[26] 이탈리아의 대표적인 과학자 4명도 과거의 기후 추세를 전면적으로 검토한 뒤 '기후 비상사태' 선포를 뒷받침할 만한 데이터가 없다고 결론내렸다.[27] 2022년 6월에는 노르웨이의 노벨 물리학상 수상자인 이바르 예이버*Ivar Giaever* 교수가 이끄는 1,200명의 과학자와 전문가들이 기후 비상사태가 없다고 단언하는 '세계 기후 선언'을 발표했다.[28]

아마 기후 추세는 바뀔 것이다. 한 과학 연구에 따르면 일반적으로 25퍼센트의 소수 의견만으로도 다수파를 뒤집을 수 있는 것으로 나타났다.[29] 기후 시위자들도 이와 비슷한 3.5퍼센트의 법칙을 인용하는데, 이는 전체 인구의 3.5퍼센트가 정부에 반대하면 어떤 정부도 버틸 수 없다는 것이다.[30] 그러나 소수의 회의론자가 스펙트럼의 반대편에 모일 수 있다. 국민에게 넷제로를 강권하는 정부는 어떻게 해야 할까? 현재 당국은 반대 의견을 억누르고 순응에 대한 환상을 유지하기 위해 반대 의견을 가진 사람들이 공개 토론을 벌이지 못하게 검열하고 있는 듯하다.

그러나 ISD 연구는 소셜 미디어에서 회의적인 콘텐츠가 인기를 끌고 있다는 것을 보여준다. 반대 의견을 억압할 수 있을까, 아니면 그냥 억압된 것처럼 보이는 걸까? 순응의 겉모습이 지닌 문제점은 당국이 사실상 합의가 이루어지지 않은 곳에서 합의가 이루어졌다고 인식한다는 것이다. 이 때문에 그들의 전략적 비전이 어두워지고, 정복했다고 생각했던 영토에서 자라고 있는 단호한 저항 세력을 무시하고 있었다는 걸 깨닫게 될 것이다.

고독한 목소리

갈릴레오부터 자원 경찰, 아웃라이어, 개척자, 내부 고발자가 세상을 바꾼다. 스티브 잡스의 다음 말이 이를 가장 잘 표현한다.

미친 자들에게 건배를. 부적합자, 반항아, 말썽꾸러기, 각진 구멍의 둥근 못, 사물을 다르게 보는 사람들. 그들은 규칙을 좋아하지 않는다. 그리고 현 상태를 존중하지 않는다. 당신은 그들의 말을 인용할 수도 있고, 동의하지 않을 수도 있고, 찬양하거나 비방할 수도 있다. 당신이 할 수 없는 유일한 일은 그들을 무시하는 것이다. 그들은 상황을 바꾸기 때문이다. 그들은 인류를 전진시킨다. 어떤 사람들은 그들을 미친 사람으로 여기겠지만 우리는 천재라고 본다. 자신이 세상을 바꿀 수 있다고 생각할 만큼 미친 사람들이 바로 세상을 바꾸는 사람들이기 때문이다.[31]

선스타인은 개인이 무엇이 진실이고, 무엇이 옳은지에 대한 자신의 본능을 억누르면 심각한 사회적 해악을 초래할 수 있다는 걸 잘 안다. 그는 순응의 힘을 방해하고 탈선시키는 '분별 있는 목소리'가 필요하다고 주장한다. 그는 "어떤 집단이 불행한 행동을 시작할 때, 한 명의 반대자가 이중적인 감정을 품고 군중을 따르게 될 집단 구성원에게 힘을 불어넣으면 상황을 뒤집을 수 있을 것이다"라고 말했다. 군중이 움직이는 방향을 뒤집으려면 「벌거벗은 임금님」에 나오는 소년 같은 순수함이 필요하다.

분별 있는 목소리를 내거나, 과학계의 선구자가 되거나, 거리낌 없이 말하는 소년처럼 되는 건 위험할 수 있다. 그런 외로운 목소리는 내부의 힘을 확보해야 한다. 임상심리학자인 나오미 머피*Naomi Murphy* 박사는 그 방법을 살펴보기 위해 이 문제를 재구성했다. 애초에 사람들이 조작이나 집단사고의 영향을 받기 쉬운 이유는 무엇일까?

어떤 사람은 조작과 집단사고에 더 취약하다. 이는 암시성과 관련이 있다. 중요한 건 4가지다. 소속감과 협력에 대한 진화적 욕구는 우리가 무리에 소속되고 싶어 하는 욕구를 타고났다는 뜻이다. 저항 정신이 가장 강한 사람은 집단에 소속되지 않고 외부인이 되는 걸 더 편하게 여긴다. 정체성은 중요한 문제인데 어떤 사람은 자기 '정체성'에 맞게 편하게 지내는 걸 선호하고, 어떤 사람은 반대자가 되는 걸 선호한다. 여러분의 정체성이 진실을 중요시한다면, 비록 힘들고 대가를 치러야 하더라도 도덕적인 입장을 옹호할 가능성이 크다. 마지막으로, 암시 가능성 면에서 볼 때 어떤 사람은 남들보다 영향을 받기 쉽다. 감정, 나이, 자존감, 자기주장 등 암시 가능성을 구성하는 여러 가지 특성이 있다.

머피는 이 문제를 해결하려면 무리에서 분리되는 것을 편안하게 느낄 수 있도록 의식적으로 자존감과 자신감을 키우라고 권장한다. 목소리를 높이거나 무리에서 벗어나는 걸 불편하게 느끼는지 관찰하는 것도 중요하다. 그녀는 "불편함, 강한 반응, 두려움에 주목하라"고 조언한다. 불편한 기분을 그냥 관찰만 할 수도 있고 극복할 수도 있다. 처음에는 사회적 반대에 부덮히더라도 "진정성과 성장, 자신에 대한 솔직한 태도, 원칙 등을 갖게 되는 이익이 생긴다"고 말한다.

또 다른 유용한 팁은 자신이 틀렸을 때 인정할 준비를 하는 것이다. 머피는 심리적인 매몰 비용 오류의 한 형태를 설명하면서 이렇게 말했다. "자신의 태도를 분명히 밝히고 선택한 길을 한참 걷고 난 뒤에는 자기 자신과 다른 이들에게 자신이 틀렸다는 걸 인정하지 못할 수도 있다. 하지만 그것을 인정하고 편해져야 한다."

사업가인 찰리 멍거Charlie Munger는 "인간의 마음은 난자와 매우 유사한데, 인간의 난자에는 차단 장치가 있다. 정자 하나가 들어가면 문이 닫혀서 다음 정자가 들어갈 수 없다"고 말했다.[32] 어떤 아이디어가 뇌에 '수정되면' 다른 아이디어를 받아들이지 못할 위험이 있다. 적극적으로 열린 마음을 유지하는 것은 꾸준히 연습해야 하는 중요한 기술이다.

머피는 아웃라이어가 되는 연습을 할 수도 있다고 말한다. 자기도 모르는 새에 집단 바깥에 있는 자신을 발견하게 될지도 모른다. 이 경우 아웃라이어가 되는 연습을 최대한 활용해야 한다. 머피는 자신의 십대 시절이 싫었다고 말한다. 아버지는 영국 공군에 복무했기 때문에 가족이 정기적으로 이사를 해야 했다. 학교를 옮기고, 다른 환경에 적응하고, 새로운 또래 집단과 어울리려고 애쓰고, '이상한' 억양 때문에 놀림도 당했다. 하지만 장점도 있었다. 그녀는 '쉽게 동요하지 않게' 되었고 "아웃

사이더가 되면 자신이 대다수의 사람과 다르다는 사실을 받아들일 수 있게 된다"는 것을 깨달았다. 그래서 머피는 사람들에게 외집단 경험을 받아들이라고 권한다.

아니면 의식적으로 아웃라이어가 되기로 결정할 수도 있다. NHS에서 고위직으로 일한 또 다른 심리학자는 제도적 인종차별 사례에 맞서서 '내부 고발자'가 되기로 결심한 것에 대해 얘기했다. "그건 중요한 일이기 때문이다. 사람들은 개인적인 차원이나 시스템적인 차원에서 그것을 비난할 수 있는 용기를 가져야 한다." 하지만 결코 쉬운 일이 아니었다.

결국 그 일이 시스템의 분노를 불러일으켰고, 나에 대한 악의적인 주장으로 이어졌다. 사람들은 내가 심한 대우를 받아도 그냥 외면했다. 힘든 과정을 거쳐야 했다. 나는 NHS에서 임상 심리학자로 오랫동안 일한 상급자고 나이도 쉰 살이나 됐다. 나보다 더 젊거나 직급이 낮은 사람이 이런 일을 했다면 어떻게 됐을까?

결국 내 결백이 입증되었다. 목소리를 낸 나 자신이 자랑스럽다. 다른 사람들은 그 문제를 알고도 아무 조치도 취하지 않았다. 난 사람들이 나와 같은 일을 하도록 격려하고 싶다. 힘든 과정이지만 스스로에 대해 많은 걸 배우고 성장할 수 있다. 새로운 우정도 쌓게 된다. 사실상 '외집단 사람들'이 모여서 구성된 새로운 '내집단'이 생긴다. 그들은 믿을 수 있는 사람이라는 걸 안다. 그들은 진실하다. 그들과 함께 어디에 있는지 알고 있다. 그들에게는 견고함이 있다.

내집단에 속하고 싶어 하는 사람들은 신뢰할 수 없고 이기적이다. 그들은 집단에 속해 있기 때문에 덜 이기적인 것처럼 보이지만, 사실 집단 안에서의 위치는 그들의 지위와 자리를 유지하기 위한 것이다.

내부 고발자가 되기로 한 건(그것이 자신에게 해로울 수 있다는 걸 알면서도) 가치 있는 경험이었고, 이 심리학자의 회복력을 높였다. 그는 자부심을 느꼈다. 요스트 메이를로가 『세뇌의 심리학』에서 말했듯이, "우리가 의식하든 의식하지 못하든, 자기 자신이 되지 못하는 것보다 더 부끄러운 일은 없으며, 자신의 것이 무엇인지 생각하고 느끼고 말하는 것보다 더 큰 자부심과 행복을 안겨주는 것도 없다."[33]

리는 '임시 경찰관'이라고 하는 자원 경찰이었다. 그는 자신이 소속된 경찰서의 고위 간부들에게 사기 행각을 보고했다. 상사들은 이 보고를 심각하게 받아들이지 않았고 리는 나중에 이를 내무부에 보고했다. 내무부에서는 사안을 심각하게 받아들였고, 아직 조사가 진행 중이다. 그 뒤에 리는 중대한 위법 행위를 저지른 혐의로 정직을 당하고 조사를 받았다. 오랫동안 조사가 진행되었지만, 그에게 제기된 혐의 중 사실로 입증된 건 하나도 없었다. 하지만 조사팀은 이후에도 인종차별과 중대한 위법 행위에 대한 추가 고발을 이어갔다.

리는 사람들을 돕고 범죄자로부터 보호하기 위해 경찰에

자원한 것인데 고위층의 부패를 발견하고 충격을 받았다. 심리학자의 경우와 마찬가지로 그것은 힘든 경험이었다. "정직 처분을 받았을 때는 처참한 기분이었다. 내가 (이후 혐의에 대해) 유죄 판결을 받았을 때 그 내용이 언론에 보도되었다. 당신은 그게 어떤 기분인지 모른다. 세상의 종말을 맞은 것 같았다." 그럼에도 불구하고 리는 자신의 내부고발 경험을 옹호하면서 자기 행동을 자랑스러워했다.

흥미롭게도 아까 얘기한 심리학자처럼 리도 예전에 했던 외집단 경험을 통해 이런 태도를 취할 수 있는 심리적인 대비를 한 듯하다.

난 해외에서 태어났고 동성애자라는 사실을 밝혔기 때문에 그 일에 맞지 않는 것처럼 보인 듯하다. 하지만 그건 내 정체성의 일부다. 그리고 그들이 똘똘 뭉쳐서 날 공격한 이유 중 하나일 것이다. 난 1990년대에 경찰에 입대한 동성애자다. 그때 동성애자라는 사실을 밝혔다면 그들은 날 쫓아낼 방법을 찾았을 것이다. 다른 동료들이 커밍아웃했을 때 어떤 일이 생기는지 직접 목격했다. 또 당시에는 경찰이 정말 인종차별적이어서 놀라울 정도였다. 다행히 지금은 많이 바뀌었다고 말하고 싶다.

하지만 아웃사이더 입장에서 남들과 일을 다르게 한 덕분에 내부고발자가 될 수 있는 심리적 탄력성이 생겼다.

소크라테스는 재판을 받을 때 자신을 변호하면서, 여론이라는 말을 물어뜯고 성가시게 하는 쇠파리처럼 반대 의견을 때려잡기는 쉽겠지만 개인을 침묵시키는 데 드는 사회적 비용은 매우 클 것이라고 지적했다. "나 같은 사람을 죽이면 나를 다치게 한 것보다 더 큰 상처를 입게 될 것이다."

실제로 연구에 따르면 이런 쇠파리처럼 순응도가 낮은 사람들, 비협조적이고 불신하고 대립을 일삼는 사람은 절대 고분고분하지 않다.[34]

벌거벗은 임금님은 어떻게 되었을까? 동화는 그 이후 마을에서 무슨 일이 일어났는지 말해주지 않는다. 왕의 권위가 손상되었을까? 왕은 거짓말에 속았고, 자신의 권위를 이용해 주변 사람들까지 그 거짓말에 가담하도록 암묵적으로 강요했다. 그는 완전히 다른 본보기를 보일 수도 있었을 것이다. 우리 지도자들이 나약하고 용기와 확신, 지성이 부족한 경우가 얼마나 많은가? 그들은 지도자의 부조리를 풍자한 시대를 초월하는 동화와 정치 풍자만화가 옳다는 걸 증명하는 듯하다.

리비 뉴젠트 박사는 "우리는 왕이 사물의 이치를 '안다'고 생각한다"고 말한다.

하지만 수많은 백성을 돌보는 왕은 모든 걸 알지도 못하고 알 수도 없다. 우리는 그들이 사물의 이치를 안다고 생각해서 권력을 부여하지만, 사실 그들은 아는 게 아니라 '알려진' 존재다. 왕이 누구인지는 다들 알지만 왕은 다른 사람들에 대해 모른다. 우리는 황제에게 권력을 주지만 그는 모든 사람을 다 알지 못하기 때문에 사방에서 실수를 저지른다. 우리는 목소리를 내는 책임을 지고 싶지 않다. 그들이 다 안다고 일방적으로 생각하고 싶다. 우리에게는 책임과 권위가 필요하다.

이것은 혁명적인 포인트다. 조작자는 힘에 대한 환상을 통해 힘을 얻는 경우가 많다. 역설적이지만 그들이 우리를 통제할 수 있는 건 그들이 그렇게 할 수 있다고 생각하기 때문이다. 조작자의 힘이 속임수라는 걸 깨닫는 순간, 그 힘은 증발한다. 강력한 오즈의 마법사는 사실 커튼 뒤에 숨어 있는 작은 남자에 불과했다.

조작자는 자신을 전지전능한 사람으로 묘사하려는 경우가 종종 있다. "빅 브라더가 지켜보고 있다"고 생각하면 순응하는 경향이 생긴다. 심리학에서는 이를 '감시하는 눈 효과'라고 한다. 눈이 그려져 있는 포스터를 걸어놓으면 사람들이 손을 씻을 확률이 높아지고 자전거를 훔칠 확률은 낮아진다.[35] 파놉티콘_panopticon_(모든 것을 본다라는 뜻) 개념에서 파생된 이 원리는 처음에는 사회 통제 도구로 등장했다. 감옥 중앙에 감시탑이 있으면 수감자들은 감시당하지 않을 때에도 항상 감시당하는 것처럼 얌전하게 행동한다.

기밀 해제된 CIA 문서에 '만물을 꿰뚫어 보는 눈'이라는 심문 기법이 설명되어 있다.[36] 심문관은 일의 전말을 모두 아는 척하면서 이미 답을 알고 있는 질문을 몇 가지 던져 그런 인상을 강화한다. "질문자는 알려진 사실을 능숙하게 조작해, 순진한 대상자에게 비밀이 모두 밝혀졌으니 더 이상의 저항은 무의미할 뿐만 아니라 위험하다고 확신시킬 수 있다."

코로나 봉쇄 기간, 새로운 권위주의적 명령에는 전부 명령을 위반한 사람들이 체포되어 처벌을 받았다는 이야기가 수반되었다. 커플이 공원에서 함께 커피를 마셨다는 이유로 벌금이 부과되었다는 이야기,[37] 피크 지구에서 개를 산책시키는 사람들을 경찰이 드론으로 촬영했다는 이야기,[38] 헬리콥터가 호주 해변에서 일광욕하는 사람들에게 떠나라고 명령했다는 이야기 등이 뉴스에 보도되었다.[39] 이는 모든 것을 감시하는 국가의 눈에서 벗어날 방법은 없고, 저항해도 소용없다는 느낌을 준다. 하지만 실제로는 처벌 가능성이 매우 희박하다. 예를 들어, 영국에서는 도둑 사건과 강도 사건의 5퍼센트만 해결된다.[40]

두 차례의 세계대전에서는 힘에 대한 착각을 불러일으키기 위해 공기를 넣어 부풀리는 가짜 탱크를 미끼로 사용하기도 했다.[41] 조작자를 무력화시키는 열쇠는 이런 고무 탱크를 터뜨리듯이 그들이 지닌 환상의 힘을 축소시키는 것이다. 찰리 채플린*Charlie Chaplin*이 히틀러를 패러디한 것처럼 오즈의 마법사도 키 작은 남자에 불과하다는 사실을 밝혀야 한다. 그의 무능함을 지적하고 비웃어야 한다.

"왕이 옷을 입지 않은 걸 확인하려면 어린아이가 그렇게 말할 때까지 기다려야 하는가? 아니면 누군가의 내면에 있는 버릇없는 아이가 큰 소리로 말할 때까지 기다려야 하는가?" 작가 어슐러 K. 르 귄Ursula K. Le Guin은 이렇게 물었다.[42] "그렇다면 우리에게는 벌거벗은 정치인이 많을 것이다."

평범한 용기에서 우러난 가장 위대한 행동 중 하나는 먼저 목소리를 내는 것이다.

규칙

- 먼저 목소리를 내고, 내부고발을 하고, 분별력 있게 행동하자. 그러면 자신뿐만 아니라 집단에도 도움이 될 것이다.
- 자신을 내집단으로 끌어들이는 감정과 불편함을 관찰하고 도전하자.
- 외집단 경험을 추구하고 그런 일이 생기면 편안하게 받아들이자. 다음에는 더 쉬워질 것이다.

16장
섹스의 노예가 되지 말자

섹스, 특히 음란물은 심리적 무기가 될 수 있다. 비판적인 저항을 무너뜨리고 강력한 보상 메커니즘을 사용해 새로운 욕구와 행동을 조건화할 수 있다. 섹스는 자연스럽고 즐거운 삶의 일부이며 그에 맞게 존중되어야 한다.

심리적 무기

예루살렘에서 북쪽으로 10킬로미터 떨어진 유대 산맥 높은 곳에 고대 도시 라말라가 있다. 아랍어로 '신의 높이'라는 뜻이다. 매우 오래된 이 도시의 일부 건물에는 헤롯왕 시대에 만들어진 석조물도 있다. 2002년 3월 이스라엘 방위군*IDF*이 지난 수십 년간 요르단강 서안 지구에서 벌어진 군사 작전 중 규모가 가장 큰 '방어 방패 작전'을 시작하면서 탱크가 라말라로 진입한 것을 비롯해 이 도시에서는 수천 년 동안 수많은 갈등이 발생했다.[1]

라말라의 가족 주택은 시끄러운 헬리콥터 회전 날개와 날카로운 자동 총격 소리 사이에서 완전히 다른 종류의 소음에 둘러싸여 있었다. 현대식 텔레비전이 고대의 돌담 사이에서 헐떡거리고 신음하면서 가장 오래된 전쟁 무기 중 하나인 섹스를 발사한 것이다.

「시드니 모닝 헤럴드_Sydney Morning Herald_」는 분노한 주민들의 말을 빌려 이스라엘군이 라말라에 있는 팔레스타인 텔레비전 방송국 세 곳을 장악하고 음란물을 방송하기 시작했다고 보도했다.[2] 미국 영사관 직원도 「뉴욕타임스」와의 인터뷰에서 해당 프로그램이 방영되고 있음을 확인했다.[3]

종교인과 보수주의자를 비롯한 사람들이 분쟁 중에 뉴스와 정보를 보려고 텔레비전을 켰다가 음란물을 보는 심리적 충격을 겪게 된 것이다. 팔레스타인 여성 리마는 「시드니 모닝 헤럴드」 기자에게 이렇게 말했다. "우리 집에는 여섯 명의 아이들이 있다. 지금 일어나는 일들 때문에 밖에 나갈 수가 없는데 심지어 텔레비전도 볼 수 없다. 정말 건전하지 못하다. 이스라엘 사람들이 우리 젊은이들의 머리를 어지럽히고 싶어 하는 것 같다." 자녀가 있는 또 다른 여성 아니타는 '이런 의도적인 방송 때문에 생기는 심리적 피해'에 대해 불평했다.

이스라엘군은 자신들이 텔레비전 방송국을 장악하고 정규 프로그램 송출을 방해했다는 건 인정했지만, 음란물 제작에 대해서는 팔레스타인 지도자들을 비난했다. 책임자가 누구이든 분명한 것은 음란물이 전쟁에서 심리적 무기로 사용되었다는 것인데, 이런 일은 이번이 처음이 아니다.

제2차 세계대전에 참전한 주요 전투국들은 심리작전의 일환으로 음란물을 사용했는데, 대부분 적군을 분열시키고 사기를 저하하기 위해 최전선에 성적인 전단지를 살포했다.[4] 예를 들어, 독일군이 살포한 전단지 중에는 영국 여자와 함께 침대에 누워 있는 미국인 병장이 등장했다. 여자가 황홀한 표정으로 "너희 미국인들은 너무 달라"라고 말하는 이 전단지 뒷면에는 "양키들이 행복한 영국 땅에 텐트를 치고 있다. 그들은 돈도 많고 시간도 많아서 얼마든지 영국 여자들을 쫓아다닐 수 있다"고 쓰여 있었다.

때로는 좀 더 직설적인 방식으로 음란물을 무기화하기도 했다. 미국의 베트남 군사원조사령부 연구관찰단MACV-SOG은 베트남 전쟁 중에 비밀리에 파격적인 전쟁 작전을 수행했다. 플로이드 '피그펜' 앰브로스Floyd 'Pigpen' Ambrose 병장은 가슴이 큰 나체의 아시아 여성이 등장하는 특별 포스터를 인쇄했는데, 거기에는 베트남어로 "누가 당신 아내와 자고 있는데, 그녀 가슴이 이런 모양인가?"라는 질문이 달려 있었다. 메시지는 갈수록 도발적으로 변했고, 활자 크기는 점점 작아져서 베트남 군인이 그걸 제대로 읽으려면 가까이 다가와야 했다. 그러다가 결국 플로이드가 포스터를 붙여놓은 나무 옆에 설치한 지뢰를 밟게 된다. 음란한 호기심을 충족하기 위해 한쪽 발, 어쩌면 목숨까지 희생하는 것이다. 『SOG: 미국 특공대의 베트남 비밀 전쟁 SOG: The Secret Wars of America's Commandos in Vietnam』을 쓴 저자는 이를 "내가 본 것 중 가장 놀랍고 더러운 속임수"라고 묘사했다.[5]

섹스는 영겁의 세월 동안 전쟁 무기이자 심문과 고문 도구였다. 집단 강간은 성경에도 기록되어 있다. 바이킹은 약탈하고 납치하고 강간했다. 그리고 제2차 세계대전이 끝날 무렵 붉은 군대가 베를린을 휩쓸면서 약 100만 건의 강간이 발생했다. 「전시 강간 설명」이라는 학술 논문에 따르면, 이런 일이 일어나는 이유에 대한 가장 유력한 설명은 전략적 강간 이론이다. "사람들을 약화하는 공포를 퍼뜨려서 민간인의 저항을 줄이고, 이로 인해 가장 기본적인 보호 의무를 이행하지 못한 것으로 보이는 적군의 사기를 떨어뜨리고 굴욕감을 주고 무력화하는 것이 목적이다."[6]

복종

전시 선전에 섹스를 사용하는 것이나 전략적인 강간은 여러분의 침실과 명확한 관련이 없지만, 요점은 섹스가 마음이나 정신과 강력한 관계를 맺고 있다는 것이다. 결국 심리전에 섹스를 이용하는 가장 큰 이유는 상대를 복종시키기 위해서다. 섹스와 그에 따른 무수한 권력과 복종의 이야기는 이론적 탐구뿐만 아니라 즐거운 환상을 목표로 하는 수많은 책에 전파되어 왔다. 예를 들어, 영국에서 가장 빨리 팔린 책인『그레이의 50가지 그림자*50 Shades of Grey*』에서는 젊은 여성이 억만장자에게 신체적·감정적·성적으로 지배당한다. 그리고 섹스를 제외한 세

상 모든 것은 섹스와 관련되어 있다는 유명한 말이 있다. 섹스는 권력과 관련되어 있다.[7]

단조로운 생활의 리듬에서 벗어나 세뇌 원리에 대한 통찰력을 제공하는 결박, 지배, 사디즘 및 마조히즘*BDSM*의 하위문화가 번성하고 있다. 일례로 런던에는 토처 가든*Torture Garden*이라는 나이트클럽이 있는데, 매달 최대 2만 5,000명이 페티시 장비를 착용하고(그것을 착용하지 않으면 입장할 수 없다), 쿵쿵거리는 음악에 맞춰 즐거움과 고통이 난무하는 난잡한 축제에 빠져든다.[8] 런던과 전 세계의 다른 마을과 도시에서는 이런 틈새시장을 노린 수많은 지하 페티시 클럽이 매일 밤 운영되고 있다.

「긍정적 섹슈얼리티 저널*Journal of Positive Sexuality*」에 실린 한 논문에 따르면 BDSM은 소위 '아공간*subspace*', 즉 생리적 변화, 떠다니는 것과 유사한 깊은 이완감, 일시적인 몰개인화와 현실감 상실을 유도하는 복종적인 심리 상태와 관련이 있다고 한다.[9] 이는 복종하는 사람이 분석적인 자아를 놓아 버리고 끊임없이 불안한 생각에 시달리는 상태에서 벗어나 자아로부터 완전히 해방되는 것이다. 그리고 그런 역학 관계에서는 복종하는 사람과 지배하는 사람 모두 만족을 얻게 된다. 즉 완전한 복종을 긍정적인 방식으로 경험할 수 있다. 그것은 세상의 스트레스와 혼란으로부터의 해방이기도 하다.

극단적으로 말하면, 복종은 자아를 완전히 소멸시키는 결과를 가져올 수 있다. 이는 1954년에 출간되어 문학상과 외설

혐의를 모두 받은 BDSM에 관한 고전 에로틱 소설인 『O 이야기 The Story of O』에서 가장 극명하게 드러난다.[10] 이 소설에서는 고문 정도가 심해짐에 따라 O의 정체성이 점점 약해진다. 마지막 파티 장면에서 그녀는 손님들이 자신을 '돌이나 밀랍, 아니면 다른 세계에서 온 생물체'처럼 여긴다고 말한다. 그녀는 자신에게 일어나는 모든 일을 멍하니 말없이 받아들인다. O라는 그녀의 수수께끼 같은 이름은 사물object, 구멍orifice, 또는 망각oblivion을 의미할 수 있다. 결국 그녀가 갈망하는 것은 망각이다.

책의 또 다른 결말에서 그녀는 죽음을 요구하며 해방에 대한 실존적 갈망을 드러낸다. 이 책의 저자인 안느 데클로스Anne Desclos는 1975년 「뉴요커The New Yorker」와의 인터뷰에서 O의 궁극적인 꿈은 자신의 '파괴와 죽음'이라고 설명했다.

복종에 대한 환상은 전능한 어른들의 완전한 통제하에 있던 어린 시절의 책임 없는 상태로 회귀하려는 욕구를 드러낼 수도 있다. 개인적으로 사도마조히즘적인 관계를 맺으려는 충동은 국가와의 복종 관계와 일치한다. 에리히 프롬Erich Fromm은 제2차 세계대전의 폐허 속에서 쓴 『자유로부터의 도피Fear of Freedom』라는 책에서 전체주의에 대한 요점을 지적한다.[11] 이런 대중적인 움직임은 단순히 권력을 잡은 사디스트의 충동 때문에 발생하는 게 아니라 대중의 무의식적인 마조히즘적 갈망 때문에 생긴다는 것이다. 다시 말해, 탱고를 추려면 두 사람이 필요하다.

프롬의 말에 따르면 마조히즘적인 노력은 "개인이 참을 수 없는 외로움과 무력감에서 벗어나도록 도와준다. … 겁에 질린 개인은 자신이 의지할 수 있는 누군가, 혹은 무언가를 찾는다. 그는 더 이상 자신이 개별적인 자아로 존재하는 걸 참을 수 없으며, 그것을 제거하고 자신의 짐인 자아를 제거하여 다시 안정감을 느끼려고 필사적으로 노력한다."

자유와 관련된 문제에 직면하기를 거부하면 자신을 소외시키는 사디즘이나 마조히즘 같은 회피 전략에 의지하게 된다. 프롬은 이것을 단순히 성적인 현상으로 여기는 게 아니라, 다른 사람에게 자아를 굴복시키는 방법이라고 여긴다. 사회 내에서 이런 일이 집단적으로 발생하면 정부와 피지배자 사이에 불균형한 권력 관계가 생긴다.

『O 이야기』에서 O는 스티븐 경의 휘장을 자신의 몸에 새기는 데 동의한다. 그런 일은 어둡고 에로틱한 이야기에서만 일어나는 게 아니다. NXIVM(생존자들이 그룹 섹스와 나체 모임에 대해 얘기하고 지도자들이 성매매를 비롯한 여러 범죄 행위로 기소된 개인 숭배 단체)에서는 새로운 여성 신도들에게 잔인하게 낙인을 찍어 이 컬트 집단의 지도자인 키스 라니에르*Keith Raniere*의 소유물이라는 표시를 했다.[12] 이는 권력과 심리적 소유권을 위해 사용된 성에 대한 궁극적인 신체적 표현이다. 그에게는 100명 이상의 '노예'가 있었다는 주장도 있지만, NXIVM은 피라미드식 판매 회사처럼 운영되어 수익성 있는 개인 및 전문 개발 회사로 억만장자, 정치인, 유명인의 세계로까지 촉수를 뻗었다. 컬트는 집단, 특히 지도자에 대한 무질서한 심리적 애착을 조성해서 작업하기 때문에 표면적으로도 섹스를 이용한다. NXIVM의 경우 부도덕하고 비자발적이며 불법적인 형태의 추가 '결속'을 위해 성적인 고백 영상을 약점 정보_kompromat_로 활용했다.

컬트 집단에서 벗어나도록 사람들을 교육시키고 컬트 피해자 지원 웹사이트인 IGotOut.org를 공동 설립한 게레트 부글리웅도 이런 사실에 동의한다.

컬트 집단에서는 섹스를 이용한다. 그들의 절대적인 무기다. 어떤 식으로든 섹스를 통제 수단으로 사용하지 않는 컬트 집단을 만나본 적이 있는지 기억이 잘 나지 않는다. 내가 속한 집단에서는 노골적인 성적 학대는 없었다. 그것은 알아차리지 못할 정도로 미묘하게 시작된다. 매달 부부 상담을 하면서 우리의 친밀한 관계를 조금씩 훼손시키는 것이다. 처음에는 내가 소파를 사고 싶다는 단순한 문제로 상담을 시작하지만, 그 과정에서 그룹 리더가 섹스나 남편의 성욕을 자제시켜야 한다는 등의 얘기를 끼워 넣는다. 이런 친밀한 주제를 다루면서 우리 실생활의 일부를 혼란스럽게 하고 혼동에 빠뜨리는 것이다.

어디에 섹스를 끌어들이든 그 친밀감 때문에 취약성이 발생한다. 여기에서도 관계적인 부분이 매우 중요하다. 섹스 자체뿐만 아니라 관계도 문제가 되기 때문이다. 친밀감 있는 관계를 맺으면 더 많은 비난이 따른다. 컬트 집단에서는 커플 전환과 개편이 발생한다. 나는 리더가 그것을 조율한다고 믿어 의심치 않는다. 그가 친밀한 관계를 배후에서 조종하는 방식으로 사람들의 성적 취향과 정체성을 엉망이 되게 한다.

심리학 연구에 따르면 성관계는 애착감을 유발하고 '사랑과 유대감'의 호르몬인 옥시토신을 방출한다.[13] 또 사회적 판단과 자기 인식을 처리하는 뇌 부위를 일시적으로 무력화시켜서 해리감을 유발할 수 있다.[14]

부글리옹의 이야기는 극단적으로 말해 우리가 성 해방이라고 부르는 것이 그 반대일 수도 있다는 것이다. 악덕은 우리를 자유롭게 하는 게 아니라 우리를 가둔다. 고전 공상과학 소설『멋진 신세계*Brave New World*』에서 작가 올더스 헉슬리는 모든 사람이 자유롭게 섹스를 하고 일부일처제가 답답한 구시대의 유물이 된 디스토피아를 그렸다.[15] 심지어 아이들에게도 '에로틱한 놀이'에 참여하라고 권한다. 이론에 따르면 섹스는 마약과 마찬가지로 사람들을 감정적이고 유연한 상태로 유지한다고 한다. 헉슬리는 책 서문에서 이렇게 말했다.

정치적·경제적 자유가 감소하면 성적 자유가 증가하는 경향이 있다. 그리고 독재자는 … 그런 자유를 장려하기 위해 최선을 다할 것이다. 마약과 영화, 라디오의 영향을 받으며 공상에 잠길 수 있는 자유와 함께. 이는 그의 피지배자들이 자신의 운명인 노예 상태를 받아들이는 데 도움이 될 것이다.

성과 통제에 대한 헉슬리의 견해와 균형추를 이루는 것이 조지 오웰의 견해다. 『1984』에서 빅 브라더는 섹스란 억압받고 싶거나 다른 활동으로 왜곡하고 싶은 역겨운 본능이라고 간주했다.[16] 특히 빌헬름 라이히*Wilhelm Reich*가 『파시즘의 대중심리*The Mass Psychology of Fascism*』에서 제시한 심리학적 관점에 따르면 불안과 좌절감을 발산하려면 빈번한 섹스가 필요하고, 섹스를 하지 않으면 행동을 유도하는 에너지가 축적되어 결국 대규모 대중 운동이 발생할 수 있다고 주장한다.[17]

라이히는 이렇게 말했다. "자연스러운 성적 만족을 억압하면 다양한 종류의 대체 만족을 추구하게 된다. 예를 들어, 자연스러운 공격성이 잔혹한 사디즘이 되는데 이는 제국주의 전쟁에서 필수적인 대중 심리학적 요소다."

침실에서의 세뇌

여러분이 오웰의 견해에 동의하든, 헉슬리의 견해에 동의하든지 간에 섹스는 통제를 위한 강력한 심리적 도구인 듯하다. 여기에는 두 가지 이유가 있다.

첫 번째는 섹스의 심리적 붕괴 효과로, 마음의 방어를 무너뜨리는 데 사용할 수 있다. CIA의 MK-울트라는 미드나이트 클라이맥스 작전Operation Midnight Climax이라는 하위 프로젝트를 시작했다.[18] 상원 수사관들은 이 프로젝트의 목표가 섹스와 세뇌 사이의 연관성을 연구하는 것이라고 들었다. CIA는 매춘부들에게 돈을 주고 표적을 안가로 유인해서 마약을 투여하고 성관계를 맺게 한 뒤 질문을 던졌다. 실험을 감독한 사람들의 말에 따르면, 섹스와 마약이 혼합된 상황에서는 사람들이 훨씬 자유롭게 입을 열었고, 중요한 방어막이 약해졌다고 한다.

아마 이것이 프랑스인들이 오르가슴을 'la petite mort(라 프티트 모트, 작은 죽음)'라고 부르는 이유일 것이다. 이것은 섹스 후 의식이 잠시 약해지는 걸 뜻한다. 그러면 마음속의 의식적인 생각이 무너지고 뇌에 각인 가능한 공간, 즉 결박 애호가들이 아공간이라고 하는 것, 상징주의의 일시적인 자율 영역, 세뇌를 위한 인지적 공백이 만들어진다.

둘째, 섹스는 조건화의 수단이기도 하기 때문에 강력한 세뇌 도구로 작용한다. 약물을 제외하면 오르가슴은 아마 인간이 경험할 수 있는 가장 강렬한 쾌락을 제공할 것이다.[19] 파블로프의 개먹이는 사람들이 침을 흘리게 만드는 섹스의 능력에 비하면 아무것도 아니다. 뇌에 세로토닌, 도파민, 옥시토신이 넘쳐나는 섹스는 최고의 보상이다. 이 보상과 적절한 자극을 결합하면 사람들의 마음을 근본적으로 변화시킬 수 있다. 어떤 아이디어든 먼저 성적인 매력이 들게 하면 사람들의 입맛에 맞을 수 있다. 급진적인 페미니스트 교수인 캐서린 앨리스 맥키넌 *Catharine Alice MacKinnon*은 "오르가슴을 느끼는 상태에서 논쟁을 벌여 보라"고 했다.[20]

실제로 성적인 취향을 만들어낼 수 있다는 걸 증명한 실험적 연구가 있다. 심리학자들은 성도착증을 조건화할 수 있다는 사실을 적어도 1960년대부터 알고 있었다.[21] 이런 연구 중 하나는 남성의 음경에 자극 측정 장치를 연결했다.[22] 남성들은 여성의 포르노 사진을 보면 성적으로 흥분했다. 부츠를 신은 여성의 에로틱한 사진을 보여주자 예상대로 남성들은 벌거벗은 여성 때문에 흥분했다. 그러나 부츠를 신은 여성 사진에 일정 횟수 이상 노출된 남성들은 부츠와 흥분을 연관하도록 조건화되었고, 결국 부츠 이미지만 봐도 흥분하게 되었다. 그들은 부츠가 섹시하다고 생각하도록 조건화되었다. 이것의 확실한 사례는 브랜드를 매력적이라고 느끼게 하기 위해 비키니 입은 모델을 이용하는 것이다. 그렇다면 음란물이 사람들이 바람직하다고 생각하는 것, 그리고 그들의 습관과 신념을 보다 근본적인 수준에서 왜곡시킬 수 있을까?

예를 들어, 스마트폰으로 음란물을 시청하면 동영상에 나오는 내용뿐만 아니라 스마트폰 자체에도 애착을 형성하게 된다. 흑요석 같은 화면을 응시하는 동안 우리의 뇌에 엔돌핀이 넘쳐난다. 그렇다면 심리학자들이 스마트폰 소유자가 스마트폰과 분리될 때 마치 연인과 헤어질 때처럼 극심한 고통을 느낀다는 것을 알아낸 것도 별로 놀랍지는 않다.[23] 제4차 산업혁명, 그리고 인간과 기계의 결합은 결국 여기에서만 이익을 얻을 수 있다.

노팹_NoFap_ 옹호론

물론 음란물의 영향에 대한 논쟁이 뜨겁다. 과학을 활용하는 걸 좋아하든 좋아하지 않든, 솔직히 과학을 사회적으로 구성된 이데올로기와 분리하는 건 불가능하다. 이런 관점과 연구에는 상당한 편견이 스며들어 있다. 그러나 결국 사람들이 시청하는 음란물은 그들이 바람직하다고 생각하는 것과 궁극적으로 자신과 주변 세계를 바라보는 방식에 잠재적으로 큰 영향을 미칠 수 있다.

음란물 사용은 비인격적인 성적 태도, 부정적인 신체 이미지, 성적 공격성에 대한 폭넓은 수용, 사정 지연 같은 부정적인 결과와 관련이 있다. 그런가 하면 성교육을 제공하는 등의 긍정적인 효과도 있다고 한다. 일부 문헌 조사에서는 음란물 이미지와 영화가 특히 자위행위와 결합할 때 중독성이 생긴다고 주장하는 반면, 다른 조사에서는 아직 데이터가 결론에 이르지 못했다고 주장한다.

세계보건기구WHO는 2018년에 강박적인 성행위를 정신건강 장애로 추가했다. 음란물을 딱 집어 지목하지는 않았지만 반복적인 성행위가 '건강과 개인 관리, 기타 관심사, 활동, 책임'을 소홀히 할 정도로 삶의 중심이 되는 것을 말한다.

하지만 많은 사람이 외설물에 중독되었다고 주장하고, 그 중 일부는 이를 끊겠다는 급진적인 결정을 내렸다. '노팹NoFap' 웹사이트는 성을 긍정적으로 바라보기 위해 음란물을 끊는다는 아이디어를 홍보한다. 이 사이트의 레딧 포럼에는 100만 명이 넘는 회원이 있다. 참가자들에게 30일 동안 모든 형태의 사정을 금할 것을 권장하는 노넛 노벰버No Nut November의 회원 수는 2022년 기준 13만 7,000명이다. 이런 움직임은 새로운 것이 아니다. 존 하비 켈로그John Harvey Kellogg는 자위 욕구를 둔화시키기 위해 무미건조한 콘플레이크를 발명했다는 이야기가 있다. 자위를 금지하는 이런 현대의 움직임은 역사적으로 종교 및 의학 서적에서 발견되는 '자위'에 대한 수많은 비판을 반영한다.

여자친구와 오르가슴을 느끼는 데 어려움을 겪은 빌리(가명)는 스무 살 때 음란물을 끊었다. 그는 "음란물도 결국 중독이다"라고 고백했다. "도박이 육체적 중독이 아니듯이 음란물도 사실 우리 몸보다는 정신에 스며든다. 나는 매일 음란물을 보곤 했다. 음란물을 끊고 자위행위를 그만두자 삶이 제자리로 돌아왔다. 몇 주 뒤에는 섹스 중에 다시 오르가슴을 느낄 수 있었다."[24] 빌리는 나이가 든 뒤에 음란물을 보기 시작해서 섹스가 어떤 건지 알고 음란물이 미치는 영향을 잘 조절할 수 있는 남성과 음란물 때문에 많은 영향을 겪게 되는 젊은 남성 사이의 중요한 차이점을 보여준다.

음란물은 또 소음순 성형술로 알려진 선택적 소음순 축소술의 엄청난 증가에 기여한 요인 중 하나일 수도 있다. 이는 세계에서 가장 빠르게 성장하는 미용 시술이다. 음란물 중독 및 발기 부전의 경우와 마찬가지로, 이 현상에 음란물이 관여했는지에 대한 연구는 아직 결론이 나오지 않았다. 하지만 그 시기는 인터넷 음란물의 증가와 의심스러울 정도로 상관관계가 있다. 소음순 성형술을 받은 마리아(가명)는 음란물의 역할에 대해 명확하게 밝혔다.

> 질 부위가 인터넷 음란물에서 본 것과 비슷해야 한다고 생각했는데 내 것은 완전히 달랐다. 음란물은 내 몸무게, 가슴, 질 등 모든 면에서 처참한 기분을 안겨줬다.
>
> 음순을 작게 만드는 수술을 받은 포르노 스타에 관한 다큐멘터리를 봤다. 나도 그렇게 할 수 있다는 걸 깨닫고 병원에 상담을 받으러 갔다가 정신적으로 무너졌다. 정말 최악의 날이었다. 음란물을 보고 내 신체 이형장애가 심해졌다.[25]

젊은 여성의 문제는 여기서 끝나지 않는다. 음란물에는 매우 극단적인 내용이 포함될 수 있다. 맥키넌은 이렇게 말했다.

"음란물을 보는 남자들은 몸이 노출되고, 굴욕을 당하고, 침해되고, 모욕당하고, 훼손되고, 절단되고, 묶이고, 재갈을 물리고, 고문당하고, 살해당하는 여성을 보며 자위를 한다."[26] 여성이 어린 나이에 음란물을 접하면 질경련이 생길 수 있는데, 이는 질이 신체적 접촉이나 압력, 특히 삽입 때문에 고통스럽게 수축하는 것이다. 두려움과 혐오감을 불러일으키는 콘텐츠가 이런 상태에 영향을 미칠 수 있다고 추론하는 것이 합리적이다.

혐오감은 도덕적 행동의 기초로 알려져 있다.[27] 누군가가 '역겨운' 짓을 하거나 '혐오스러운' 행동을 했다면 그게 무슨 뜻인지 다들 이해한다. 이는 (옳든 그르든) 직관적으로 섞여서는 안 되는 것들이 섞이는 걸 막아주고, 심리적 경계를 유지한다. 반면 섹스는 혐오감과 양립할 수 없다. 성적 흥분과 혐오는 모두 뇌에서 동일한 경로를 통해 진행되므로 흥분했을 때는 혐오감을 느낄 가능성이 작고, 혐오감을 느낄 때는 흥분할 가능성이 작다.[28] 그래서 사람들이 성적으로 흥분했을 때는 평소에 넘을 수 없는 심리적 경계와 교차선을 재배치하는 게 더 쉬울 수 있다. 이것은 세뇌를 위한 강력한 도구다.

세계에서 가장 인기 있는 포르노 사이트인 폰허브는 2022년 10월에 26억 명의 방문자를 기록했으며 그들은 한 번 방문할 때마다 평균 8페이지를 열람했다[29](비교 삼아 말하자면, BBC 방문자 수는 이곳의 4분의 1도 안 된다). 폰허브 홈페이지에는 클릭을 유도하는 수많은 섬네일이 표시된다. 모든 사람의 취향을 위한 무언가가 있다. 어느 날인가는 홈페이지에서 추천해준 관심 있을 만한 동영상 중에 결박, 기계와의 섹스, 그리고 계절 채소인 호박과 비슷하게 칠해 놓은 신체 일부와 성행위를 결합한 매우 특이한 틈새 취향용 동영상이 있었다. 의붓자매, 의붓딸, 의붓엄마가 등장하는 동영상은 불법을 피하면서 근친상간 욕구를 전달(및 장려)한다. 십대, 베이비시터, 여학생(모두 18세 이상이지만 반드시 그렇게 보이지는 않는다)은 소녀에 대한 취향을 반영하고 욕구를 조장한다. 즉 세계에서 가장 인기 있는 포르노 사이트 중 하나가 심리적 경계를 재조정하고 있는 것이다.

공개된 일부 통계와 상식적인 가정을 바탕으로, 평균적인 남자아이는 열세 살 무렵에 음란물을 보기 시작한다고 가정해 보자. 그는 일주일에 3번, 한 번에 15분씩 음란물을 시청한다. 이때 동영상을 하나만 보는 경우는 거의 없으므로 영상을 3개씩 시청하고 내용은 전부 일반적인 남녀 사이의 섹스라고 보수적으로 추정해 보겠다. 이런 대략적인 추정에 따르면 그는 열여덟 살 생일이 되기 전에 2,000개 이상의 발기된 성기를 보게 된다. 음란물이 출현하기 전에는 아마 그 나이까지 자기 것 하나만 봤을 것이다.

이런 전례 없는 변화가 오늘날의 청소년에게 어떤 영향을 미칠 수 있을까? 유어 브레인 온 폰*Your Brain on Porn*이라는 웹사이트에는 음란물 사용, 남용 및 금욕에 대한 남성의 경험이 기록되어 있다. 이들은 음란물 때문에 성반전 기호증(자신이 여성이 된다는 생각에 흥분을 느끼는 것)을 갖게 되었다는 데 동의한다.[30] 예를 들어, 어떤 사람은 음란물을 과도하게 시청한 탓에 여성들이 섹스하는 모습을 보는 데 지나치게 집착하게 되었다. 그리고 그로 인해 자신도 여자가 되어 매춘부(본인이 이렇게 표현했다)가 된 듯한 기분을 느끼면서 남자들에게 이용당하고 싶다는 생각을 품게 됐다고 설명했다. 그는 심지어 자신을 위해 여성용 의류와 화장품을 구입하기도 했다.

트랜스젠더 작가 안드레아 롱 추*Andrea Long Chu*는 퀴어 디스럽션*Queer Disruptions* 컨퍼런스에서 「시시 포르노*sissy porn*(여자 같은 남자가 나오는 포르노-옮긴이)가 날 트랜스젠더로 만들었는가?」라는 제목의 학술 논문을 발표했다.[31] 간단히 말해서 대답은 '예'인 것 같다. 이 논문에서는 음란물을 보는 것 자체가 복종적인 행위라고 주장한다. 이는 자신의 욕구와 포르노 제작자의 욕구, 그리고 파트너와의 섹스에서 찾을 수 있는 어떤 종류의 적극적인 참여도 없는 상태에 복종하는 것이다. 음란물은 이런 식으로 남성을 여성화한다. 추는 "음란물을 보는 사람은 기본적으로 바닥"이라고 말했다. 시시 포르노는 시청자를 "단순하고 공허하고 멍청하게 만든다. 이를 기술적인 용어로 '머리 빈 여자 만들기'라고 한다."

음란물과 트랜스젠더 사이의 연관성은 명확하지 않으며 그 파괴적인 결과를 유념하는 게 중요하다. 스티브(가명)도 빌리처럼 음란물의 중독성을 우려한다. "음란물은 섹슈얼리티를

극적으로 죽이는 방법이다. 너무 많이 접하다 보면 그게 머릿속에 가득 차 건강하지 못한 상태가 된다." 그는 십대 때 음란물을 처음 봤는데 "너무 공격적이고 폭력적이며 괴물 같아서 두려웠다"고 한다. 이 때문에 남자들과 함께 있으면 안전하지 않다고 느끼게 되었다. 그는 실제로는 젊은 게이 남성이었음에도 불구하고 스스로를 여성으로 정체화하기 시작한 이유 중 하나가 음란물 때문이었다고 생각한다. 음란물을 보지 않았다면 그는 트랜스젠더가 되었을까? "아마 아닐 것"이라고 말했다.

그는 이것이 자신이 아는 탈성전환 남성들 사이에서 매우 흔한 일이라고 말했다. 그들 모두 어린 나이에 음란물을 접했다. 비극적이게도 스티브는 이제 자신을 '무성적인 존재'라고 말한다. 서른 살에 성전환 수술을 한 스티브는 "(수술을 마치고) 정신이 들기 시작한 순간부터 후회했다"고 말한다.

음란물이 중독성이 있고 성생활을 방해한다는 빌리와 스티브의 효과적인 관찰은 역효과를 야기하는 이 매체의 특성을 드러낸다. 음란물은 성적 흥분을 자극한다고들 생각하지만, 일부 젊은 남성에게는 발기 부전 문제를 일으키고, 일부 젊은 여성은 질경련이 생기거나 음순 성형을 원하게 된다.[32] 그 과정에서 성적 욕망을 형성하거나 과장하고, 심지어 성도착증을 일으키기도 한다. 이런 강력한 효과를 고려하면 음란물이 너무 널리 퍼져 있다는 게 걱정스럽다. 한 조사에 따르면 남성의 98퍼센트, 여성의 73퍼센트가 최근 6개월 이내에 음란물을 시청한

적이 있는 것으로 나타났다.[33]

　이 장의 음란물 비판은 고상한 척하는 태도를 취하는 게 아니다. 사람들이 집에서 개인 시간에 뭘 하는지는 각자에게 달려 있다. 그러나 음란물을 지나치게 많이 이용하는 사람은 부츠를 선호하게 된 남자, 자신을 여성으로 정체화하기 시작한 게이 남성, 핼러윈 호박을 주제로 한 동영상을 본 360만 명(이 글을 쓸 당시의 조회 수)의 사람들처럼 성적 취향이 변하게 된다는 것을 알아야 한다.

로마의 마지막 날들

　섹스가 개인으로서의 우리를 변화시킨다면 성적 관습은 사회를 변화시킬 수 있다는 결론이 나온다. 사회인류학자 J. D. 언윈J. D. Unwin은 성적인 자유와 문화 번영 사이에 관계가 있는지 알아보기 위해 5000년 동안 존재했던 86개 사회와 문명의 데이터를 조사했다.[34] 그 결과를 담은 책인 『성과 문화Sex and Culture』에서 언윈은 한 국가가 번영하게 되면 성도덕이 점점 자유로워지고 이로 인해 응집력, 추진력, 목표를 잃게 된다고 말했다('데카당스decadence'라는 말이 '부패decay'라는 어근에서 유래됐다는 걸 생각해 보자). 그의 말에 따르면, 이것은 되돌릴 수 없다고 한다.

　언윈은 성적 제약(특히 혼전 순결과 일부일처제)은 문화를 번영시키는 반면, 성적 자유가 증가하면 문화가 붕괴한다고 말한다. 성적 자유를 예전으로 되돌리려는 생각은 오늘날 우리 문화에 대한 혐오다. 그러나 그의 이론을 흥미롭게 만드는 사실은 서구는 1960년대 후반부터 성적 혁명을 겪었으니 이제 곧 그의 결론을 우리가 직접 평가할 수 있다는 점이다.

역사적 사례는 어렵지 않게 찾아볼 수 있다. 프랑스 혁명 이전에는 사드 후작*Marquis de Sade*이 전형적으로 보여준 일종의 자유주의 문화가 있었는데, '사디즘'이라는 말은 그에게서 유래된 것이다. '로마 최후의 날' 같다고 하면 난잡한 방탕의 이미지가 떠오른다. 바이마르 독일은 나치 이전에는 퇴폐적이었던 걸로 유명하다.

오늘 우리는 벼랑 끝에 위태롭게 매달려 있다. 공공도서관에서 열리는 '5세 이하 어린이를 위한 여장 남자 이야기' 행사, 십대에게 유방절제술을 실시하고 비가역적 호르몬을 투여하는 외과의사, 어린 소녀들 사이에서 폭발적으로 증가하고 있는 온리팬*OnlyFan* 사용자 같은 문제를 멈추려는 의지가 없어 보인다. 패션 브랜드 발렌시아가*Balenciaga*의 2022년 가을 광고 캠페인에는 결박 장비를 입힌 테디베어를 가지고 노는 사춘기 전 소녀들의 사진이 포함되었다.[35] 또 아동 포르노에 관한 2008년 대법원 소송 사건인 '미국 대 윌리엄스*United States v. Williams*' 인쇄물 위에 핸드백을 올려놓고 찍은 사진도 있다.

이런 건 결코 지속해서는 안 된다. 실제로 사회는 일종의 면역 체계 반응을 보이고 있다. 2022년 9월 이탈리아는 우파 성향의 조르자 멜로니*Giorgia Meloni*를 새로운 총리로 선출했다. 멜로니는 '신과 조국, 가족'을 강력하게 옹호하고 '젠더 이데올로기'를 비난했다.[36] 러시아는 LGBT(성소수자) 선전을 특히 아이들을 대상으로 퍼뜨린 혐의로 기소된 사람들에게 막대한 벌금을 부과했다.[37]

여기서 중요한 문제는 사람들이 자기 침실에서 뭘 하는지 감시하는 게 아니라(누가 신경이나 쓰겠는가), 각자 자신의 욕정에 책임을 지는 것이다. 음란물 시청을 중단하고 성적인 프로그램의 노예가 되는 것을 피하는 건 우리 각자에게 달려 있다. 그렇게 하지 않으면 결국 세뇌와 정치적 통제를 위한 거부할 수 없는 길이 생기게 될 것이다.

규칙

- 음란물 이용을 중단하자. 만약 계속해야 한다면 심리적으로 둔감해질 수 있으니 사용을 최대한 줄이자.
- 존중하는 태도로 성관계를 대하자. 성관계는 파트너와의 결속을 위한 강력한 도구지만 때로는 여러분을 길들이는 도구가 될 수도 있다.
- 욕구를 통제하고 자제하는 법을 배우자. 그렇지 않으면 여러분은 말할 것도 없고 사회가 붕괴될 수도 있다.

17장
자신의 환상을 선택하자

우주는 무한한 데 비해 우리 두뇌는 아주 작기 때문에 다들 현실의 아주 작은 부분만 볼 수 있다. 우리가 현실이라고 느끼는 것은 사실 대부분 환상이지만 이를 피할 방법이 없다. 그러나 그 사실을 유리하게 활용할 수 있으며 각자 살고 싶다고 인식한 세계를 선택할 수 있다.

아무도 안전하지 않다

마술사이자 심리학 교수인 구스타프 쿤은 "난 오랫동안 마술을 연구했지만 여전히 마술 트릭에 속아 넘어간다"고 인정했다. "마술이 어떻게 작동하는지 안다고 해서 더 이상 속지 않는 것은 아니다. 특히 상황이 바뀌었을 때는 더 그렇다. 마술사도 사기꾼에게 넘어가지 않는 건 아니다. 나도 한번 사기를 당한 적이 있고 사기꾼에게 속은 다른 마술사도 많이 알고 있다. 우리는 모두 이런 편견과 한계에 취약하다."

매직 서클 총무인 제이슨 데버렐Jason Deverell은 이곳에 가입하기 위해 치른 시험에 대해 다음과 같이 설명했다.

마술을 시작한 지 겨우 2년 됐는데 70명 앞에서 프레젠테이션을 해야 했다. 첫 번째 시도 때는 다들 아는 마술을 했는데 그들은 예상치 못했던 일이 생기자 모두 깜짝 놀랐다. 이들은 마술을 잘 아는 사람들이었지만 색다른 효과를 넣어서 많은 이의 시선을 빼앗았다. 그러니 어떻게 속지 않을 수 있겠는가? 기술을 잘 안다고 해도 그냥 생각의 흐름만 따라가다 보면 그 단계 바깥에 존재하는 뭔가에 노출된다.

사실 세상은 너무 복잡해서 그 전체를 합리적으로 분석할 수 없기 때문에 다들 시간을 절약해 주는 정신적인 지름길에 의존해야 한다. 심지어 이런 지름길이 존재한다는 걸 알고 있는 사람들도 마찬가지다. 어느 정도 면역력을 가질 수는 있지만, 연구진은 사람들에게 편견에 대해 가르치거나 심지어 그들을 상대로 편견을 사용할 거라고 말해도 편견의 효과를 막지는 못한다는 걸 보여줬다.

예를 들어, 행동과학자들은 행동과학 기술에 영향을 받지 않는다고 생각할 수도 있다. 한 실험에서 700명이 넘는 심리학자들이 개인 간의 차이를 이용해 음주 같은 행동을 예측한 과학 연구의 품질을 평가했다.[1] 심리학자 절반은 성격 특성을 통해 이런 행동을 예측한 연구 결과를 읽었고, 나머지 절반은 점성술 별자리를 통해 예측한 내용을 읽었다. 방법론과 분석 내용은 둘 다 동일했음에도 불구하고 심리학자들은 성격 보고서가 훨씬 나은 것으로 평가했다. 심리학자들은 '확증 편향(기존의 믿음을 뒷받침하는 증거를 찾는 것)'에 대해 누구보다 잘 알고 있으면서도 여전히 거기에 넘어갔다. 마찬가지로, 2022년에 「네이처 리뷰 심리학*Nature Reviews Psychology*」에 발표된 한 논문에서는 행동과학자들이 '기능적 고착(어떤 문제에 대한 한 가지 해결책에만 집착하는 것, 다시 말해 "망치 눈에는 세상 모든 게 못처럼 보인다")'에 빠지기 쉬워서 적절하지 않은 상황에서도 넛지로 문제를 해결하는 데 초점을 맞춘다고 말했다.[2]

UCL*University College, London* 심리학 교수인 수잔 미치*Susan Michie*가 극명한 예를 보여준다. 미치 교수는 공중보건 위기 발생 과학자문단*SAGE*의 일원으로 영국 정부에 코로나19 팬데믹 정책에 대해 조언했고, 현재는 세계보건기구의 행동과학 자문그룹 의장을 맡고 있다. 봉쇄 기간에 국가 통제가 엄청나게 증가하고 민간 산업이 파괴된 것을 고려하면 미치 교수가 은유적인 의미에서의 공산주의자가 아니라("세금을 내리자고 하다니 존은 공산주의자인가 봐"), 실제 영국 공산당 당원이라는 사실이 당연하게 느껴질지도 모른다.

미치는 주간 텔레비전에서 자신의 정치 성향이 권고안에 영향을 미칠 수 있냐는 질문에 답변을 거부했고, 짤막한 답변을 할 때는 '과학'이라는 말 뒤에 6번이나 숨었다. 거기에는 "과학자로서 이 프로그램에 출연하기로 동의했다"라는 조롱조의 말도 포함된다. 그 의미는 미치가 추구하는 과학이 순수하고 정치적 관점에 물들지 않았다는 것이다. 편견이 행동에 어떤 영향을 미치는지 이해하는 데 모든 경력을 바친 사람의 주장치고는 참으로 기괴하다. 다음 날 행동과학계는 미치를 옹호하면서 공산주의 사상은 그녀의 작업과 아무 관련이 없고, 그런 질문을 하는 건 성차별적이라고 주장했다.[3] 이는 심리학계에는 자유주의자가 보수주의자보다 14배나 많다는 한 통계와 관련이 있을지도 모른다.[4]

요컨대 넛저 본인이 편파적이고 넛지를 당할 수 있는 경우에도 우리가 영향을 받지 않을 수는 없다는 것이다. 올더스 헉슬리가 말했듯이, "어떤 사회학 박사들에게는 사회학 박사는 결코 권력에 의해 타락하지 않을 것이라는 감동적인 믿음이 있는 것 같다."[5]

다음의 밀러-라이어*Müller-Lyer* 착시를 살펴보자. 어느 줄이 더 긴가?

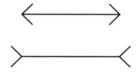

아마 답을 알고 있을 것이다. 두 선의 길이는 같다. 이성적으로는 알고 있지만 착시를 없앨 수는 없다.

설득의 경우도 마찬가지다. 설득 전술을 알고 있어도 여전히 영향을 받을 수 있다. 매디슨 애비뉴의 광고인들이 우리를 위해 만들어낸 소비자 현실은 피할 수 없다. 문화에서 벗어나는 건 불가능하다. 버닝맨*Burning Man* 페스티벌(참석자들에게 브랜드

의류가 아닌 직접 만든 옷을 통해 자신을 표현하고 물물교환하도록 장려한다)
에 대한 유명한 민족지학 연구에서는 '아마 시장을 완전히 피하
는 건 불가능할 것'이라는 결론을 내렸다. 참석자들은 400달러
짜리 티켓 값을 내기 위해 여전히 비자_Visa_ 카드를 사용한다.[6]

매트릭스에서 벗어날 수는 없다. 심지어 영화 「매트릭스」
도 그 사실을 보여주는 훌륭한 예시다. 영화 속 등장인물들은
사람을 재워놓고 에너지를 추출하는 기업 이익 시스템이 만들
어낸 가짜 현실에서 완전히 벗어날 수 없다. 아이러니하게 이
영화 자체도 최신 컴퓨터로 생성한 이미지를 이용해 팝콘을 먹
는 관객을 현혹하고 놀라게 하는 은막 위의 소비주의적 오락거
리에 불과하다. 철학자 장 보드리야르_Jean Baudrillard_는 "매트릭스
는 확실히 매트릭스가 만들어낼 수 있는 매트릭스에 관한 영
화"라고 말했다(그의 저서 『시뮬라시옹_Simulacra and Simulation_』이 영화 소품
으로 등장했다).[7]

시베리아의 부유 탱크에서 생활하지 않는 이상 사회적 접
촉이나 설득력 있는 정보를 피할 방법이 없고, 따라서 어떤 식
으로든 세뇌를 피할 길이 없다. 여러분은 세뇌되었을 가능성이
크다. 어떤 의견과 습관을 가지고 있든, 아마 그건 외부에서 비
롯되었거나 적어도 영향을 받았을 것이다. 부모님이나 학교 선
생님에게 배웠을 수도 있고, 텔레비전 프로그램이나 광고를 통
해 촉발되었을 수도 있고, 공원에서 노는 다람쥐를 보고 영감
을 받았을 수도 있다.

그래서 순수하게 과학적인 중재자가 되겠다는 미치 교수의 제안이 그토록 황당한 것이다. 편견이 없는 건 불가능하다. 우리가 지닌 모든 믿음은 어떤 식으로든 주변 세계에 의해 형성되었다.

모두가 자기 신념을 믿는다

사람들은 자기 믿음에 책임이 있고, 이런 믿음은 현실 세계를 편견 없이 반영한 것이라고 여기는 경향이 있다. 이걸 '소박 실재론(감각이 우리에게 물체가 실제로 있는 그대로를 알게끔 한다는 사상)'이라고 한다.[8] 우리는 자신의 인식이 객관적인 진실에 대한 인식이고, 다른 사람이 그것을 볼 수 없다면 그 사람이 나쁘거나 멍청하거나 둘 다이기 때문일 거라고 생각하는 경향이 있다. 요컨대 모두가 자신의 신념을 믿는데, '상대방'이 그걸 믿지 않는 건 어리석은 일이라고 생각한다.

어떤 사람들은 2016년에 힐러리 클린턴을 지지하면서 트럼프 지지자들은 러시아 댓글 부대에게 세뇌당한 멍청이들이라고 믿었다. 어떤 사람들은 도널드 트럼프를 지지하면서 클린턴 지지자들은 CNN에 세뇌된 인문계 학생이라고 믿었다. 어떤 사람들은 신은 없고 신앙인들은 조직화된 종교에 세뇌당한 거라고 믿는 반면, 어떤 신앙인들은 불신자들이 세속 사회에 세뇌당했다고 믿는다. CNN이 블랙 라이브즈 매터*Black Lives Matter*(흑인의 생명도 소중하다) 시위에 대해 '열렬하지만 대체로 평화로운 시위'라고 보도한 것에 대해, 심리학자들은 사회 정치적 신념에 따라 어떤 사람은 그 사진에서 평화로운 시위 장면을 볼 수 있는 반면, 어떤 사람은 무질서한 폭도를 볼 수 있다고 말했다.[9]

요점은 이 그룹 모두 진실에 대해 불완전한 견해를 가지고 있으며, 반대편이 어떤 식으로든 세뇌당했다는 점에 대해서는 그들의 생각이 모두 옳다는 것이다. 우리는 모두 세뇌당했다. 현실에 대한 우리의 견해는 우리가 노출된 정보에 의해 영향을 받으며 다들 자기 견해가 옳다고 믿는다.

그것은 마치 시각 장애인과 코끼리의 우화와 같다. 시각 장애인들은 각자 코끼리의 서로 다른 부분을 만지면서 현실을 인식시켜 주는 서로 다른 정보에 노출된다. 꼬리를 잡고 있는 시각 장애인은 그게 밧줄이라고 생각한다. 코끼리 코를 만진 사람은 뱀이라고 생각하고, 다리를 만진 사람은 "나무다!"라고 외친다.

논쟁을 벌일 때 한쪽이 진실을 독점할 가능성은 거의 없다. 일례로 한쪽에서는 강간범 대다수가 남성이라고 주장하고, 다른 쪽에서는 대다수의 남성은 강간범이 아니라고 주장한다. 이것은 둘 다 사실이지만 동일한 현실에 대한 서로 다른 인식을 뒷받침하는 데 사용된다. 많은 조롱을 받은 대안적 사실에 관한 아이디어도 결국 어느 정도 장점이 있을 수 있다.

사람들은 현실의 서로 다른 평면이라고 생각할 수 있는 곳에 살고 있다. 오늘날에는 특히 그렇다. 정치적 스펙트럼의 양극단에서 사람들은 새로운 차원을 '인식'하고 있다. 한쪽은 깨어나고, 다른 쪽은 빨간색 알약을 삼킨다.

2021년 11월에 배심원단이 카일 리튼하우스_Kyle Rittenhouse_에 대한 평결을 내리기 전에 실시한 유고브 여론 조사에서 미국인의 45퍼센트는 그가 살인죄로 유죄 판결을 받아야 한다고 답했고 32퍼센트는 그렇지 않다고 답했다.[10] 이런 양극화는 정치적 노선에 따라 특히 명확하게 갈라졌다. 민주당원은 76퍼센트가 유죄라고 답한 반면, 공화당원은 유죄 의견이 15퍼센트에 불과했다. 두 사람이 똑같은 영상을 보고도 전혀 다른 결론을 내릴 수 있는 듯하다. 어떤 사람들은 리튼하우스를 국내 테러리스트로 생각했고, 어떤 사람들은 평화의 수호자로 여겼다.

또 다른 유고브 여론조사에서는 영국인의 9퍼센트가 BBC가 브렉시트 지지 성향을 갖고 있다고 믿는 것으로 나타났다.[11] 전 노동부 장관 앤드류 애도니스_Andrew Adonis_는 "이제 BBC는 브렉시트 성향이 너무 깊어져서 본인들이 이를 깨닫지도 못하고 있다"라는 트윗을 올렸다. 어떤 사람들은 브렉시트 찬성 성향을 비난하는 것을 보고 놀랄 수도 있다. 적지 않은 사람들이 동일한 보도를 시청하고 완전히 다른 인식을 가질 수 있다.

이런 대안적 현실이 생겨나는 이유는 사람들이 자신이 소비하는 정보를 관리하는 걸 좋아하기 때문이다. '확증 편향'은 사람들이 자신의 기존 신념을 뒷받침하는 정보를 찾는다는 뜻이고,[12] '타조 효과'는 사람들이 불편한 정보를 피한다는 뜻이다.[13] 우리 신념이 도전을 받으면 인지 부조화라는 불쾌한 기분이 들게 된다. 꽤 힘든 일이다. 결국 사람들은 마음에 들지 않는 소셜 미디어 접촉을 중단함으로써 자신을 편안한 반향실(정식 명칭은 '인식 버블'이다[14])에 가두는 경향이 있다.[15] 미디어 플랫폼은 외부 피드백에 의해 이런 버블이 터지는 걸 방지하기 위해 댓글을 막거나(뉴스 사이트의 경우), '싫어요' 버튼을 비활성화해서 (유튜브의 경우) 문제를 더 복잡하게 만든다.

사람들이 이런 버블을 직접 만들 수도 있다. 2020년 유고브 여론 조사에 따르면 미국 성인의 19퍼센트는 자신과 정치적 견해가 매우 다른 친구가 없는 것으로 나타났는데, 이는 2016년의 7퍼센트보다 증가한 수치다.[16] 2021년 악시오스*Axios* 여론 조사에 따르면 민주당원의 71퍼센트는 자신이 반대하는 정치 후보에게 투표한 사람과는 데이트하지 않는 것으로 나타났다.[17] 인터넷에는 정치적 의견이 맞지 않아서 친구, 심지어 가족과 연락을 끊은 사람들에 대한 이야기가 많다. 간단히 말해서 사람들은 자신이 보고 싶은 걸 보는데, 이는 심리적 욕구를 충족시키기 위해서다.

「진실의 30가지 그림자: 병리학적 망상이 아닌 개별화 이야기로서의 음모론」이라는 학술 논문에서는 30명에게 9·11에 관한 진술이 담긴 플래시 카드를 주고 이것을 이용해서 이야기를 구성하게 했다.[18] 진술 내용은 다양한 공식 발표(예: "9·11 주모자들은 혐오스러운 서구 문화를 공격하기 위해 오사마 빈 라덴이 이끄는 이슬람 테러리스트들이었습니다")와 음모론(예: "미국 행정부가 아프가니스탄과 이라크 전쟁을 정당화하기 위해 9·11 공격을 계획하고 수행했다")이 섞여 있었다. 음모론에 관한 내용을 전혀 포함하지 않은 참가자는 한 명뿐이었는데, 그녀는 해당 주제에 전혀 관심이 없다고 말한 유일한 참가자였다. 나머지 사람들의 이야기에는 공식적인 진술과 음모론이 섞여 있었다. 다들 자신만의 이야기를 구성했기에 모든 이야기가 다 달랐다. 이는 사람들이 세상에 대한 관점과 심리적 요구에 맞게 자신만의 이야기를 구성한다는 뜻이다. 실제로 연구자들은 소위 음모론이 사람들에게 목적과 구조를 제공하고, 자존감을 보호하며, 소외된 집단에 대한 경고 시스템 역할을 하는 등 심리적인 이점이 있다고 주장해 왔다.[19]

어떤 사람들은 음모론 같은 건 애초에 거짓이라고 가정한 학자들이 심리적으로 도움이 되는 이야기, 즉 끔찍한 진실로부터 정신을 보호하는 부정의 방어 메커니즘을 만들었다고 주장할 수도 있다. 오만한 학자와 괴짜 음모론자는 둘 다 코끼리를 붙잡고 있는 은유적인 시각 장애인들이다.

잘못된 지시와 재지정

밤하늘을 현실을 덮고 있는 검은 베일에 비유한 그노시스파의 우화가 있다. 별들은 베일의 바늘구멍을 통해 비치는 진리의 빛이다. 제한된 두뇌와 불완전한 감각 지각을 가진 우리는 자신의 바늘구멍을 통해서만 현실을 볼 수 있다. '움직이는 창 기법'이라는 매우 기발한 실험 심리학 방법이 요점을 설명한다. 예를 들어, 사람들이 스크린상의 텍스트를 읽을 때 시선 추적 장치가 그들의 시선을 따라가는 동안 컴퓨터는 사람들의 초점 밖에 있는 텍스트를 전부 허튼소리로 바꿔 놓는다.[20] 참가자들은 매우 좁은 인식 창 바깥에서 텍스트가 바뀌는 걸 알아차리지 못했다. 우리는 인생을 살 때도 이 실험에서처럼 세상의 아주 작은 부분에만 집중할 수 있다. 우리에게는 모든 걸 보고, 모든 정보를 처리할 수 있는 눈이 없다.[21] 세뇌는 우리의 제한된 주의력을 지휘하거나 잘못 지휘하는 과정에서 작동한다.

마술사는 이런 방법으로 우리를 정신없게 만든다. 마술사 제이슨 데버렐은 이렇게 설명한다.

마술을 보면, 소수의 사람에게 보여주려는 무대나 클로즈업 매트가 있고 마술사는 관객이 거기에 집중하기를 바란다. 하지만 실제로는 그 공간 밖에서 일어나는 일, 관객이 보지 못하는 일이 마술을 창조한다. 대개 사람들을 한 방향으로 정렬시키는데, 그 방향에서 예상한 대로 일이 끝나지 않을 때 마법이 일어난다.

우리의 감각은 생각만큼 고정적이거나 객관적이지 않다. 우리가 가시적인 현실이라고 믿는 많은 것은 실은 우리 정신에 의해 만들어진다. 지도는 영토가 아니라는 말도 있지 않은가.

예컨대 눈의 맹점을 생각해 보자. 시신경이 망막과 만나는 부분에는 빛을 감지하는 세포가 없기 때문에 시력에 격차가 생긴다. 하지만 우리 마음은 최선의 추측을 통해 이 공백을 메운다. 예를 들어, 한쪽 눈을 감고 뜨고 있는 눈에 해당하는 문자를 아래에서 선택하자(오른쪽 눈을 뜨고 있으면 R, 왼쪽 눈을 뜨고 있으면 L 선택). 글자에 집중하면서 머리를 그쪽으로 움직인다. 그러면 결국 다른 글자는 사라지고 페이지의 색상과 질감이 뇌에 '채워지게' 된다.

R   L

우리 뇌는 이런 단편적인 파편을 기반으로 계속해서 현실을 구성한다. 현실에 대한 우리의 생각은 고정되어 있지 않으며 객관적이지도 않다. 많은 심리학 실험이 이를 증명했다. 가장 유명한 실험을 진행한 워싱턴 대학 심리학자 엘리자베스 로프터스*Elizabeth Loftus*와 존 팔머*John Palmer*가 참가자들에게 자동차 사고에 관한 영화를 보여준 후 일주일 뒤에 기억나는 내용에

대해 물어봤다.[22] 참가자들에게 깨진 유리를 보았는지 물어봤
다(그런 건 없었다). 어떤 사람들에게는 자동차끼리 '충돌'할 때 두
차가 얼마나 빨리 달리고 있었는지 물었고, 어떤 사람들에게
는 자동차들이 '박살 날' 때 얼마나 빨리 달리고 있었는지 물었
다. '충돌'이라는 표현을 들은 참가자의 경우 7퍼센트가 깨진 유
리가 기억난다고 주장한 반면, '박살 난'이라는 말을 들은 참가
자는 16퍼센트가 기억난다고 했다. 입력된 정보에 따라 기억이
실시간으로 재구성된 것이다. 오늘날 심리학자들은 이것을 '오
정보 효과'라고 부른다.

　이 말은 자신이 주의 깊게 들은 것으로 변한다는 뜻이다.
철학자 에픽테토스의 말처럼, "당신은 자신이 주의를 기울인
대상이 된다."[23]

　따라서 더 나은 방향으로 자신을 세뇌할 수 있다. 우리는
자신의 환상을 선택할 수 있다. 좋은 것, 진실한 것, 아름다운
것에 집중해서 현실 자체에 대한 인식을 바꿀 수도 있다. 트위
터 피드, 우울한 뉴스 기사, 물질주의적인 광고를 소비하는 이
들이 많은데 이것이 아마 세상에 대한 우리의 인식을 물들일
것이다. 실제로 연구에 따르면 모든 소셜 미디어 소비,[24] 뉴스
노출,[25] 광고 확산[26]은 부정적인 정신 건강 결과와 관련이 있다.

　이 책을 쓰려고 대화를 나눈 사람들의 일관된 주제는 뉴스
에서 벗어나야 한다는 것이었다. 그들 중 상당수는 뉴스 시청
을 중단했다. 팩트 체크 전문가인 월 모이는 '뉴스 기사를 덜 읽

는 것도 해결책이 될 수 있을지' 궁금해했다. "매 순간 뉴스를 접하는 건 좋지 않다고 생각한다. 우리는 충격적인 일에 계속 노출되면서 멍이 들었다."

많은 사람이 기후 변화로 인해 세상이 종말을 맞고 있다고 믿는다.[27] 하지만 사실 기상 재해로 인한 사망자 수는 1920년 대 50만 명에서 오늘날 1만 8,000명 미만으로 감소했다. 또 2022년에는 그레이트 배리어 리프*Great Barrier Reef*의 3분의 2에서 기록 시작 이래 가장 큰 산호 덮개가 기능하고 있고, 전 세계 북극곰 개체 수가 사상 최고치를 기록했다는 사실 등은 비관적인 뉴스에서 다루지 않을 것이다.[28]

조디 잭슨*Jodie Jackson*은 뉴스 리터러시 랩*News Literacy Labs*를 설립하고 『당신이 읽은 것이 곧 당신이 된다*You Are What You Read: Why Changing Your Media Diet Can Change the World*』라는 책을 썼다. 그녀는 2019년 로이터 디지털 뉴스 보고서의 통계를 인용했는데, 사람들의 46퍼센트는 뉴스가 너무 우울해서 매일 적극적으로 뉴스를 피하고 있다고 한다. 뉴스는 특정 순간에 세상에서 일어나는 최악의 일들을 보도하며 갈등, 폭력, 부패에 대한 보도를 끝없이 이어간다. "유혈이 흐르는 기사가 주목받는다"라는 말은 뉴스 작성실 내에서 부정적인 콘텐츠를 얼마나 선호하는지 보여준다. 이런 뉴스에 집중하는 것은 우리의 타고난 부정성 편향 때문이다.

언론인과 소비자 모두 부정적인 편견을 가지고 있다. 문제를 보도하고 그것에 대해 알게 되는 건 매우 가치 있는 일이다. 문제를 인식하지 않으면 거기에 맞서 바로잡을 수 없기 때문이다. 그러나 부정성 과잉은 한때 도움이 되었던 것이 이제 해가 되고, 문제는 해결되지 않은 채로 긴박함만 중요성을 띠게 되었다는 뜻이다. 우리와 음식의 관계가 어떻게 변했는지 살펴보면 이를 잘 이해할 수 있다. 예전에는 기름진 음식과 단 음식에 순응적이었다. 진화론적으로 식량이 부족해 굶주림을 견뎌야 하는 기간이 있었고, 또 신 음식은 상했을 가능성이 있다는 개념 때문에 이것은 타당한 행동이었다. 하지만 이제 달고 기름진 음식이 풍부해지면서 이런 순응 기능이 우리에게 부적합해졌다. 이는 부정 편향의 경우에도 마찬가지다. 부정적이고 선정적인 소식을 계속 접하면 우리 정신 건강에 좋지 않다. 장기간에 걸쳐 지나치게 부정적인 보도를 접하면 일반적으로 불안하고 우울하고 무기력해질 수 있다. 둔감해질 수도 있다. 뉴스가 다른 제품 같았다면 회수되거나 적어도 다른 라벨을 붙일 것이다.

조디는 미디어라는 식단에 문제 해결 방법까지 포함해서 실패만큼이나 진보에 관한 소식도 알 수 있게 해줘야 한다고 주장한다. 그러면 낙관주의와 희망이 커질 것이다. 조디는 "정보 공간을 바꾸는 것만으로도 전체 환경을 바꿀 수 있다. 효과가 정말 크다"라고 말한다.

그렇다면 뭔가 다른 걸 소비하면 어떨까? 우리가 스스로를 세뇌할 수 있다면? 뉴스보다 시를 읽는 데 집중한다면 좀 더 시적인 세계에 살 수 있지 않을까? 실제로 과학 연구를 통해 시를 읽는 게 우리의 웰빙을 향상할 수 있다는 사실이 증명되었다.[29] 어떤 이들은 긍정적인 자기 확증의 힘을 지지하다. 즉 자신이 어떤 사람인지 반복해서 말하면 그것이 자기충족적인 예언이 되는 것이다.[30] "성공할 때까지 성공한 척이라도 하라"는 말을 실천에 옮기는 것이다.

인플루언서 마케팅 대행사인 타일리파이*Tailify*에서 온라인 인플루언서들을 전문으로 하는 심리학자 앨런 그레이*Alan Gray*는 다음과 같은 심오한 사실을 지적했다.

> 인플루언서의 영향을 받지 않는 건 어렵다! 하지만 영향력이 전부 나쁜 것만은 아니다. 더 나은 방향으로 영향을 받겠다고 선택할 수 있다. 자기가 팔로우할 사람, 자기 삶에 영향을 미칠 사람을 선택할 수 있다. 예를 들어, 본인과 동일한 열정과 가치관을 지닌 사람만 팔로우할 수 있다. 즉흥적으로 사람들을 추가하거나 팔로우하기도 하지만 어쩌면 그렇게 가볍게 여기면 안 되는 일일지도 모른다. 우리는 아무 책이나 집어 들지 않는다. 이상적인 자아에 도달하기 위해 시를 읽는 것처럼 자신이 팔로우하는 사람들의 경우도 마찬가지일 수 있다.

현실에 대해 어떤 비전을 품고 있든, 그걸 바꿀 수 있다. 플라톤의 동굴 비유에 따르면 대부분의 사람은 동굴 벽에 깜박이는 불빛을 보고 춤추는 그림자가 현실이라고 믿는다. 우리 마음은 너무 작아서 동굴 밖으로 나와 광활한 진리 속으로 들어갈 수 없다. 우리가 할 수 있는 일은 하나의 동굴에서 다른 동굴로 이동하는 것뿐이다.

동굴이 마음에 들지 않는다면(어둡고 더럽고 우울하다면), 떠나는 건 어떨까? 어떤 환상 속에서 살아야만 한다면 그 환상을 직접 선택하는 건 어떨까?

규칙

■ 세상에 대한 우리의 견해는 불완전하며, 여러분과 의견이 다른 사람들은 여러분이 본인의 신념을 확신하듯 자기 신념을 확신하고 있다는 걸 알아야 한다.

■ 건강, 행복, 생산성에 도움이 되는 콘텐츠를 소비하면서 현실에 대한 인식을 통제하자.

■ 현실에 대한 자신의 인식이 어디서 비롯되는지 이해하려고 노력하고, 그 출처가 장기적으로 도움이 되는지 아니면 해가 되는지 고려하자.

18장

숲에서 내 그림자와 마주하다

패트릭

"넌 정말 실망스럽구나. 나는 널 좋아한 적이 없다."

피처럼 붉은 망토를 입고 당당하게 가슴을 내밀고 서 있던 아버지가 내게 잔인한 말을 던졌다. 나는 내 몸을 묶고 있는 덕트 테이프와 나를 붙잡고 있는 6명의 남자들과 맞서 싸우면서 깊은 내면의 공허에서 우러나오는 욕설을 비명처럼 내질렀다.

내 뒤에서는 아버지의 또 다른 버전이 날 자랑스럽게 생각한다고 말했다. 물론 그 사람은 진짜 내 아버지가 아니었다. 내 아버지가 투영된 모습을 연기하는 남자였다. 나는 숲속에 있는 남성성 회복 수련원에 와서 융이 나의 그림자라고 부른 것과 마주하고 있었다. 그것은 들것을 들고 한밤의 숲을 지나는 모습, 격렬한 창작 댄스에 빠져드는 모습, 내 성적 불안감을 고백하면서 벌거벗은 남자들 사이에서 나무 남근을 휘두르는 모습

등 다양한 내 모습을 확인할 수 있는 모험이었다. 며칠 전 아내가 부엌에 있는 화이트보드 일정표에 '컬트 집단에 들어간 패트릭'이라고 적었다. 그들은 그것을 '영웅의 여정'이라고 약간 다르게 광고했다.

하지만 영웅의 여정과 관련해 그들이 말해주지 않은 사실은 가끔 영웅이 M5 고속도로에서 90분간 교통 정체에 갇히기도 한다는 것이었다. 실제로 내가 수련원까지 가는 길에 그랬다. 오디세우스가 사이렌 때문에 발길을 멈춘 것처럼, 나는 약간 찌그러진 BMW 때문에 고귀한 탐색 길에서 주의가 산만해졌다. 이렇게 도로에 갇혀 있는 게 내 삶에 대한 적절한 비유라는 걸 깨달았다.

그곳까지 가는 데 총 5시간이 걸렸다. 마치 영화 「샤이닝 *The Shining*」에 나오는 오버룩 호텔 *Overlook Hotel*로 향하는 것처럼 깊은 숲속의 구불구불한 길을 따라 나아갔다. 경로를 확인하려고 멈춰 섰을 때, 어둠 속에서 올빼미 한 마리가 나를 향해 소리를 질렀다. 나는 집에서 멀리 떨어져 있었다.

그 수련원에서는 카풀을 하라고 적극 장려했다. 그렇게 했다면 나는 더욱더 갇힌 듯한 기분을 느꼈을 것이다(잡담에 대한 두려움이 날 구했다).

지각한 것을 당황스러워하며 정문으로 향했다. 어두운 그림자 속에서 한 남자가 나왔다. 그는 불쾌한 표정으로 내뱉었다. "몇 시에 도착한다고 말했죠? 지금 몇 시입니까? 1시간 이상 늦었어요. 저 사람 좀 봐요."

나는 검은색 옷을 입고 있는 또 다른 유머 감각 없는 인물에게 다가갔다. 이게 입회 주제였다. 가방을 들고 가다가 몇 미터마다 한 번씩 다른 남자를 만나면 가방을 다시 내려놓아야 했다. 그것은 내 자율성을 박탈하는 굴욕적인 의식이었다. 앞으로 무슨 일이 생길지 알 수가 없었다.

결국 불 꺼진 방으로 안내되었고 그곳에서 내 자아를 완전히 박탈당했다. 나는 더 이상 패트릭 페이건_Patrick Fagan_이 아니라 그들이 할당한 번호 37번이 되었다. 스마트폰, 자동차 열쇠, 세면도구, 간식 등 가장 기본적인 필수품을 제외한 모든 걸 넘겨줬다. 그들은 종교적인 물건도 벗으라고 했다. 내 모든 정체성이 몇 개의 비닐봉지와 종이봉투에 담겼다.

손목시계도, 벽시계도 없었다. 주말 내내 시간 감각이 없는 상태로 지냈다. 모든 사건이 일종의 형태 없는 블랙홀, 새벽과 황혼 사이의 중간 지대처럼 지나갔다. 직원에게 활동에 소요되는 시간을 물어볼 때마다 항상 같은 대답이 돌아왔다. "시간은 수수께끼입니다."

화장실만 한 크기의 어둡고 작은 방으로 끌려가서 바닥에 앉으라는 지시를 받았다. 그 방에 있는 35명의 다른 남자들 때문에 숨쉬기도 힘들고 앉기도 힘들었다. 나는 발끝으로 걸어 남은 자리로 갔다. 불편했지만 큰 방으로 호출되기까지 불과 몇 분밖에 걸리지 않았고, '아, 그렇게 나쁘지는 않았어'라고 생각했다.

다른 남자들도 나처럼 도착하자마자 어둡고 작은 방에 앉아 있었다. 유일한 차이점은 마지막 사람(나)이 도착할 때까지 다들 그곳에 머물러 있었다는 것이다. 일종의 투쟁 세션을 진행하는 동안 그 사실을 알게 됐다. 우리 모두 검은색 옷을 입은 남자들을 바라보며 바닥에 앉았다. 그중 한 명은 큰 막대기를 들고 있었고 말투가 부드럽지 않았다.

"마지막에 온 사람이 누구지? 37번, 일어나. 당신 행동이 이 사람들에게 어떤 결과를 가져왔다고 생각하나?"

"그들이 그 방에 앉아 나를 기다렸다고 생각하니 끔찍한 기분이 듭니다."

"그들은 어땠을 것 같은가?"

"많이 불쾌했을 것 같습니다."

"처음 도착한 사람은 누구지? 28번, 일어서. 37번에게 기분이 어땠는지 말해줘."

"거의 두 시간이나 있었습니다. 정말 끔찍했죠. 무릎이 안 좋아서 죽을 뻔했어요. 생각만 해도 지긋지긋하네요."

28번이 말했다.

"할 말 있나, 37번?"

"죄송합니다. 차가 막혀서요."

"여기서 사과는 안 돼. 28번한테 어떻게 보상할 건가?"

"음… 잘 모르겠네요. 이번 주말에 하는 활동 중 하나를 도와 드릴까요?"

"이 제안을 받아들이겠는가, 28번?"

"아니요. 그걸로는 충분하지 않습니다."

"그것 외에 뭘 제안하겠는가, 37번?"

"어… 별로 가치 있는 게 없네요. 모르겠어요… 어… 심리학에 대한 통찰을 알려드릴까요?"

"당신이 그렇게 늦게 온 것이 28번에게 어떤 메시지를 주었다고 생각하나?"

"그 사람은 중요하지 않다는 메시지?"

"28번에게 말해."

"당신은… 그런데 난 그렇게 생각하지 않는데요?"

"28번에게 말해."

"당신은 중요하지 않습니다."

"아니, 그 일이 그에게 어떤 영향을 미쳤는지 말하라고."

"당신이 중요하지 않은 사람인 것처럼 느끼게 했습니다."

"왜 사람들에게 그런 기분을 느끼게 하는 거지?"

"나도 그렇게 느끼기 때문 아닐까요?"

"어째서?"

"음, 진정으로 사랑받거나 누군가가 날 원한다고 느껴본 적이 없어서요?"

"앉아, 37번."

무슨 일이 일어났는지 잘 모르겠다. 교통 체증에 갇힌 건 내 잘못이 아니었고, 어둡고 작은 방의 상황은 내가 아니라 수련회 주최 측이 조작한 것이었다. 게다가 그곳에 있는 남자들 모두 이에 동의했다. 여기는 관타나모만 수용소가 아니다. 다들 언제든 "여긴 나한테 안 맞는 곳이네요"라고 말할 수 있다. 참가자 동의 없이 강제적으로 일을 진행하는 경우는 거의 없다.

그 시련 때문에 그나마 남아 있던 자아까지 완전히 사라졌다. 그 과정에 완전히 종속되었다. 주말 내내 하는 모든 일이 비판적인 저항을 약화하려고 고안된 것 같았다. 유일하게 먹은 음식이라고는 가끔씩 주는 견과류와 대충 자른 과일뿐이었는데, 꼭 동물원에서 양동이에 담아주는 먹이 같았다. 36명의 남자들은 모두 같은 방의 바닥에서 함께 잤다. 한 남자의 코 고는 소리 때문에 밤새 잠을 잘 수 없었다. 어느 날 밤에는 위쪽 창문에서 물이 떨어졌다. 또 다른 밤에는 새벽 3시에 화재 경보기가 울렸다. 활동 시간 외에는 참석자들끼리 대화를 나누기보다 항상 '본질적인 침묵'을 유지해야 했다. 결국 배고프고 불안하고 외롭고 피곤한 상태가 이어졌다. 이것은 정신의 장벽을 무너뜨리는 완벽한 방법이었다.

처음에는 어둡고 작은 방의 스트레스 상황 때문에 참석자들의 마음이 약해졌을 것이다. 난 늦게 도착한 덕에 약간 이점이 있었다. 차가 막히긴 했지만 도중에 버거킹 매장에도 들렀기 때문에 그들보다 배가 덜 고팠다. 저녁 의식이 시작되었을 때에도 죄책감이 가득한 배 속에 스며든 피클 맛을 여전히 느낄 수 있었다.

그날 밤에 벌어진 일들은 우리를 더욱 무너뜨리는 역할을 했다. 우리는 '인성 검사'와 비슷한 퀴즈를 풀어야 했다. "어머니가 육체적으로 유혹했다", "내 성기는 너무 작다", "난 사람을 죽인 적이 있다" 같은 문장을 제시하고 '예/아니오'를 선택하게 한 것이다. 어머니에 대한 질문이 많았는데 나의 어머니는 어릴 때 돌아가셨기 때문에 내게는 해당 사항이 없었다. 정신분석을 해보자! 우리는 낯선 사람들과 짝을 이루어 상대방의 외모에 대해 어떻게 생각하는지 말해야 했다.

잠 못 이루는 밤을 보낸 뒤, 해가 뜨기 전에 일어나 샤워를 하려고 다 같이 옷을 벗고 밖으로 나갔다. 11월이었다. 내 자아를 완전히 빼앗긴 상태라는 것을 고려하자. 잠재의식 속으로 파고들어 내 그림자를 만나기에 완벽한 심리적 조건이었다.

내가 '영웅의 여정'에서 겪은 경험은 너무 사적인 것들이어서 얘기할 수 없다. 한 번은 보라색 가운을 입고 자두 두 개(그의 고환)를 쥔 채 다른 참석자의 어머니 역할을 맡았는데, 그 참석자가 내게 괴성을 질렀다는 정도만 말해두겠다. 그는 자신의 어머니 역할을 할 사람을 고르라는 말을 듣자 주저 없이 나를 선택했다. 그건 내가 남성성 회복 수련회에서 기대했던 감정이 아니었다. 다른 남자들이 비명을 지르고 우는 모습을 보면서 난 저렇게까지 무너질 리가 없다고 생각했다. 하지만 그렇게 됐다.

그 방에는 많은 트라우마가 있었다, 많은 고통도. 나는 부성에 대해 많은 걸 배웠고, 거기서 목격한 슬픔을 내 아들에게 안겨주지 않기를 바랐다. 항상 아들의 말에 귀 기울이면서 충분히 잘하고 있다는 걸 알려주겠다고 다짐했다.

잠재의식과 싸우는 긴 하루를 보낸 뒤, 다시 옷을 벗으라는 말을 들었다. 부츠와 눈가리개는 제외여서 엄밀히 말해 나체는 아니었지만, 바지는 입는 게 어떨까? 우리는 줄을 서서 손을 잡았다. 그리고 11월의 공기 속으로 끌려나갔다. 빗방울과 모닥불 불씨가 피부에 닿았다. 이상한 소리가 날 에워싸더니 둥둥거리는 북소리 속으로 사라졌다. 마음속 깊은 곳에서 무언가가 꿈틀거렸다. 평생 사무실 업무와 넷플릭스로 조용히 진정시켜 두었던 선조들의 기억, 고대의 정신이었다.

우리는 중앙에서 깜박이는 촛불을 제외하고는 어둠에 잠겨 있는 큰 방으로 다시 돌아갔다. 내 형제들의 웃는 얼굴과 벌거벗은 몸 위에서 그림자가 춤을 췄다. 북소리가 다시 들렸다. 우리는 밤늦게까지 춤을 추고 소리를 지르고 노래를 부르고 구호를 외쳤다.

"후-라! 라! 후-라! 라! 후-라, 후-라, 후-라, 라! 라아아아아아!"

그렇게 입문식을 마쳤다.

그날 밤, 원시적이고 아직 미개발된 남성성의 힘을 느꼈다. 그것은 스파르타인, 몽골인, 윌리엄 월리스*William Wallace*(스코틀랜드의 기사이자 독립영웅)의 힘이었다. 현대 문화가 남성성을 해롭다고 하는 이유, 아버지들을 호머 심슨*Homer Simpson*처럼 묘사하는 이유, 음란물 소비와 안락함, 에스트로겐 함유 음식을 장려하는 이유를 이해했다. 남성적인 힘을 발휘하면서 형제애와 특정한 목적으로 단결된 남성은 자연의 힘이다. 어떤 통제 시스템도 이를 막을 수 없다.

다음 날 아침이 되자 다시 태어난 기분이었다. 우리는 사우나에 들어갔고, 그곳의 증기와 어둠, 유향 속에서 신의 눈을 보았다. 벌거벗은 채, 펄럭거리며 배에 닿는 텐트 덮개를 젖히고 차가운 빛 속으로 빠져나왔다. 나는 다시 태어났다. (과일이나 견과류가 없는) 즐거운 작별 파티에서 안도감과 황홀함, 그리고 형제애를 느꼈다.

그 주말을 말로 표현하는 건 불가능하다. 이런 통과의례는 경험으로만 느낄 수 있다. 입문하지 않은 사람들로서는 이해할 수 없는 상징이나 부적을 사용하는 경우가 많다. 내 침대 옆 서랍에 그때의 상징물이 들어 있다.

상쾌해지고 맑아진 기분으로 집에 돌아왔다. 새들의 노랫소리가 들렸다. 빛이 더 밝아 보이고 공기도 더 깨끗했다. 아내와도 새로운 관계를 맺게 되었다. "돈이 얼마나 들었냐고? 제값을 톡톡히 하는 경험이었다! 그만한 가치가 있었다!" 나는 아빠로서도 완전히 달라진 모습을 보였다.

숲에서 주말을 보내는 동안 당연히 이 책에서 다룬 기술들이 사용되었다. 배고프고 피곤했고, 자아를 빼앗겼고, 강렬한 상징성을 활용했다. 그러나 그것은 인류 역사 내내 통과의례에 공통적으로 적용되는 것이고, 지금은 그 경험에 감사할 따름이다. 여러분도 가끔 두뇌를 좀 씻어주는 게 좋지 않겠는가?

19장
자신을 괴롭히지 말자

조종당할 때 문제의 절반은 메시지 자체지만 나머지 문제의 절반은 여러분 자신이다. 픽업 아티스트부터 선전가에 이르기까지 설득하려는 사람은 인간의 약점, 기벽, 불안감을 이용해 한껏 다크 넛지를 한다. 세뇌당하지 않으려면 자신의 심리적 약점을 이해하고 스스로를 괴롭히는 걸 멈춰야 한다.

공포 상황

"집에 돌아왔을 때 내 옷으로 집을 더럽히고 싶지 않아 온
실에서 옷을 벗었다. 옷은 비닐봉지에 넣고 신발은 버렸다! 최
대한 온도를 높인 욕조에 앉아서 몸을 구석구석 닦았다. 욕조
에서 나왔을 때는 몸이 벌겋게 익어서 랍스터처럼 보였다."

대런이 위험한 방사선에 노출된 건지 궁금할 수도 있다.
아니면 하수처리장에 빠졌을 수도 있다. 아니다, 이런 극적인
행동은 암 검사를 받으러 지역 병원을 정기적으로 방문하면서
촉발되었다. 이 이야기의 핵심은 그가 코로나19 팬데믹 기간에
있었던 7주간의 봉쇄 조치가 끝난 뒤 집을 떠난 게 이번이 처음
이라는 것이다.[1]

마침내 용기를 내어 병원에 가기로 했지만, 그는 지나가는
사람들이 내뱉은 숨을 들이마시는 위험을 무릅쓰고 싶지 않았

기 때문에 짧은 거리를 걸어가기보다 차를 타고 가기로 했다. 도착하자마자 의례적으로 나눠주는 마스크와 장갑, 간격을 두고 떨어져 있는 의자, 감염 예방을 위해 서 있을 위치를 알려주는 바닥의 점 등이 모두 위험하다는 느낌을 더했다. 그는 자신에게 너무 가까이 다가오는 사람들에게 유난히 분노를 느꼈다.

감염, 전염병, 죽음에 대한 두려움은 정상적인 현상이라는 걸 유의해야 한다. 특히 대런은 암 환자여서 임상적으로 코로나19에 더 취약하다는 점을 고려하면 그의 두려움은 정당하다. 그러나 일부 정부와 공중보건 당국은 팬데믹을 관리하기 위해 사람들이 집에 머물기, 봉쇄, 사회적 거리두기, 마스크 착용 같은 비약물적 개입을 준수하게 하려고 의도적으로 두려움을 증폭시켰다. 이것이 최선의 의도에서 나온 조치라고 하더라도 사람들은 사실 집에 머무르는 걸 두려워했다. 이로 인해 대런의 자연스러운 두려움도 한층 심해졌다.

그는 딱 한 번 두려움에 떨며 병원에 간 것을 제외하고는 11주 동안 집 밖으로 나가지 않았다. 이런 두려움은 NHS와 정부에서 보낸 편지와 '수많은 문자 메시지'에서 비롯되었다(그의 건강 상태를 고려하면 불합리한 건 아니다). 분명히 정부는 시민들과 소통하면서 진정한 위협을 알릴 책임이 있다. 하지만 대런에게는 그런 메시지가 너무 많게 느껴졌다. 정부가 전달한 정보는 대런이 기존에 품고 있던 두려움에 부채질을 했다. 그와 아내가 집에 갇혀 있는 동안 다른 할 일이 없어서 매일 탐독했던 언론도 다음과 같은 메시지를 강화했다.

할 일이 별로 없어서 텔레비전을 자주 봤는데 쇼핑한 물건이 도착하면 소독을 하고 주방에 안전 구역을 마련해 두라는 프로그램이 많았다. 밤이면 텔레비전에서 사망자 수에 관한 속보가 나오고, 커다란 막대그래프가 '쿵, 쿵, 쿵!' 소리를 내며 우리에게 달려들었다. 어두운 전망이 끝없이 공세를 퍼부었고 바이러스에 대한 내 두려움은 하늘 끝까지 치솟았다.

그가 집에 돌아와 목욕을 한 건 자신의 몸에 묻어 있을지도 모르는 코로나19 바이러스를 제거하기 위한 것이었지만 한편으로는 통과의례, 즉 심리적 정화이기도 했다. 오디세우스가 전설적인 여정의 끝을 기념하기 위해 이타카에서 목욕했던 것처럼 대런도 그의 서사적인 여정에 대한 두려움과 노고를 상징적으로 씻어냈다.

자기 괴롭힘

정치 커뮤니케이션 선임 강사인 콜린 알렉산더 박사는 언론과 정치인들이 코로나19 관련 정보를 전달할 때 감정적 반응을 높이기 위해 언어를 신중하게 선택한다고 말했다.

공포를 조장하는 선전의 중요한 측면은 내용의 구체성이나 부정적인 용어 사용이 아니다. 선전가는 겁에 질린 사람은 합리적인 사고를 우선시할 가능성이 작고, 어떤 형태로든 잔혹 행위를 받아들일 가능성이 크다는 걸 안다. 선전의 언어는 이야기의 일부일 뿐이고 나머지는 '스스로를 괴롭히는' 것이다.

알렉산더는 예전에는 팬데믹 상황에서 자기 괴롭힘이 등장하지 않았지만 그래도 여러 분야에서 사용된 용어라는 걸 지적한다. 심리학계에서는 헤르만 로르샤흐*Hermann Rorschach*가 막연한 대상을 통해 의미를 내면화하는 과정을 연구했다. 예를 들어, 어린아이는 어둠 속에서 침실 바닥에 있는 물체를 보고 그게 괴물이라고 상상할 수 있다. 로마 철학자 세네카는 "당신이 도망치는 것들은 당신 내면에 있다. 우리는 현실보다 상상 속에서 더 많은 고통을 받는다"고 말했다.[2] 실제로 '마음속 극장에서 느끼는 두려움'이라는 제목의 심리학 논문에서는 설문 조사와 피부 전도성을 이용해 상상 속의 두려움이 실제 두려움만큼 무섭다는 걸 발견했다.[3]

인터셉트*The Intercept*의 글렌 그린월드*Glenn Greenwald*는 '기만의 기술: 차세대 온라인 비밀 작전을 위한 훈련'이라는 GCHQ(영국 정부통신본부) 문서에 나온 영향력 기술을 공개했다.[4] 이후 미국 시민자유연맹*ACLU*에서 이 문서의 전체 내용을 공유했다.[5] 여기서 설명하는 기술 중 하나는 '이야기 조각'을 사용해서 여러분이 원하는 결론으로 사람들을 이끄는 것이다. 사람들은 뭔가에 의미를 부여하려는 경향이 있다. 다시 말해, 재료를 여기저기 흩뿌려 놓으면 그것을 가지고 알아서 이야기를 만든다는 것이다. 영국 해군이 노숙자 시체에 제복을 입히고 오해의 소지가 있는 문서가 담긴 서류 가방을 그의 몸에 묶어 바다에 던졌다. 그렇게 하면 독일군이 그를 찾아서 누락된 부분을 채우며 계략에 빠질 것이라고 생각한 것이다.[6] 조작자는 여러분이 허구를 만들어서 스스로를 괴롭힐 것이라는 사실, 벽에 그림자를 비추면 여러분이 그것을 침대 밑의 괴물로 만들 것이라는 사실에 의지한다.

알렉산더는 자기 괴롭힘이 "개인의 관심을 사로잡는 게 뭔지 보여준다"고 말한다. "이는 두려움을 조장하는 선동가와 자기 주제를 상대방의 내면에 이미 존재하는 걱정거리와 연결하려고 하는 전략가의 지령에 따라 장려되는 프로세스다."[7] 무엇이 당신의 관심을 사로잡는가? 죽음에 대한 두려움, 훗날 자녀가 배척당하는 것에 대한 두려움, 외모에 대한 불안감, 외로움, 찬장 속의 괴물 등 우리 모두에게 공통된 두려움과 불안감일 수 있다. 또 충격적이거나 내면에 각인되었을 수 있는 경험에서 자기 괴롭힘이 발생하기도 한다. 우리는 인간의 공통된 심리, 유전학, 가족과 양육, 문화, 독특한 경험을 바탕으로 탄생한 심리적 청사진이다. 조작자들은 우리 관심을 끌고 행동을 통제하기 위해 우리의 심리적 맹점(정서적 지뢰)을 이용한다. 답은 우리 자신을 이해하는 데 있다.

자신의 약점을 인식하는 건 어려울 수 있다. 대런은 팬데믹 당시를 돌아보면서 자신이 그토록 두려움에 사로잡혔다는 사실에 놀랐다. 그는 스스로를 강인한 사람이라고 생각했다. 대런은 32년 동안 경찰관으로 복무했고, 그를 쓰러뜨릴 수 있는 일은 별로 없었다. 그러나 암을 비롯한 임상적 취약성 때문에 팬데믹 메시지가 시작되었을 때 그것을 심각하게 받아들일 준비가 되어 있었다. 그는 특별한 주의가 필요한 집단의 일원이었지만 그의 두려움은 위협의 규모를 넘어 확대되었고 강박적이고 오래 지속됐다. 대런의 임상적 질병이 '정서적 지뢰'가 되었고 특히 공포 메시지에 취약하게 만들었다.

광고주, 선전가, 자칭 진실의 수호자들은 감정이 어떤 역할을 하는지 안다. 그래서 팩트 체크 기업인 풀팩트는 '누가 잘못된 정보를 믿고 공유할 가능성이 큰가?'라는 브리핑 문서에서 사람들은 모두 격한 감정을 불러일으키는 정보를 공유하는 경향이 있다고 결론내렸다.[8]

대부분의 바이럴 캠페인은 동물행동학자들이 '트리거 스태킹'이라고 부르는 방식을 사용하는 경우가 많다. 즉 여러 가지 두려움을 겹겹이 쌓는 것이다.[9] 예를 들어, 2022년 4월에 나온 한 바이럴 기사에서는 코로나19가 상수도에 있는 뱀의 독 때문에 발생했다고 주장했다.[10] 이 이야기는 3가지 두려움, 즉 질병과 뱀, 그리고 반역자가 우물에 독을 푸는 것에 대한 고대인들의 두려움을 이용한 것이다.

팬데믹 기간 중에 벌어진 한 소셜 미디어 사기 사건은 두려움이 아닌 희망도 잘못된 정보 공유를 촉발할 수 있다는 걸 보여줬다. 2020년 10월 요크 출신의 한 6학년 학생이 @UKWoolworths라는 트위터 계정을 만들었다. 프로필에는 "영국인들이 가장 사랑하고… 그리워하는… 소매업체가 다시 트위터에 돌아왔습니다"라고 적혀 있었다. 이 계정은 원래 번화가에 있었던 해당 매장이 2021년에 다시 문을 열 것이라고 주장했다. 이 계정은 검증 받지 않았고 업체 웹사이트는 운영을 중단했으며 트윗에는 잘못된 철자도 포함되어 있었다. 그럼에도 불구하고 트위터의 선량한 사람들(이 책의 저자 중 한 명을 포함해)은 그 트윗에 속았고, 여러 언론 매체에서는 이를 사실이라고 보도했다. 왜 그랬을까?

그 가짜 계정이 "2020년을 버티자"라고 제안했기 때문이다. 당시는 사람들이 아직 각종 제약을 감수하고, 실제 쇼핑이 제한되고, 시내 상점이 문을 닫았던 시기였다. 희망은 조작된 감정이었고, 팬데믹 대응과 경제 퇴보로 인한 우울증과 불안감이 감정적인 지뢰 역할을 했다. 그 학생이 날카로운 통찰력을 발휘해 울워스를 택한 건 그곳의 '향수 어린 매력' 때문이었다. 결국 울워스의 픽'엔'믹스*pic 'n' mix*가 중심가로 돌아오지 않으리라는 것을 알았을 때의 실망감은 "현실의 희망은 인간의 고통을 연장하기 때문에 모든 악 중에서 최악이다"라는 니체의 말을 다시 떠올리게 했다."

호의적인 반응을 얻을 수 있는 말은 희망을 불러일으키며 정치 광고나 선전에 자주 사용된다. 누군가 '민주주의를 지키기 위해' 뭘 해야 하는지 얘기하면 필연적으로 그 사람의 말에 민주주의에 대한 자신의 희망을 투영하게 될 것이다. 도널드 트럼프의 "미국을 다시 위대하게 만들자"는 슬로건이 대표적인 예다. 버락 오바마의 '희망' 캠페인은 그의 얼굴 아래에 '희망'이라는 단어만 집어넣은 아주 단순한 표현 방식이 특징인데, 이를 통해 오직 오바마만이 미국에 희망을 가져다줄 수 있다는 생각을 전달했다.

지금까지 그렇게 해왔고, 앞으로도 그럴 의향이 있는 광고주와 지도자들은 우리 감정을 약탈한다. 1950년대의 홍보 전문가 밀러는 이렇게 경고했다. "욕망, 증오, 시기, 탐욕, 희망 또는 그가 이용해야 하는 인간의 광범위한 감정을 불러일으키려면 어느 정도 강도가 적절할까? … 여기에 관련된 근본적인 고려사항 중 하나는 인간의 성격을 조작할 권리다."¹² 그는 계속해서 이런 조작은 본질적으로 개인의 인격을 무례하게 대하는 것이라고 말했다.

선전과 설득을 기존의 열정과 선입견과 연결하면 효과가 있다. 그게 반드시 바이러스에 대한 두려움일 필요는 없다. 알렉산더는 이렇게 말했다.

여러분이 겁을 먹으면 이미 가지고 있던 두려움에 그 감정이 들러붙는다. 난 아들이 두 명 있기 때문에 아이들의 미래가 두렵다. 여러분이 돈을 두려워한다면 재정적인 미래가 두려울지도 모른다. 지금이 바로 넛지의 순간이다. 여러분은 스스로를 괴롭히도록 넛지되었다. 그래서 자기 괴롭힘에 더 취약한 것이다. 선전이 절반의 역할을 하고 청중이 나머지 절반을 수행한다.

그리고 현실을 직시하자면, 우리 모두에게 문제가 있다. 사소한 성격 결함부터 우리 마음을 약탈하는 본격적인 내면의 악마에 이르기까지, 다들 특정 유형의 메시지에 더 취약해지는 심리적 성향이 있다.
에밀리 디킨슨*Emily Dickinson*은 이렇게 썼다.

방이 있어야만 유령이 출몰하는 건 아니다.
집이 있어야 하는 것도 아니다.
어떤 물리적 공간도
머릿속의 복도를 능가하지 못한다.

감정적 지뢰

선전이 옷이라면 뇌에 그 옷을 걸 수 있는 고리가 필요할 것이다. 자신의 고리가 뭔지 아는가? 그리고 어떤 사람이 다른 사람들보다 더 취약한 이유는 무엇일까? 메시지와 미디어, 자신의 관점과 당시의 삶의 경험은 물론이고 주변 환경이나 공동체에 따라 달라질 수 있다. 보리스 존슨 영국 총리의 전 수석 고문인 도미닉 커밍스*Dominic Cummings*는 2022년 5월 12일 트위터에 "사회과학-#FBPE-트위터, 언제나 선전으로 가장 쉽게 속일 수 있는 대상, 신문에서 읽은 내용을 믿고 끊임없는 집단 사고와 히스테리에 시달린다"라고 썼다. 이것은 누군가 다른 사람의 영향을 받기 쉽고, 그 이유는 무엇인지에 대한 '비공식적인' 견해에 단서를 제공한다.

공포심에 근거한 호소의 또 다른 예로, 미국의 총기 광고는 총을 가정 보호 및 도난 경보기에 비유한다. 가장 빠르게 증가하는 구매자층은 범죄에 대한 두려움과 준비되지 않은 상태에서 일을 당할지도 모른다는 생각에 자극받은 여성들이다.[13]

여기서 요점은 조작이 개인적인 약점에 대한 피뢰침 구실을 할 때 가장 잘 작동한다는 것이다. 『권력의 법칙*The 48 Laws of Power*』이라는 유명한 책은 조작자가 되려는 사람들에게 "항상 통제 불가능한 열정과 집착을 찾으라"고 조언한다.[14]

자연계를 예로 들자면, 쥐덫에는 맛있는 치즈 조각이 놓여 있고, 아귀는 먹잇감을 유혹하는 빛을 발하며, 파리지옥에는 달콤하고 붉은 꽃잎이 있다. 그들은 모두 대상의 감정과 욕구, 즉 내면의 '유령'과 '악마'를 이용한다. 사기 연구에서는 이를 '필요와 탐욕' 원칙이라고 한다.[15] 욕망은 우리를 취약하게 만들고, 사기꾼이 우리가 원하는 게 뭔지 알면 우리를 쉽게 조종할 수 있다. 원숭이 발 이야기나 역사 전반에 걸쳐 출처가 불분명한 수많은 이야기에 나오는 것처럼 자신이 원하는 걸 조심해야 한다. 로맨스 스캠은 사람들의 욕망과 외로움을 이용한다. 가짜 모델 에이전시 사기는 패션 매장 바깥의 젊은 여성들을 유인해서 유명해지려는 그들의 소망을 이용한다. 사진 촬영 한 번만 하면 되지만, 그에 대한 대가를 지불해야 한다….

전직 다단계 마케팅 회원은 익명으로 피라미드식 판매와 유사한 원칙에 대해 설명했다.

그들은 가정 경제에 어려움을 겪는 젊은 엄마처럼 매우 취약한 집단을 먹잇감으로 삼는다. 그들은 "아이들을 베이비시터에게 맡기고 일하러 나가고 싶지는 않죠? 그건 좋은 엄마가 아니에요. 우리와 함께 일하면 집에서 아이가 첫걸음을 떼는 걸 보면서 일할 수 있습니다"라고 말하면서 사람들을 유혹한다. 그들은 죄책감을 이용한다. 하지만 여기 넘어가면 결국 전화기에 매달려서 인생을 살아가게 된다. 그 사람의 고충은 뭘까? 그들에게 위안이 되는 건 뭘까? 이것은 의도적인 전략이다. 그 사람에게 필요한 게 뭔지부터 찾는다. 뭐가 필요할까? 돈인가? 그러면서 가입비는 무료라고 말한다. 그렇게 상대방의 약점을 찾아내는 것이다.

최근 심리학 연구에서는 신체적 피해 회피, 질병 회피, 친구 사귀기, 지위 획득, 배우자 얻기, 배우자 유지, 가족 부양이라는 7가지 기본 동기를 악용할 수 있다는 사실을 확인했다.[16] 조종자가 악용하는 탐욕, 욕망, 자존심 같은 건 새로운 게 아니다. 그것을 이용해서 여러분을 노예로 만든다. 성 아우구스티누스는 사람에게는 "자기 악덕만큼이나 많은 주인이 있다"라고 말했다.[17] 실제로 또 하나의 강력한 자기 괴롭힘 도구는 시기심이다. 신체 이미지에 대한 불안감을 이용하는 건 광고에서 흔히 쓰는 기법인데, 요즘에는 특히 화장품, 보정 속옷, 성형외과 광고가 많은 소셜 미디어에서 자주 볼 수 있다.

리스테린Listerine은 한때 소독제로만 판매되었지만 회사는 입 냄새에 대한 수치심을 이용해 구강청정제와 치약으로 판매할 수 있는 기회를 찾았다. 초기 광고에서는 "입 냄새 때문에 인기가 떨어진다"라고 경고했다. 브랜드가 악용하는 이런 두려움은 여러분에게만 국한된 게 아니다. 주로 수치심, 실패, 의존성, 갈등, 위협, 소속되지 못하거나 배제되는 것, 실패, 동료 압력, 질병, 그리고 가장 큰 두려움인 죽음을 이용한다.

혼자 있는 것에 대한 두려움도 있다. 유명한 데이트 전문가 매튜 허시Matthew Hussey는 여성의 연애 생활을 개선하기 위한 강좌를 제공한다. 그의 웹사이트 주소는 howtogettheguy.com이다. 연애를 개선할 방법을 알고 싶지 않은 미혼 여성이 있을까? 그의 다양한 로맨틱 프로그램 중에는 '헌신의 매력'이라는 게 있다. 이 강좌의 티저 영상에서 허시는 사랑을 성을 짓는 것에 비유한다. 성을 지으려면 많은 작업이 필요한데, 여러분과 연인이 함께 그 작업을 수행하게 된다. 그 작업 중 일부에는 허시의 강좌를 수강하는 것도 포함된다. 성이라는 은유는 동화 속 성벽 위에 서서 팔짱을 끼고 장밋빛 노을을 바라보는 커플의 이미지를 표현할 수 있는 완벽한 기회를 제공한다. 이것은 동화책이나 영화를 통해 전 세계 어린 소녀들에게 각인된 이미지다. 따라서 여성은 작업이 끝나면 자신이 음성 해설이 설명하는 '데이트 세계의 역기능적인 위험한 상황'에 처하는 게 아니라 자연스럽게 동화 속 성에 사는 공주가 될 거라고 상상할 수 있다.

사실 이것이 허시가 제시하는 두 가지 선택 사항이다. 첫 번째 옵션은 관계의 맹점을 볼 수 없는 위험한 상황과 계속 싸우는 것이다. 두 번째 옵션은 허시가 수년간 쌓은 통찰력을 활용해서 헌신을 향한 쉬운 길을 걷는 것이다. 때맞춰서 두 번째 옵션을 선택하면 일곱 번 중 다섯 번은 성을 완성하게 될 것이다.

또 다른 데이트 및 자신감 코치인 조니 카셀*Johnny Cassell*은 해로운 연애 주기의 함정에 관한 기사를 썼다.[18] 많은 블로그 콘텐츠와 마찬가지로 이 내용도 그의 강좌를 구매하도록 유도하는 판매 홍보물로 여길 수 있지만, 한편으로는 부정적인 감정 패턴의 반복에 관한 사려 깊은 기사이기도 하다. 그는 흔하지만 유해한 사랑의 결합, 즉 '회피형'과 '전형적인' 연애 중독자에 대해 설명한다. 이런 매력은 건전한 결합을 보장하지 않는다. 안타깝게도 대부분의 사람은 자신이 지닌 무의식적인 힘을 인식하지 못한다. 우리는 사랑뿐만 아니라 트라우마 유대감에도 매력을 느낄 수 있다.

왜 이런 일이 발생할까? 자신의 감정적 지뢰에 대해 모르는 사람이 많기 때문이다. 사랑을 불안해하거나 회피하는 경향이 있다고 인정하는 사람이 얼마나 될까? 그것은 불행과 실패한 관계로 이어지는 전형적인 역학 관계의 결합이다. 카셀의 말처럼 '끔찍한 역학 관계의 완벽한 화약고'라고 할 수 있다. 자신의 감정적 지뢰가 뭔지 알면 지나친 영향으로부터 자신을 보호할 수 있을 뿐만 아니라, 자기 자신으로부터도 보호할 수 있다. 표도르 도스토옙스키*Fyodor Dostoyevsky*가 말했듯이 "세상을 이기도 싶다면 자기 자신부터 이겨야 한다."[19] 그러나 정말 중요한 질문은 어떻게 해야 자신을 '이길' 수 있느냐는 것이다.

유령 쫓아내기

때로는 자신의 약점을 알아내기 위해 다른 사람이 필요할 때도 있다. 대런은 예전의 습관과 사회적 접촉을 되찾기 시작하자 다시 정상으로 돌아간 기분이 들었다. 대런의 정신 건강이 걱정된 종양 전문의는 다시 골프를 치라고 하면서 그와 함께 골프장에도 갔다. 대런의 자기 괴롭힘이 얼마나 심각한 상태인지 알아차린 외부인이 그를 설득해 안전지대에서 벗어나게 한 것이다. 하늘은 무너지지 않았고, 개인적인 탐구 과정이 시작되었다.

임상 심리학자 나오미 머피 박사는 사이코패스로 알려진 수감자들을 위한 치료법을 고안하는 데 수년을 바쳤다. 그녀는 어떤 감정이 가장 두렵고 견디기 힘든지 솔직하게 평가해 보라고 권하며 이렇게 말했다. "우리 모두 각자 다른 지뢰를 가지고 있다. 두려움을 견디는 게 가장 어려운가? 무엇이 당신 버튼을 누르는가? 당신을 가장 두렵게 하는 건 무엇인가?"

개인적인 부분에서 머피는 어린 시절에 자주 이사를 다니면서 친구들과 계속 헤어져야 했기 때문에 자신이 거절하는 걸 힘들어한다는 것을 알았다. 그녀는 어른이 된 뒤에도 작별 인사를 나누거나 약속을 취소하는 게 어렵다. "친구가 약속을 취소하면 짜증이 나거나 속상할 수 있다. 때로 이것은 불균형한 반응이다. 그게 내 지뢰라는 걸 깨닫자 취약성을 분산시키고 그 문제를 다르게 보는 데 도움이 되었다."

머피는 문제가 되는 '지뢰'를 잘 이해하도록 도와줄 전문가가 필요하면 도식 중심 치료를 받아보라고 권한다. 사람들은 어릴 때 자기 삶과 경험을 이해하는 데 도움이 되는 도식(광범위한 구성 원리)을 개발한다. 일부 도식은 어린아이의 욕구가 제대로 충족되지 않고 몇 가지 정신건강 문제를 초래할 수도 있는 유해하거나 충격적인 어린 시절 경험을 통해 생기기도 한다. 부적응 도식은 우리가 평생에 걸쳐 계속 반복하는 자기 파괴적인 핵심 주제나 패턴으로 거부, 유기, 불신, 사회적 고립, 실패, 자기희생, 과도한 비판, 인정 추구, 처벌, 학대 등을 기반으로 생길 수 있다. 원한다면 인지 행동 치료(치료사를 통하거나 전문적인 자기계발서 이용)를 받아서 가장 일반적으로 반복되는 사고 패턴과 행동을 인식하고 극복할 수 있다.

솔로몬 왕의 이름을 딴 '솔로몬의 역설'은 우리는 다른 사람의 문제를 고민할 때 이성을 더 현명하게 활용한다고 말한다. 여러분에 대해 잘 아는 사람들에게 무엇이 여러분 스스로를 괴롭히는지 물어볼 수도 있고, 심리학 교수인 이고르 그로스만Igor Grossman의 조언을 따라 '자기 거리두기'를 실천할 수도 있다. 어떤 상황에서 한 걸음 물러나 벽에 붙은 파리의 시선으로 상황을 관찰하거나, 좀 더 나이 많고 현명해진 자신의 입장에서 문제를 설명해 보면 사색적인 태도를 취하는 데 도움이 된다.[20] 한 연구에 따르면 3인칭으로 일기를 쓰면 대인 관계 문제에 대한 현명한 추론이 크게 증가한다고 한다.[21]

개인적인 깨달음에 이르는 길은 말 그대로 깨달음으로 향하는 길을 따라가는 것일 수 있다. 승려 체링은 명상을 통해 자기 인식을 높이라고 권한다. 그렇다고 반드시 불교도가 되거나 올바른 자세로 가부좌를 틀고 있어야 하는 건 아니라고 강조한다. 언제든 차 한 잔을 마시면서 이 작업을 수행할 수 있다.

먼저 '일점 명상'을 하라고 권한다. 일정 시간 동안 하나의 대상에 꾸준히 시선을 집중하면서 평온함을 찾고 마음을 안정시키고 스트레스와 불안을 줄이는 연습이다. 체링은 불교도들은 불상에 집중할 수도 있지만 촛불이나 자연 속의 어떤 대상일 수도 있다고 말한다. 처음에는 2분 동안 타이머를 설정해 놓고, 계속 연습하면서 차차 시간을 늘려갈 수 있다. 마음이 방황하겠지만 깨달음에 이르는 길은 직선이 아니다.

체링은 일점 명상을 통해 마음이 안정되면 다음 단계인 '마음챙김 명상'으로 넘어가라고 한다.

이 명상은 언제 어디서든 할 수 있다. 먼저 자기 감정을 고려하는 것부터 시작하자. 이건 행복한 기분이야, 이건 슬픈 기분이야 하고 인식해야 한다. 다른 건 아무것도 할 필요가 없고 그냥 인식만 하면 된다. 이제 자기 몸을 생각해 보자. 몸이 어떤 느낌인가? 정수리, 이마, 코 안쪽의 느낌은 어떤가? 가슴에서는 무엇이 느껴지는가? 머리부터 발끝까지 몸 전체를 경험하자.

마음챙김 명상을 수행했으면 이제 '분석 명상'을 할 준비가 된 것이다. 마음이 안정되지 않으면 마음을 제대로 연구할 수 없다.

자기 생각과 '하위 마음'을 인식하는 방법을 배운다. 일상생활 중에 분노가 인다면 그 이유를 생각해 봐야 한다. 여러분이 다른 사람에게 화를 낸다고 해서 그 사람이 100퍼센트 나쁜 건 아니다. 그 상황의 현실을 생각하고 분노를 가라앉혀야 한다.

체링의 조언은 이를 몸소 실천하고 있는 달라이 라마의 의견과도 일치한다. 자기 행동과 태도에 영향을 미치는 생각이 무엇인지 숙고하면 내적 변화, 보다 긍정적인 마음 상태, 심리적 인식을 얻을 수 있다. 달라이 라마와 체링이 만족스럽게 여기는 방법이라면 우리도 시도해 볼 가치가 있을 것이다.

대런을 돕기에는 너무 늦었지만 체링은 지구상의 모든 인간과 관련된 현명한 조언을 몇 가지 전하고 싶어 했다.

태어난 순간부터 변화가 시작된다. 무상함은 자연스러운 것이다. 무상함은 현실이다. 사람들이 현실에 저항하면 문제가 생긴다. 예를 들어, 일단 태어났으면 언젠가는 이 세상을 떠나게 된다는 것을 알아야 한다. 그게 현실이다. 우리는 이 사실을 받아들여야 한다. 그러나 종종 사람들이 자신은 영원하고 결코 변하거나 죽지 않을 것이라고 생각하는 것을 보게 된다. 그들은 상황이 동일하게 유지되기를 원한다. 그들도 아마 자기가 죽으리라는 건 알지만 그에 대해 잘 인식하지 못하는 것 같다. 그들은 영원히 살 것처럼 행동한다.

선전은 거짓을 팔 필요가 없다. 선전은 두려움과 진실을 함께 거래한다. 대런은 심각한 위험에 처해 있었고 뚜렷한 죽음에 직면했다. 하지만 그 위험이 과장되었고, 자신의 두려움이 이용당했다는 사실에 분노했다.

> 내가 꽤 어두운 곳에 있다는 걸 깨닫고 무슨 일이 일어나고 있는지 비판적으로 분석하기 시작했다. 난 지금 분노를 느낀다. 우리를 업신여기면서 거짓말을 했다고 생각한다. 우리 지도자들은 자신들이 한 선전을 믿지 않았다. 미디어도 전반적으로 자기 역할을 하지 못했다. 공식적인 내러티브에 반대되는 의견을 표현할 권리는 무지, 어리석음, 소외의 표현이 되었다.
>
> 불행히도 나는 내 감정이 여전히 넛지 되고 영향을 받을 수 있다고 생각한다. 그것 자체가 과학이기 때문이다. 하지만 이제 그것을 인식하고 대처할 수 있는 능력이 향상되었으면 좋겠다.

자신의 욕구와 두려움, 약점을 이해하는 것은 부당한 설득에 저항하는 데 필요한 능력이다. 그러나 이는 또 가장 어려운 작업을 수행하도록 유도한다. 메시지를 이해하는 방법뿐만 아니라 자기 마음을 이해하는 방법도 배울 수 있을까?

존 밀턴John Milton의 『실낙원Paradise Lost』에서 사탄이 신에게 반역을 일으켰다가 실패한 후 지옥에 갔을 때 했던 조언을 따르자. "정신은 스스로 만드는 공간이라서 지옥이 천국이 될 수도 있고 천국이 지옥이 될 수도 있다." 이 책을 읽으면 지상 천국을 누릴 수 있다고 약속한다면 거짓 광고겠지만, 자기 내면의 악마와 맞서면 심리적인 회복력이 커지는 건 분명하다.

자본주의 사회에서 기업은 물건을 팔기 위해 광고를 계속할 것이다. 현대의 마케팅은 이익을 위해 우리의 불안감을 이용한다. 정부는 정책에 대한 국민 감정을 누그러뜨리고 전쟁을 촉진하고 선거에서 당선되기 위해 계속 선전을 퍼뜨릴 것이다. 가장 쉽게 유발되는 감정은 두려움이다. 그들은 여러분이 스스로를 괴롭히기 바란다. 아마 그들도 자신을 괴롭히고 있을 것이다. 이런 흑마술에 대한 최선의 방어는 사람들의 공통된 감정과 자기만의 특정한 약점을 제대로 인식하는 것이다.

알렉산더 교수는 "세뇌된 뇌를 되돌릴 방법은 없다. 청소를 하는 것도 불가능하다. 그냥 약간의 정리만 가능할 뿐이다"라고 말했다.

이 책도 한계가 있지만 개인의 약점, 별난 버릇, 자기 괴롭힘을 인식하도록 한다. 이를 통해 판매 패턴, 광고, 선전, 다크 넛지에 대한 저항력을 키우는 데 도움이 될 뿐만 아니라, 삶을 향상시킬 것이다. 이것은 일생일대의 여정이며, 지금 그 첫걸음을 내딛는 게 좋다.

규칙

- 여러분의 감정과 약점은 의도적으로 조작되는데 문제의 절반은 자신에게 있다는 걸 명심하자.

- 자기 성찰을 통해 충분한 깨달음을 얻지 못한다면 친구나 치료사의 관점이 필요할 수도 있다.
- 자기 인식을 강화하기 위해 명상을 시도해 보자.

20장
확실하게 지지하는 게
없으면 속아 넘어가게 된다

자신의 지도를 따르지 않으면 다른 사람이 나아
갈 방향을 대신 지시해 줄 것이다. 이를 해결하려면 인생의 혼란에 맞설
방어벽이 되어줄 가치관과 삶의 규칙을 정해야 한다. 그렇지 않으면 세
뇌자의 품에서 확실성을 찾으려고 할 것이다.

죽음에 대한 부정

여러분은 죽을 것이다. 이것은 우리 모두 마찬가지다. 이 오래된 먼지투성이 땅에서 우리가 보내는 시간은 암이나 자동차 사고, 육식성 코요테가 먼저 다가오지 않는 이상 평균 80년 정도로 제한된다. 그리고 어느 날 이 오래된 먼지투성이 암석 자체가 운석과 부딪쳐 박살 나거나, 태양에 그을리거나, 우주 수축으로 찌그러질 수도 있다.

이것은 무서운 깨달음이다. 인간의 삶은 데이비드 애튼버러의 다큐멘터리만큼 잔인하다. 어느 순간 버스에 치일 수도 있고, 바이러스에 감염되어 쓰러질 수도 있고, 기생충 때문에 쇠약해질 수도 있다. 예고 없이 이혼하거나, 해고되거나, 수치스러운 일을 당할지도 모른다. 미국 인류학자 어니스트 베커 *Ernest Becker*는 자신의 베스트셀러 『죽음의 부정 *The Denial of Death*』에서 직설적으로 이렇게 말했다. "대자연은 붉은 이와 발톱으로 자신이 창조한 것을 파괴하는 잔혹한 암캐다."[1]

『죽음의 부정』중요한 책이다. 퓰리처상을 수상했고 '공포 관리 이론'이라는 심리학 연구의 새로운 장르를 탄생시켰다.[2] 빌 클린턴은 가장 좋아하는 책 가운데 하나로 꼽기도 했다.

이 책은 사람들이 죽음에 어떻게 대처하는지에 대한 이야기다. 핵심 원리 중 하나는 인간이 이중적인 본성을 가지고 있다는 것이다. 우리는 죽어서 썩는 존재지만, 동물과 다르게 자신이 죽어가고 있음을 인식하고 그 인식에 대한 심리적 방어선을 구축할 수 있는 의식이라는 선물도 가지고 있다. 동물은 물리적인 세계에만 연결되어 있고, 자기도 모르는 새에 그것에 본능적으로 반응한다. 반면, 인간은 눈에 보이지 않는 상징과 관념의 세계와도 연결되어 있어서 물리적인 세계를 초월할 수 있다.

베커는 "인간은 말 그대로 둘로 나뉘어 있다"라고 말했다.

그는 우뚝 솟은 위엄 있는 모습으로 자연에서 튀어나오지만 결국 몇 미터 땅속으로 돌아가 영원히 썩어서 사라지는 자신의 탁월한 독특함을 인식하고 있다. … 이것이 바로 공포다. 무에서 생겨나는 것, 이름을 가지는 것, 자아의식, 깊은 내면의 감정, 삶과 자기 표현에 대한 지독한 내면의 열망, 이 모든 것이 아직 죽지 않았음을 의미한다.

베커는 자신의 몸이 통제할 수 없을 정도로 부패했다는 인간의 첫 번째 인식은 유아기의 배변을 통해 이루어지며, 따라서 이것은 무의식적으로 죽음과 연결된다고 했다. 어니스트 베커 재단은 이것이 코로나 패닉 초기에 사람들이 화장지를 집에 비축해 둔 이유일 수 있다고 말한다. 아마 그들은 죽음의 가능성을 잔혹하게 상기시키는 상황에 직면하자 죽음의 악취를 상징적으로 제거하려고 노력했을 것이다.[3]

베커 이론의 두 번째 부분은 인간은 자신의 죽음에 대한 인식에서 벗어나려고 노력한다는 것이다. 현실 세계는 끔찍하기 때문에 어떤 식으로든 망각 속에서 피난처를 찾으려는 사람들이 많다. 세상은 한없이 크고 혼란스러우며 우리가 죽을 것이라는 사실을 상기시킨다. 어떤 사람은 술과 마약에 빠져들고, 어떤 사람은 넷플릭스에 빠지고, 또 어떤 사람들은 종교, 컬트 집단, 전체주의 정권에 빠져든다. 베커는 "죽음에 대한 생각, 죽음에 대한 두려움은 다른 것과 다른 방식으로 인간이라는 동물을 괴롭힌다. 그게 인간 활동의 원동력이다"라고 말했다. 그리고 인간은 "말 그대로 사회적 게임, 심리적 속임수, 개인적인 집착으로 인해 자신을 맹목적인 망각 속으로 몰아넣는다."

끊임없이 주의를 산만하게 하는 유령이 마음을 사로잡고 있다.[4] 한 연구에서 일부 참가자가 조용히 앉아 생각에 잠기기보다 차라리 전기 충격을 받는 쪽을 택한 이유도 이 때문일지 모른다. 프랑스 철학자 블레즈 파스칼*Blaise Pascal*은 "인류의 모든

문제는 인간이 혼자 방에 조용히 앉아 있지 못하는 데서 비롯된다"고 말했다.[5]

베커의 주장을 뒷받침하는 실증적 연구가 많다. 사람들에게 죽음을 생각하게 하면(예: 묘지를 거닐게 하는 등) 고급 상품을 구매할 가능성이 커진다.[6] 구찌 같은 명품 브랜드들이 금융 위기가 닥쳤을 때 로고를 더 크게 만든 것도 이런 이유에서다.[7]

바로 여기에서 의식이 개입한다. 이는 인류에게 상징적인 세계와의 연결고리를 제공하고 우리가 애착을 느낄 수 있는 더 큰 무언가를 안겨준다. 문화적 영웅 시스템은 우주적인 특별함을 느끼게 한다. 우리는 고층 건물을 짓고, 이야기를 쓰고, 더 좋은 집을 구입하면서 그것이 우리가 죽은 뒤에도 지속하면서 어떤 의미를 안겨주리라는 희망을 품는다. 이것이 종교, 혁명, 전쟁의 원동력이다. 베커는 이를 '불멸 프로젝트 간의 싸움'이라고 표현했다.

인생이 험난한 바다라면, 우리 대부분은 어둠 속에서 혼자 표류하기보다 어떤 집단, 생활방식, 이념 같은 안전하고 큰 배에 있는 것을 선호한다. 이런 식으로 사람들은 스스로 의식하지 못하는 사이 어느 정도 세뇌되기를 바란다. 의식적으로는 자기가 주체성을 지닌 사람이라고 생각하고 싶어 하지만 말이다. 자기만의 길을 찾는다는 건 너무 위험하고 두려운 일이다. 우주는 너무 광대해서 누구도 전체적인 모습을 알 수 없다. 그래서 다들 내면에 방향을 알려주는 나침반이 있어야 한다.

공허함 채우기

결정적으로 자연은 공백을 싫어한다. 사람들 내면이 비어 있고 어떤 지도 원칙이 없다면 다른 이데올로기로 가득 찰 위험이 있다. G. K. 체스터턴이 말했듯이 "진리의 전통을 떠나는 사람들은 우리가 자유라고 부르는 곳으로 도망가지 않는다. 우리가 패션이라고 부르는 것으로 도망칠 뿐이다."[8]

현대의 정치인들이 좋은 예다. 그들의 가치관은 거의 동일하고 좌우가 제대로 분리되어 있지 않으며 최근 여론 조사나 수많은 부정적인 헤드라인에서 도망치려고 유턴을 한다. 그들은 자신이 무엇을 대표하는지 모르기 때문에 우유부단하다. 나침반 바늘이 흔들리고 진북이 어느 쪽인지 모른다.

사람들 내면이 텅 비고 유동적일 때는 쉽게 반응을 보이는데, 이것이 세뇌가 일어나는 주요 조건이다. 전통, 이데올로기, 공동체에서터 벗어난 사람들은 화합물에서 분리된 원소처럼 필사적으로 새로운 것에 묶이려고 한다. 예를 들어, 컬트 집단은 추종자들에게 불안전한 애착 스타일을 조성하려고 한다. 불안정한 사람은 반응이 빠르고 대중에게 속박될 가능성이 크다.

또 사람들은 자아의식이 약할 때 더 설득당하기 쉽다. 한 연구에 따르면 십대의 경우 자존감이 높을수록 또래의 영향을 덜 받는 것으로 나타났다.[9] 또 다른 연구에서는 자존감과 브랜드가 미치는 영향 사이에 부정적인 상관관계가 있음을 발견했다.[10] 사람들이 자신에 대해 잘 알고 확고한 자아의식이 있으면 방향과 목적을 찾기 위해 외부를 의지하지 않는 경향이 있다. 영성도 중요한 역할을 한다. 물질주의(풍부한 내면세계를 갖추기보다 물리적인 것들과 연결됨)는 또래 영향[11] 및 광고 민감성과 양의 상관관계가 있다.[12]

필립 짐바르도의 스탠포드 감옥 실험(참가자들은 임의로 정해진 죄수와 교도관 역할에 빠르게 적응했고 때로는 잔인함까지 드러냈다)에서 피험자 중 한 명인 제리-4586은 "이 연구에 참여한 사람들 대부분은 정체감과 행복감을 자신의 내면이 아닌 주변 환경을 통해 느꼈기 때문에 무너졌다. 내면에 이 모든 상황과 맞서서 버틸 수 있는 힘이 없기 때문에 압력을 견디지 못한 것이다."[13]

교도관 역할을 맡은 척의 변화를 생각해 보자. 실험을 시작할 때 척은 자신이 머리를 길게 기른 반체제주의자이자 비순응주의자라고 말했다. 그래서 언젠가 감옥에 갈 수도 있다는 생각에 죄수 역할을 하게 되기를 바랐다. 실험 첫날, 척은 죄수들이 자기를 어떻게 볼지 걱정했다. 그는 감옥에 들어가기 전에 선글라스를 쓰고 곤봉을 집어들었다. 선글라스와 곤봉이 '어떤 힘과 안정감'을 부여했기 때문이다.

5일째 되는 날, 자칭 반체제주의자인 척은 이렇게 썼다.

(그 죄수가) 간청하기도 했고 또 내가 싫어하는 사람이기도 해서 그를 지목해 특수한 학대를 가했다. 진짜 문제는 저녁 식사 때 시작되

었다. 새로운 죄수(416)가 소시지 먹는 걸 거부했다. 우리는 그를 독방에 집어넣고 양손에 소시지를 쥐고 있으라고 명령했다. 우리는 권위의 위기에 처해 있었다. 이런 반항적인 행동은 잠재적으로 다른 사람들에 대한 우리의 완전한 통제력을 약화시킨다.

척은 단 5일 만에 제복과 곤봉이라는 외부 장치를 통해 자신에게 부여된 새로운 정체성을 받아들였다. 아마 어떤 내부 원칙이 그를 보호했을 수도 있다. 그러나 교도관 중 누구도 참여를 거부하지 않았기 때문에 확실히 알기는 어렵다.

좀 더 가벼운 주제를 보자면, 연구진은 쇼핑을 할 때 미리 계획을 세우고 가면 충동 구매 가능성이 줄어든다는 사실을 발견했다.[14] 다시 말해, 내부 목표나 가치관이 외부의 영향에 어느 정도 면역력을 제공하는 것이다. 예를 들어, 카지노에 갈 때 예산과 일정이 미리 정해져 있으면 평생 모은 돈을 도박 테이블에서 날려버릴 가능성이 줄어든다는 얘기다.

내면이 텅 빈 사람은 세뇌를 위한 완벽한 그릇이다. 정신분석가 카를 융은 조직의 구성원 자격, 이념 지지 같은 집단적 정체성은 '소심한 사람을 위한 방패'[15]이고, 인생이 무의미하다고 느끼는 사람은 국가의 노예가 되기 쉽다고 했다.[16]

어둠 속을 표류하는 건 외로운 일이다. 에리히 프롬은 『사랑의 기술The Art of Loving』에서 "인간의 가장 절박한 욕구는 이런 분리성을 극복하고 고독이라는 감옥에서 벗어나는 것"이라고 했다.[17] 베커가 죽음에 대한 두려움을 인간 활동의 원동력으로 보는 것처럼 프롬도 결합에 대한 욕구를 우리 노력의 원천으로 본다. 공허함을 극복하지 못하면 난잡한 상태에 대한 충동, 무리에 대한 순응, 혹은 대인 관계나 국가와의 관계에서 사디즘이나 마조히즘 같은 건전하지 못한 공생 결합으로 이어질 수 있다.

철학자 에릭 호퍼Eric Hoffer는 대통령 훈장을 받았는데 이는 대중 운동의 심리학을 설명하려고 시도한 그의 저서『맹신자들The True Believer』덕분이었다.[18] 그가 내린 결론 중 하나는 공허한 사람들이 전체주의에 세뇌당할 위험이 가장 크다는 것이다. "사람이 자신의 탁월함을 제대로 주장하지 못할수록 본인의 국가나 종교, 인종 또는 신성한 대의의 탁월함을 주장하게 된다. … (그들은) 자신의 망가지고 무의미한 자아를 영혼을 자극하는 놀라운 공동 사업 안에 녹이고 싶어 한다."

이런 이유 때문에 대중 운동은 서로 공유가 가능하다. 사람들의 관심을 끄는 건 이데올로기가 아니라 숭고한 대의에 소속되어 대중의 익명성 속에서 안전을 추구하려는 욕구다. 호퍼는 바이마르 독일에서는 공산당이나 나치당 가입이 자의적으로 이루어졌다고 설명한다. SA 우두머리 에른스트 룀Ernst Röhm은 가장 완고한 공산주의자도 민족주의자로 만들 수 있다고 자랑했고, 카를 라데크Karl Radek는 나치 돌격대를 잠재적인 공산주의자로 여겼다.

유행

오늘날 의미, 목적, 일시적인 운동을 찾는 이들은 한 가지 '유행'에서 다른 유행으로 원활하게 이동한다. 소셜 미디어 계정에서는 유럽 국기 이모티콘이 블랙 라이브즈 매터를 상징하는 주먹 모양으로 교체되고, 이어서 마스크 이모티콘, 우크라이나 국기로 교체되는 모습을 볼 수 있다. 트렌디한 활동가들은 무슬림 국가에서 더 많은 이민자를 받자는 캠페인을 벌이다가 어느새 LGBTQ 권리를 위한 캠페인으로 넘어간다. 대의가 일관되지 않거나 나침반 바늘이 마구 흔들리는 건 중요하지 않다. 그들에게 중요한 건 강력한 집단에 속해 있다는 느낌이다.

궁극적인 공허함은 곧 제로(0)다. 0은 숫자의 자리 표시자다. 거기에는 아무것도 없다. 그것을 인간이 지향할 목표로 삼는다면 극도로 주의해야 할 필요가 있다. 이는 수학적인 측면에서 볼 때, 도덕적 가치를 죽이는 것과 동일한 개념이다. 폴 포트*Pol Pot*의 영년*Year Zero*은 캄보디아 역사의 재탄생, 처음부터 다시 시작하는 걸 의미한다고 생각했다. 이는 문자 그대로 역사의 그 시점까지 캄보디아 사회를 맡겼던 낡은 것들을 제거해야만 달성할 수 있다. 본질적으로 그것은 파괴와 망각을 의미한다. 제로를 목표로 삼는 건 아무것도 목표로 삼지 않는 것이다. 따라서 제로를 요구하는 정책의 공허함과 허무주의를 경계해야 한다. 현재 시행 중인 두 가지 대중 정책에서 제로를 추구한다는 건 무엇을 의미할까? 이 책 앞부분에서 뜨거운 논쟁을 벌이면서 논의했던 제로 코로나Zero Covid와 넷제로는 흥미롭게도 그 목표의 핵심에 아무것도 없다. 이는 오랫동안 유지되어 온 사회적·경제적·법적 가치의 역사를 제로로 만들 위험이 있다.

현재의 사회적 상황은 문화를 재설정해야 한다는 것을 나타내고 있다. 호퍼는 극심한 좌절감 때문에 세뇌당할 가능성이 가장 큰 집단을 몇 개 가려냈다. 최근에 가난해진 사람들은 좌절감과 공허함을 느끼면서 대중의 연대를 지향하는 경향이 있다. 올리버 크롬웰Oliver Cromwell의 군대를 결성하고 청교도 혁명을 주도한 건 바로 새로운 빈민 계층, 즉 지주들에 의해 자신의 밭에서 쫓겨난 농민들이었다. 히틀러가 지배하는 독일과 무솔리니의 이탈리아를 지지하는 기반을 형성한 건 몰락한 중산층이었다.

호퍼는 가족, 종교, 부족처럼 밀집된 집단에 속한 사람은 개종 운동에 대한 면역성이 높다고 주장했다. 그들은 반발점이 높다. 대중 운동이 사람들을 전환하려면 기존 집단과의 유대를 무너뜨려야 한다. 자신의 무의미한 존재를 숨길 수 있는 집단 없이 홀로 고립되어 있는 사람이 이상적인 모집 대상이다. 집단의 결속력이 약할 때는 대중 운동이 접근해서 그들을 끝장낸다. 응집력이 강한 경우에는 먼저 응집력을 약화시키려고 한다. 호퍼는 이런 이유 때문에 대중 운동은 대부분 가족 집단에게 적대적이라고 말한다.

권리가 박탈되거나 외로움을 느끼는 사람도 대중 운동에 끌어들이기에 적합할 수 있다. 이들은 삶에 견고한 기반이 없는 사람들이다. 안절부절못하고 항상 불만스러워하면서 집단 안에서만 구원을 찾는다. 또한 호퍼는 자기 유산을 보존하려는 소수 민족은 소속감과 목적의식을 느끼기 때문에 대중 운동에 휘말리지 않는 경향이 있다. 반면, 다수 문화에 동화하려고 하는 소수 민족은 고립감과 좌절감을 느끼기 때문에 대중의 힘에 매력을 느낄 가능성이 크다고 주장했다.

호퍼의 말에 따르면 창의적인 사람들도 대중 운동에 참여할 가능성이 작다. 그들은 창의적인 노력과 실질적인 성과를 통해 힘의 감각을 얻는다. 호퍼는 "현대의 수공예품 쇠퇴는 아마 좌절감을 높이고 대중 운동에 대한 개인의 민감성을 증가시키는 원인 중 하나일 것이다"라고 말했다. 뜨개질과 기차 세트에 대한 관심이 세뇌를 막지 못할 수도 있지만, 요점은 시간을 채우고 불안을 달래줄 뭔가가 있다는 것이다.

또 호퍼는 대중 운동의 가장 믿을 만한 지표는 해소되지 않는 지루함이 만연하는 것이라고 했다. 전체주의는 권태감이 심할 때 나타나며, 전체주의의 초기 지지자들은 가장 억압받는 집단이 아니라 가장 지루함을 느끼는 집단인 경우가 많다. 그들은 의미와 목적을 갈망한다.

오늘날에는 호퍼의 분석을 액면 그대로 받아들이면 문제가 생길 수 있다. 서구 전역에서 결혼율이 급격히 감소하고 있고(영국의 경우 사상 최저 수준) 출생률도 그 뒤를 따르고 있다.[19] 국립보건서비스의 태교 관련 콘텐츠에서는 어머니와 아버지가 아니라 '임신한 사람'과 '지원 파트너'에 대해 이야기한다.[20] 활동가 그룹 블랙 라이브즈 매터의 성명서는 한때 "서구식 핵가족 구조를 붕괴시키고 싶다"라는 열망을 드러냈다.[21]

어떤 곳에서는 권리를 박탈당한 정체성 집단이 문화적 내러티브를 지배되고 있어서, 야심 찬 패션 브랜드 캘빈 클라인 *Calvin Klein*은 일부 광고에서 슈퍼모델을 '임신한 남자'와 비만인으로 대체할 정도이다. 이민 증가와 그에 수반되는 다문화 정책은 국가적 연대감에 영향을 미친다. 다양한 조사에 따르면 영국에서는 종교를 믿지 않는 개인의 비율이 꾸준히 증가해서 아마 현재 영국 인구의 대다수를 차지하는 것으로 나타났다.[22] '문화 전쟁'은 단순히 논쟁적인 주제에 대한 의견 차이가 아니라, 국적 정체성이나 도덕성에 대한 우리의 불확실한 태도와 얽혀 있다.

마크 저커버그, 일론 머스크, 리처드 브랜슨 *Richard Branson* 같은 억만장자들은 모두 보편적 기본 소득(모든 사람이 정부로부터 무조건적인 수입을 보장받는 것)[23]을 지지해 왔고, 현재 샌프란시스코 같은 곳에서는 시행하고 있다.[24] 미래에는 개인의 삶에 체계와 의미를 부여하는 일과 분주함이 완전히 사라질지도 모른다. 영국의 직업 교육 기관인 시티앤 길즈 *City and Guilds*에서 실시한 놀라운 조사에 따르면 학교에 다니거나 무직 상태인 열여덟 살에서 스물네 살의 젊은이 중 9퍼센트는 일을 시작할 생각이 전혀 없는 것으로 나타났다.[25] 이는 25만 명의 젊은이가 일하지 않으면서 잠재적인 지루함을 느끼고 있다는 얘기다.

대중 형성

이런 사회 심리적 조건이 팬데믹 기간에 나타난 감정적 열정을 어느 정도 설명할 수 있을까?

사랑받는 기관인 NHS가 국가적인 종교로 변모했다. 영국인들은 NHS를 기리기 위해 매주 목요일 저녁마다 하늘을 향해 냄비와 프라이팬을 두드렸고 무지개 그래피티와 포스터가 모든 도시와 마을을 뒤덮었다. 2022년에 '대중 형성' 이론으로 입소문을 탔던 정신분석학자 마티아스 데스멧*Mattias Desmet* 교수의 말에 따르면 그렇다고 한다.

대중 형성에 사로잡힌 사람은 집단의 믿음과 거리를 두지 못하고 자신에게 중요한 모든 걸 철저하게 희생할 것이다. 그들은 반대하는 목소리를 근본적으로 용납하지 않고 결국 잔학 행위까지 저지른다. 이런 모습이 항상 관찰된다.

근본 원인은 외로움이나 주변 환경과의 단절이다. 산업화와 기계화 때문에 지난 몇 세기 동안 이런 일들이 늘어났다. 보다 합리주의적으로 삶의 관점이 대두되고 삶의 영원한 음악과의 접촉은 적어진 탓에 사람들은 더 외로워지고 고통이나 죽음과 관련된 모든 것을 두려워하게 되었다. 결국 이로 인해 대중 형성에 취약해졌고, 대중은 지도자가 통제권을 갖고 전체주의 국가를 수립하기를 바란다. 취약한 사람들은 관계가 끊어지고, 의미를 만드는 데 어려움을 겪고, 걷잡을 수 없는 불안에 시달리고, 선전에 취약하다. 이들에게는 불안을 해소할 대상이 필요하다. 이것이 집단적이고 영웅적인 전투를 만든다.

데스멧의 이론에 따르면 지난 몇 년간의 집단 히스테리는 코로나19에 대한 반응이 아니었다. 오히려 코로나19는 그 이전의 사회적 질병에 대한 피뢰침 역할을 했다. 2020년 이전에 서구 사회가 흠잡을 데 없이 만족스러웠다고 주장하는 사람은 거의 없다. 우리는 인간의 취약성에 대한 불안이 고조된 상태에서 살고 있고, 이런 불안감은 공포 문화 속에서 더 악화하고 이용당한다. 바이러스에 대한 두려움, 전체주의, 가부장제, 전쟁, 급진주의, 인종차별, 이민자, 경기 침체, 환경 재앙 등 요란한 뉴스 헤드라인에서도 이를 확인할 수 있다. 요한 계시록에 나오는 네 명의 기사가 우리 머릿속을 맴돈다. 두려움을 막으려는 헛된 시도 속에서 갈수록 세력이 약해지는 종교의 규칙과 규정은 건강과 안전, 다양성, 평등, 포용이라는 새로운 규칙으로 대체되고 있다.

데스멧은 『발견되지 않은 자아』라는 책에서 '대중 형성'이라는 용어를 만든 융을 비롯해 위대한 사상가들의 사고방식을 인용하고 따른다. 융은 산업화된 삶이 "불안정하고 위태롭고 남의 영향을 받기 쉬운 개인을 낳는다"라는 점을 걱정하면서 인간의 원자화가 고립과 불신을 만든다고 경고했다.

이런 산업화의 힘은 아직 사라지지 않았다. 사실 그건 죽음과 삶의 가치에 대한 우리 태도에서 볼 수 있듯이 기묘한 절정에 이르고 있다. 일례로 캐나다에서는 '의사 조력 사망(안락사)'에 대한 법률을 지나치게 완화한 탓에 한 캐나다 여성은 주택 수당이 충분치 않다는 이유로 안락사를 택했다.[26] 보건 전문가들은 이런 죽음을 통해 연간 1억 3,900만 캐나다달러의 세금을 절약할 수 있을 것이라고 계산했다.[27] 미국 여러 주에서는 수산화칼륨 용액이 담긴 가압 통에서 시신을 녹이는 걸 합법화했다. 남은 폐기물은 하수구로 흘려보내거나 농작물 비료로 사용할 수 있다.[28] 식물성 육류 브랜드인 움프*Oumph!*는 인육 맛이 나는 비건 버거로 칸 국제광고제에서 상을 수상했다.[29] 일론 머스크는 뉴럴링크를 통해 우리 두뇌를 인터넷과 통합하려고 노력하고 있으며,[30] 유발 노아 하라리 같은 유명한 학자들은 인간은 단지 해킹 가능한 동물일 뿐이라고 주장한다.[31]

이런 조건에서 코로나19는 연대와 구조를 간절히 원하는 많은 이들에게 신의 선물과도 같았다. 레딧의 한 논평가는 우리가 코로나 백신 접종을 통한 연대감, 백신을 맞지 않은 나쁜

사람들에게 호통치는 스릴, 선한 싸움을 벌인다는 짜릿한 기분을 얼마나 그리워했는지 설명했다.[32]

사람들이 자기 의지에 반하는 의료 시술을 받도록 강요하는 건 사전 동의에 어긋나는 것이며 다양한 반대 의견을 무시한 행동이다. 코로나 이전에는 이런 권리를 윤리적으로 박탈당했고, 코로나 기간에도 그리고 앞으로도 오랫동안 계속해서 윤리적으로 박탈당할 것이다. 원칙이 있는 사람들은 소수 집단을 희생양으로 삼아 낙인을 찍는 것을 매우 나쁜 일이라고 생각하지만 팬데믹 기간에는 유명인과 정치인, 언론, 보건 당국에 의해 이런 일이 벌어졌다. 이때는 "남이 어떻게 살든 상관하지 말자", "이웃을 사랑하라" 같은 원칙을 버린 것 같았지만, 사실 이런 원칙은 사회적 격변기에 더 중요하다. 원칙은 충동적으로 사용하거나 폐기할 수 있는 게 아니다. 원칙은 오늘날의 대중 운동에 휩쓸리지 않도록 목적과 체계, 보호를 제공한다.

자신의 목적을 찾자

노래는 여러 시대에 걸쳐 우리의 위대한 실존적 문제에 대한 답을 제공해 왔다. 노래 가사는 사랑이 전부고 사랑이 답이라고 말한다. 프롬의 말에 따르면 사랑은 인간의 존재 문제에 대한 답이다. 사랑은 육성해야 할 핵심 가치다. 세상에는 쉽게 사랑할 수 있는 것도 있고 자녀와 가족에 대한 사랑, 형제애도 있다. 그러나 자신을 사랑할 수 없다면 세상 무엇도 바람직하고 건강한 형태로 사랑할 수 없다고 주장한다. 이를 위해서는 자기 이해와 겸손이 필요하다. 사랑은 세계 종교의 중심에 있다. 바울이 고린도전서에서 말했듯이 "믿음, 소망, 사랑, 이 세 가지는 항상 있을 것인데 그중에 제일은 사랑이다."

지금껏 온전한 상태로 남아 있는 가장 오래된 음악 작품은 서기 1세기의 '세이킬로스의 비문*Seikilos Epitaph*'이다. 이것은 여성의 무덤을 표시하기 위해 사용된 고대 대리석 기둥에 새겨져 있다. 가사는 다음과 같다.

> 살아 있는 동안 빛나라
> 슬픔을 느끼지 마라
> 인생은 잠시 동안만 존재하고
> 시간은 그 대가를 요구한다.

죽음을 직시하자. 죽음은 불가피하고 항상 우리 주변에 있으니 그렇게 할 수 있다. 『성공회 기도서』에서는 "우리는 삶의 한가운데에서 죽음 속에 있다"라고 말한다. 현실의 불편함을 외면하지 말고 받아들이자. 로마 철학자 세네카는 "죽는 법을 배운 사람은 노예가 되는 법을 잊는다. 그는 모든 정치 권력의 위에 있거나 적어도 그 세력의 손이 닿지 않는 곳에 있다. 그에

게 감옥, 간수, 창살은 무슨 의미일까?"³³

세계 종교의 본질은 개인이 의미 있고 강력한 가치관을 형성하고, 사랑을 키우고, 죽음을 맞이하는 것이다. 종교적 가치 체계에는 불교의 팔정도, 이슬람의 다섯 기둥, 힌두교의 베다 야마와 니야마, '금지와 준수', 기독교 경전, 십계명 등이 포함된다. 모든 주요 종교의 전통에는 무조건적인 사랑이 포함된다. 그리고 인본주의적인 비종교 단체들은 종교처럼 가치관을 성문화하지는 않지만 중요한 가치를 설명한다.

수십억 명의 사람들에게 종교는 올바른 원칙에 따라 의미 있게 살아가는 한 가지 방법이다. 본질적으로 그들은 믿음을 통해 자기 주인을 선택했다.

수도사인 콜린 신부는 이렇게 설명했다. "순종을 통해 자유를 발견하게 된다. 예수는 하느님의 뜻에 따라 십자가에 죽음으로써 모든 사람이 생명을 얻게 했다. … 나는 사람들이 답을 원하고 영적인 삶을 원한다는 인상을 받았다. 사람들이 겪는 어려움은 헌신과 관련이 있다. 사람들은 일반적으로 불행하고 스트레스를 받으며 의미를 찾고 있는 듯하다."

카를 융도 『발견되지 않은 자아』에서 신앙의 중요성에 동의했다. "신에게 닻을 내리지 않은 사람은 자신의 힘만으로 세상의 육체적·도덕적 감언이설에 저항할 수 없다. 따라서 불가피하게 대중에게 휩쓸리지 않도록 보호해 줄 내면적이고 초월적인 경험에 대한 증거가 필요하다."

알코올 중독자 갱생회에 참석하는 사람들은 술보다 더 높은 힘에 의지한다. 그들은 자유를 포기해야만 진정으로 자유로워질 수 있다.

에릭 호퍼가 『맹신자들』에서 설명했듯이 대중 운동은 하나의 운동을 더 건전한 다른 운동으로 교체해야 중단할 수 있다. 예를 들어, 가톨릭교 덕분에 아일랜드에서 공산주의가 확산되는 것을 막을 수 있었다고 생각한다.[34] 마찬가지로 종교는 교도소 수감자들이 갱단에 빠지는 걸 막을 수 있고,[35] 취미와 직업은 알코올 중독자들이 다시 술을 마시는 것을 예방할 수 있다.[36] 바쁜 일과와 집중이 세뇌를 막는 것이다.

윌리엄 사건트는 『정신을 차지하기 위한 전쟁』에서 여호와의 증인이 제2차 세계대전 중 강제 수용소에서 심문에 가장 잘 저항한 조직 중 하나로 보고되었다고 말했다.[37] "다른 신조나 삶의 방식에 대한 열렬하고 강박적인 믿음이 개종을 막는 안전장치"라는 것이다(하지만 다른 비종교적인 일에 집중한 것 때문일 수도 있다. 게슈타포에게 투옥된 R. H. 스티븐스R. H. Stevens 대령은 어릴 때 살던 집에 있던 책과 장식품의 아주 세세한 부분까지 기억 속에서 재구성하면서 고문을 이겨냈다).

요컨대 세뇌의 거친 폭풍에 대비해 자기 몸을 안전하게 묶을 수 있는 변치 않는 자신만의 북극성을 찾아야 한다. 이것은 픽업 아티스트들이 '프레임'이라고 부르는 것인데, "그냥 친구로 지내자"가 "같이 자자고? 뭐, 정 원한다면"으로 넘어가는 지점이다. 즉 프레임을 잘 관리하면 결과를 얻을 가능성이 더 커진다. 영향력 전문가 사이먼 호튼은 이렇게 말했다. "자신을 보호하려면 강하게 보여야 한다. 사기꾼은 정신적으로나 육체적으로 눈에 띄게 강한 사람은 건드리지 않는다. 몸을 꼿꼿이 세운 자세로 당당하게 걷고, 어깨를 쫙 펴고 고개를 들고 냉정한 시선을 던지면 사기꾼이 여러분을 고를 가능성이 작아진다."

틀도 없고, 원칙도 없고, 우리를 굳건하게 지켜줄 내면의 무언가도 없으면 시대의 바람에 휩쓸릴 위험이 있다. 자신이 뭘 지지하는지 모른다면 속아 넘어갈 수 있다. 우리 사회는 의미, 가치, 목적을 상실했다. 하지만 제일 중요한 일을 먼저 해야 한다. 비행기 추락 사고가 발생하면 먼저 산소마스크부터 착용해야 하듯이 말이다. 우선 자신의 도덕률과 규칙을 확인하자. 융의 말에 따르면 "행복과 만족, 영혼의 평등, 삶의 의미는 개인만 경험할 수 있고 국가는 경험할 수 없다. 국가는 이런 독립적인 개인들의 협의체에 불과하면서도 계속해서 개인을 마비시키고 억압하겠다고 위협한다."

어니스트 베커는 신처럼 그 구멍을 메울 수 있는 건 없다고 주장했다. 우리의 개인적인 공백이 어떤 모습이든 신은 그에 맞춰서 모양을 바꾼다는 것이다.

그러나 가족, 일, 취미 등 어떤 종류의 목적이라도 없는 것보다는 낫다. 무엇이 자신에게 가장 적합한지는 자신만이 알고 있다. 그 수수께끼를 풀려고 노력하고 있다면 이미 목적 있는 삶을 향한 여정의 첫걸음을 내디딘 것이다.

의미를 찾는 것 자체에 의미가 있다.

규칙

- 쇼핑, 데이트, 정치 등 심리적으로 영향을 받기 쉬운 모든 상황
  에 대한 계획과 원칙을 만들자.

- 여러분은 무엇을 지지하는가? 자신의 원칙, 도덕, 신념, 신앙을
  결정해야 한다. 그걸 소중히 여기면서 그것이 자신을 이끌도록
  하자. 자신의 믿음이 명확하면 다른 사람들이 새로운 믿음을 강
  요하는 게 더 어려워진다.

- 이를 뒷받침하기 위해 자신의 주인을 선택해야 할 수도 있다.
  우리는 모두 무언가에 복종해야 하는데 어떤 주인은 다른 주인
  보다 건전하다.

[결론]

이 책을 쓰면서 우리 생각이 바뀌었다. 여러분도 그랬기를 바란다. 우리는 연구를 통해 조작의 규모와 영향을 더 예리하게 인식하게 되었다. 그리고 덕분에 원치 않는 영향을 덜 받게 되었다고 생각한다.

우선, 모든 곳에서 영향력을 행사하려는 시도를 볼 수 있다. 드라마 줄거리가 유독 부자연스러울 때가 있다. 여러분을 사회적으로 순응시키려는 광고의 노력을 알아차린다. 선전이 우리의 자아와 두려움, 희망에 호소한다는 사실이 더 분명해진다. 첫 번째 단계는 인식이다. 그러면 저항과 편향에 어느 정도 면역이 뒤따를 것이다.

하지만 우리는 우쭐해하지 않는다. 우리는 조작이 얼마나 쉬운지도 깨달았다. 노골적인 광고에 완전히 빠져들고, 온라인에서 성급하게 엉뚱한 버튼을 클릭하고, 우울한 상태에서 끔찍한 구매 결정을 내리고, 사생활에서 남에게 강요를 당하고, 선전 때문에 감정적으로 흥분한 적이 얼마나 많은지 떠올려 보면 당황스러울 정도다.

조작에 대해 많이 알수록 눈에 더 많이 들어온다. 조작은 우리를 위험한 상황에 빠뜨린다. 니체의 말처럼 "괴물과 싸우는 사람은 그 과정에서 자기까지 괴물이 되지 않도록 조심해야 한다. 당신이 심연을 오래 들여다보면 심연도 당신을 들여다볼 것이다."[1] 세상은 상징성과 함께 살아났다. 대화 속에는 상대에게 영향력을 행사하려는 시도가 가득하다. 온라인에서는 넛지가 폭포처럼 흐른다. 1장에서 얘기했듯이 우리가 지금 전쟁을 치르는 중인 것은 맞지만 계속해서 극도의 경계 상태를 유지하면서 살아갈 수는 없다. 그러면 삶이 지칠 것이다. 또 우리의 의사소통과 상호작용에 대해 잘 알게 되면서 새롭게 얻은 지식을 나쁜 목적으로 사용하고 싶지 않았다.

서문에서 말했듯이 조작은 새로운 게 아니다. 그러나 오늘날 기술, 소셜 미디어, AI가 마케팅 및 행동 과학과 결합하면서 그 정교함과 규모가 완전히 달라졌다. 선전은 전체주의 정권의 전유물이 아니다. 서구에서는 정부가 대중을 설득해 정책을 따르도록 하고, 반대 의견을 무력화하기 위해 대중 설득 기술을 사용한다. 정부가 협박 전술까지 사용하지는 않더라도 회유나 유인, 은밀한 커뮤니케이션 기법을 활용할 가능성이 크다.

우리는 넛지가 투명해지기를 바라지만 그렇지 않은 경우가 많다. 정부가 행동과학 활용에 관해 대중과 협의해야 한다

는 게 우리 의견이다. 우리는 기업이 이익보다 윤리를 우선시
하기를 바란다. 어둠 속에 항상 심리적 약점을 이용할 준비가
된 인물이 없으면 좋겠다. 그것은 모두 심리학으로 귀결된다.
조작하고 이용하려는 사람들은 언제나 있을 것이고, 우리의 편
견과 개인적인 약점은 항상 우리를 취약하게 만들 것이다.

완전무장을 위한 첫 번째 요소는 자신에게 작용하는 외부
영향을 식별하는 것이다. 자신을 혼란스럽고 지치고 놀라게 해
서 더 취약한 상태에 빠뜨리려고 시도하는 속임수를 의식해야
한다. 조작자는 우리의 가장 깊은 욕망과 두려움을 이용하려고
할 수 있다. 그들은 자율성의 환상을 이용해서 우리의 결정이
스스로 선택한 것처럼 느끼게 한다. 이미지는 감정을 불러일으
키고 상징은 잠재의식에 이야기를 건다. 자신을 순응시키려는
압력을 인식하고, 목소리를 내는 걸 두려워하지 말고, 자신에
게 권위를 행사하려는 사람들을 의심하자. 커다란 덩어리로 볼
때는 조작 시도가 명확하지 않을 수도 있지만, 조작은 작은 규
모로 반복해서 이루어진다.

이 책이 마음을 자유롭게 하는 두 번째 방법은 개인의 선
택 의지와 회복력을 키우라고 독려하는 것이다. 영국 시인 존
던_John Donne_은 우리는 모두 "인류에 속해 있기 때문에 어떤 이도
섬이 아니다"라고 말했다.[2] 우리는 인간성이나 자신의 본성과
분리될 수 없다. 섬이 파도에 휩쓸리지 않을 수 없듯이 우리 마
음도 완전히 자유로울 수는 없다.

우리는 각자 자기 '섬'의 주권자가 되려고 노력해야 하며, 동시에 인류라는 대륙에 대해서도 현명하게 처신해야 한다. 내 집단에서 물러나 먼저 목소리를 낼 자신이 있다면 원치 않는 영향을 물리칠 수 있다. 약간의 회의적인 태도는 건전하다. 감정이 고조되지 않고 신체적으로 부담을 느끼지 않는 상태에서 냉철한 결정을 내리는 게 현명하다. 인간의 일반적인 인지적 편견과 함께 자신의 심리적, 감정적 경향을 이해하면 남에게 착취당할 위험이 줄어든다. 그리고 중요한 건 강력한 지도 원칙과 가치관이 있으면 다른 사람의 원칙과 가치관으로 채워질 가능성이 작다는 것이다.

이 책을 집필하는 동안, 자신에게 적합한 프레임워크를 선택하기만 하면 적극적으로 영향을 받는다는 생각을 더 열린 마음으로 받아들이게 된다는 사실에 놀랐다. 이것은 대단하고 새로운 발견은 아니다. 사람들이 매주 같은 날 예배를 드리고, 자신과 같은 생각을 가진 사람들이 모인 클럽에 가입하는 것은 이 때문이다. 공동체 안에서 주변의 긍정적인 가치관 강화를 경험하면 지지와 심리적인 힘을 얻을 수 있다.

우리 앞에는 위험이 도사리고 있다. 기술은 집단정신을 장려하고 스마트 도시는 원자화와 집단 사고를 증가시켜서 집단 히스테리에 대한 민감성이 높아진다. 우리는 항상 격정, 광고, 조작자들에게 시달리고 개인과 집단의 가치를 확신하지 못하는 포스트 종교, 포스트모던 시대에 살고 있다. 그러나 희망도 있다. 우리가 이 책을 쓰는 동안 왜 어떤 사람은 조종당할 가능성이 더 큰지, 또 자신을 보호하려면 어떻게 해야 하는지 물어보는 연락을 받았다. 우리 삶이 기술로 포화하면서 디지털 디톡스 프로그램도 등장하고 있다.

기술과 과학은 빠른 속도로 발전하고 있기 때문에 이 책이 출판될 때쯤이면 일부는 시대에 뒤떨어진 내용이 될 것이다. 하지만 이것은 우리 조언을 부정하는 게 아니라 그 중요성을 입증할 것이다. 소셜 미디어를 예로 들어보자. 타임라인을 시간순으로 설정하는 것 같은 일부 기계적인 원칙이 보다 정교한 방법으로 대체되거나 심지어 폐지될 수도 있다. 누가 알 수 있겠는가? 중요한 건 소셜 미디어가 개인화되고, 정교한 조작으로 가득하고, 나쁜 행위자들이 넘쳐나는 환경이라는 사실을 인식하는 것이다. 유비무환이다. 기술이 어떻게 발전하더라도 신중하게 활용한다는 심리적 원칙이 도움이 될 것이다.

심리학 분야에서는 잘못된 정보로부터 사용자를 보호하기 위해 표면적으로 프리번킹이나 정확성 넛지를 사용한다. 하지만 목적이 수단을 정당화하는 경우가 많기 때문에 사실 이건 '올바른' 정보에 대해 마음을 누그러뜨리는 걸 의미할 수도 있다. 정부와 대기업은 공식적인 윤리적 틀에 따라 행동 과학 캠페인을 진행하지 않는다.

가장 큰 희망은 내면에 있다. 인간은 순응, 권위, 두려움의 역효과에 취약하지만 창의성, 힘, 개성의 원천이기도 하다.

우리는 인간이 단순한 유기적 알고리즘이거나 조직화된 사회적 단위라고 생각하지 않는다. 우리는 인간의 마음이 경이롭다고 믿는다. 그리고 그 마음은 자유로워야만 한다.

[감사의 말]

책을 쓰는 건 혼자 할 수 있는 일이 아니다. 이 책을 쓰는 것은 두 사람만의 노력만 있었던 건 아니었다. 다양한 방법으로 도움을 준 수많은 친절한 분께 감사 인사를 전하고 싶다.

이 책의 가능성을 믿어준 조엘 시몬스와 하퍼콜린스 출판 팀에 감사드린다. 로라의 인내심 강하고 헌신적이며 창의적인 에이전트인 블레어 파트너십의 로리 스카프에게는 말로 다 할 수 없는 신세를 졌다. 덕분에 일에 집중할 수 있었다.

변함없는 지지를 보내준 가족에게도 큰 빚을 졌다. 우리의 참을성 있는 파트너들, 도미닉과 재스민에게 진심으로 감사한다.

우리 인터뷰에 응해준 많은 분에게도 감사한다. 이 책에 이름이 직접 기재되기도 하고 익명으로 등장하기도 하지만, 우리가 누구의 얘기를 하는지 본인들은 알 것이다. 여러분의 전문 지식과 관대함 덕분에 이 책이 완성되었다.

마지막으로, 우리 아이디어를 공유할 수 있는 기회를 준 독자 여러분께 감사드린다. 여러분의 마음은 정말 놀랍다. 그걸 자유롭게 해주자.

미주

서문

1. Packard, V. The Hidden Persuaders, Penguin Books, 1957.
2. Bernays, Edward L. Propaganda, New York, H. Liveright, 1928.
3. Hubert, Antoine. 'Why we need to give insects the role they deserve in our food systems', World Economic Forum (12 July 2021); https://www.weforum.org/agenda/2021/07/why-we-need-to-give-insects-the-role-they-deserve-in-our-food-systems/
4. Winchester, Nicole. 'Net zero and behaviour change', House of Lords Library (14 October 2022); https://lordslibrary.parliament.uk/net-zero-and-behaviour-change/
5. Bedard, Paul. 'Out-of-touch media ignore top 10 voting issues to push climate, LGBT, Jan. 6 agenda', Washington Examiner (14 September 2022); https://www.washingtonexaminer.com/news/washington-secrets/out-of-touch-media-ignores-top-10-voting-issues-to-push-climate-lgbt-jan-6-agenda
6. Browing, Christopher. Ordinary Men: Reserve Police Battalion 101 and the Final Solution in Poland, New York, HarperCollins,1992.
7. Solzhenitsyn, Alexander. The Gulag Archipelago, 1918-1956 - Volume 1: An Experiment in Literary Investigation, Harper Perennial, 2007.
8. Jung, Carl Gustav. Collected Works of C. G. Jung - Volume 18:The Symbolic Life: Miscellaneous Writings, Princeton University Press, 2014.

1장 우리 뇌는 전쟁터다

1. Brownlie, I. 'Interrogation in depth: The Compton and Parker reports', The Modern Law Review, 35(5) (1972), pp. 501-7.
2. Solzhenitsyn, Alexander. The Gulag Archipelago, Vol. 2, London, Collins, 1975.
3. Statement from Abu Zubaydah's testimony to the ICRC (the International Committee of the Red Cross), as reported in 'Experimenting with Torture', ACLU (American Civil Liberties Union), 16 October 2009.
4. Dehner, M. M. 'Can the use of enhanced interrogation techniques ever be justified during counter insurgency operations?', Ad Securitatem, 84 (2015).
5. Marks, D. F. 'American psychologists, the Central Intelligence Agency, and enhanced interrogation', Health Psychology Open, 5(2) (2018).
6. 'MK-Ultra', CBC, 1980.
7. 'Harvard and the Making of the Unabomber', The Atlantic, June 2020.
8. Sargant, William. Battle for the Mind: A Physiology of Conversion and Brainwashing, Greenwood Press, 1975.
9. Buss, D. M. 'Manipulation in close relationships: Five personality factors in interactional context', Journal of Personality, 60(2) (1992), pp. 477-99.
10. 'How to break through content clutter', Seismic, October 2015.
11. 'How Many Ads Do You See in One Day?', Red Crow Marketing Inc., 10 September 2015;

https://www.redcrowmarketing.com/2015/09/10/many-ads-see-one-day/

12. https://www.thedrum.com/news/2023/05/03/how-many-ads-do-we-really-see-day-spoiler-it-s-not-10000

13. Hilbert, M. 'How much information is there in the "information society"?', Significance, 9(4) (2012), pp. 8-12.

14. 'Study reveals we read the equivalent of 174 newspapers a day', Red Drum Marketing, February 2011.

15. Stanovich, K. E. 'Why humans are cognitive misers and what it means for the Great Rationality Debate', Routledge Handbook of Bounded Rationality, Routledge, 2021, pp. 196-206.

16. Wilson, T. D. Strangers to Ourselves, Harvard University Press, 2004.

17. Hyman Jr, I. E., Boss, S. M., Wise, B. M., McKenzie, K. E. and Caggiano, J. M. 'Did you see the unicycling clown? Inattentional blindness while walking and talking on a cell phone', Applied Cognitive Psychology, 24(5) (2010), pp. 597-607.

18. Phillips, D. P. 'The influence of suggestion on suicide: Substantive and theoretical implications of the Werther effect', American Sociological Review (1974), pp. 340-54.

19. 'Corona beer sales soared by 40 percent in 2020 despite Covid association', iNews, December 2020.

20. 'Read Yuval Harari's blistering warning to Davos in full', World Economic Forum, 24 January 2020; https://www.weforum.org/agenda/2020/01/yuval-hararis-warning-davos-speech-future-predications/

21. 'Adults spend almost 10 hours per day with the media, but note only 150 ads', Media Dynamics Incorporated, September 2014.

22. Sharp, B. and Romaniuk, J. How Brands Grow, Oxford University Press, 2016.

23. 'Nielsen confirms £164 million government ad spend for 2020', The Media Leader, March 2021.

24. 'A speech by HRH The Prince of Wales at the Opening Ceremony of COP26, Glasgow', 1 November 2021; https://www.google.com/search?client=safari& rls=en& q=www.princeofwales.gov.uk% 2Fspeech% 2Fspeech-hrh-prince-wales-opening-ceremony- cop26-glasgow& ie=UTF-8& oe=UTF-8#fpstate=ive& vld=cid:66e 85d8d,vid:kCSWSpRaXfM

25. Foster, Caitlin. 'The unbelievable story of a Japanese soldier who hid in a jungle cave for 27 years until he was found in 1972', Business Insider, 2 January 2019; https://www.businessinsider.com/the-story-of-a-japanese-soldier-who-hid-in-a-jungle-cave-for-27-years-2019-1

26. Baumeister, R. F., Masicampo, E. J. and Vohs, K. D. 'Do conscious thoughts cause behavior?', Annual Review of Psychology, 62 (2011), pp. 331-61.

27. Sun Tzu. The Art of War. Translated by Jonathan Clements. Macmillan Collector's Library, 2017.

28. Drake, K. E., Sheffield, D. and Shingler, D. 'The relationship between adult romantic attachment anxiety, negative life events, and compliance', Personality and Individual Differences, 50(5) (2011), pp. 742-6.

29. Zuwerink Jacks, J. and Cameron, K. A. 'Strategies for resisting persuasion', Basic and Applied Social Psychology, 25(2) (2003), pp. 145-61.

30. Milling, L. S., Miller, D. S., Newsome, D. L. and Necrason, E. S. 'Hypnotic responding and the five factor personality model: Hypnotic analgesia and openness to experience', Journal of Research in Personality, 47(1) (2013), pp. 128-31.

31. Liebman, Julie I., McKinley-Pace, Marcia J., Leonard, Anne Marie, Sheesley, Laura A.,

Gallant, Casey L., Renkey, Mary E. and Lehman, Elyse Brauch. 'Cognitive and psychosocial correlates of adults' eyewitness accuracy and suggestibility', Personality and Individual Differences, 33(1) (2002), pp. 49-66.

32. Alexander, D. A. and Klein, S. 'Kidnapping and hostage-taking: A review of effects, coping and resilience', Journal of the Royal Society of Medicine, 102(1) (2009), pp. 16-21.

33. Frankl, Viktor. Man's Search for Meaning, Simon & Schuster, 1985.

2장 당신의 입장을 고수하라

1. Morthland, John. 'A plague of pigs in Texas', Smithsonian Magazine, January 2011; https://www.smithsonianmag.com/science-nature/a-plague-of-pigs-in-texas-73769069/

2. Marino, L. and Colvin, C. M. 'Thinking pigs: A comparative review of cognition, emotion, and personality in Sus domesticus', International Journal of Comparative Psychology (2015).

3. 'Pigs are hard', California Potbellied Pig Association, Inc; http://www.cppa4pigs.org/pigs-are-hard.html

4. 'Capture success matrix', Jager Pro Hog Control Systems, 2 November 2017; https://jager-pro.com/capture-success-matrix/

5. 'WILD HOG CONTROL | JAGER PRO™ TV Show | SOUNDER TRAPPING SUCCESS', YouTube, 20 October 2021; https://www.youtube.com/KDvpXL4iYwU

6. 'HUNGARY: Salami tactics', TIME, 2 April 1952; https://content.time.com/time/subscriber/article/0,33009,857130,00.html

7. '102-000 Brief history of income tax', Croner-I Navigate; https://library.croneri.co.uk/cch_uk/btr/102-000

8. Welsh, D. T., Ordóñez, L. D., Snyder, D. G. and Christian, M. S. 'The slippery slope: How small ethical transgressions pave the way for larger future transgressions', Journal of Applied Psychology, 100(1) (2015), p. 114.

9. Diver, Tony. 'Coronavirus: Boris Johnson announces three-week UK lockdown', Telegraph, 2 March 2020; https://www.telegraph.co.uk/global-health/science-and-disease/coronavirus-latest-lockdown-panic-buying-news-cases-nhs/

10. Johnston, John. 'Eleven times the government has ruled out vaccine passports as they now say they're "considering" them', Politics Home, 2 February 2021; https://www.politicshome.com/news/article/coronavirus-vaccine-passports- government-denial

11. Wood, Poppy. 'Nadhim Zahawi refuses to rule out vaccine passports for pubs later in the year', City A.M., 2 April 2021; https://www.cityam.com/nadhim-zahawi-refuses-to-rule-out-vaccine-passports-for-pubs-later-in-the-year/

12. Barnett, Sophie. 'Vaccine passports for nightclubs and large venues come into force in England', LBC, 2 December 2021; https://www.lbc.co.uk/hot-topics/coronavirus/covid-vaccine-passports-legal-nightclubs-england/

13. Freedman, J. L. and Fraser, S. C. 'Compliance without pressure: The foot-in-the-door technique', Journal of Personality and Social Psychology, 4(2) (1966), p. 195.

14. Halpern, D. and Mason, D. 'Radical incrementalism', Evaluation, 21(2) (2015), pp. 143-9.

15. The Behavioural Insights Team website, 'Who we are' section.

16. Pandelaere, M., Briers, B., Dewitte, S. and Warlop, L. 'Better think before agreeing twice: Mere agreement - a similarity-based persuasion mechanism', International Journal of Re-

search in Marketing, 27(2) (2010), pp. 133-41.

17. Wayne, Corey. 'Seduction: 2 Steps Forward, 1 Step Back', UnderstandingRelationships. com, 20 April 2022; https:// understandingrelationships. com/seduction-2-steps-forward-1-step-back/72760

18. Cialdini, R. B., Vincent, J. E., Lewis, S. K., Catalan, J., Wheeler, D. and Darby, B. L. 'Reciprocal concessions procedure for inducing compliance: The door-in-the-face technique', Journal of Personality and Social Psychology, 31(2) (1975), p. 206.

19. Grow, Cory. 'Motley Crue on "Girls, Girls, Girls" at 30: "It Was Like 'Caligula'"', Rolling Stone, 2 August 2017; https://www. rollingstone. com/music/music-features/motley-crue-on-girls-girls-girls-at-30-it-was-like-caligula-121895/

20. Mayer, Milton. They Thought They Were Free: The Germans, 1933-45, University of Chicago Press, 1955.

21. Milgram, S. 'The dilemma of obedience', The Phi Delta Kappan, 55(9) (1974), pp. 603-6.

22. Liebling, Alison. 'The abuse lurking in our institutions', British Psychological Society, 2 August 2016; https://www. bps. org. uk/psychologist/abuse-lurking-our-institutions

23. Fransen, M. L., Smit, E. G. and Verlegh, P. W. 'Strategies and motives for resistance to persuasion: An integrative framework', Frontiers in Psychology, 6 (2015), p. 1201.

24. Street, C. N. and Masip, J. 'The source of the truth bias: Heuristic processing?', Scandinavian Journal of Psychology, 56(3) (2015), pp. 254-63.

25. Wegner, D. M. 'Ironic processes of mental control', Psychological Review, 101(1) (1994), p. 34.

26. Zajonc, R. B. 'Attitudinal effects of mere exposure', Journal of Personality and Social Psychology, 9(2; Part 2) (1968), p. 1.

27. Hassan, A. and Barber, S. J. 'The effects of repetition frequency on the illusory truth effect', Cognitive Research: Principles and Implications, 6(1) (2021), pp. 1-12.

28. Havel, Václav. The Power of the Powerless, M. E. Sharpe, 1985.

29. de La Boétie, Étienne. The Discourse on Voluntary Servitude, 1577. Translated by H. Kurz. New York, Columbia University Press, 1942.

30. Sargant, William. Battle for the Mind: A Physiology of Conversion and Brainwashing, Greenwood Press, 1975.

31. Duane, James. You Have the Right to Remain Innocent, Little A, 2016.

3장 면역력을 얻자

1. Andrews, James. 'Pickpocket hotspots', Money. co. uk, 2 July 2022; https://www. money. co. uk/travel/pickpocket-hotspots

2. Jackson, Katie. 'Don't Let It Happen to You! How to Avoid My $4,000 Mistake', Fodor's Travel, 2 March 2022; https://www. fodors. com/world/europe/france/experiences/news/dont-let-it-happen-to-you-how-to-avoid-my-4000-mistake

3. Durney, Ellen. '2 People Have Finally Been Charged In Connection With Kim Kardashian's 2016 Paris Robbery, Which Entirely Changed How She Navigates Her Public Image', Buzzfeed News, 2 November 2021; https://www. buzzfeednews. com/article/ellendurney/12-people-charged-after-kim-kardashian-paris-robbery

4. Asch, Solomon E. Social Psychology, New York, Prentice-Hall, 1952.

5. Friestad, M. and Wright, P. 'The persuasion knowledge model: How people cope with persuasion attempts', Journal of Consumer Research, 21(1) (1994), pp. 1-31.

6. Fransen, M. L., Verlegh, P. W., Kirmani, A. and Smit, E. G. 'A typology of consumer strategies for resisting advertising, and a review of mechanisms for countering them', International Journal of Advertising, 34(1) (2015), pp. 6-16.

7. 'Redesigning online banking environments to reduce fraud', The Behaviouralist; https://the-behaviouralist. com/portfolio-item/open- banking/

8. Jefferson, Thomas. Letter to Du Pont de Nemours, 2 April 1816.

9. Etcheverry, J. (ed.). Ideas Magicas: Principio de Cobertura, Madrid, Ediciones Paginas, 2000. Translated by G. Kuhn et al., 2014.

10. Svalebjørg, M., Øhrn, H. and Ekroll, V. 'The illusion of absence in magic tricks', i-Perception, 11(3) (2020).

11. Chabris, C. and Simons, D. The Invisible Gorilla: How Our Intuitions Deceive Us, Harmony, 2011.

12. Drew, T., Võ, M. L. H. and Wolfe, J. M. 'The invisible gorilla strikes again: Sustained inattentional blindness in expert observers', Psychological Science, 24(9) (2013), pp. 1848-53.

13. Drake, K. E., Sheffield, D. and Shingler, D. 'The relationship between adult romantic attachment anxiety, negative life events, and compliance', Personality and Individual Differences, 50(5) (2011), pp. 742-6.

14. Cialdini, Robert. Influence: The Psychology of Persuasion, revised edition, New York, William Morrow, 2006.

15. 'Watch: Diners flee restaurant as runners get mistaken for robbers', Indian Express, 2 September 2022; https:// indianexpress. com/article/trending/trending-globally/diners-flee-restaurant-as-runners-get-mistaken-for-robbers-8174489/

16. Milgram, S., Bickman, L. and Berkowitz, L. 'Note on the drawing power of crowds of different size', Journal of Personality and Social Psychology, 13(2) (1969), p. 79.

17. Morton, R. B., Muller, D., Page, L. and Torgler, B. 'Exit polls, turnout, and bandwagon voting: Evidence from a natural experiment', European Economic Review, 77 (2015), pp. 65-81.

18. Ionescu, R. and Radulescu, I. 'Behavioral finance and the fast evolving world of fintech', Economic Insights - Trends and Challenges, VIII(LXXI) (2019).

19. Worchel, S., Lee, J. and Adewole, A. 'Effects of supply and demand on ratings of object value', Journal of Personality and Social Psychology, 32(5) (1975), p. 906.

20. Free, C. J., Hoile, E., Knight, R., Robertson, S. and Devries, K. M. 'Do messages of scarcity increase trial recruitment?', Contemporary Clinical Trials, 32(1) (2011), pp. 36-9.

21. Simmonds, Ellie. '99. 5% of Black Friday "deals" cheaper or the same price at other times of the year', Which?, 2 November 2021.

22. Evans, Natalie. 'Serious shopping: Black Friday deaths and disasters show how far some people will go for a bargain', Mirror, 2 November 2021; https://www. mirror. co. uk/news/weird-news/black-friday-deaths-and-disasters-show-1452562

23. Mazzella, R. and Feingold, A. 'The effects of physical attractiveness, race, socioeconomic status, and gender of defendants and victims on judgments of mock jurors: A meta- analysis 1', Journal of Applied Social Psychology, 24(15) (1994), pp. 1315-38.

24. Hamermesh, D. S. and Biddle, J. 'Beauty and the labor market', NBER Working Paper Series 4518 (1993).

25. Casserly, Meghan. 'Beyoncé's $50 million Pepsi deal takes creative cues from Jay Z', Forbes, 10 December 2012; https://www.forbes.com/sites/meghancasserly/2012/12/10/beyonce-knowles-50-million-pepsi-deal-takes-creative-cues-from-jay-z/

26. Tanner, R. J. and Maeng, A. 'A tiger and a president: Imperceptible celebrity facial cues influence trust and preference', Journal of Consumer Research, 39(4) (2012), pp. 769-83.

27. Kelly, Jack. 'Thousand-dollar cash payments and a TikTok "influencer army" are part of the campaign to get people vaccinated', Forbes, 2 August 2021; https://www.forbes.com/sites/jackkelly/2021/08/04/thousand-dollar-cash-payments-and-tiktok-influencer-army-are-part-of-the-campaign-to-get-people-vaccinated/?sh=2c76059f4684

28. Schino, G. and Aureli, F. 'The relative roles of kinship and reciprocity in explaining primate altruism', Ecology Letters, 13(1) (2010), pp. 45-50.

29. LeBas, N. R., Hockham, L. R. and Ritchie, M. G. 'Sexual selection in the gift-giving dance fly, Rhamphomyia sulcata, favors small males carrying small gifts', Evolution, 58(8) (2004), pp. 1763-72.

30. Nazir, Sahar. 'Valentine's Day spend set to disappoint, new research finds', Retail Gazette, 12 February 2020; https://www.retailgazette.co.uk/blog/2020/02/valentines-day-spend-set-disappoint-new-research-finds/

31. Cracknell, R., Uberoi, E. and Burton, M. 'UK election statistics: 1918-2022 – A century of elections', House of Commons Library, 5 December 2022; https://commonslibrary.parliament.uk/research-briefings/cbp-7529/

32. Nunes, J. C. and Drèze, X. 'The endowed progress effect: How artificial advancement increases effort', Journal of Consumer Research, 32(4) (2006), pp. 504-12.

33. Milgram, S. 'The dilemma of obedience', The Phi Delta Kappan, 55(9) (1974), pp. 603-6.

34. Levine, B. A., Moss, K. C., Ramsey, P. H. and Fleishman, R. A. 'Patient compliance with advice as a function of communicator expertise', The Journal of Social Psychology, 104(2) (1978), pp. 309-10.

35. Thaler, Richard and Sunstein, Cass. Nudge: Improving Decisions about Health, Wealth and Happiness, Penguin, 2009.

36. 'Online choice architecture: How digital design can harm competition and consumers', Competition and Markets Authority, 2 April 2022; https://www.gov.uk/government/publications/online-choice-architecture-how-digital-design-can-harm-competition-and-consumers

37. Filou, Emilie and Hawkins, Amy. 'Edible insects and lab-grown meat are on the menu', The Economist, 2 November 2020; https://www.economist.com/the-world-ahead/2020/11/17/edible-insects-and-lab-grown-meat-are-on-the-menu

38. Van Huis, A., Halloran, A., Van Itterbeeck, J., Klunder, H. and Vantomme, P. 'How many people on our planet eat insects: 2 billion?', Journal of Insects as Food and Feed, 8(1) (2022), pp. 1-4.

39. Engström, Anders. 'The top 5 list of celebrities endorsing edible insects', Bug Burger, 2 February 2021; https://www.bugburger.se/attityder/the-top-5-list-of-celebrities-endorsing-edible-insects/

40. Wentworth, India. 'Great British Bake Off: East Sussex baker uses insects in Halloween special', Sussex World, 2 October 2022; https://www.sussexexpress.co.uk/arts-and-culture/film-and-tv/great-british-bake-off-east-sussex-baker-uses-insects-in-halloween-special-3885297

41. Beans, C. 'How to convince people to eat insects', Proceedings of the National Academy of

Sciences, 119(46) (2022), e2217537119.

42. Hassan, A. and Barber, S. J. 'The effects of repetition frequency on the illusory truth effect', Cognitive Research: Principles and Implications, 6(1) (2021), pp. 1-12.

43. 'Edible insects and plant-based proteins to be the subject of classroom debates', Cardiff University, 2 May 2022; https://www.cardiff.ac.uk/news/view/2627488-edible-insects-and-plant-based-proteins-to-be-the-subject-of-classroom-debates

44. 'Net Zero: Principles for successful behaviour change initiatives – key principles from past government-led behaviour change and public engagement initiatives', BEIS Research Paper Number 2021/063, October 2021.

45. Dolan, P., Hallsworth, M., Halpern, D., King, D. and Vlaev, I. 'MINDSPACE Influencing behaviour through public policy', Cabinet Office, Institute for Government (2010).

46. 'Optimising Vaccination roll out – dos and don'ts for all messaging, documents and "communications" in the widest sense', NHS England and Improvement Unit, December 2020. http://www.doctoryourself.com/NHS%20Propaganda%20Vax.pdf

47. Alford, Justine. 'Star-studded video campaign launched to address COVID-19 vaccine concerns', Imperial College London, 2 May 2021; https://www.imperial.ac.uk/news/220433/star-studded-video-campaign-launched-address-covid-19/

48. Dodsworth, L. A State of Fear: How the UK Government Weaponised Fear During the Covid-19 Pandemic, London, Pinter & Martin, 2021.

49. 'HOW SLOVAKIA TESTED ITS WHOLE POPULATION FOR COVID-19', Behavioural Insights Team, 2 November 2020; https://www.bi.team/wp-content/uploads/2020/11/Slovakia-COVID-19-Population-Testing-Report.pdf

50. Toffler, A. and Toffler, H. War and Anti-war: Survival at the Dawn of the 21st Century, Boston, Little, Brown, 1993.

51. Freud, Sigmund. The Penguin Freud Library, Vol. 12: Civilization, Society and Religion: Group Psychology, Civilization and Its Discontents and Other Works, Penguin, 1991.

52. Hitchens, Christopher. 'The narcissism of the small difference', Slate, 2 June 2010; https://slate.com/news-and-politics/2010/06/in-ethno-national-conflicts-it-really-is-the-little-things-that-tick-people-off.html

53. 'SICK & TWISTED: Russia accused of bombing NURSERY as pictures show it "surrounded by bodies" in strikes that killed child & four others', Sun, 2 February 2020; https://www.thesun.co.uk/news/17772443/russia-bombed-nursery-kindergarten-bodies/

54. Don, Gav. 'Nursery school bombing photographs look like a false flag attack – by Ukraine', bne IntelliNews, 2 February 2022; https://intellinews.com/nursery-school-bombing-photographs-look-like-a-false-flag-attack-by-ukraine-235517/

55. Zitser, Joshua. 'Hillary Clinton likened Donald Trump's Ohio rally to Adolf Hitler speeches, report says', Business Insider, 2 September 2022; https://www.businessinsider.com/hillary-clinton-compares-trumps-ohio-rally-hitler-events-fox-news-2022-9?r=US&IR=T

56. 'Pelosi says Trump will be "fumigated out" if he refuses to leave after White House loss', Reuters, 20 July 2020; https://www.reuters.com/article/us-usa-election-pelosi-idUSKCN24L2DP

57. English, Rebecca and Pickles, Kate. '"Think about others rather than yourselves": The Queen makes plea over vaccine take-up as she says jab "didn't hurt at all" when she had it and suggests those refusing it are selfish', Daily Mail, 2 February 2021; https://www.dailymail.co.uk/news/article-9301373/Queen-intervenes-vaccine-rollout-encourage-Britons-jabbed.html

58. William, Helen. 'Getting Covid-19 jab is a moral issue, Archbishop of Canterbury says', Independent, 2 December 2021; https://www.independent.co.uk/news/health/justin-welby-archbishop-canterbury-vaccine-moral-b1980400.html

59. Gragg, D. 'A multi-level defense against social engineering', SANS Reading Room, 13 (2003), pp. 1-21.

60. Dewey, John. How We Think, Dover Publications Inc., 2003.

61. Brunt, B. A. 'Models, measurement, and strategies in developing critical-thinking skills', The Journal of Continuing Education in Nursing, 36(6) (2005), pp. 255-62.

62. Janssen, L., Fennis, B. M. and Pruyn, A. T. H. 'Forewarned is forearmed: Conserving self-control strength to resist social influence', Journal of Experimental Social Psychology, 46(6) (2010), pp. 911-21.

63. McGuire W. J. 'The effectiveness of supportive and refutational defenses in immunizing and restoring beliefs against persuasion', Sociometry, 24(2) (1961), pp. 184-97.

64. Traberg, C. S., Roozenbeek, J. and van der Linden, S. 'Psychological inoculation against misinformation: Current evidence and future directions', The Annals of the American Academy of Political and Social Science, 700(1) (2022), pp. 136-51.

65. Ravan, S., De Groeve, T., Mani, L., Bjorgo, E., Moissl, R., Roncero, J. M. and Kofler, R. 'When It strikes, are we ready? Lessons identified at the 7th Planetary Defense Conference in preparing for a near-Earth object impact scenario', International Journal of Disaster Risk Science, 13(1) (2022), pp. 151-9.

66. Van der Linden, S., Leiserowitz, A., Rosenthal, S. and Maibach, E. 'Inoculating the public against misinformation about climate change', Global Challenges, 1(2) (2017), 1600008.

67. Neimeyer, G. J., Taylor, J. M. and Rozensky, R. H. 'The diminishing durability of knowledge in professional psychology: A Delphi poll of specialties and proficiencies', Professional Psychology: Research and Practice, 43(4) (2012), p. 364.

68. Duarte, J. L., Crawford, J. T., Stern, C., Haidt, J., Jussim, L. and Tetlock, P. E. 'Political diversity will improve social psychological science', Behavioral and Brain Sciences, 38 (2015).

69. Rathje, S., He, J. K., Roozenbeek, J., Van Bavel, J. J. and van der Linden, S. 'Social media behavior is associated with vaccine hesitancy', PNAS Nexus, 1(4) (2022), pgac207.

70. Roozenbeek, J., Van Der Linden, S., Goldberg, B., Rathje, S. and Lewandowsky, S. 'Psychological inoculation improves resilience against misinformation on social media', Science Advances, 8(34) (2022), eabo6254.

71. Kumaraguru, P., Sheng, S., Acquisti, A., Cranor, L. F. and Hong, J. 'Teaching Johnny not to fall for phish', ACM Transactions on Internet Technology(TO IT), 10(2) (2010), pp. 1-31.

72. Sellier, A. L., Scopelliti, I. and Morewedge, C. K. 'Debiasing training improves decision making in the field', Psychological Science, 30(9) (2019), pp. 1371-9.

4장 너무 깊게 생각하지 말자

1. Fegan, Thomas. The Baby Killers: German Air Raids on Britain in the First World War, London, Leo Coop, 2002.

2. Doyle, Arthur Conan. The Coming of the Fairies, University of Nebraska Press, 2006.

3. Hyman, Ray. In Why Smart People Can Be So Stupid, ed. Sternberg, R., New Haven, Yale

University Press, 2002, pp. 18-19.

4. Basterfield, C., Lilienfeld, S. O., Bowes, S. M. and Costello, T. H. 'The Nobel disease: When intelligence fails to protect against irrationality', Skeptical Inquirer, 44(3) (2020), pp. 32-7.

5. Isaacson, Walter. Steve Jobs by Walter Isaacson: The Exclusive Biography, Abacus, 2015.

6. As quoted in Dictionary of Foreign Quotations (1980) by Mary Collison and Robert L. Collison, p. 98.

7. Proctor, Robert N. Racial Hygiene: Medicine Under the Nazis, Harvard University Press, 1998.

8. Haque, O. S., De Freitas, J., Viani, I., Niederschulte, B. and Bursztajn, H. J. 'Why did so many German doctors join the Nazi Party early?', International Journal of Law and Psychiatry, 35(5-6) (2012), pp. 473-9.

9. Scopelliti, I., Morewedge, C. K., McCormick, E., Min, H. L., Lebrecht, S. and Kassam, K. S. 'Bias blind spot: Structure, measurement, and consequences', Management Science, 61(10) (2015), pp. 2468-86.

10. Stanovich, K. E., West, R. F. and Toplak, M. E. 'Myside bias, rational thinking, and intelligence', Current Directions in Psychological Science, 22(4) (2013), pp. 259-64.

11. Schmechel, L. L. K. The Relationship of Children's Belief in Santa Claus to Causal Reasoning and Fantasy Predisposition, The University of Texas at Austin, 1975.

12. Stanovich, K. E. 'Dysrationalia: A new specific learning disability', Journal of Learning Disabilities, 26(3) (1993), pp. 501-15.

13. West, R. F., Meserve, R. J. and Stanovich, K. E. 'Cognitive sophistication does not attenuate the bias blind spot', Journal of Personality and Social Psychology, 103(3) (2012), p. 506.

14. Eby, Margaret. 'Hocus Pocus', Paris Review, 2 March 2012; https://www.theparisreview.org/blog/2012/03/21/hocus-pocus

15. Bechtel, S. and Stains, L. R. Through a Glass Darkly: Sir Arthur Conan Doyle and the Quest to Solve the Greatest Mystery of All, New York, St. Martin's Press, 2017, p. 147.

16. Tarran, Brian. 'Questioning the nature of research', Research Live, 2 August 2011; https://www.research-live.com/article/features/questioning-the-nature-of-research/id/4005918

17. Hall, L., Johansson, P. and Strandberg, T. 'Lifting the veil of morality: Choice blindness and attitude reversals on a self-transforming survey', PLOS One, 7(9) (2012), e45457.

18. Meerloo, Joost. Delusion and Mass-delusion (No. 79), Johnson Reprint Corporation, 1968.

19. Kunda, Z. 'The case for motivated reasoning', Psychological Bulletin, 108(3) (1990), p. 480.

20. Kaplan, J. T., Gimbel, S. I. and Harris, S. 'Neural correlates of maintaining one's political beliefs in the face of counterevidence', Scientific Reports, 6(1) (2016), pp. 1-11.

21. Nickerson, R. S. 'Confirmation bias: A ubiquitous phenomenon in many guises', Review of General Psychology, 2(2) (1998), pp. 175-220.

22. Festinger, Leon, Riecken, Henry and Schachter, Stanley. When Prophecy Fails: A Social and Psychological Study of a Modern Group that Predicted the Destruction of the World, Lulu Press, Inc., 2017.

23. Miller, J. M., Saunders, K. L. and Farhart, C. E. 'Conspiracy endorsement as motivated reasoning: The moderating roles of political knowledge and trust', American Journal of Political Science, 60(4) (2016), pp. 824-44.

24. Kahan, D. M., Peters, E., Wittlin, M., Slovic, P., Ouellette, L. L., Braman, D. and Mandel, G. 'The polarizing impact of science literacy and numeracy on perceived climate change

risks', Nature Climate Change, 2(10) (2012), pp. 732-5.

25. Kahan, D. M., Peters, E., Dawson, E. C. and Slovic, P. 'Motivated numeracy and enlightened self-government', Behavioural Public Policy, 1 (2017), pp. 54-86.

26. Turpin, M. H., Kara-Yakoubian, M., Walker, A. C., Walker, H. E., Fugelsang, J. A. and Stolz, J. A. 'Bullshit ability as an honest signal of intelligence', Evolutionary Psychology, 19(2) (2021), 14747049211000317.

27. Pauls, C. A. and Crost, N. W. 'Cognitive ability and self-reported efficacy of self-presentation predict faking on personality measures', Journal of Individual Differences, 26(4) (2005), p. 194.

28. Gino, F. and Ariely, D. 'The dark side of creativity: Original thinkers can be more dishonest', Journal of Personality and Social Psychology, 102(3) (2012), p. 445.

29. 'The danger of intellectuals', Hannah Arendt Center for Politics and Humanities, 2 July 2013; https://hac.bard.edu/amor-mundi/the-danger-of-intellectuals-2013-07-22

30. Orwell, George. Notes on Nationalism, Penguin Classics, 2018. ('One has to belong to the intelligentsia to believe things like that: no ordinary man could be such a fool.')

31. 'The General Social Survey', NORC at the University of Chicago; https://gss.norc.org/Documents/codebook/GSS% 202021% 20 Codebook% 20R1.pdf

32. Jones, Jeffrey M. 'Belief in God in U.S. dips to 81% , a new low', Gallup, 2 June 2022; https://news.gallup.com/poll/393737/belief-god-dips-new-low.aspx

33. Harari, Yuval Noah. 'Yuval Noah Harari on big data, Google and the end of free will', Financial Times, 2 August 2016; https://www.ft.com/content/50bb4830-6a4c-11e6-ae5b-a7cc5dd5a28c

34. Jung, Carl Gustav. The Undiscovered Self, Routledge, 2002.

35. Weaver, Richard M. Ideas Have Consequences: Expanded Edition, University of Chicago Press, 2013.

36. Fromm, Erich. The Fear of Freedom, Routledge, 2021.

37. Woodley, M. A. 'Are high-IQ individuals deficient in common sense? A critical examination of the "clever sillies" hypothesis', Intelligence, 38(5) (2010), pp. 471-80.

38. Brooks, David. 'How we are ruining America', New York Times, 2 July 2017; https://www.nytimes.com/2017/07/11/opinion/how-we-are-ruining-america.html

39. Dunning, D. 'The Dunning-Kruger effect: On being ignorant of one's own ignorance', Advances in Experimental Social Psychology, 44 (2011), pp. 247-96.

40. Rowe, Christopher. The Last Days of Socrates, London, Penguin, 2010.

41. Duttle, K. 'Cognitive skills and confidence: Interrelations with overestimation, overplacement and overprecision', Bulletin of Economic Research, 68(S1) (2016), pp. 42-55.

42. Sonm, L. K. and Kornell, N. 'The virtues of ignorance', Behavioural Processes, 83(2) (2010), pp. 207-12.

43. Ottati, V., Price, E., Wilson, C. and Sumaktoyo, N. 'When self- perceptions of expertise increase closed-minded cognition: The earned dogmatism effect', Journal of Experimental Social Psychology, 61 (2015), pp. 131-8.

44. Charlton, B. G. 'Clever sillies: Why high IQ people tend to be deficient in common sense', Medical Hypotheses, 73(6) (2009), pp. 867-70.

45. 'RationalWiki', Wikipedia, no date; https://en.wikipedia.org/wiki/RationalWiki

46. Robson, David. The Intelligence Trap: Why Smart People Make Dumb Mistakes, W. W. Norton & Company, 2020.

47. Langer, E. J., Blank, A. and Chanowitz, B. 'The mindlessness of ostensibly thoughtful action: The role of "placebic" information in interpersonal interaction', Journal of Personality and Social Psychology, 36(6) (1978), p.635.

48. Damasio, Antonio. Descartes' Error, Random House, 2006.

49. Seo, M. G. and Barrett, L. F. 'Being emotional during decision making - good or bad? An empirical investigation', Academy of Management Journal, 50(4) (2007), pp. 923-40.

50. Hafenbrack, A. C., Kinias, Z. and Barsade, S. G., 'Debiasing the mind through meditation: Mindfulness and the sunk-cost bias', Psychological Science, 25(2) (2014), pp. 369-76.

51. See Mamede, S. and Schmidt, H. G., 'Reflection in medical diagnosis: A literature review', Health Professions Education, 3(1) (2017), pp. 15-25.

52. Brienza, J. P., Kung, F. Y., Santos, H. C., Bobocel, R. and Grossman, I. 'Situated wise reasoning scale', Journal of Personality and Social Psychology, 2018.

53. Franklin, Benjamin. The Autobiography of Benjamin Franklin, Dover Publications, 2016.

54. 'From Benjamin Franklin to John Lining, 18 March 1755', Founders Online; https://founders.archives.gov/documents/ Franklin/01-05-02-0149

55. Mahajan, J. 'The overconfidence effect in marketing management predictions', Journal of Marketing Research, 29(3) (1992), pp. 329-42.

56. Sun, Q., Zhang, H., Sai, L. and Hu, F. 'Self-distancing reduces probability-weighting biases', Frontiers in Psychology, 9 (2018), p.611.

5장 나의 감각을 의식하자

1. Hopkin, M. 'Link proved between senses and memory', Nature, 31 May 2004.

2. 'How to control emotion and influence behavior', Dawn Goldworm, TEDxEAST, 25 July 2016.

3. Scent Australia website.

4. Spangenberg, E. R., Grohmann, B. and Sprott, D. E. 'It's beginning to smell (and sound) a lot like Christmas: The interactive effects of ambient scent and music in a retail setting', Journal of Business Research, 58(11) (2005), pp. 1583-9.

5. Huang, X., Zhang, M., Hui, M. K. and Wyer, R. S. 'Warmth and conformity: The effects of ambient temperature on product preferences and financial decisions', Journal of Consumer Psychology, 24(2) (2014), pp. 241-50.

6. Areni, C. S. and Kim, D. 'The influence of background music on shopping behavior: Classical versus top-forty music in a wine store', ACR North American Advances (1993).

7. Plato. Laws. Translated by Griffith, T. Edited by Schofield, M. Cambridge Texts in the History of Political Thought, 8 September 2016.

8. Plato. The Republic. Translated by Griffith, T. Edited by Ferrari, G. R. F. Cambridge Texts in the History of Political Thought, 12 October 2000.

9. Rauscher, F. H. and Shaw, G. L. 'Key components of the Mozart effect', Perceptual and Motor Skills, 86(3) (1998), pp.835-41.

10. Hallam, S., Price, J. and Katsarou, G. 'The effects of background music on primary school pupils' task performance', Educational Studies, 28(2) (2002), pp. 111-22.

11. Kennaway, J. 'Musical hypnosis: Sound and selfhood from mesmerism to brainwashing', Social History of Medicine, 25(2) (2012), pp. 271-89.

12. Sargant, William. Battle for the Mind: A Physiology of Conversion and Brainwashing, Greenwood Press, 1975.

13. Beaman, C. P. and Williams, T. I. 'Earworms (stuck song syndrome): Towards a natural history of intrusive thoughts', British Journal of Psychology, 101(4) (2010), pp. 637-53.

14. Hassan, A. and Barber, S. J. 'The effects of repetition frequency on the illusory truth effect', Cognitive Research: Principles and Implications, 6(1) (2021), pp. 1-12.

15. Lamoureux, Mack. '"Neo-Nazi weird Al" gets 10 years for far-right parody raps', Vice, 2 April 2022; https://www.vice.com/en/article/z3n78x/neo-nazi-rapper-mr-bond

16. 'Wayhome, Coachella and the sensory overload machine', Unaffiliated Press, April 2017.

17. 'Inside the long-standing relationship between Coachella and American Express', Forbes, April 2022.

18. Chen, J. L., Zatorre, R. J. and Penhune, V. B. 'Interactions between auditory and dorsal premotor cortex during synchronization to musical rhythms', Neuroimage, 32(4) (2006), pp. 1771-81.

19. Leow, L. A., Waclawik, K. and Grahn, J. A. 'The role of attention and intention in synchronization to music: Effects on gait', Experimental Brain Research, 236(1) (2018), pp. 99-115.

20. Lewis, M. B. and Bowler, P. J. 'Botulinum toxin cosmetic therapy correlates with a more positive mood', Journal of Cosmetic Dermatology, 8(1) (2009), pp. 24-6.

21. 'Vision and breathing may be the secrets to surviving 2020', Scientific American, November 2020.

22. Ibid.

23. Goldsby, T. L., Goldsby, M. E., McWalters, M. and Mills, P. J. 'Effects of singing bowl sound meditation on mood, tension, and well-being: An observational study', Journal of Evidence-Based Complementary Alternative Medicine (2017), pp. 401-6.

24. Baldassi, S., Megna, N. and Burr, D. C. 'Visual clutter causes high-magnitude errors', PLOS Biology (2006).

6장 소셜 미디어와 거리두기

1. Statista, November 2022.

2. 'Thanks a billion!' Tiktok Community blog, 27 September 2021.

3. Statista, July 2022.

4. Harari, Y. N. Homo Deus, Vintage Digital, 2016.

5. Mayim Bialik and Yuval Noah Harari in conversation, SXSW Online 2021, 27 May 2021.

6. Frey, C. B. and Osborne, M. 'The Future of Employment', Oxford Martin Programme on Technology and Employment (2013).

7. Holbrook, C., Izuma, K., Deblieck, C., Fessler, D. M. and Iacoboni, M. 'Neuromodulation of group prejudice and religious belief', Social Cognitive and Affective Neuroscience, 11(3) (2016), pp. 387-94.

8. Capoot, Ashley. 'Elon Musk shows off updates to his brain chips and says he's going to install one in himself when they are ready', CNBC, 2 December 2022; https://www.cnbc.com/2022/12/01/elon-musks-neuralink-makes-big-claims-but-experts-are-skeptical-.html

9. Statt, Nick. 'Facebook acquires neural interface startup CTRL-Labs for its mind-reading wristband', The Verge, 2 September 2019; https://www.theverge.

com/2019/9/23/20881032/facebook-ctrl-labs-acquisition-neural-interface-armband-ar-vr-deal

10. Krugman, P. 'Why most economists' predictions are wrong', Red Herring, 10 June 1998.

11. McLaughlin, Kelly. 'Sextremism: People are more likely to engage in kinky sex if they have anti-establishment political views (with right-wingers enjoying spanking and left-wingers into threesomes)', Mail Online, 20 April 2017; https://www.dailymail.co.uk/news/article-4428394/Extremist-voters-likely-engage-kinky-sex.html

12. Shi, F., Shi, Y., Dokshin, F. A., Evans, J. A. and Macy, M. W. 'Millions of online book co-purchases reveal partisan differences in the consumption of science', Nature Human Behaviour, 1(4) (2017), pp. 1-9.

13. Rentfrow, P. J. and Gosling, S. D. 'The do re mi's of everyday life: The structure and personality correlates of music preferences', Journal of Personality and Social Psychology, 84(6) (2003), p. 1236.

14. Ambady, N. and Rosenthal, R. 'Thin slices of expressive behavior as predictors of interpersonal consequences: A meta-analysis', Psychological Bulletin, 111(2) (1992), p. 256.

15. Voiskounsky, A., Fedunina, N., Evdokimenko, A. and Smyslova, O. 'Attitudes towards alternative identities in social networking sites', Digital Transformation and Global Society (2019), pp. 622-34.

16. Anderson, I., Gil, S., Gibson, C., Wolf, S., Shapiro, W., Semerci, O. and Greenberg, D. M. '"Just the Way You Are": Linking music listening on Spotify and personality', Social Psychological and Personality Science, 12(4) (2021), pp. 561-72.

17. Kosinski, M., Stillwell, D. and Graepel, T. 'Private traits and attributes are predictable from digital records of human behavior', Proceedings of the National Academy of Sciences USA (2013).

18. Segalin, C., Lepri, B., Cristani, M., Celli, F., Polonio, L., Kosinski, M., Stillwell, D. and Sebe, N. 'What your Facebook profile picture reveals about your personality', Association for Computing Machinery (2017), pp. 460-8.

19. Wang, Y. and Kosinski, M. 'Deep neural networks are more accurate than humans at detecting sexual orientation from facial images', Journal of Personality and Social Psychology, 114(2) (2018), pp. 246-57.

20. 'Technology at MindGeek', MindGeek; https://www.mindgeek.com/tech/

21. Sylwester, K. and Purver, M. 'Twitter language use reflects psychological differences between Democrats and Republicans', PLOS One (2015).

22. Matz, S. C., Kosinski, M., Nave, G. and Stillwell, D. J. 'Psychological targeting as an effective approach to digital mass persuasion', Proceedings of the National Academy of Sciences, 114(48) (2017), pp. 12714-19.

23. Bond, R. M., Fariss, C. J., Jones, J. J., Kramer, A. D. I., Marlow, C., Settle, J. E. and Fowler, J. H. 'A 61-million-person experiment in social influence and political mobilization', Nature (2012), pp. 295-8.

24. Tappin, B. M., Wittenberg, C., Hewitt, L., Berinsky, A. and Rand, D. G. 'Quantifying the persuasive returns to political microtargeting', PsyArXiv Preprints (2022).

25. Jones, Rhett. 'Your credit score should be based on your web history, IMF says', Gizmodo, 2 December 2020; https://gizmodo.com/your-credit-score-should-be-based-on-your-web-history-1845912592

26. Youyou, W., Kosinski, M. and Stillwell, D. 'Computer-based personality judgments are

more accurate than those made by humans', Proceedings of the National Academy of Sciences (2015).

27. Thomas Jefferson to Charles Yancey, 2 January 1816.

28. 'News use across social media platforms in 2020', Pew Research Centre 2021.

29. 'News consumption in the UK', Ofcom, 2019.

30. Huxley, Aldous. Brave New World Revisited, Vintage Classics, 2004.

31. 'HIDDEN CAMERA: Twitter engineers to "ban a way of talking" through "shadow banning"', published by Project Veritas on YouTube, 11 January 2018.

32. 'Going global: The UK government's "CVE" agenda, counter-radicalisation and covert propaganda', openDemocracy, 4 May 2016.

33. Epstein, R. and Robertson, R. E. 'The search engine manipulation effect (SEME) and its possible impact on the outcomes of elections', Proceedings of the National Academy of Sciences, 112(33) (2015).

34. 'How internet platforms are combatting disinformation and misinformation in the age of Covid-19', New America.

35. 'An update on our work to keep people informed and limit misinformation about COVID-19', Meta, first published April 2020.

36. Stepanov, A., Director, Product Management, 'Sharing our content distribution guidelines', Meta blog post, 23 September 2021.

37. 'The online information environment', The Royal Society, 19 January 2022.

38. Varol, O., Ferrara, E., Davis, C. A., Menczer, F. and Flammini, A. 'Online human-bot interactions: detection, estimation, and characterization', The Association for the Advancement of Artificial Intelligence, 2017.

39. King, G., Pan, J. and Roberts, M. E. 'How the Chinese government fabricates social media posts for strategic distraction, not engaged argument', Cambridge Core, 111(3) (2017), Cambridge University Press.

40. 'How China built a twitter propaganda machine then let it loose on coronavirus', ProPublica, 26 March 2020.

41. Cresci, S., Di Pietro, R., Petrocchi, M., Spognardi, A. and Tesconi, M. 'The paradigm-shift of social spambots: Evidence, theories, and tools for the arms race', arXiv (2017).

42. Caldarelli, G., De Nicola, R., Del Vigna, F., Petrocchi, M. and Saracco, F. 'The role of bot squads in the political propaganda on Twitter', Communications Physics, 3(81) (2020).

43. 'Going global: The UK government's "CVE" agenda, counter-radicalisation and covert propaganda', openDemocracy, 4 May 2016.

44. Whitford, T., 'Practices and possibilities: A review of instructional intelligence and counterintelligence literature informing right- wing extremist groups', Journal of the Australian Institute of Professional Intelligence Officers, 28 (2020), pp. 3-15.

45. Wells, G., Horwitz, J., Seetharaman, D. 'Facebook knows Instagram is toxic for teen girls, company documents show', Wall Street Journal, 14 September 2021.

46. Duffy, B. and Thain, M. 'Do we have your attention? How people focus and live in the modern information environment', Kings College London, February 2022.

47. Ibid.

48. Mark, G., Gudith, D. and Klocke, U. 'The cost of interrupted work: more speed and stress', Association for Computing Machinery (2008), pp. 107-10.

49. Duffy, B. and Thain, M. 'Do we have your attention? How people focus and live in the mod-

ern information environment', Kings College London, February 2022.

50. Ward, A. F., Duke, K., Gneezy, A., and Bos, M. W. 'Brain drain: The mere presence of one's own smartphone reduces available cognitive capacity', Journal of the Association for Consumer Research (2017), pp. 140-54.

51. Barr, N., Pennycook, G., Stolz, J. A. and Fugelsang, J. A. 'The brain in your pocket: Evidence that Smartphones are used to supplant thinking', Computers in Human Behavior, 48 (2015), pp. 473-80.

52. Henkel, L. A. 'Point-and-shoot memories: The influence of taking photos on memory for a museum tour', Psychological Science, 25(2) (2014), pp. 396-402.

53. Duffy, B. and Thain, M. 'Do we have your attention? How people focus and live in the modern information environment', Kings College London, February 2022.

54. Uhls, Y. T., Michikyan, M., Morris, J., Garcia, D., Small, G. W., Zgourou, E. and Greenfield, P. M. 'Five days at outdoor education camp without screens improves preteen skills with nonverbal emotion cues', Computers in Human Behavior, 39 (2014), pp. 387-92.

55. Kushlev, K., Proulx, J. and Dunn, E. W. '"Silence your phones": Smartphone notifications increase inattention and hyperactivity symptoms', in Proceedings of the 2016 CHI Conference on Human Factors in Computing Systems, 2016, pp. 1011-20.

56. Allcott, H., Braghieri,L., Eichmeye, S. and Gentzkow, M. 'The welfare effects of social media', NBER, 20190.

57. Amsalem, Eran and Zoizner, Alon, 'Do people learn about politics on social media? A meta-analysis of 76 studies', Journal of Communication (2022).

58. Miller, Matt. 'Artificial intelligence, our final invention?', The Washington Post, 2 December 2013; https://www.washingtonpost.com/opinions/matt-miller-artificial-intelligence-our-final-invention/2013/12/18/26ed6be8-67e6-11e3-8b5b-a77187b716a3_story.html

8장 텔레비전을 끄자

1. Schwitzgebel, E. 'Do people still report dreaming in black and white? An attempt to replicate a questionnaire from 1942', Perceptual and Motor Skills, 96 (2003), pp. 25-9.

2. Yang, Maya. 'Having a go: US parents say Peppa Pig is giving their kids British accents', Guardian, 2 July 2021; https://www.theguardian.com/tv-and-radio/2021/jul/19/peppa-pig-american-kids-british-accents

3. Creative Diversity Network. 'The fifth cut: Diamond at 5'; https://creativediversitynetwork.com/diamond/diamond-reports/the-fifth-cut-diamond-at-5/

4. YouGov poll, commissioned by the Campaign for Common Sense, June 2022.

5. 'Which of the following hobbies and interests do you do in your spare time at home?', Statista, November 2019 to May 2020.

6. Sussman, S. and Moran, M. B. 'Hidden addiction: Television', Journal of Behavioral Addictions 2(3) (2013), pp. 125-32.

7. Horvath, C. W. 'Measuring television addiction', Journal of Broadcasting & Electronic Media, 48(3) (2004), pp. 378-98.

8. Botta, R. A. 'Television images and adolescent girls' body image disturbance', Journal of Communication, 49(2) (1999), pp. 22-41.

9. Werneck, A. O., Vancampfort, D., Oyeyemi, A. L., Stubbs, B. and Silva, D. R. 'Associa-

tions between TV viewing, sitting time, physical activity and insomnia among 100,839 Brazilian adolescents', Psychiatry Research, 269 (2018), pp. 700-6.

10. Zimmerman, F. J. and Christakis, D. A. 'Associations between content types of early media exposure and subsequent attentional problems', Pediatrics, 120(5) (2007), pp. 986-92.

11. Jago, R., Baranowski, T., Baranowski, J. C., Thompson, D. and Greaves, K. A. 'BMI from 3-6 y of age is predicted by TV viewing and physical activity, not diet', International Journal of Obesity, 29(6) (2005), pp. 557-64.

12. Sussman, S. and Moran, M. B. 'Television and growing up: The impact of televised violence', Report to the Surgeon General, United States Public Health Service, US Department of Justice (1972).

13. Bandura, A. 'Social cognitive theory of mass communication', Media Psychology, 3 (2001), pp. 265-99.

14. Dougherty, R. J., Hoang, T. D., Launer, J. L., Jacobs, D. R., Sidney, S. and Yaffe, K. 'Long-term television viewing patterns and gray matter brain volume in midlife', Brain Imaging Behaviour (2022), pp. 637-44.

15. 'How giving up TV for a month changed my brain and my life', Fast Company, June 2016.

16. 'BBC ON THIS DAY | 1957: BBC fools the nation', BBC; http://news.bbc.co.uk/onthisday/hi/dates/stories/april/1/ newsid_2819000/2819261.stm

17. 'Banned BBC show "Ghostwatch" left traumatised viewers in tears and "unable to sleep for MONTHS"', Manchester Evening News, 30 October 2022; https://www.manchestereveningnews.co.uk/news/tv/banned-bbc-show-ghostwatch-left-25351016

18. Huxley, Aldous. Brave New World Revisited, Vintage Classics, 2004.

19. 'News consumption in the UK: 2022', OFCOM, 2 July 2022; https://www.ofcom.org.uk/__data/assets/pdf_file/0027/241947/News-Consumption-in-the-UK-2022-report.pdf

20. Xia, S. 'Amusing ourselves to loyalty? Entertainment, propaganda, and regime resilience in China', Political Research Quarterly (2022), pp. 1096-112.

21. Pomerantsev, P. 'The Hidden Author of Putinism', The Atlantic, November 2014.

22. Jowett, Garth S. and O'Donnell, Victoria. Propaganda and Persuasion, SAGE Publications, Inc., 7th edition (2018).

23. '"Weave in key talking points" - Pentagon contract for Top Gun: Maverick', Spy Culture, 2 June 2019; https://www.spyculture.com/weave-in-key-talking-points-pentagon-contract-for-top-gun-maverick/

24. 'Top Gun for Hire: Why Hollywood is the US military's best wingman', Guardian, 27 May 2022; https://www.theguardian.com/film/2022/may/26/top-gun-for-hire-why-hollywood-is-the-us-militarys-best-wingman

25. 'The power of TV: Nudging viewers to decarbonize their lifestyles', The Behavioural Insights Team, November 2021.

26. Lowery, S. A. and DeFleur, M. L. Milestones in Mass Communication Research, New York, Longman (1988).

27. Chiricos, T., Eschholz, S. and Getz, M. 'Crime, news and fear of crime: Toward an identification of audience effects', 44(3) (1997), pp. 342-57.

28. 'Sky defends new chief's private jet commute', Telegraph, 30 October 2021.

29. Waterson, J. and Clinton, J. 'Sky calls for climate action from TV firms, despite CEO's private jet use', Guardian, 31 October 2021.

30. Corley, T. C. Rich Habits: The Daily Success Habits of Wealthy Individuals, Hillcrest Pub-

lishing Group, 2010.

31. Crawford, M. 'The back-alley abortion that almost didn't make it into Dirty Dancing', Vice, August 2017.

32. Jowett, Garth S. and O'Donnell, Victoria. Propaganda and Persuasion, SAGE Publications, Inc., 7th edition (2018).

33. Orwell, George. 1984, Secker & Warburg, 1949.

34. Bush, K. 'Communication technology use and well-being: Does less screen time lead to greater happiness?', Eastern Washington University EWU Digital Commons, autumn 2018.

35. 'Turn off, tune out … er, then?', The Times, May 2007.

36. 'Mass media, behaviour change & peacebuilding', The Behavioural Insights Team, January 2022.

9장 서면으로 받아두자

1. 'Photos: A hit tip to the presidents', CNN Politics, 2 February 2016; https://edition.cnn.com/2013/04/12/politics/gallery/presidents-hats/index.html

2. King, Josh. 'Dukakis and the Tank', Politico Magazine, 2 November 2013; https://www.politico.com/magazine/story/2013/11/dukakis-and-the-tank-099119/

3. McCandless, James. 'How a bacon sandwich derailed Ed Miliband's UK political career', HuffPost, 2 October 2018.

4. Ernst, Douglas. 'Scott Adams of "Dilbert" says women will elect Hillary Clinton, own "everything that goes wrong"', Washington Times, 2 October 2016; https://www.washingtontimes.com/news/2016/oct/14/scott-adams-of-dilbert-says-women-will-elect-hilla/

5. Fahmy, S., Cho, S., Wanta, W. and Song, Y. 'Visual agenda-setting after 9/11: Individuals' emotions, image recall, and concern with terrorism', Visual Communication Quarterly, 13(1) (2006), pp. 4-15.

6. Shepard, R. N. 'Recognition memory for words, sentences, and pictures', Journal of Verbal Learning and Verbal Behavior, 6(1) (1967), pp. 156-63.

7. Graber, D. A. 'Say it with pictures', The Annals of the American Academy of Political and Social Science, 546(1) (1996), pp. 85-96.

8. Malik, Tariq. 'Scientist admits "space telescope" photo is actually chorizo in tasty Twitter prank', Space.com, 2 August 2022; https://www.space.com/james-webb-space-telescope-scientist-chorizo-prank

9. Stanley-Becker, Isaac and Nix, Naomi. 'Fake images of Trump arrest show "giant step" for AI's disruptive power', The Washington Post, 22 March 2023; https://www.washingtonpost.com/politics/2023/03/22/trump-arrest-deepfakes/

10. Mowlana, H., Gerbner, G. and Schiller, H. I. Triumph of the Image: The Media's War in the Gulf - a Global Perspective, Boulder, Westview Press, 1992.

11. Wittenberg, C., Tappin, B. M., Berinsky, A. J. and Rand, D. G. 'The (minimal) persuasive advantage of political video over text', Proceedings of the National Academy of Sciences, 118(47) (2021), e2114388118.

12. Petty, R. E. and Cacioppo, J. T. 'The elaboration likelihood model of persuasion', in Communication and Persuasion, New York, Springer, 1986, pp. 1-24.

13. Grabe, M. E. and Bucy, E. P. Image Bite Politics: News and the Visual Framing of Elections,

Oxford University Press, 2009.

14. Pfau, M., Haigh, M., Fifrick, A., Holl, D., Tedesco, A., Cope, J. and Martin, M. 'The effects of print news photographs of the casualties of war', Journalism & Mass Communication Quarterly, 83(1) (2006), pp. 150-68.

15. Garcia, M. R. and Stark, P. Eyes on the News, St. Petersburg, FL: The Poynter Institute for Media Studies, 1991.

16. Matthews, W. J., Benjamin, C. and Osborne, C. 'Memory for moving and static images', Psychonomic Bulletin & Review, 14(5) (2007), pp. 989-93.

17. Kaye, H. and Pearce, J. M. 'The strength of the orienting response during Pavlovian conditioning', Journal of Experimental Psychology: Animal Behavior Processes, 10(1) (1984), p. 90.

18. Sokolov, E. N. 'The orienting response, and future directions of its development', The Pavlovian Journal of Biological Science, 25(3) (1990), pp. 142-50.

19. Paivio, A. 'Dual coding theory: Retrospect and current status', Canadian Journal of Psychology, 45(3) (1991), p. 255.

20. Neuman, W. R., Just, M. R. and Crigler, A. N. Common Knowledge: News and the Construction of Political Meaning, University of Chicago Press, 1992.

21. Bergen, L., Grimes, T. and Potter, D. 'How attention partitions itself during simultaneous message presentations', Human Communication Research, 31(3) (2005), pp. 311-36.

22. McLuhan, Marshall. Understanding Media: The Extensions of Man, MIT Press, 1994.

23. Postman, Neil. Amusing Ourselves to Death: Public Discourse in the Age of Showbusiness, Penguin Books, 1985.

24. Sigman, A. 'Visual voodoo: The biological impact of watching TV', Biologist, 54(1) (2007), pp. 12-17.

25. Barnhurst, K. G. and Steele, C. A. 'Image-bite news: The visual coverage of elections on US television, 1968-1992', Harvard International Journal of Press/Politics, 2(1) (1997), pp. 40-58.

26. Conway III, L. G. and Zubrod, A. 'Are US presidents becoming less rhetorically complex? Evaluating the integrative complexity of Joe Biden and Donald Trump in historical context', Journal of Language and Social Psychology (2022), 0261927X221081126.

27. 'Full text: 2017 Donald Trump inauguration speech transcript', Politico, 20 January 2017; https://www.politico.com/story/2017/01/full-text-donald-trump-inauguration-speech-transcript-233907

28. Tobar, Hector. 'American adults have low (and declining) reading proficiency', LA Times, 2 October 2013; https://www.latimes.com/books/jacketcopy/la-et-jc-american-adults-have-low-and-declining-reading-proficiency-20131008-story.html

29. Huxley, Aldous. Brave New World Revisited, Vintage Classics, 2004.

30. Lillard, A. S. and Peterson, J. 'The immediate impact of different types of television on young children's executive function', Pediatrics, 128(4) (2011), pp. 644-9.

31. Kamarudin, S. S. and Dannaee, M. 'Media screen time and speech delay: Comparison study in children with and without speech delay', International Studies, 3(4) (2018), p. 5.

32. Christakis, D. A., Ramirez, J. S. and Ramirez, J. M. 'Overstimulation of newborn mice leads to behavioral differences and deficits in cognitive performance', Scientific Reports, 2(1) (2012), pp. 1-6.

33. Mayer, Beth Ann. 'Some think "CoComelon" is too stimulating for their kids, so we asked an expert to weigh in', Parents, 2 August 2022; https://www.parents.com/news/some-think-

cocomelon-is-too-stimulating-for-their-kids-we-asked-an-expert-to-weigh-insome-think-cocomelon-is-too-stimulating-for-their-kids-we-asked-an-expert-to-weigh-in/

34. Sha, P. and Dong, X. 'Research on adolescents regarding the indirect effect of depression, anxiety, and stress between TikTok use disorder and memory loss', International Journal of Environmental Research and Public Health, 18(16) (2021), p. 8820.

35. Mendelsohn, M. 'The media's persuasive effects: The priming of leadership in the 1988 Canadian election', Canadian Journal of Political Science/Revue canadienne de science politique, 27(1) (1994), pp. 81-97.

36. Chaiken, S. and Eagly, A. H. 'Communication modality as a determinant of persuasion: The role of communicator salience', Journal of Personality and Social Psychology, 45(2) (1983), pp. 241.

37. Wright, P. L. 'Analyzing media effects on advertising responses', Public Opinion Quarterly, 38(2) (1974), pp. 192-205.

38. Irving, Z. C., McGrath, C., Flynn, L., Glasser, A. and Mills, C. 'The shower effect: Mind wandering facilitates creative incubation during moderately engaging activities', Psychology of Aesthetics, Creativity, and the Arts (2022).

39. Knightley, Phillip. 'The disinformation campaign', Guardian, 2 October 2001; https://www.theguardian.com/education/2001/oct/04/socialsciences.highereducation

40. 'CIA's final report: No WMD found in Iraq', NBC News, 2 April 2005; https://www.nbcnews.com/id/wbna7634313

10장 일시적인 상황 변화를 조심하자

1. Myre, Greg. 'How the U.S. military used Guns N' Roses to make a dictator give up', NPR, 30 May 2017; https://www.npr.org/sections/thetwo-way/2017/05/30/530723028/how-the-u-s-military-used-guns-n-roses-to-make-a-dictator-giv

2. Tweedale, Douglas. 'Analysis UPI World Focus Vatican envoy won psychological battle with Noriega', UPI, 2 January 1990; https://www.upi.com/Archives/1990/01/04/Analysis-UPI-World-Focus-Vatican-envoy-won-psychological-battle-with-Noriega/5813631429200/

3. Planas, Antonio. 'Inmates at Oklahoma jail subjected to "torture" by hearing "Baby Shark" on loop, lawsuit says', NBC News, 2 November 2021; https://www.nbcnews.com/news/us-news/inmates-oklahoma-jail-subjected-torture-hearing-baby-shark-loop-lawsuit-n1283385

4. Klein, Naomi. The Shock Doctrine: The Rise of Disaster Capitalism, Picador USA, 2008.

5. 'Kubark counterintelligence interrogation', Central Intelligence Agency, July 1963; https://nsarchive2.gwu.edu/NSAEBB/NSAEBB122/CIA% 20Kubark% 201-60.pdf

6. Orwell, George. 1984, Secker & Warburg, 1949.

7. Meerloo, Joost. The Rape of the Mind: The Psychology of Thought Control, Menticide, and Brainwashing (Vol. 118), World Publishing Company, 1956.

8. Hunter, Edward. Brainwashing: The Story of Men Who Defied It, Pickle Partners Publishing, 2016.

9. Swift, Stephen. The Cardinal's Story: The Life and Work of Joseph Cardinal Mindszenty, Kessinger Publishing, 2007.

10. Stein, Alexandra. Terror, Love and Brainwashing: Attachment in Cults and Totalitarian Sys-

tems, Routledge, 2021.

11. Koestler, Arthur. Arrow in the Blue, Random House, 2011.

12. Huxley, Aldous. The Devils of Loudun, Random House, 2005.

13. Deren, Maya. Divine Horsemen: Living Gods of Haiti, McPherson & Co. Publishers, 1985.

14. Schein, Edgar H. Coercive Persuasion: A Socio-Psychological Analysis of the 'Brainwashing' of American Civilian Prisoners by the Chinese Communists, New York, W. W. Norton, 1961.

15. Dolinski, D. and Nawrat, R. '"Fear-then-relief" procedure for producing compliance: Beware when the danger is over', Journal of Experimental Social Psychology, 34(1) (1998), pp. 27-50.

16. Wheeler, S. C., Briñol, P. and Hermann, A. D. 'Resistance to persuasion as self-regulation: Ego-depletion and its effects on attitude change processes', Journal of Experimental Social Psychology, 43(1) (2007), pp. 150-6.

17. Yoon, C., Lee, M. P. and Danziger, S. 'The effects of optimal time of day on persuasion processes in older adults', Psychology & Marketing, 24(5) (2007), pp. 475-95.

18. Hitler, Adolf. Mein Kampf (Vol. 1), Motilal Banarsidass, 2014.

19. Davis, B. P. and Knowles, E. S. 'A disrupt-then-reframe technique of social influence', Journal of Personality and Social Psychology, 76(2) (1999), p. 192.

20. Stajano, F. and Wilson, P. 'Understanding scam victims: Seven principles for systems security', Communications of the ACM, 54(3) (2011), pp. 70-5.

21. 'Risk of radicalisation', Action Counters Terrorism; https://actearly.uk/radicalisation/reduce-the-risk/

22. Singer, Margaret Thaler. Cults in Our Midst: The Continuing Fight Against Their Hidden Menace, Jossey-Bass, 2003.

23. Hunt, Tom. 'Former Jehovah's Witness admits: We targeted grief-stricken as "ripe fruit"', Stuff, 2 June 2016; https://www.stuff.co.nz/dominion-post/news/80708572/former-jehovahs-witness-admits-we-targeted-griefstricken-as-ripe-fruit

24. King Jr, Neil and Dreazen, Yochi J. 'Amid chaos in Iraq, tiny security firm found opportunity', Wall Street Journal, 2 August 2004; https://www.wsj.com/articles/SB109234861785890362

25. Abroshan, H., Devos, J., Poels, G. and Laermans, E. 'COVID-19 and phishing: Effects of human emotions, behavior, and demographics on the success of phishing attempts during the pandemic', IEEE Access, Vol. 9 (2021), 121916-29.

26. Pavlov, I. P. 'Relation between excitation and inhibition and their delimitations; Experimental neuroses in dogs', in I. P. Pavlov and W. H. Gantt (trans.), Lectures on Conditioned Reflexes: Twenty-five Years of Objective Study of the Higher Nervous Activity (Behaviour) of Animals, Liverwright Publishing Corporation, 1928, pp. 339-49.

27. Strauss, William and Howe, Neil. The Fourth Turning: What the Cycles of History Tell Us About America's Next Rendezvous with Destiny, Crown, 2009.

28. 'Edelman Trust Barometer 2021', Edelman, 2 February 2021; https://www.edelman.co.uk/sites/g/files/aatuss301/files/2021-02/2021% 20Edelman% 20Trust% 20Barometer% 20-% 20 UK% 20Media% 20Deck.pdf

29. Kirk, Isabelle. 'One in eight Britons feel tired all the time', YouGov, 2 January 2022; https://yougov.co.uk/topics/society/articles-reports/2022/01/11/one-eight-britons-feel-tired-all-time

30. Reed, Susanne. 'How using the HALT concept prevents alcohol relapse', Alcoholics Anon-

ymous, 2 March 2022; https:// alcoholicsanonymous. com/how-using-the-halt-concept-prevents- alcohol-relapse/

31. Gosnell, E. , Berman, K. , Juarez, L. and Mathera, R. 'How behavioral science reduced the spread of misinformation on TikTok', Irrational Labs; https://irrationallabs. com/content/uploads/2021/03/IL-TikTok-Whitepaper2. pdf

11장 빅브라더에 회의적인 태도를 취하자

1. Bernays, Edward L. Propaganda, New York, H. Liveright, 1928.
2. 'This unsettling Army recruitment video is a master class in psychological warfare', Task & Purpose, May 2022.
3. Orwell, George. 1984, Secker & Warburg, 1949.
4. 'How Ukraine's "Ghost of Kyiv" legendary pilot was born', BBC News website, May 2022.
5. Paul, C. and Matthews, M. 'The Russian "Firehose of Falsehood" propaganda model', The Rand Corporation, 2016.
6. Smart, B. , Watt, J. , Benedetti, S. , Mitchell, L. and Roughan, M. '#IStandWithPutin versus #IStandWithUkraine: The interaction of bots and humans in discussion of the Russia/Ukraine war', arXiv (2022).
7. 'Pentagon opens sweeping review of clandestine psychological operations', The Washington Post, September 2022.
8. 'Going global: The UK government's "CVE" agenda, counter- radicalisation and covert propaganda', openDemocracy, May 2016.
9. '"Controlled spontaneity": The secret UK government blueprints shaping post-terror planning', Middle East Eye, May 2019.
10. Easthope, L. 'I'm an emergency planner. Manchester shows we need new ways to heal', Guardian, 24 May 2017.
11. Halpern, D. 'Personal responsibility and changing behaviour: The state of knowledge and its implications for public policy: February 2004', The Cabinet Office.
12. Bakir, V. , Herring, E. , Miller, D. and Robinson, P. 'Organized persuasive communication: A new conceptual framework for research on public relations, propaganda and promotional culture', Critical Sociology, 45(3) (2019), pp. 311-28.
13. Thaler, R. and Sunstein, C. Nudge, Penguin, 1st edition (2009).
14. Rolnick, Matthew. 'Beware of the "Cobra Effect" in business', Forbes, 2 August 2020; https://www. forbes. com/sites/ forbesbusinessdevelopmentcouncil/2020/08/26/beware-of-the-cobra-effect-in-business/?sh=62339e775f6f
15. Earp, B. D. , Dill, B. , Harris, J. , Ackerman, J. and Bargh, J. A. 'Incidental exposure to no-smoking signs primes craving for cigarettes: An ironic effect of unconscious semantic processing', Yale Review of Undergraduate Research in Psychology, 2(1) (2011), pp. 12-23.
16. Pinola, Melanie. 'Be wary of pickpocket warning signs (and other tips to avoid getting pickpocketed)', Lifehacker, 2 November 2012; https://lifehacker. com/be-wary-of-pickpocket-warning-signs-and-other-tips-to-5960156
17. 'Behaviour change', House of Lords Science and Technology Select Committee report, 2010.
18. Dolan, P. , Hallsworth, M. , Halpern, D. , King, D. and Vlaev, I. 'MINDSPACE influencing behaviour through public policy', Cabinet Office, Institute for Government (2010).

19. 'Bringing dark patterns to light', Federal Trade Commission, September 2022.
20. 'Online choice architecture: How digital design can harm competition and consumers', Competition and Markets Authority, 2 April 2022; https://www. gov. uk/government/ publications/online-choice-architecture-how-digital-design-can-harm-competition-and-consumers
21. 'Influence government: Exploring practices, ethics, and power in the use of targeted advertising by the UK state', The Scottish Centre for Crime and Justice Research, September 2021.
22. 'Loan Charge All-Party Parliamentary Group Report on the Morse Review into the Loan Charge, March 2020', Loan Charge APPG, March 2020.
23. 'Science and Technology Select Committee Behaviour Change', Science and Technology Select Committee, 2010.
24. Popper, K. The Open Society and Its Enemies, Routledge Classics, 2002.
25. Sunstein, C. and Vermeule, A. 'Conspiracy theories', John M. Olin Program in Law and Economics Working Paper, 387 (2008).
26. Coady, D. 'Cass Sunstein and Adrian Vermeule on conspiracy theories', Argumenta (2018).
27. Barnet, A. 'Millions were in germ war tests', Guardian, 21 April 2002.
28. Thiessen, Marc A. 'The suppression of Hunter Biden's laptop is a huge scandal', The Washington Post, 2 December 2022; https://www. washingtonpost. com/opinions/2022/12/09/ hunter-biden-laptop-suppression-twitter-fbi-social-media/
29. Trump, Donald Jr. 'What's the difference between a conspiracy theory and the truth??? About 6 Months! Imaging all the "conspiracy theories" that all came true right after it no longer mattered and the leftist got what they wanted', Instagram, 2 May 2022; https://www. instagram. com/p/CdV1mq_urXm
30. Coady, D. 'Cass Sunstein and Adrian Vermeule on conspiracy theories', Argumenta.
31. A more accurate translation of Voltaire's famous and widely quoted saying is: 'It is dangerous to be right in matters where established men are wrong.' Originally published in Le Siècle de Louis XIV (1752).
32. 'Emmanuel Macron promises ban on fake news during elections', Guardian, January 2018.
33. 'Breastfeeding after Covid-19 vaccine is recommended as safe', Full Fact website, August 2021.
34. Hanna, N., Heffes-Doon, A., Lin, X., De Mejia, C. M., Botros, B., Gurzenda, E. and Nayak, A. 'Detection of Messenger RNA COVID-19 vaccines in human breast milk', JAMA Pediatrics (December 2022).
35. 'Scientists believed Covid leaked from Wuhan lab – but feared debate could hurt international harmony', Telegraph, January 2022.
36. Knapton, Sarah. 'UK experts helped shut down Covid lab leak theory – weeks after being told it might be true', Telegraph, 23 November 2022; https://www. telegraph. co. uk/ news/2022/11/23/uk-experts-helped-shut-covid-lab-leak-theory-weeks-told-might/
37. 'Ministry of Truth: The secretive government units spying on your speech', Big Brother Watch, January 2023.
38. Fraser, B. C., Sharman, R. and Nunn, P. D. 'Associations of locus of control, information processing style and anti-reflexivity with climate change scepticism in an Australian sample', Public Understanding of Science (2022), p. 4.

12장 선택권을 고려하자

1. Lewis, C. S. The Problem of Pain, The Centenary Press, 1940.
2. Presson, P. K. and Benassi, V. A. 'Illusion of control: A meta- analytic review', Journal of Social Behavior and Personality, 11(3) (1996), p. 493.
3. Seligman, M. E. 'Learned helplessness', Annual Review of Medicine, 23(1) (1972), pp. 407-12.
4. Kammeyer-Mueller, J. D., Judge, T. A. and Piccolo, R. F. 'Self- esteem and extrinsic career success: Test of a dynamic model', Applied Psychology, 57(2) (2008), pp. 204-24.
5. Gale, C. R., Batty, G. D. and Deary, I. J. 'Locus of control at age 10 years and health outcomes and behaviors at age 30 years: The 1970 British Cohort Study', Psychosomatic Medicine, 70(4) (2008), pp. 397-403.
6. Libet, B. 'Do we have free will?', Journal of Consciousness Studies, 6(8-9) (1999), pp. 47-57.
7. Rosenberg, B. D. and Siegel, J. T. 'A 50-year review of psychological reactance theory: Do not read this article', Motivation Science, 4(4) (2018), pp. 281-300.
8. Wehbe, M. S., Basil, M. and Basil, D. 'Reactance and coping responses to tobacco counter-advertisements', Journal of Health Communication, 22(7) (2017), pp. 576-83.
9. Shoenberger, H., Kim, E. and Sun, Y. 'Advertising during COVID-19: Exploring perceived brand message authenticity and potential psychological reactance', Journal of Advertising, 50(3) (2021), pp. 253-61.
10. Carpenter, C. J. 'A meta-analysis of the effectiveness of the "but you are free" compliance-gaining technique', Communication Studies, 64(1) (2013), pp. 6-17.
11. Roberts, Monty. Horse Sense for People: The Man Who Listens to Horses Talks to People, Anchor Canada, 2002.
12. Trinkaus, J. 'Preconditioning an audience for mental magic: An informal look', Perceptual and Motor Skills 51(1) (1980), p. 262.
13. Pailhes, A., Rensink, R. A. and Kuhn, G. 'A psychologically based taxonomy of magicians' forcing techniques: How magicians influence our choices, and how to use this to study psychological mechanisms', Consciousness and Cognition, 86 (2020), 103038.
14. French, C. C. 'Population stereotypes and belief in the paranormal: Is there a relationship?', Australian Psychologist, 27(1) (1992), pp. 57-8.
15. Olson, J. A., Amlani, A. A., Raz, A. and Rensink, R. A. 'Influencing choice without awareness', Consciousness and Cognition, 37 (2015), pp. 225-36.
16. Saal, Marco. 'Burger King Austria erklärt fleischlose Whopper zur neuen Normalität', Horizont, 2 July 2022; https://www.horizont.net/marketing/nachrichten/normal-oder-mit-fleisch-burger-king-austria-erklaert-fleischlose-whopper-zur-neuen-normalitaet-201354?crefresh=1#:~:text=% 22Normal% 2C% 20oder% 20 mit% 20Fleisch% 3F% 22% 2C% 20lautet% 20entsprechend% 20 der,pflanzliches% 20Sortiment% 20aufmerksam% 20machen% 20 will
17. Houston, Amy. 'Quorn's "food porn" ad encourages deli meat lovers to go plant-based', The Drum, 2 September 2022; https://www.thedrum.com/news/2022/09/21/quorn-s-food-porn-ad-encourages-deli-meat-lovers-go-plant-based
18. Jachimowicz, J. M., Duncan, S., Weber, E. U. and Johnson, E. J. 'When and why defaults influence decisions: A meta-analysis of default effects', Behavioural Public Policy, 3(2) (2019), pp. 159-86.

19. Garman, M. B. and Kamien, M. I. 'The paradox of voting: Probability calculations', Behavioral Science, 13(4) (1968), pp. 306-16.

20. Frazer, James George. The Golden Bough: A Study in Comparative Religion, Macmillan and Co., 1890.

21. Pailhès, A., Rensink, R. A. and Kuhn, G. 'A psychologically based taxonomy of magicians' forcing techniques: How magicians influence our choices, and how to use this to study psychological mechanisms', Consciousness and Cognition, 86 (2020), 103038.

22. Lifton, Robert Jay. Thought Reform and the Psychology of Totalism: A Study of 'Brainwashing' in China, New York, Norton, 1961.

23. Orwell, George. 1984, Secker & Warburg, 1949.

24. Hunter, Edward. Brainwashing: The Story of Men Who Defied It, Pickle Partners Publishing, 2016.

25. Bruns, H. and Perino, G. 'Point at, nudge, or push private provision of a public good?', Economic Inquiry, 59(3) (2021), pp. 996-1007.

26. Debnam, J. and Just, D. R. 'Endogenous responses to paternalism: Examining psychological reactance in the lab and the field', unpublished working paper, 2017.

27. Morris, Chris. 'An updated list of free stuff you can get for showing your COVID-19 vaccine card', Fortune, 2 March 2021; https://fortune.com/2021/03/23/covid-vaccine-freebies-card-cdc-krispy-kreme-donuts-free-weed-marijuana-cannabis-food-uber-lyft-rides-running-list-discounts/

28. Thaler, Richard H. 'More than nudges are needed to end the pandemic', New York Times, 2 August 2021; https://www.nytimes.com/2021/08/05/business/vaccine-pandemic-nudge-passport.html

29. Nail, P. R. and Thompson, P. L. 'An analysis and empirical demonstration of the concept of self-anticonformity', Journal of Social Behavior and Personality, 5(3) (1990), p. 151.

30. Pailhès, A. and Kuhn, G. 'Don't read this paper! Reverse psychology, contrast and position effects in a magician forcing technique', Psychology Department, Goldsmiths, University of London, UK.

31. Hoffman, Michael. Secret Societies and Psychological Warfare, Independent History and Research, 2001.

32. Eigenberg, H., Garland, T. and Moriarty, L. J. 'Victim blaming', in Laura Moriarty, Controversies in Victimology, Routledge, 2008, pp. 21-36.

33. Juhila, K. and Raitakari, S. 'Responsibilisation in governmentality literature', in Responsibilisation at the Margins of Welfare Services, Routledge, 2016, pp. 19-42.

13장 상징의 언어를 배우자

1. Lorenz, Konrad. The Foundations of Ethology, Springer, 1981.

2. McHenry, R. E. and Shouksmith, G. A. 'Creativity, visual imagination and suggestibility: Their relationship in a group of 10-year-old children', British Journal of Educational Psychology, 40(2) (1970), pp. 154-60.

3. Williamson, Judith. Decoding Advertisements (Vol. 4), London, Marion Boyars, 1978.

4. Bey, Hakim. Taz: The Temporary Autonomous Zone, O ntological Anarchy, Poetic Terrorism, Autonomedia, 2003.

5. Cheong, Charissa. 'A white influencer who spent $250,000 on surgery to resemble a K-pop star said they want to "look more Korean" despite facing backlash and death threats', Insider, 2 February 2022; https://www.insider.com/oli-london-korean-trolls-hate-death-threats-surgery-2022-2

6. In the course of writing this book, London subsequently identified as a woman, and then a detransitioned Christian.

7. Karlson-Weimann, C. 'The Baphomet: A discourse analysis of the symbol in three contexts', Uppsala University, 2013.

8. Spencer, Paul. 'Trump's occult online supporters believe "meme magic" got him elected', Vice, 2 November 2016.

9. Palau, Adria Salvador and Roozenbeek, J. 'How an ancient Egyptian god spurred the rise of Trump', The Conversation, 2 March 2017; https://theconversation.com/how-an-ancient-egyptian-god-spurred-the-rise-of-trump-72598

10. Pageau, Jonathan. 'The metaphysics of Clown World', YouTube, 2 April 2019; https://www.youtube.com/watch?v=MzEwaUCw9Bo

11. Zadrozny, Brandy and Collins, Ben. 'QAnon looms behind nationwide rallies and viral #SavetheChildren hashtags', NBC News, 2 August 2020; https://www.nbcnews.com/tech/tech-news/qanon-looms-behind-nationwide-rallies-viral-hashtags-n1237722

12. Kalbitzer, J., Mell, T., Bermpohl, F., Rapp, M. A. and Heinz, A. 'Twitter psychosis: A rare variation or a distinct syndrome?', The Journal of Nervous and Mental Disease, 202(8) (2014), p.623.

13. DiTrollio, Megan. 'This is how real-life resistance witches say they're taking down the patriarchy', Marie Claire, 2 August 2021; https://www.marieclaire.com/culture/a24440291/witches-2018-midterms/

14. Ellis, Emma Grey. 'Trump's presidency has spawned a new generation of witches', Wired, 20 October 2019; https://www.wired.com/story/trump-witches/

15. Huxley, Aldous. Brave New World Revisited, Vintage Classics, 2004.

16. Hall, Manly P. Secret Teachings of All Ages: An Encyclopedic Outline of Masonic, Hermetic, Qabbalistic and Rosicrucian Symbolical Philosophy, Jeremy P. Tarcher, 2004.

17. Stevens, Dana. 'On every box of cake mix, evidence of Freud's theories', New York Times, 2 August 2005; https://www.nytimes.com/2005/08/12/movies/on-every-box-of-cake-mix-evidence-of-freuds-theories.html

18. Bernays, Edward L. Propaganda, New York, H. Liveright, 1928.

19. Oakeshott, Isabel. 'The truth about Matt Hancock', The Spectator, 10 December 2022.

20. Liles, Jordan. 'Do McDonald's golden arches symbolize a mother's breasts?', Snopes, 2 November 2021; https://www.snopes.com/fact-check/mcdonalds-golden-arches-breasts/

21. Jung, Carl Gustav. The Archetypes and the Collective Unconscious, Routledge, 1991.

22. Erdman, Stephan. 'Attractive MALE ARCHETYPES That WOMEN get OBSESSED With!', YouTube, 2 January 2021; https://www.youtube.com/watch?v=PpUD92R2O_M

23. Da Silva, S. G. and Tehrani, J. J. 'Comparative phylogenetic analyses uncover the ancient roots of Indo-European folktales', Royal Society Open Science, 3(1) (2016), 150645.

24. Elgendi, M., Kumar, P., Barbic, S., Howard, N., Abbott, D. and Cichocki, A. 'Subliminal priming - state of the art and future perspectives', Behavioral Sciences, 8(6) (2018), p.54.

25. Gillath, O., Mikulincer, M., Birnbaum, G. E. and Shaver, P. R. 'When sex primes love: Subliminal sexual priming motivates relationship goal pursuit', Personality and Social Psychol-

ogy Bulletin, 34(8) (2008), pp. 1057-69.

26. Gillath, O. and Canterberry, M. 'Neural correlates of exposure to subliminal and supraliminal sexual cues', Social Cognitive and Affective Neuroscience, 7(8) (2012), pp. 924-36.

27. Holcomb, S. M. 'Symbolism and ritual as used by the National Socialists', Marshall University, 2002.

28. Kertzer, David I. Ritual, Politics, and Power, New Haven, Yale University Press, 1988.

29. Bryant, Kenzie. 'The most lavish high-society parties of the last half-century', Vanity Fair, 2 November 2016; https://www. vanityfair.com/style/photos/2016/11/most-lavish-parties-black-and-white-surrealist-proust-ball

30. Flock, Elizabeth. 'Bohemian Grove: Where the rich and powerful go to misbehave', The Washington Post, 2 June 2011; https:// www.washingtonpost.com/blogs/blogpost/post/bohemian-grove-where-the-rich-and-powerful-go-to-misbehave/2011/06/15/AGPV1sVH_blog.html

31. 'Marina Abramovic's Spirit Cooking', MIT Press, 2 June 2017; https://mitpress.mit.edu/blog/marina-abramovics-spirit- cooking/

32. Levitz, Eric. 'Spirit Cooking explained: Satanic ritual or fun dinner?', New York Magazine, 2 November 2016; https://nymag.com/intelligencer/2016/11/spirit-cooking-explained-satanic-ritual-or-fun-dinner.html

33. Sanderson, David. 'Microsoft drops Marina Abramovic ad after claims of satanism', The Times, 2 April 2020; https://www. thetimes.co.uk/article/microsoft-drops-marina-abramovic-ad-after-claims-of-satanism-pnfn98wvc

34. Twitter, 2 August 2013; https://twitter.com/ladygaga/status/368597529786466306?lang=en

35. Harris, Taylor. 'Lady Gaga artpops in at watermill benefit', Women's Wear Daily, 2 July 2013; https://wwd.com/eye/parties/lady-gaga-artpops-in-at-watermill- benefit-7069511/

36. Burrichter, Felix. 'Naked ambition: Marina Abramovic's museum gala', New York Times, 2 November 2011; https://archive. nytimes.com/tmagazine.blogs.nytimes.com/2011/11/15/naked-ambition-marina-abramovics-moca-gala/

37. Weiner, Jonah. 'Is Lady Gaga a satanist Illuminati slave?', Slate, 2 November 2011; https://slate.com/culture/2011/11/lady-gaga- kanye-west-jay-z-the-conspiracy-theories-that-say-pop-stars-are-illuminati-pawns.html

38. 'Television Advertising Standards Code', Advertising Standards Authority; https://www.asa.org.uk/static/uploaded/3760a9e4- 5136-4b4a-85aec3bcc6a3321c.pdf

39. Madani, Doha. 'Nike denies involvement with Lil Nas X "Satan Shoes" containing human blood', NBC News, 2 March 2021; https://www.nbcnews.com/pop-culture/pop-culture-news/nike-denies-involvement-lil-nas-x-satan-shoes-containing-human-n1262280

40. Franklin-Wallis, Oliver. 'Tom Holland is in the center of the web', GQ, 2 November 2021; https://www.gq.com/story/tom-holland-superhero-of-the-year-2021

41. Nees, M. A. and Phillips, C. 'Auditory pareidolia: Effects of contextual priming on perceptions of purportedly paranormal and ambiguous auditory stimuli', Applied Cognitive Psychology, 29(1) (2015), pp. 129-34.

42. Morrison, Grant. 'Pop magic!', in Metzger, Richard (ed.), Book of Lies: The Disinformation Guide to Magick and the Occult, Red Wheel Weiser, 2003.

43. Moore, Alan. The Mindscape of Alan Moore, DVD, directed by Dez Vylenz and Moritz Winkler, The Disinformation Company, 2008.

44. Moore, Alan. Promethea TP Book 05, DC Comics, 2006.
45. 'Is the Oscar statuette inspired by an Ancient Egyptian god?', The African History, 30 March 2022; https://theafricanhistory.com/2529
46. Meta. 'The Tiger & the Buffalo', YouTube, 2 November 2021; https://www.youtube.com/watch?v=G2W9YVkkn9U
47. 'Paintings for the Temple', Guggenheim; https://www.guggenheim.org/teaching-materials/hilma-af-klint-paintings-for-the-future/paintings-for-the-temple

14장 트랜스젠더 서브레딧의 브레인웜과 애정공세

1. Herman, J. L., Flores, A. R. and O'Neill, K. K. 'How many adults and youth identify as transgender in the United States?', UCLA: The Williams Institute (2022).
2. 'The 2022 year in review', Pornhub; https://www.pornhub.com/insights/2022-year-in-review#top-20-countries
3. Littman, L. 'Parent reports of adolescents and young adults perceived to show signs of a rapid onset of gender dysphoria', PLOS One, 13(8) (2018).
4. 'What are brainworms?', Reddit, 3 August 2022; https://www.reddit.com/r/4tranSelfieTrain/comments/wewghc/what_are_brainworms/

15장 남들보다 먼저 말하라

1. Sargant, William. Battle for the Mind: A Physiology of Conversion and Brainwashing, Greenwood Press, 1975.
2. Zimbardo, Philip. 'The psychology of evil', TED; https://www.ted.com/talks/philip_zimbardo_the_psychology_of_evil?language=en
3. Sunstein, C. Conformity: The Power of Social Influences, NYU Press (2019).
4. Asch, S. E. 'Effects of group pressure upon the modification and distortion of judgments', Organizational Influence Processes, 58 (1951), pp. 295-303.
5. Bond, R. and Smith, P. B. 'Culture and conformity: A meta-analysis of studies using Asch's (1952b, 1956) line judgment task', Psychological Bulletin, 119(1) (1996), p. 111.
6. Drury, J., Novelli, D. and Stott, C. 'Managing to avert disaster: Explaining collective resilience at an outdoor music event', European Journal of Social Psychology (May 2015), p. 2.
7. Huxley, Aldous. Brave New World Revisited, Vintage Classics, 2004.
8. Jung, Carl Gustav. The Undiscovered Self, Routledge, 2002.
9. Avenanti, A., Sirigu, A. and Aglioti, S. M. 'Racial bias reduces empathic sensorimotor resonance with other-race pain', Current Biology, 20(11) (2010), pp. 1018-22.
10. Kuklinski, J. H. and Hurley, N. L. 'On hearing and interpreting political messages: A cautionary tale of citizen cue-taking', The Journal of Politics, 56(3) (1994), pp. 729-51.
11. Leman, P. J. and Cinnirella, M. 'Beliefs in conspiracy theories and the need for cognitive closure', Frontiers in Psychology, 4 (2013), p. 378.
12. Jung, Carl Gustav. The Structure and Dynamics of the Psyche (Collected Works of C. G. Jung), Routledge, 1970.
13. 'How to build a Net Zero society', Behavioural Insights Team, 25 January 2023.

14. 'Fix the Planet', New Scientist newsletter, April 2022.

15. 'Education Secretary puts climate change at the heart of education', gov. uk, November 2021.

16. Two metres of sea level rise (SLR) by the end of the century is far outside any plausible projection offered by the scientific consensus, as represented by the Intergovernmental Panel on Climate Change (IPCC). IPCC projections based on different economic and policy scenarios vary between about 30 mm and 1. 1 metres SLR by 2100. However, belying these projections is a scientific debate about the rate at which seas are rising based on observations. Some estimates suggest a lower rate of around 1. 4 mm per year, and some are higher at 3. 6 mm/year. That is to say that the observed rate suggests an SLR of between 109 mm and 280 mm by 2100 – a much smaller range.

17. Lynas, M., Houlton, B. Z. and Perry, S. 'Greater than 99 per cent consensus on human-caused climate change in the peer-reviewed scientific literature', IOP Science Environmental Research Letters, 16 (October 2021).

18. 'More than 99.9% of studies agree: humans caused climate change', Cornell Chronicle, October 2021.

19. 'How mobilisation by climate-sceptic actors on Facebook during COP26 undermined the summit', Institute for Strategic Dialogue, November 2021.

20. 'Written evidence, Carnegie UK (CCE0010)', DCMS Select Committee, September 2021.

21. 'Covering scientific consensus: What to avoid and how to get it right', The Journalist's Resource, Harvard Kennedy School's Shorenstein Center on Media, Politics and Public Policy, November 2021.

22. 'BBC freezes out climate sceptics', The Times, September 2018.

23. Marks, E., Hickman, C., Pihkala, P., Clayton, S., Lewandowski, E. R., Mayall, E. E., Wray, B., Mellor, C. and van Susteren, L. 'Climate anxiety in children and young people and their beliefs about government responses to climate change: A global survey', The Lancet Planetary Health, December 2021.

24. Fraser, B. C., Sharman, R. and Nunn, P. D. 'Associations of locus of control, information processing style and anti-reflexivity with climate change scepticism in an Australian sample', Public Understanding of Science (2022), pp. 1-18.

25. 'Heroes of the environment 2008', Time.

26. Michael Shellenberger testimony to the House Committee on Oversight & Reform for a hearing on: 'Fueling the climate crisis: examining big oil's prices, profits, and pledges', 15 September 2022.

27. Alimonti, G., Mariani, L., Prodi, F. and Ricci, R. A. 'A critical assessment of extreme events trends in times of global warming', The European Physical Journal Plus (2021), p. 112.

28. 'World Climate Declaration. There is no climate emergency', Global Climate Intelligence Group, October 2022.

29. Centola, D., Becker, J., Brackbill, D. and Baronchelli, A. 'Experimental evidence for tipping points in social convention', Science (2018), pp. 1116-19.

30. Theory developed by Erica Chenoweth Professor of Public Policy at Harvard Kennedy School.

31. Quote by Steve Jobs from Apple's 'Think Different' TV commercial, 1997.

32. 'The revised psychology of human misjudgement', a talk given by Charlie Munger at Harvard Kennedy Business School in 1995.

33. Meerloo, Joost. The Rape of the Mind: The Psychology of Thought Control, Menticide, and

Brainwashing (Vol. 118), World Publishing Company, 1956.

34. Zajenkowski, M., Jonason, P. K., Leniarska, M., and Kozakiewicz, Z. 'Who complies with the restrictions to reduce the spread of COVID-19?: Personality and perceptions of the COVID-19 situation', Personality and Individual Differences, 166 (2020), 110199.

35. Dear, K., Dutton, K. and Fox, E. 'Do "watching eyes" influence antisocial behavior? A systematic review & meta-analysis', Evolution and Human Behavior, 40(3) (2019), pp. 269-80.

36. 'Kubark counterintelligence interrogation', Central Intelligence Agency, July 1963; https://nsarchive2.gwu.edu/NSAEBB/ NSAEBB122/CIA% 20Kubark% 201-60.pdf

37. Whelan, Zara. 'Two women fined £200 each for driving five miles to go for a walk in the park', Manchester Evening News, 2 January 2021; https://www.manchestereveningnews.co.uk/news/uk-news/two-women-fined-200-each-19591839

38. Sansome, Jessica. 'Police warn people to stay away from the Lake District during lockdown', Manchester Evening News, 2 March 2020; https://www.manchestereveningnews.co.uk/news/uk-news/police-warn-people-stay-away-17992135

39. Yeatman, Dominic. 'Police helicopter orders sunbathers in Australia to clear off beach during lockdown', Metro, 2 August 2021; https://metro.co.uk/2021/08/02/police-helicopter-orders-sunbathers-in-australia-to-clear-off-beach-15022501/

40. '95% of UK burglaries and robberies not solved, data suggests', Guardian, 2 June 2018; https://www.theguardian.com/uk-news/2018/jun/17/figures-less-than-5-of-burglaries-and-robberies-in-uk-solved

41. 'D-Day's parachuting dummies and inflatable tanks', Imperial War Museum; https://www.iwm.org.uk/history/d-days-parachuting-dummies-and-inflatable-tanks

42. 'The inner child and the nude politician', by Ursula K. Le Guin, published on ursulakleguin.com, October 2014.

16장 섹스의 노예가 되지 말자

1. 'Operation Defensive Shield', IDF, 30 October 2017; https:// www.idf.il/en/mini-sites/wars-and-operations/operation-defensive- shield/

2. 'Porn run on seized TV channels, say residents', Sydney Morning Herald, 2 April 2002; https://www.smh.com.au/world/middle-east/porn-run-on-seized-tv-channels-say-residents-20020401- gdf5uw.html

3. Bennet, James. 'Mideast turmoil: The fighting; As Israeli troops tighten grip, Bush says Arafat must do more to avert new terror attacks', New York Times, 2 March 2002; https://www.nytimes.com/2002/03/31/world/mideast-turmoil-fighting-israeli-troops-tighten-grip-bush-says-arafat-must-more.html

4. Friedman, Herbart. 'Looking back: Sex in psychological warfare', British Psychological Society, 20 January 2009; https://www.bps.org.uk/psychologist/looking-back-sex-psychological-warfare

5. Ibid.

6. Gottschall, J. 'Explaining wartime rape', Journal of Sex Research, 41(2) (2004), pp. 129-36.

7. 'Everything is about sex except sex. Sex is about power', Quote Investigator, 5 June 2018; https://quoteinvestigator.com/2018/06/05/sex-power/

8. Delgado, Kasia. 'This is what happens when a feminist spends the night in a hardcore fetish

club', Stylist, 2 December 2016; https:// www. stylist. co. uk/life/sex-spanking-suspenders-british-fetish-club-torture-garden-feminism-london/68004

9. Pitagora, D. 'No pain, no gain? Therapeutic and relational benefits of subspace in BDSM contexts', Journal of Positive Sexuality, 3(3) (2017), pp. 44-54.

10. Réage, Pauline. Story of O, Jean-Jacques Pauvert, 1954.

11. Fromm, Erich. The Fear of Freedom, Routledge, 2021.

12. Kranc, Lauren. 'How NXIVM seduced Hollywood stars and America's most powerful elite into a barbaric "sex cult"', Esquire, 2 October 2022; https://www. esquire. com/entertainment/tv/a33658764/what-is-nxivm-sex-cult-celebrities-stars-the-vow-hbo-true-story/

13. Carter, C. S. 'Oxytocin and sexual behavior', Neuroscience & Biobehavioral Reviews, 16(2) (1992), pp. 131-44.

14. Sukel, Kayt. 'Sex on the brain: Orgasms unlock altered consciousness', New Scientist, 2 May 2011; https://www. newscientist. com/article/mg21028124-600-sex-on-the-brain-orgasms-unlock-altered-consciousness

15. Huxley, Aldous. Brave New World (1932), Vintage Classics, 2007.

16. Orwell, George. 1984, Secker & Warburg, 1949.

17. Reich, Wilhelm. The Mass Psychology of Fascism, Farrar, Straus and Giroux, 1946.

18. Kinzer, Stephen. Poisoner in Chief: Sidney Gottlieb and the CIA Search for Mind Control, New York, Henry Holt and Co., 2019.

19. Fleischman, D. S. 'An evolutionary behaviorist perspective on orgasm', Socioaffective Neuroscience & Psychology, 6(1) (2016), 32130.

20. MacKinnon, Catharine. Only Words, Harvard University Press, 1993.

21. Pfaus, J. G., Quintana, G. R., Mac Cionnaith, C. E., Gerson, C. A., Dubé, S. and Coria-Avila, G. A. 'Conditioning of sexual interests and paraphilias in humans is difficult to see, virtually impossible to test, and probably exactly how it happens: A comment on Hsu and Bailey (2020)', Archives of Sexual Behavior, 49(5) (2020), pp. 1403-7.

22. Rachman, S. 'Sexual fetishism: An experimental analogue', Psychological Record, 16 (1966), pp. 293-6.

23. Parent, N., Bond, T. A. and Shapka, J. D. 'Smartphones as attachment targets: An attachment theory framework for understanding problematic smartphone use', Current Psychology (2021), pp. 1-12.

24. Dodsworth, L. Manhood: The Bare Reality, Pinter & Martin, 2017.

25. Dodsworth, L. Womanhood: The Bare Reality, Pinter & Martin, 2019.

26. MacKinnon, Catharine, Only Words, Harvard University Press, 1993.

27. Wagemans, F., Brandt, M. J. and Zeelenberg, M. 'Disgust sensitivity is primarily associated with purity-based moral judgments', Emotion, 18(2) (2018), p. 277.

28. Long, X., Tian, F., Zhou, Y., Cheng, B., Yi, S. and Jia, Z. 'The neural correlates of sexual arousal and sexual disgust' (2019), Available at SSRN 3458493.

29. Similarweb, October 2022.

30. 'Can porn cause people to have gender dysphoria? (r/Pornfree)', in Your Brain on Porn; https://www. yourbrainonporn. com/ rebooting-accounts/rebooting-accounts-page-3/do-you-guys-think-porn-can-cause-people-to-have-gender-dysphoria/

31. Chu, A. L. 'Did sissy porn make me trans?', Queer Disruptions, 2 (2018), pp. 1-12.

32. Park, B. Y., Wilson, G., Berger, J., Christman, M., Reina, B., Bishop, F., Klam, W. P. and Doan, A. P. 'Is internet pornography causing sexual dysfunctions? A review with clinical

reports', Behavioral Sciences, 8(6) (2018), pp. 55.

33. Daspe, M. È., Vaillancourt-Morel, M. P., Lussier, Y., Sabourin, S. and Ferron, A. 'When pornography use feels out of control: The moderation effect of relationship and sexual satisfaction', Journal of Sex & Marital Therapy, 44(4) (2018), pp. 343-53.

34. Unwin, Joseph Daniel. Sex and Culture, Oxford University Press, 1934.

35. Cartner-Morley, Jess. 'Balenciaga apologises for ads featuring bondage bears and child abuse papers', Guardian, 2 November 2022; https://www.theguardian.com/fashion/2022/nov/29/balenciaga-apologises-for-ads-featuring-bondage-bears-and-child-abuse-papers

36. Milton, Josh. 'Who is Giorgia Meloni – the far right candidate set to be Italy's first female PM?', Metro, 2 September 2022; https://metro.co.uk/2022/09/26/who-is-giorgia-meloni-the-far-right-candidate-set-to-be-italys-pm-17449122/

37. 'Putin signs law expanding Russia's rules against "LGBT propaganda"', Reuters, 2 December 2022; https://www.reuters.com/world/europe/putin-signs-law-expanding-russias-rules-against-lgbt-propaganda-2022-12-05/

17장 자신의 환상을 선택하자

1. Hergovich, A., Schott, R. and Burger, C. 'Biased evaluation of abstracts depending on topic and conclusion: Further evidence of a confirmation bias within scientific psychology', Current Psychology, 29(3) (2010), pp. 188-209.

2. Gal, D. and Rucker, D. D. 'Experimental validation bias limits the scope and ambition of applied behavioural science', Nature Reviews Psychology, 1(1) (2022), pp. 5-6.

3. Griffin, Louise. 'Good Morning Britain hit with 145 Ofcom complaints over Richard Madeley's "misogynistic" interview', Metro, 2 July 2021; https://metro.co.uk/2021/07/07/good-morning-britain-hit-with-complaints-over-richard-madeley-interview-14888216/

4. Duarte, J. L., Crawford, J. T., Stern, C., Haidt, J., Jussim, L. and Tetlock, P. E. 'Political diversity will improve social psychological science', Behavioral and Brain Sciences, 38 (2015), pp. 1-58.

5. Huxley, Aldous. Brave New World Revisited, Vintage Classics, 2004.

6. Kozinets, R. V. 'Can consumers escape the market? Emancipatory illuminations from Burning Man', Journal of Consumer Research, 29(1) (2002), pp. 20-38.

7. Baudrillard, J. and Lancelin, A. 'The Matrix decoded: Le Nouvel Observateur interview with Jean Baudrillard', International Journal of Baudrillard Studies, 1(2) (2004).

8. Ross, L. and Ward, A. 'Naive realism in everyday life: Implications for social conflict and misunderstanding', Values and Knowledge (1996), pp. 103-35.

9. Kahan, D. M., Hoffman, D. A., Braman, D. and Evans, D. 'They saw a protest: Cognitive illiberalism and the speech-conduct distinction', Stanford Law Review, 64 (2012), p. 851.

10. Frankovic, Kathy. 'More Americans think Kyle Rittenhouse should be convicted than say he will be', YouGov America, 2 November 2021; https://today.yougov.com/topics/politics/articles-reports/2021/11/18/kyle-rittenhouse-perception-guilt-poll

11. Smith, Matthew. 'Is BBC News pro-Brexit or anti-Brexit?', YouGov, 2 February 2018; https://yougov.co.uk/topics/politics/articles-reports/2018/02/22/bbc-news-pro-brexit-or-anti-brexit

12. Nickerson, R. S. 'Confirmation bias: A ubiquitous phenomenon in many guises', Review of

General Psychology, 2(2) (1998), pp. 175-220.

13. Karlsson, N., Loewenstein, G. and Seppi, D. 'The ostrich effect: Selective attention to information', Journal of Risk and Uncertainty, 38(2) (2009), pp. 95-115.

14. Törnberg, P. 'How digital media drive affective polarization through partisan sorting', Proceedings of the National Academy of Sciences, 119(42) (2022), e2207159119.

15. Tokita, C. K., Guess, A. M. and Tarnita, C. E. 'Polarized information ecosystems can reorganize social networks via information cascades', Proceedings of the National Academy of Sciences, 118(50) (2021), e2102147118.

16. Sanders, Linley. 'Americans are less likely to have friends of very different political opinions compared to 2016', YouGov America, 2 October 2020; https://today.yougov.com/topics/politics/articles-reports/2020/10/06/friends-different-politics-poll

17. Rothschild, Neal. 'Young Dems more likely to despise the other party', Axios, 2 December 2021; https://www.axios.com/2021/12/08/poll-political-polarization-students

18. Raab, M. H., Ortlieb, S. A., Auer, N., Guthmann, K. and Carbon, C. C. 'Thirty shades of truth: Conspiracy theories as stories of individuation, not of pathological delusion', Frontiers in Psychology, 4 (2013), pp. 406.

19. van Prooijen, J. W. 'Psychological benefits of believing conspiracy theories', Current Opinion in Psychology (2022), 101352.

20. Rayner, K. 'The gaze-contingent moving window in reading: Development and review', Visual Cognition, 22(3-4) (2014), pp. 242-58.

21. Felin, T., Koenderink, J. and Krueger, J. I. 'Rationality, perception, and the all-seeing eye', Psychonomic Bulletin & Review, 24(4) (2017), pp. 1040-59.

22. Loftus, E. F. and Palmer, J. C. 'Reconstruction of automobile destruction: An example of the interaction between language and memory', Journal of Verbal Learning and Verbal Behavior, 13(5) (1974), pp. 585-9.

23. Epictetus and Lebell, Sharon. Art of Living: The Classical Manual on Virtue, Happiness, and Effectiveness (Plus), HarperOne, 2007.

24. Braghieri, L., Levy, R. E. and Makarin, A. 'Social media and mental health', American Economic Review, 112(11) (2022), pp. 3660-93.

25. Boukes, M. and Vliegenthart, R. 'News consumption and its unpleasant side effect: Studying the effect of hard and soft news exposure on mental well-being over time', Journal of Media Psychology: Theories, Methods, and Applications, 29(3) (2017), p. 137.

26. Sirgy, M. J., Gurel-Atay, E., Webb, D., Cicic, M., Husic, M., Ekici, A. and Johar, J. S. 'Linking advertising, materialism, and life satisfaction', Social Indicators Research, 107(1) (2012), pp. 79-101.

27. Marks, E., Hickman, C., Pihkala, P., Clayton, S., Lewandowski, E. R., Mayall, E. E. and van Susteren, L. 'Young people's voices on climate anxiety, government betrayal and moral injury: A global phenomenon', working paper (2021).

28. Lomborg, Bjorn. 'Believe it or not, the world is getting better. We just don't hear about it', The Herald, 2 October 2022; https://www.heraldscotland.com/opinion/23039603.believe-not-world-getting-better-just-dont-hear/

29. Peterkin, A. and Grewal, S. 'Bibliotherapy: The therapeutic use of fiction and poetry in mental health', International Journal of Person Centered Medicine, 7(3) (2018), p. 175.

30. Epton, T., Harris, P. R., Kane, R., van Koningsbruggen, G. M. and Sheeran, P. 'The impact of self-affirmation on health-behavior change: A meta-analysis', Health Psychology,

34(3) (2015), p. 187.

19장 자신을 괴롭히지 말자

1. Dodsworth, Laura. A State of Fear: How the UK Weaponised Fear During the Covid-19 Pandemic, Pinter & Martin (2021); interview with Darren, pp. 14-16.
2. Seneca. Letters from a Stoic: Epistulae Morales ad Lucilium, Penguin Classics, 2004.
3. Burleigh, L., Jiang, X. and Greening, S. G. 'Fear in the theater of the mind: Differential fear conditioning with imagined stimuli', Psychological Science, 33(9) (2022), pp. 1423-39.
4. 'How covert agents infiltrate the internet to manipulate, deceive, and destroy reputations', The Intercept, 24 February 2014; https://theintercept.com/2014/02/24/jtrig-manipulation/
5. 'The art of deception', ACLU, no date; https://www.aclu.org/sites/default/files/assets/the_ art_of_deception_training_for_online_ covert_operations_0.pdf
6. Smyth, Denis. 'Brief Encounter', Deathly Deception: The Real Story of O peration Mincemeat, Oxford Academic, 2011.
7. Alexander, C. 'Coronavirus propaganda – reflections on an episode of mass self-haunting', essay on blog.
8. Vicol, D-O. 'Who is most likely to believe and to share misinformation?', Dr Dora-Olivia Vicol, Full Fact, February 2020.
9. Edwards, P. T., Smith, B. P., McArthur, M. L. and Hazel, S. J., 'Fearful fido: Investigating dog experience in the veterinary context in an effort to reduce distress', Applied Animal Behaviour Science, 213 (2019), pp. 14-25.
10. Frank, Brieanna, J. 'Fact check: COVID-19 caused by a virus, not snake venom', USA Today, 2 May 2022; https://eu.usatoday.com/story/news/factcheck/2022/05/15/fact-check-covid-19-caused-virus-not-snake-venom/9590087002/
11. Nietzsche, F. Human, All Too Human – A Book for Free Spirits. Translated by M. Faber, with S. Lehmann, University of Nebraska Press, 1985.
12. Packard, V. The Hidden Persuaders, Ig Publishing, 2007.
13. 'Gun sellers' message to Americans: Man up', New York Times, June 2022.
14. Greene, Robert. The 48 Laws of Power, Penguin, 2000.
15. Stajano, F. and Wilson, P. 'Understanding scam victims: Seven principles for systems security', Communications of the ACM, 54(3) (2011), pp. 70-5.
16. Griskevicius, V. and Kenrick, D. T. 'Fundamental motives: How evolutionary needs influence consumer behavior', Journal of Consumer Psychology, 23(3) (2013), pp. 372-86.
17. St Augustine of Hippo. The City of God, Hendrickson, 2009.
18. 'Typical and avoidant love addicts: How to break the toxic cycle of love addiction', Johnny Cassell blog, February 2022.
19. Dostoyevsky, F. The Possessed or The Devils, first published in the journal The Russian Messenger in 1871-72.
20. Grossmann, I., Dorfman, A., Oakes, H., Santos, H. C., Vohs, K. D. and Scholer, A. A. 'Training for wisdom: The distanced-self-reflection diary method', Psychological Science, 32(3) (2021), pp. 381-94.
21. Ibid.

20장 확실하게 지지하는 게 없으면 속아 넘어가게 된다

1. Becker, Ernest. The Denial of Death, Free Press, 1973.
2. 'Understanding terror management theory', Psych Central; https://psychcentral.com/health/terror-management-theory#sub-theories
3. 'What's with all the toilet paper hoarding?', Ernest Becker Foundation; https://ernestbecker.org/this-mortal-life/covid-19/in-the-news/
4. Wilson, T. D., Reinhard, D. A., Westgate, E. C., Gilbert, D. T., Ellerbeck, N., Hahn, C. and Shaked, A. 'Just think: The challenges of the disengaged mind', Science, 345(6192) (2014), pp. 75-7.
5. Pascal, Blaise. Pensées (1670), Penguin Classics, 1995.
6. Arndt, J., Solomon, S., Kasser, T. and Sheldon, K. M. 'The urge to splurge: A terror management account of materialism and consumer behavior', Journal of Consumer Psychology, 14(3) (2004), pp. 198-212.
7. Nunes, J. C., Drèze, X. and Han, Y. J. 'Conspicuous consumption in a recession: Toning it down or turning it up?', Journal of Consumer Psychology, 21(2) (2011), pp. 199-205.
8. Chesterton, Gilbert Keith. The Well and the Shallows (1935), Ignatius Press, 2007.
9. Zawadzka, A. M., Borchet, J., Iwanowska, M. and Lewandowska-Walter, A. 'Can self-esteem help teens resist unhealthy influence of materialistic goals promoted by role models?', Frontiers in Psychology (2022), p. 5724.
10. Koller, M., Floh, A., Zauner, A. and Rusch, T. 'Persuasibility and the self – Investigating heterogeneity among consumers', Australasian Marketing Journal(AMJ), 21(2) (2013), pp. 94-104.
11. Achenreiner, G. B. 'Materialistic values and susceptibility to influence in children', ACR North American Advances (1997).
12. Cartwright, R. F., Opree, S. J. and van Reijmersdal, E. A. '"Fool's gold": Linking materialism to persuasion knowledge activation and susceptibility to embedded advertising', Advances in Advertising Research IX (2018), pp. 17-28.
13. Zimbardo, Philip. The Lucifer Effect: How Good People Turn Evil, Random House, 2011.
14. Upadhye, B., Sivakumaran, B., Pradhan, D. and Lyngdoh, T. 'Can planning prompt be a boon for impulsive customers? Moderating roles of product category and decisional procrastination', Psychology & Marketing, 38(8) (2021), pp. 1197-1219.
15. Jung, Carl Gustav. Memories, Dreams, Reflections, Random House, 1973.
16. Jung, Carl Gustav. The Undiscovered Self, Routledge, 2002.
17. Fromm, Erich. The Art of Loving: The Centennial Edition, A. & C. Black, 2000.
18. Hoffer, Eric. The True Believer: Thoughts on the Nature of Mass Movements, HarperCollins, 2011.
19. 'What declining birth rates mean for our future', The Week, 2 October 2022; https://www.theweek.co.uk/news/society/958081/what-declining-birth-rates-mean-for-our-future
20. 'Lateral flow tests for pregnant people and support partners', East Lancashire Hospitals Trust; https://elht.nhs.uk/about-us/coronavirus-covid-19-guidance/maternity/lateral-flow
21. Bernstein, Brittany. 'Black Lives Matter removes language about disrupting the nuclear family from website', Yahoo! News, 2 September 2020; https://news.yahoo.com/black-lives-matter-removes-language-185621063.html
22. Booth, William. 'England and Wales no longer majority Christian nations, census re-

veals', The Washington Post, 2 November 2022; https://www.washingtonpost.com/world/2022/11/29/uk-religion-census-christian/

23. Chapman, Ben. 'Richard Branson backs universal basic income joining Mark Zuckerberg and Elon Musk', Independent, 2 August 2017; https://www.independent.co.uk/news/business/news/richard-branson-universal-basic-income-mark-zuckerberg-elon-musk-virgin-ceo-a7911866.html

24. 'San Francisco launches new guaranteed income program for trans community', SF.gov, 2 November 2022; https://sf.gov/news/san-francisco-launches-new-guaranteed-income-program-trans-community

25. 'Youth misspent: Uncovering the harsh realities for Britain's young people in today's job market', City and Guilds, December 2022.

26. Kilander, Gustaf. 'Canadian woman, 31, who applied for assisted suicide pauses request after well-wishers donate $65k to her', Independent, 2 June 2022; https://www.independent.co.uk/news/world/americas/assisted-suicide-canada-toronto-gofundme-b2091802.html

27. Trachtenberg, A. J. and Manns, B. 'Cost analysis of medical assistance in dying in Canada', Canadian Medical Association Journal, 189(3) (2017), E101-E105.

28. Campbell, Hayley. 'In the future, your body won't be buried ⋯ you'll dissolve', Wired, 2 August 2017; https://www.wired.co.uk/article/alkaline-hydrolysis-biocremation-resomation-water-cremation-dissolving-bodies

29. Getahun, Hannah. 'Cannibals with a conscience rejoice: Fake human meat burgers are here', Insider, 2 July 2022; https://www.insider.com/oumph-fake-human-meat-burger-winning-awards-cannes-lions-festival-2022-7

30. Capoot, Ashley. 'Elon Musk shows off updates to his brain chips and says he's going to install one in himself when they are ready', CNBC, 2 December 2022; https://www.cnbc.com/2022/12/01/elon-musks-neuralink-makes-big-claims-but-experts-are-skeptical-.html

31. 'Yuval Noah Harari: Humans are now hackable animals', CNN, 2 November 2019; https://www.cnn.com/videos/world/2019/11/26/yuval-noah-harari-interview-anderson-vpx.cnn

32. Twitter, 8 October 2022; https://twitter.com/reddit_lies/status/1578745278622232578

33. Seneca. Letters from a Stoic: Epistulae Morales ad Lucilium, Penguin Classics, 2004.

34. Zách, L. 'Catholicism and anti-communism: The reactions of Irish intellectuals to revolutionary changes in Hungary (1918-1939)', Diacronie. Studi di Storia Contemporanea, 33(1) (2018), pp. 1-23.

35. Johnson, A. and Densley, J. 'Rio's new social order: How religion signals disengagement from prison gangs', Qualitative Sociology, 41(2) (2018), pp. 243-62.

36. Wiseman, J. P. 'Sober time: The neglected variable in the recidivism of alcoholic persons', in Proceedings of the 2nd Annual Alcoholism Conference, NIAAA (1973), pp. 165-84.

37. Sargant, William. Battle for the Mind: A Physiology of Conversion and Brainwashing, Greenwood Press, 1975.

결론

1. Nietzsche, F. Jenseits von Gut und Böse (1886), ch. 4, p. 46.

2. 'Devotions Upon Emergent Occasions, and severall steps in my Sicknes', a sermon by John Donne, 1624.

옮긴이 박선령

세종대학교 영어영문학과를 졸업하고 MBC방송문화원 영상번역과정을 수료했다. 현재 출판번역 에이전시 베네트랜스에서 전속 번역가로 활동 중이다. 옮긴 책으로는 『타이탄의 도구들』『지금 하지 않으면 언제 하겠는가』『어반 정글』『업스트림』『브레인 키핑』『똑똑하게 생존하기』『거대한 가속』『일론 머스크, 대담한 선택』『북유럽 신화』등이 있다.

치밀하고 은밀한 알고리즘의 심리 조작

다크 넛지

초판 1쇄 발행 2024년 6월 17일

지은이 로라 도즈워스·패트릭 페이건
옮긴이 박선령
펴낸이 김선준

편집이사 서선행
책임편집 송병규   **편집4팀** 이희산   **디자인** 김예은
마케팅팀 권두리, 이진규, 신동빈
홍보팀 조아란, 장태수, 이은정, 권희, 유준상, 박미정, 박지훈
경영관리 송현주, 권송이

펴낸곳 ㈜콘텐츠그룹 포레스트
출판등록 2021년 4월 16일 제2021-000079호
주소 서울시 영등포구 여의대로 108 파크원타워1 28층
전화 02)332-5855   **팩스** 070)4170-4865
홈페이지 www.forestbooks.co.kr
종이 ㈜월드페이퍼   **출력·인쇄·후가공·제본** 한영문화사

ISBN 979-11-93506-56-1 (03320)